일단 합격하고 오겠습니다

DELF

프랑스어능력시험

B1

초판 2쇄 | 2024년 3월 10일

지은이 | Stéphane JOUAUD
발행인 | 김태웅
기획 편집 | 김현아
마케팅 총괄 | 김철영
온라인 마케팅 | 김은진
제 작 | 현대순

발행처 | ㈜동양북스
등 록 | 제 2014-000055호
주 소 | 서울시 마포구 동교로22길 14 (04030)
구입 문의 | 전화 (02)337-1737 팩스 (02)334-6624
내용 문의 | 전화 (02)337-1763 이메일 dybooks2@gmail.com

ISBN 979-11-5768-734-3 13760

▶ 잘못된 책은 구입처에서 교환해드립니다.
▶ ㈜동양북스에서는 소중한 원고, 새로운 기획을 기다리고 있습니다.
http://www.dongyangbooks.com

일단 합격하고 오겠습니다

DELF

프랑스어능력시험

Stéphane JOUAUD 지음

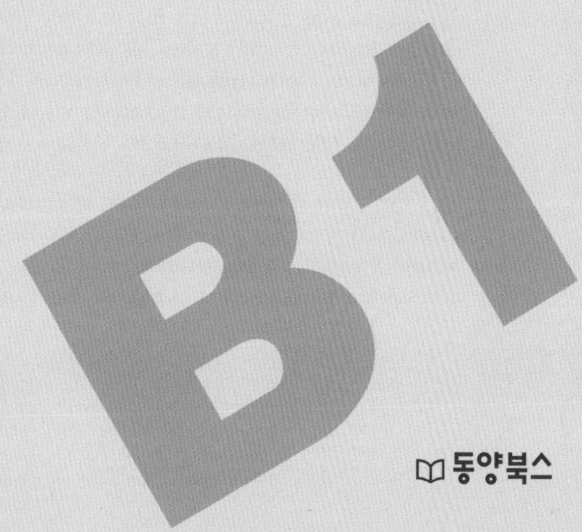

동양북스

Avant-propos

Cet ouvrage s'adresse aux apprenants adultes et juniors ainsi qu'aux enseignants. Il a en effet été conçu pour qu'un élève puisse, en autonomie ou à l'aide d'un professeur, se préparer efficacement à l'examen du DELF B1.

L'ouvrage se compose de quatre parties correspondant aux quatre compétences évaluées : la compréhension de l'oral, la compréhension des écrits, la production écrite et la production orale.

Chaque partie est composée de sujets conformes à ceux de l'examen. Des conseils méthodologiques et linguistiques sont proposés avant chaque épreuve.

Dans les deux premières parties, traitant de la compréhension de l'oral et de la compréhension des écrits, la difficulté est croissante. De ce fait, les premiers exercices sont accessibles à un niveau A2 avancé. L'apprenant progressera au fil des épreuves jusqu'à atteindre un niveau de maîtrise dépassant les attentes du DELF B1.

Les deux dernières parties, la production écrite et la production orale, explorent les différents types de sujets et thèmes que les candidats peuvent potentiellement rencontrer le jour de l'examen.
Chacun de ces sujets est expliqué de manière détaillée et est accompagné de conseils méthodologiques et pratiques auxquels s'ajoutent des listes de vocabulaire et d'expressions figées clés. Les parties de production sont de surcroît enrichies d'un très grand nombre de sujets types. À la fin de chaque partie, une grille d'auto-évaluation, pensée pour être comprise de tous, permet aux apprenants de discerner d'éventuels axes de progression.

Fort d'une longue expérience dans l'enseignement du français auprès d'élèves coréens, j'ai longtemps ressenti de la frustration du fait de ne pas pouvoir disposer, en Corée du Sud, de ressources adaptées permettant une préparation efficace aux examens du DELF et du DALF.
J'ai donc, depuis des années, développé ma propre méthodologie ainsi que des documents pédagogiques pour mes élèves.

Je me suis appuyé sur ma pratique pour écrire ce manuel. Son objectif est simple : donner aux apprenants toutes les clés pour réussir l'examen du DELF B1.
Cet ouvrage a pour maxime l'efficacité. En proposant un programme de préparation stratégique, son but est de maximiser les chances de réussite en entraînant au mieux à tous les aspects essentiels du DELF B1.

Étant moi-même examinateur, je connais précisément les leviers qui permettent à un candidat d'optimiser ses efforts afin d'obtenir un maximum de points. Aussi, plus qu'un simple manuel de préparation, je me suis efforcé de concevoir une recette magique, accessible à tous, assurant la réussite à l'examen du DELF B1.

Stéphane Jouaud

머리말

본 교재는 DELF B1 시험을 준비하는 성인 및 청소년, 그리고 교사를 위한 것으로서, 독학과 수업에 모두 사용할 수 있도록 설계되었습니다.

본 교재는 듣기, 읽기, 말하기, 쓰기라는 4개 평가 영역을 각 파트에서 다루고 있습니다.

각 파트의 필요에 따라 시험에 출제되는 주제를 다루기에 앞서, 문제를 푸는 방법 및 중요 표현들을 제시함으로써 보다 효율적인 학습을 유도하고 있습니다.
읽기 파트와 듣기 파트의 문제들은 쉬운 문제에서 점점 더 어려운 문제 순으로 배치되어 있습니다. 초반부 문제는 A2 상급 학습자들이 풀 수 있는 수준의 난이도이며, 마지막 문제는 B1에서 일반적으로 요구되는 수준보다 조금 높습니다.

쓰기 파트와 말하기 파트에서는 실제 출제 가능성이 높은 여러 문제 유형과 주제를 망라하고 있습니다.
각 문제에 대해 상세하게 설명한 후 문제를 푸는 방법들과 실용적인 조언들을 제시하고, 핵심 어휘와 표현 리스트를 추가했습니다. 특히 쓰기 파트와 말하기 파트에서 여러분은 매우 다양한 주제를 접하게 될 겁니다. 각 파트의 마지막 부분에는 〈자가 진단표〉가 있는데, 이 표는 모두가 쉽게 이해할 수 있도록 고안되어 학습자들이 스스로 개선 가능한 영역을 식별할 수 있게 해 줍니다.

저는 상당히 오랜 기간 한국 학생들에게 프랑스어를 가르치면서, 한국에서 DELF와 DALF 시험을 효과적으로 준비할 수 있는 마땅한 자료를 구할 수 없다는 좌절감을 느껴왔습니다.
그래서 저는 몇 년 전부터 제 학생들을 위해 저 자신의 방법론과 교육 자료들을 개발했습니다.

이 교재는 제가 실제로 가르쳐 온 것을 바탕으로 만들었습니다. 목표는 단순합니다. 학습자들에게 DELF B1 시험에 합격하기 위한 모든 열쇠를 제공하는 것입니다.
이 교재가 추구하는 것은 효율성입니다. 여러분이 전략적으로 시험을 준비할 수 있도록 하는 프로그램을 통해, DELF B1에 중요한 모든 면면을 최선의 방법으로 연습하면서 합격 가능성을 극대화하는 것이 목적입니다.

저는 시험 감독관으로서의 경험을 통해, 고득점을 위해 구체적으로 어떠한 노력을 어떻게 해야 하는지 매우 잘 알고 있습니다.

저는 이 책이 단순한 교재가 아닌, DELF B1을 준비하는 모든 수험생들에게 성공을 위한 마법 공식이 될 수 있도록 만들기 위해서 최선을 다했습니다.

Bon courage !

스테판 주오

차례

Compréhension de l'oral – Méthodologie et épreuves types 듣기 시험

Compréhension des écrits – Méthodologie et épreuves types 읽기 시험

Production écrite
쓰기 시험

Production orale
말하기 시험

DELF B1 개요

● DELF는...

국제적으로 통용되고 평생 유지되는 프랑스어 공인 인증 자격증으로, 프랑스 교육부로부터 발급됩니다. 또한 CECRL(Cadre européen commun de référence pour les langues-유럽언어공통기준)에 맞는 공식적인 자격증입니다.

● DELF의 활용

— DELF B1 취득 후 프랑스에 있는 많은 학교에 입학 지원이 가능합니다. 따라서 DELF 취득 후 프랑스어권 국가의 대학교 또는 대학원에 진학할 수 있습니다.

— DELF B1에 준하는 프랑스어 능력을 갖추게 되면 불어를 사용하는 국제학교인 서울프랑스학교(Lycée Français de Séoul)에 입학 지원을 할 수 있습니다.

— 프랑스어를 사용하는 회사에 구직할 수 있는 등 이력에 플러스 요인이 됩니다.

● 새로운 버전의 DELF (2020년부터 도입)

— France Education international(구 CIEP)은 2020년부터 새로운 DELF 시스템을 도입하여 시험 내용이 부분적으로 변경되었습니다.

— DELF에 관한 전반적인 정보는 인터넷 사이트 (www.france-education-international.fr)에서 확인할 수 있습니다.

— 2019년부터 주한 프랑스문화원이 시험 주관 및 합격증/자격증 배부를 담당하고 있습니다. 시험 접수나 더 자세한 정보를 원하시면 인터넷 사이트(www.delf-dalf.co.kr)를 방문하시면 됩니다.

● 시험 일정

일반적으로 매년 3월, 5월, 11월 3회 시험이 실시되고 있습니다.

세션	접수 기간	단계	단계	시험 일자
3월	2월 초	DELF B1	서울, 대전, 광주, 인천	3월 초
5월	4월 초	DELF B1	서울, 부산, 대전, 대구, 광주, 인천	5월 초
11월	10월 초	DELF B1	서울, 부산, 대전, 대구, 광주, 인천	11월 초

DELF B1 시험 안내

● 시험의 구성

— DELF B1은 듣기, 읽기, 쓰기, 말하기 4개 영역으로 이루어져 있습니다.

— 듣기, 읽기, 쓰기 3개의 영역을 동시에 치르는 단체 시험(고사실에서 감독관 감시 하에 다른 응시자와 함께 진행)과 응시자가 시험관 앞에서 말하기 능력을 평가하는 개별 시험(고사실에서 감독관과 1:1 혹은 2:1 대면) 2가지 방식으로 구성되어 있습니다.

● 점수와 합격 기준

— 영역별 총 25점 만점입니다.

— B1 자격을 취득하기 위해서는 총 100점 만점에 최소 50점 이상 받아야 합니다.

— 각 영역의 25점 만점에서 최소 5점 이상 받아야 합니다. (한 영역에서라도 25점 만점에 5점 미만의 점수를 받으면 시험은 불합격입니다.)

● 시간 및 구성

단체 시험		시간 (총 2시간 10분)
	듣기 3 exercices 두 종류의 오디오 자료를 듣고 주어진 문제 풀기	25분
	읽기 3 exercices 두 종류의 지문을 읽고 주어진 문제에 답하기	45분
	쓰기 1 sujet 최소 160 단어의 글 쓰기	45분

개별 시험		시간
	말하기 3 exercices 인터뷰 / 모의 대화 / 견해 표현	15분 (준비시간 10분)

♣ 주의하세요!

— 사전 이용은 금지됩니다.
— 신분증과 수험표를 꼭 지참하셔야 합니다.
— 휴대폰의 전원을 끄고 가방에 넣어주세요.
— 감독관이 시험지와 연습지를 줍니다.
— 연필이나 샤프를 이용할 수 없으며, 펜으로 답안지를 작성해야 합니다. 연필이나 샤프로 작성된 답안지는 무효 처리됩니다.
— 응시자는 시험 종료 후 시험지를 가지고 갈 수 없습니다.

♣ 다음의 능력을 갖추면 B1 시험을 보시길 권장합니다!

— 사건, 경험, 꿈에 대해 말할 수 있습니다.
— 희망, 목표, 프로젝트를 설명할 수 있습니다.
— 내 의견을 제시하고 근거를 들어 정당화할 수 있습니다.
— 내 감정을 표현할 수 있습니다.
— 의견의 일치 또는 불일치를 표현하고 그 이유를 설명할 수 있습니다.
— 뉴스의 중요한 요소를 이해할 수 있습니다(신문 기사, 텔레비전 뉴스, 라디오 프로그램).
— 제안, 가설, 조언을 제시할 수 있습니다.
— 누군가를 설득할 수 있습니다.
— 일상 생활의 예상치 못한 상황이나 프랑스어를 사용하는 국가를 여행할 때 해결책을 찾을 수 있습니다.
— 논리적인 순서로 프레젠테이션이나 연설을 구성할 수 있습니다.

이 책의 특징

이 책은 DELF 일반과 DELF 주니어를 응시하는 학생을 위한 교재입니다.

— DELF 일반과 주니어의 시험 구성은 동일하며 난이도는 거의 같습니다. 다만 주어진 주제와 내용이 약간 다를 뿐입니다.
— 이 책에서 제시하는 주제는 두 시험에 모두 출제되는 주제이기 때문에 두 시험의 응시자들이 모두 활용할 수 있습니다.

여러분의 DELF B1 합격을 위해 집필되었습니다.

— DELF-DALF 시험관/채점관인 저자들이 한국 수험자들을 대상으로 다년간 쌓은 경험을 바탕으로 집필했습니다.
— 이 책에서 다루는 DELF 시험 방법론과 주제는 전략적으로 준비되었으며, 모든 주제 및 연습문제는 2020년부터 적용된 DELF B1 새 유형으로 집필했습니다.
— 혼자서 혹은 친구나 선생님과 함께 시험을 준비하는 데 도움이 되도록 구성했습니다.

이 교재에서 다음의 내용을 참고하실 수 있습니다.

— 실제 시험에서 볼 수 있는 다양한 주제가 수록된 모의고사를 볼 수 있습니다.
— 실제 시험과 동등한 상황에서 준비할 수 있도록 실제 자료, 기사 및 오디오 파일을 준비했습니다.
— 여러분의 쓰기 및 말하기를 최적화하기 위한 다양한 조언을 담았습니다.
— 쓰기 및 말하기 시험에서 다양한 논증을 올바른 문법으로 일관되게 구성하면서 풍부한 어휘와 표현을 사용할 수 있는 효과적인 방법을 제시하였습니다.

이제 여러분은 델프 B1에 합격하기 위한 완벽한 도구를 손에 쥐었습니다!
힘내세요!

이 책의 구성과 활용

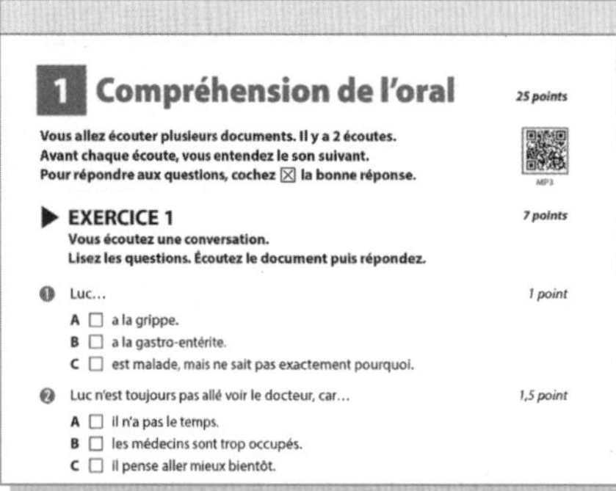

1 Compréhension de l'oral *25 points*

Vous allez écouter plusieurs documents. Il y a 2 écoutes.
Avant chaque écoute, vous entendez le son suivant.
Pour répondre aux questions, cochez ☒ la bonne réponse.

MP3

▶ **EXERCICE 1** *7 points*
Vous écoutez une conversation.
Lisez les questions. Écoutez le document puis répondez.

❶ Luc… *1 point*
- A ☐ a la grippe.
- B ☐ a la gastro-entérite.
- C ☐ est malade, mais ne sait pas exactement pourquoi.

❷ Luc n'est toujours pas allé voir le docteur, car… *1,5 point*
- A ☐ il n'a pas le temps.
- B ☐ les médecins sont trop occupés.
- C ☐ il pense aller mieux bientôt.

● 듣기 시험

총 7회분의 모의고사로 구성되어 있습니다. 전체 스크립트는 모의고사 뒤에 수록되어 있으며 MP3 음원을 다운로드와 QR 코드로 제공합니다.

듣기·말하기 **MP3** ▶ 

* 이 책의 듣기, 말하기 MP3 음원은 프랑스 원어민 15명이 녹음에 참여하여 다양한 억양과 말하기 속도를 들어볼 수 있습니다. 실제 시험과 비슷한 난이도의 원어민 음성으로 문제를 풀고 말하기를 연습할 수 있습니다.

● 읽기 시험

총 7회분의 모의고사로 구성되어 있습니다. 프랑스어 교육 전문가인 원어민 저자의 수준 높은 프랑스어 원문을 통해 시험을 대비하고 독해 실력을 키울 수 있습니다.

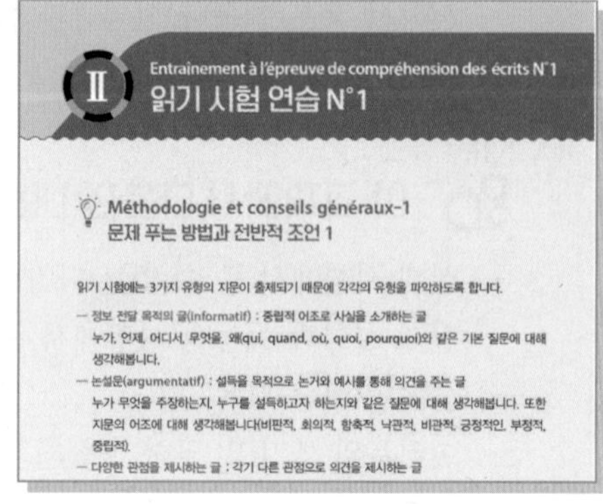

Ⅱ Entraînement à l'épreuve de compréhension des écrits N°1
읽기 시험 연습 N°1

Méthodologie et conseils généraux-1
문제 푸는 방법과 전반적 조언 1

읽기 시험에는 3가지 유형의 지문이 출제되기 때문에 각각의 유형을 파악하도록 합니다.

— 정보 전달 목적의 글(informatif) : 중립적 어조로 사실을 소개하는 글
누가, 언제, 어디서, 무엇을, 왜(qui, quand, où, quoi, pourquoi)와 같은 기본 질문에 대해 생각해봅니다.
— 논설문(argumentatif) : 설득을 목적으로 논거와 예시를 통해 의견을 주는 글
누가 무엇을 주장하는지, 누구를 설득하고자 하는지와 같은 질문에 대해 생각해봅니다. 또한 지문의 어조에 대해 생각해봅니다(비판적, 회의적, 함축적, 낙관적, 비관적, 긍정적인, 부정적, 중립적).
— 다양한 관점을 제시하는 글 : 각기 다른 관점으로 의견을 제시하는 글

● DELF 기존 버전 연습 문제

이 책은 2020부터 개정된 형식의 DELF를 기준으로 집필되었습니다. 그러나 2023년까지 듣기, 읽기 시험에서 출제될 가능성이 있으므로 듣기와 읽기 시험은 기존 버전 연습 문제를 준비했습니다. 시험 준비뿐만 아니라 실력 향상에도 도움이 되므로 풀어보는 것을 추천합니다.

* 이 책의 모든 문제는 효과적인 시험 준비를 위해 난이도를 낮은 수준부터 높은 수준까지 점진적으로 상향되도록 출제했습니다. 실제 시험보다 조금 낮은 난이도로 시작해서 마지막 모의고사는 실제 시험보다 조금 더 어렵습니다.

● 쓰기 시험

쓰기 유형별 문제 풀이 방법을 제시되어 있고 직접 답안을 작성해볼 수 있습니다. 다양한 주제의 연습 문제와 예시 답안이 수록되어 있습니다.

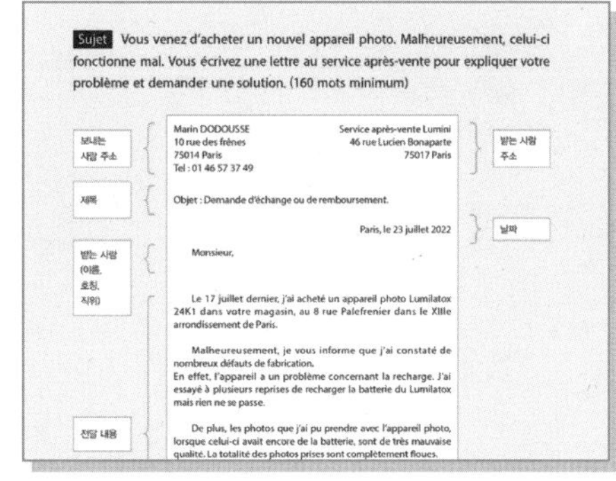

Sujet Vous venez d'acheter un nouvel appareil photo. Malheureusement, celui-ci fonctionne mal. Vous écrivez une lettre au service après-vente pour expliquer votre problème et demander une solution. (160 mots minimum)

보내는 사람 주소

Marin DODOUSSE
10 rue des frênes
75014 Paris
Tel : 01 46 57 37 49

받는 사람 주소

Service après-vente Lumini
46 rue Lucien Bonaparte
75017 Paris

제목

Objet : Demande d'échange ou de remboursement.

날짜

Paris, le 23 juillet 2022

받는 사람 (이름, 호칭, 직위)

Monsieur,

전달 내용

Le 17 juillet dernier, j'ai acheté un appareil photo Lumilatox 24K1 dans votre magasin, au 8 rue Palefrenier dans le XIIIe arrondissement de Paris.

Malheureusement, je vous informe que j'ai constaté de nombreux défauts de fabrication.
En effet, l'appareil a un problème concernant la recharge. J'ai essayé à plusieurs reprises de recharger la batterie du Lumilatox mais rien ne se passe.

De plus, les photos que j'ai pu prendre avec l'appareil photo, lorsque celui-ci avait encore de la batterie, sont de très mauvaise qualité. La totalité des photos prises sont complètement floues.

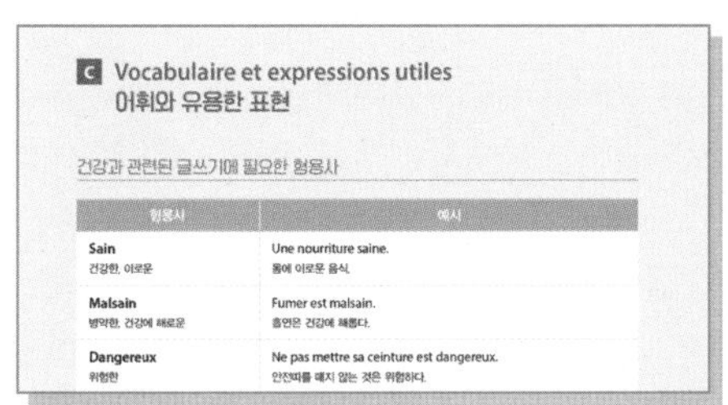

C Vocabulaire et expressions utiles
어휘와 유용한 표현

건강과 관련된 글쓰기에 필요한 형용사

형용사	예시
Sain 건강한, 이로운	Une nourriture saine. 몸에 이로운 음식.
Malsain 병약한, 건강에 해로운	Fumer est malsain. 흡연은 건강에 해롭다.
Dangereux 위험한	Ne pas mettre sa ceinture est dangereux. 안전띠를 매지 않는 것은 위험하다.

작문에 필요한 프랑스어 어휘와 표현 리스트를 제공합니다.

● 말하기 시험

유형별 답변 전략을 제시하고 실제로 활용할 수 있는 모의 답안을 제공합니다. 모의 답안의 녹음 파일은 MP3 다운로드와 QR 코드로 들어볼 수 있습니다. 다양한 주제의 연습 문제와 예시 답안이 수록되어 있습니다.

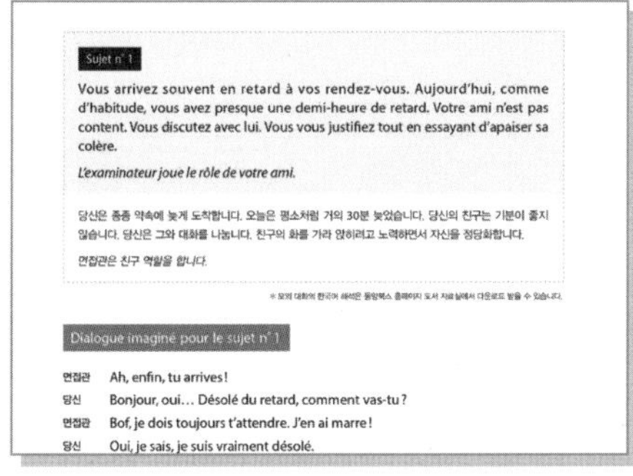

Sujet n° 1

Vous arrivez souvent en retard à vos rendez-vous. Aujourd'hui, comme d'habitude, vous avez presque une demi-heure de retard. Votre ami n'est pas content. Vous discutez avec lui. Vous vous justifiez tout en essayant d'apaiser sa colère.

L'examinateur joue le rôle de votre ami.

당신은 종종 약속에 늦게 도착합니다. 오늘은 평소처럼 거의 30분 늦었습니다. 당신의 친구는 기분이 좋지 않습니다. 당신은 그와 대화를 나눕니다. 친구의 화를 가라 앉히려고 노력하면서 자신을 정당화합니다.

면접관은 친구 역할을 합니다.

Dialogue imaginé pour le sujet n° 1

면접관 Ah, enfin, tu arrives !
당신 Bonjour, oui… Désolé du retard, comment vas-tu ?
면접관 Bof, je dois toujours t'attendre. J'en ai marre !
당신 Oui, je sais, je suis vraiment désolé.

● 자가 진단표

쓰기, 말하기 시험을 준비하면서 활용하면 좋은 자가 진단표를 제공합니다. 자가 진단표의 평가 기준을 통해 자신의 실력을 객관적으로 파악할 수 있습니다.

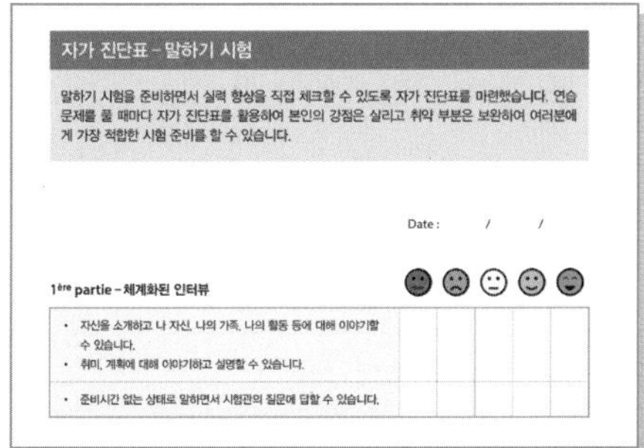

자가 진단표 – 말하기 시험

말하기 시험을 준비하면서 실력 향상을 직접 체크할 수 있도록 자가 진단표를 마련했습니다. 연습 문제를 풀 때마다 자가 진단표를 활용하여 본인의 강점은 살리고 취약 부분은 보완하여 여러분에게 가장 적합한 시험 준비를 할 수 있습니다.

Date : / /

1ère partie – 체계화된 인터뷰

• 자신을 소개하고 나 자신, 나의 가족, 나의 활동 등에 대해 이야기할 수 있습니다. • 취미, 계획에 대해 이야기하고 설명할 수 있습니다.					
• 준비시간 없는 상태로 말하면서 시험관의 질문에 답할 수 있습니다.					

Compréhension de l'oral – Méthodologie et épreuves types

I

듣기 시험

B1

I

Présentation de l'épreuve

듣기 시험 소개

듣기 시험은 인터뷰, 라디오 뉴스 또는 방송 같은 여러 종류의 녹음 자료 중 세 가지의 녹음을 듣고 문제를 푸는 방식입니다. 첫 번째는 일상생활 속의 대화입니다. 두 번째는 라디오 프로그램 속 인터뷰이고, 세 번째는 라디오 논평입니다. 시험 시간은 약 25분입니다.

듣기 시험은 일반적으로 총 3개의 파트로 구성되어 있습니다.

— 첫 번째 파트는 약 1분 30초 분량의 녹음으로 이루어집니다. 약 6개의 문항을 읽는 데 1분의 시간이 주어집니다. 첫 번째 녹음 청취 후 10초 동안 문제를 풀고, 두 번째 청취 후 30초 동안 앞서 다 풀지 못한 문제들에 대한 답을 보충합니다.

— 두 번째 파트 또한 약 1분 30초 분량의 녹음으로 이루어집니다. 약 7개의 문항을 읽는 데 1분의 시간이 주어집니다. 첫 번째 녹음 청취 후 10초 동안 문제를 풀고, 두 번째 청취 후 30초 동안 앞서 다 풀지 못한 문제들에 대한 답을 보충합니다.

— 세 번째 파트는 각각 약 1분 30초 분량의 녹음으로 이루어집니다. 약 7개의 문항을 읽는 데 1분의 시간이 주어집니다. 첫 번째 녹음 청취 후 10초 동안 문제를 풀고, 두 번째 청취 후 30초 동안 앞서 다 풀지 못한 문제들에 대한 답을 보충합니다.

※ DELF B1 듣기 시험을 효과적으로 준비하기 위해, 이 교재의 모의고사는 난이도가 점진적으로 높아지도록 준비했습니다. 첫 번째 모의고사는 실제 시험보다 약간 쉽고, 마지막 모의고사는 실제 시험보다 조금 더 어렵습니다.

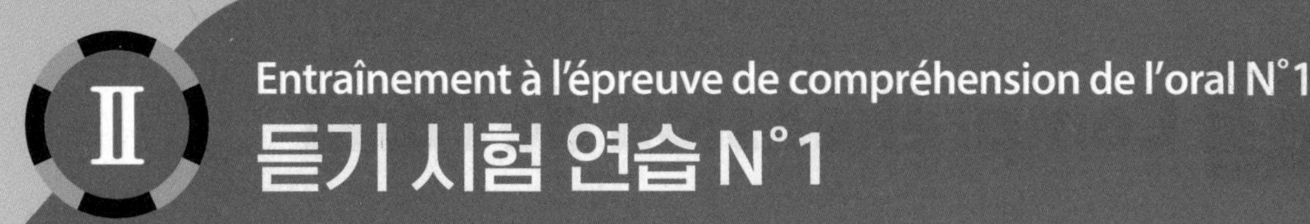

Entraînement à l'épreuve de compréhension de l'oral N°1
듣기 시험 연습 N°1

Méthodologie générale de la compréhension de l'oral
듣기 시험 문제를 푸는 일반적인 방법

어떻게 시험을 잘 볼 수 있을까요?

프랑스 교육부와 델프 시험을 주관하는 FEI(France Éducation international)의 시험 시작을 알리는 지시 사항 방송이 시작되면, 여러분은 바로 약 20초 동안 듣기 문제의 문항들을 읽을 수 있습니다. 교재에서 설명한 대로 이 지시 사항 방송은 듣기 시험의 여러 단계를 설명하는 것이므로, 이를 듣지 않고 바로 문제를 읽으면 됩니다. 문항에 제시된 어휘나 장소, 사람, 사건, 원인/결과, 숫자 등 여러분이 찾아야 할 정보를 바탕으로 나올 주제를 예상해 보도록 합니다.

시험지에 있는 문제와 녹음 자료에서 사용되는 어휘에 주의하세요. 여러분이 가지고 있는 어휘의 범위를 평가하기 위해서 동의어가 많이 사용됩니다.

2020년부터 객관식으로만 구성된 새 버전의 듣기 문제가 출제될 수 있습니다. 채점자가 여러분이 표시한 답을 혼동하지 않도록 원하는 답에만 정확하게 표시하도록 합니다. 그러나 2023년까지는 기존 버전이 출제될 수도 있습니다.

답에 확신이 없는 경우, 본인이 생각하기에 가장 정답에 가깝다고 생각하는 답에 표시하세요. 만약 답을 모르더라도 답 선택을 포기하지 말고 듣기 지문의 맥락과 다른 문항에서 선택한 답에 따라 상식적인 선에서 답을 고를 수 있도록 합니다.

1 Compréhension de l'oral

25 points

Vous allez écouter plusieurs documents. Il y a 2 écoutes.
Avant chaque écoute, vous entendez le son suivant.
Pour répondre aux questions, cochez ☒ la bonne réponse.

MP3

▶ EXERCICE 1

7 points

Vous écoutez une conversation.
Lisez les questions. Écoutez le document puis répondez.

❶ Luc… *1 point*

A ☐ a la grippe.
B ☐ a la gastro-entérite.
C ☐ est malade, mais ne sait pas exactement pourquoi.

❷ Luc n'est toujours pas allé voir le docteur, car… *1,5 point*

A ☐ il n'a pas le temps.
B ☐ les médecins sont trop occupés.
C ☐ il pense aller mieux bientôt.

❸ Quand on a une gastro-entérite, on doit… *1,5 point*

A ☐ boire de l'eau.
B ☐ ne pas manger certains aliments comme le pain.
C ☐ faire du sport.

❹ Selon le document, pour éviter d'être malade, il faut… *1 point*

A ☐ être très propre.
B ☐ se faire vacciner.
C ☐ porter des vêtements chauds.

❺ Quelle est la période de l'année ? *1 point*

A ☐ L'hiver.
B ☐ L'automne.
C ☐ Le printemps.

❻ Quand est le rendez-vous de Luc chez le docteur ? *1 point*

A ☐ Demain à 7 heures.
B ☐ Demain à 17 heures.
C ☐ Aujourd'hui à 19 heures.

▶ EXERCICE 2

9 points

Vous écoutez la radio.
Lisez les questions. Écoutez le document puis répondez.

❶ Quel est le pourcentage de Français ayant une bonne alimentation ? *1 point*

A ☐ 80 %
B ☐ 20 %
C ☐ 50 %

❷ Selon l'invité, une mauvaise alimentation a un effet négatif sur… *1,5 point*

A ☐ le sommeil.
B ☐ le poids.
C ☐ la concentration.

❸ Il est préférable d'avoir une alimentation… *1 point*

A ☐ variée.
B ☐ déséquilibrée.
C ☐ sans restriction.

❹ Le professeur explique que… *1,5 point*

A ☐ tous les aliments gras sont mauvais pour la santé.
B ☐ s'ils sont consommés sans excès, tous les aliments sont bons pour la santé.
C ☐ manger seulement des fruits et légumes est excellent pour la santé.

❺ Combien de fruits et légumes devrions-nous manger par jour ? *1 point*

A ☐ au minimum 3.
B ☐ environ 5.
C ☐ au moins 5.

❻ Selon le document, la consommation de fruits et légumes nous permet de… *1,5 point*

A ☐ bien dormir.
B ☐ devenir plus actif.
C ☐ vieillir plus lentement.

❼ Combien coûte une consultation avec un spécialiste de la nutrition ? *1,5 point*

A ☐ 60 euros.
B ☐ 43 euros.
C ☐ On ne sait pas.

▶ EXERCICE 3

9 points

Vous écoutez la radio.
Lisez les questions. Écoutez le document puis répondez.

❶ Les Français sont… *1 point*

A ☐ une minorité
B ☐ une majorité … à être concernés par le stress.
C ☐ très peu

❷ L'objectif de l'invité, est… *1 point*

A ☐ de promouvoir son livre.
B ☐ d'informer le grand public.
C ☐ de convaincre les auditeurs.

❸ Le stress peut avoir des effets… *1,5 point*

A ☐ uniquement physiques.
B ☐ uniquement psychologiques.
C ☐ sur le corps et le mental.

❹ L'invité explique que le stress est généralement causé par… *1,5 point*

A ☐ les problèmes d'hygiène de vie.
B ☐ le travail et la famille.
C ☐ l'hérédité, notre patrimoine génétique.

❺ D'après monsieur ESTREK, les enfants et les adolescents sont de plus en plus stressés à cause de… *1,5 point*

A ☐ la violence à l'école.
B ☐ la compétition entre les élèves.
C ☐ leur éducation, de plus en plus stricte.

❻ Chez les jeunes, le stress peut être à l'origine… *1 point*

A ☐ du harcèlement scolaire.
B ☐ de la consommation de tabac.
C ☐ de la dépression.

❼ Pour combattre le stress, l'invité conseille… *1,5 point*

A ☐ de supprimer toutes les sources de stress.
B ☐ de bien manger et de faire du sport.
C ☐ de voyager dans un pays étranger.

Note pour l'épreuve de compréhension de l'oral : /25

Entraînement à l'épreuve de compréhension de l'oral N°2
듣기 시험 연습 N°2

Conseils généraux pour la compréhension de l'oral
듣기 시험에 대한 전반적 조언

반복되는 표현과 억양에 주의하세요.

전반적으로 반복되는 표현과 단어를 찾아보세요. 여러분이 이미 알고 있고, 알아들을 수 있는 것부터 찾아보세요. 또한 억양은 말하고자 하는 의미에 대한 힌트를 줄 수 있으므로 억양에 귀를 기울여 보세요. (말하는 이는 중요한 단어를 의도하는 대로 강조하게 되는데, 이를 억양에서 파악할 수 있습니다. 억양은 또한 슬픔, 무시, 반감, 두려움, 환멸, 기쁨, 흥분, 분노, 아이러니, 풍자 등 특정 의도나 감정 등을 반영할 수 있습니다.)

단어들과 말투에서 주어진 정보를 적고, 그것들을 연결하여 지문 내용에 대한 가설을 세워 보세요. 필요한 경우에 숫자, 백분율, 날짜, 통계 등을 설명하기 위해 제시된 근거나 예시에도 주의를 기울이세요.

전반적인 듣기 이해를 우선시하세요.

듣기 자료의 이해를 방해하는 것은 자료에 나오는 모르는 어휘입니다. 우리는 종종 오디오 파일이 시작되자마자 손으로 머리를 붙잡고 《나는 아무것도 이해하지 못했어...!》라고 한숨 쉬는 학습자들을 보게 됩니다. 이들과 얘기를 나눠 보면 시험에 그들이 모르는 단어가 나왔거나 아는 단어인데 들리지 않은 것에 당황했다는 것을 알게 되었습니다.

따라서 듣기 시험을 대비하여 공부하기 위해서는 모르는 단어를 이해하는 데 초점을 맞추는 것이 아니라 듣기 자료의 전반적인 의미를 파악하는 데 집중해야 합니다. 이를 위해서 먼저 듣기 자료의 형식을 파악한 다음 키워드, 고유명사, 숫자를 식별하는 것이 중요합니다. 이 식별 단계에서는 언어 이외의 많은 지식이 자료를 이해하는 데 도움을 줍니다.

2 Compréhension de l'oral

25 points

Vous allez écouter plusieurs documents. Il y a 2 écoutes.
Avant chaque écoute, vous entendez le son suivant.
Pour répondre aux questions, cochez ☒ la bonne réponse.

MP3

▶ EXERCICE 1

7 points

Vous écoutez une conversation.
Lisez les questions. Écoutez le document puis répondez.

❶ Comment s'appelle la pièce de théâtre que Simon souhaite aller voir ? *1 point*

- **A** ☐ La vie de rêve.
- **B** ☐ La Grande Comédie.
- **C** ☐ Abracadabrunch.

❷ Pour quelle raison Sophie ne souhaite-t-elle pas aller voir cette pièce de théâtre ? *1,5 point*

- **A** ☐ Ce spectacle est ennuyeux.
- **B** ☐ Elle l'a déjà vue.
- **C** ☐ C'est trop loin de chez elle.

❸ Comment s'appelle le deuxième spectacle que propose Simon à Sophie ? *1 point*

- **A** ☐ Le Contrescarpe.
- **B** ☐ Le Mentaliste.
- **C** ☐ Léo Brière : influence.

❹ Il s'agit d'un spectacle… *1 point*

- **A** ☐ comique.
- **B** ☐ de magie.
- **C** ☐ de danse.

❺ À quelle heure a lieu la représentation ? *1 point*

- **A** ☐ 20 h 15.
- **B** ☐ 20 h 30.
- **C** ☐ 21 h 30.

❻ Où vont se rencontrer Sophie et Simon ? *1,5 point*

- **A** ☐ Chez Sophie.
- **B** ☐ Chez Simon.
- **C** ☐ Devant le théâtre.

▶ EXERCICE 2 *9 points*

Vous écoutez la radio.
Lisez les questions. Écoutez le document puis répondez.

❶ Qui est monsieur GORA ? *1 point*

A ☐ Un dessinateur.
B ☐ L'organisateur d'un événement.
C ☐ Une personne qui adore Tintin.

❷ Quand a été publié Tintin pour la première fois ? *1 point*

A ☐ En 1955.
B ☐ En 1929.
C ☐ En 1999.

❸ De quel pays est originaire HERGÉ, l'auteur ? *1 point*

A ☐ L'Angleterre.
B ☐ La France.
C ☐ La Belgique.

❹ Tintin, est un héros de bande dessinée, mais il est également apparu dans… *1,5 point*

A ☐ des jeux vidéo.
B ☐ des jeux de société.
C ☐ des publicités.

❺ Certains reprochent à la bande dessinée… *1,5 point*

A ☐ d'être mal dessinée.
B ☐ de ne pas s'inspirer de faits réels.
C ☐ de diffuser des idées racistes et colonialistes.

❻ Quand commence l'exposition sur Tintin ? *1,5 point*

A ☐ Au printemps.
B ☐ En automne.
C ☐ En hiver.

❼ Où est organisée l'exposition ? *1,5 point*

A ☐ Au Palais des Congrès.
B ☐ Au Grand Palais.
C ☐ Au Cabaret Marlais.

▶ EXERCICE 3

9 points

Vous écoutez la radio.
Lisez les questions. Écoutez le document puis répondez.

❶ Ce document est… *1 point*

A ☐ une interview sur l'attrait touristique de Paris.
B ☐ une offre promotionnelle pour visiter des monuments parisiens.
C ☐ une interview sur les événements culturels organisés par la ville de Paris.

❷ Quel artiste ayant vécu à Paris n'est pas cité ? *1,5 point*

A ☐ PICASSO.
B ☐ HEMINGWAY.
C ☐ DALI.

❸ Combien y a-t-il de musées à Paris ? *1 point*

A ☐ 126.
B ☐ 136.
C ☐ 146.

❹ Combien coûte l'entrée pour l'exposition au jardin du Luxembourg ? *1,5 point*

A ☐ 12 euros.
B ☐ 15 euros.
C ☐ Elle est gratuite.

❺ Qui est Yann ARTHUS-BERTRAND ? *1 point*

A ☐ Un sculpteur.
B ☐ Un photographe.
C ☐ Un peintre.

❻ Quel est le nombre de pays visités par Yann ARTHUS-BERTRAND ? *1,5 point*

A ☐ 15.
B ☐ 43.
C ☐ 28.

❼ Où se trouve le jardin des Tuileries ? *1,5 point*

A ☐ En banlieue parisienne.
B ☐ Dans le centre de Paris.
C ☐ À l'extérieur de Paris.

Note pour l'épreuve de compréhension de l'oral : **/25**

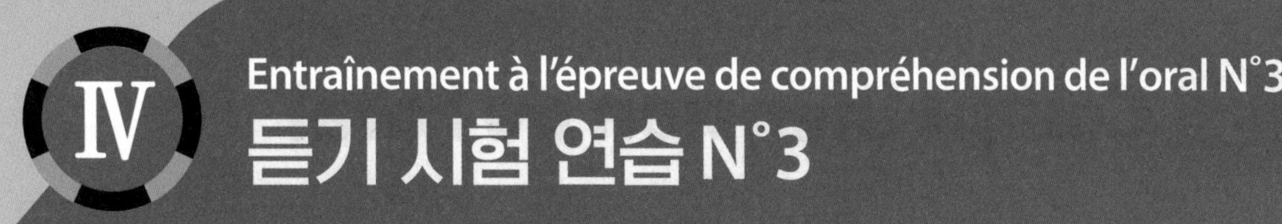

IV Entraînement à l'épreuve de compréhension de l'oral N°3
듣기 시험 연습 N°3

Méthodologie proposée lors de l'écoute
듣기 훈련 방법

가장 최상의 조건에서 들으세요.

듣기 시험은 말하는 동시에 들어야 하기 때문에 다른 파트보다 훨씬 더 집중해야 합니다. (능동적으로) 듣는 것과 (수동적으로) 들리는 것은 같지 않습니다. 녹음을 듣기 전에 듣기에만 집중할 수 있는 환경인지 확인하세요. 듣기 이외에는 아무 것도 하지 않아야 하며 도움이 된다면 눈을 감고 들을 수도 있습니다.

듣기 시험을 준비하는 단계

1. 청취 전 단계

— 녹음이 재생되기 전에 시험지의 문항을 읽으면서 앞으로 들을 내용에 대해 상상해보고 듣기를 준비하세요. 내용을 예상해 보는 것은 듣기의 이해를 수월하게 해줍니다.

— 첫 번째 청취 전에 듣기 시험지의 모든 문항을 주의 깊게 읽는 것은 '기준점'이 될 수 있기 때문에 매우 중요합니다. 문항의 질문 순서는 녹음의 내용과 구조를 보여줍니다. 왜냐하면 문항은 녹음의 내용 흐름과 구성을 따르기 때문입니다. 따라서 문항을 먼저 파악한다면 무엇을 어느 시점에 얘기하게 될지 세부적으로 미리 알 수 있습니다. 이 단계를 거치면 들을 내용을 예상하고 있기 때문에 녹음 내용을 더 잘 추측하고 가정할 수 있습니다.

2. 첫 번째 청취

— 자료의 유형, 등장인물, 주제 등 전반적 이해를 목표로 합니다.

— 문항과 녹음의 구조에서 상관 관계를 확인할 수 있습니다.

— 첫 번째 청취 시 답을 찾은 문항이 있다면, 망설이지 말고 원하는 답에 표시하세요. 이를 통해 두 번째 청취에서는 앞서 답하지 못한 문항에 더 집중할 수 있습니다.

3. 두 번째 청취

— 이제 어느 부분에서 답을 찾을 수 있는지 정확히 알고 있으므로 각 문항에 대한 답을 찾을 수 있습니다.

3 Compréhension de l'oral

25 points

Vous allez écouter plusieurs documents.
Avant chaque écoute, vous entendez le son suivant.
Pour répondre aux questions, cochez ☒ la bonne réponse.

MP3

▶ EXERCICE 1

7 points

Vous écoutez une conversation.
Lisez les questions. Écoutez le document puis répondez.

❶ De quoi souhaite parler monsieur DELAUNAIS à Tony ? *1,5 point*

A ☐ D'une mauvaise note, obtenue par Tony.
B ☐ De l'orientation professionnelle de Tony.
C ☐ De sa thèse.

❷ Monsieur DELAUNAIS pense que le travail de Tony est… *1,5 point*

A ☐ décevant.
B ☐ satisfaisant.
C ☐ parfait.

❸ Cela fait… *1 point*

A ☐ 2 semaines
B ☐ 4 mois … que Tony travaille sur ce projet.
C ☐ 6 mois

❹ Napoléon III était… *1 point*

A ☐ le fils
B ☐ le cousin … de Napoléon Bonaparte.
C ☐ le neveu

❺ Concernant la suggestion de monsieur DELAUNAIS, de quoi a peur Tony ? *1 point*

A ☐ De manquer de temps.
B ☐ Que ce soit trop difficile.
C ☐ Que ce soit hors sujet.

1 point

❻ Qui est Tony ?

A ☐ Un lycéen.
B ☐ Un étudiant d'université.
C ☐ Un professeur.

▶ EXERCICE 2 *9 points*

Vous écoutez la radio.
Lisez les questions. Écoutez le document puis répondez.

❶ Ce document audio est une émission radio ayant pour thème… *1 point*

A ☐ l'éducation.
B ☐ l'écologie.
C ☐ la science.

❷ Combien existe-t-il d'écoles Montessori dans le monde ? *1 point*

A ☐ 12 500.
B ☐ 5 200.
C ☐ 2 500.

❸ Maria MONTESSORI était… *1,5 point*

A ☐ une professeure.
B ☐ un médecin.
C ☐ une psychologue.

❹ La méthode Montessori vise les enfants… *1,5 point*

A ☐ de 2 à 11 ans.
B ☐ de 3 à 12 ans.
C ☐ de 4 à 13 ans.

❺ Le but de la pédagogie Montessori est… *1,5 point*

A ☐ de cultiver chez l'enfant le désir d'apprendre.
B ☐ de faire progresser rapidement les enfants.
C ☐ de faire mémoriser aux enfants de nombreuses connaissances.

❻ Selon l'invitée… *1,5 point*

A ☐ c'est en écoutant qu'un enfant peut apprendre.
B ☐ c'est en lisant qu'un enfant peut apprendre.
C ☐ c'est par l'expérience qu'un enfant peut apprendre.

❼ Combien coûte par an, en moyenne, une école Montessori ? *1 point*

A ☐ Entre 4500 et 6000 euros.
B ☐ Entre 1500 et 3000 euros.
C ☐ Entre 2500 et 4000 euros.

▶ EXERCICE 3

9 points

Vous écoutez la radio.
Lisez les questions. Écoutez le document puis répondez.

❶ Une nouvelle loi interdit… *1 point*

A ☐ de punir les enfants.
B ☐ de punir par la violence les enfants.
C ☐ de donner des punitions aux enfants.

❷ Combien de pays avaient interdit les châtiments corporels avant la France ? *1 point*

A ☐ 18 pays.
B ☐ 44 pays.
C ☐ 58 pays.

❸ Les défenseurs de la punition corporelle considèrent que cette méthode est… *1,5 point*

A ☐ inefficace.
B ☐ dangereuse.
C ☐ efficace.

❹ Les enfants victimes de sanctions corporelles peuvent… *1,5 point*

A ☐ devenir timides.
B ☐ manquer de confiance en eux.
C ☐ avoir de bons résultats scolaires.

❺ Que risquent les parents qui frappent leurs enfants pour les punir ? *1,5 point*

A ☐ Rien.
B ☐ 5 ans de prison.
C ☐ 10 000 euros d'amende.

❻ D'après l'institut Alios, en France, les parents sont… *1,5 point*

A ☐ 44 %.
B ☐ 17 % … à utiliser la violence dans l'éducation.
C ☐ 35 %

❼ La loi sera mise en application, c'est-à-dire active… *1 point*

A ☐ la semaine suivante.
B ☐ l'année suivante.
C ☐ le mois suivant.

Note pour l'épreuve de compréhension de l'oral : /25

Entraînement à l'épreuve de compréhension de l'oral N°4
듣기 시험 연습 N°4

Méthodologie
듣기 시험 문제 푸는 방법

듣기에서 만날 수 있는 난관

녹음을 들을 때 몇 가지 난관에 직면할 수 있습니다. 이를 극복하기 위해서는 어떤 어려움이 있는지 인식하고 있는 것이 중요합니다. 따라서 어떤 난관에 부딪힐 수 있는지 함께 보겠습니다.

— 들리는 소리는 구별할 수 있지만 단어는 구별할 수 없을 때 : 분절의 문제
— 듣기 자료에서 말하는 속도가 매우 빠르다고 느껴질 때 : 분절과 구별 문제
— 단어는 식별하지만, 그게 무슨 의미인지 모를 때 : 어휘의 문제
— 속담, 관용 표현, 비유법을 이해하지 못할 때 : 어휘의 문제
— 모르는 단어나 듣지 못한 단어의 의미를 추측할 수 없을 때 : 단어 막힘의 문제
— 단어는 모두 이해하지만 문장은 이해하지 못할 때 : 문법의 문제
— 어떤 내용을 참고했는지 모를 때(예 : la COP21/ 유엔기후변화협약 당사국 총회, l'ONU/국제연합) : 일반 상식의 문제
— 여러 문장들 사이의 관계를 따라가지 못할 때 : 일관성을 나타내는 표현에 대한 지식의 문제

각 문제에 대한 해결책

— **분류/식별의 문제** : 라디오, 팟캐스트를 듣거나 영화, 단편물 혹은 유튜버들의 프랑스어 영상을 보면서 프랑스어 구어를 접하는 것이 필요합니다.

오디오 자료를 들으면서 동시에 스크립트를 읽는 것이 매우 효과적입니다. 이 교재의 연습 문제 자료를 이용하여 연습해볼 수 있습니다.

받아쓰기도 매우 유용한 방법입니다. 예를 들어 프랑스어로 된 오디오북을 들을 때, 듣고 있는 내용을 글로 써볼 수 있습니다. 물론 원하는 만큼 쉬었다가 앞의 내용으로 다시 되돌아갈 수도 있습니다. 받아쓰기는 처음에는 어려울 수 있지만 매우 효과적이고 실력 향상 속도가 빠른 방법이라는 것을 여러분도 알게 될 것입니다.

— **단어 간의 구별 문제** : 분절의 문제처럼, 다양한 매체를 통해 프랑스어 구어를 더 자주 접하는 것이 필요합니다. 받아쓰기도 매우 효과적인 방법입니다. 단어 구별 문제, 즉 두 단어가 혼동될 때, 단어에 집중하여 발음의 차이가 있는지 보아야 합니다. 혼동되는 단어들과 구별하기 어려운 발음의 리스트를 정리한 표를 직접 만들어도 좋습니다.

— **어휘 문제** : 가장 흔한 문제일 것입니다. 새로 알게 된 단어를 정리한 단어장을 만들고, 외우세요. 특히 이 교재 연습 문제의 어휘는 반드시 외워야 합니다. 실제로 이 교재는 여러분이 B1 시험에 자주 나오는 어휘에 익숙해지도록 연습 문제를 제작했습니다. 그러므로 여러분은 기사, 스크립트, 지시사항, 예시 작문 등에서 새로 본 단어를 단어장에 쓰고, 암기해야 합니다. 이 방법대로 단어를 익히면, 실제 시험에서 어휘로 인해 당황하는 일은 없을 것입니다!

— **문법 문제** : 이 문제를 해결하는 가장 좋은 방법은 프랑스어를 많이 읽고 문장의 구성과 문법을 자세히 이해하는 것입니다. 프랑스어 문법 규칙을 암기하고 사용하는 방법을 알아야 합니다.

— **일반 상식 문제** : 최신 시사 뉴스와 사회 문제에 더 관심을 가져야 합니다. 프랑스어 또는 한국어로 신문을 읽으세요.

— **일관성을 나타내는 표현 지식의 문제** : 말을 할 때 일관성을 나타내는 표현에 익숙해져야 합니다. 그러려면 라디오, 팟캐스트를 듣고 영화, 단편물, 유튜버의 프랑스어 영상을 보면서 프랑스어 오디오 콘텐츠에 대한 노출을 늘려야 합니다. 토론을 듣는 것도 흥미롭습니다. 프랑스어로 말하기에 있어 일관성과 통일성을 나타내는 표현은 이 교재의 말하기 파트에 자세히 설명되어 있습니다. 이 파트를 꼭 참조하길 바랍니다.

— **단어와 문장을 모두 이해하지는 못하는 문제** : 여러분이 모든 내용을 이해하지 못하는 것은 정상입니다. 듣기에서 가장 중요한 것은 메시지의 중요한 요점을 이해하는 것입니다. 그런 다음 우리에게 부족한 부분을 추측해야 합니다. 이때 일반 상식, 프랑스어 문법 및 구문에 대한 지식, 말하는 사람의 언어 요소들을 활용해야 합니다(예를 들어 '그러나'라는 단어를 들으면 앞의 내용과 반대되는 말을 할 것이라고 예상할 수 있습니다).

듣기에서는 모든 단어가 다 중요한 것은 아닙니다. 시험에서 모르는 단어를 발견했을 때, 거기에 멈춰 있어서는 안 됩니다. 일단 그것을 제쳐 두어야 합니다. 우리는 대부분 문장의 맥락에서 그 의미를 이해할 수 있습니다. 또한 그 단어가 꼭 중요하지 않을 수도 있습니다.

어떤 경우든 모르는 단어에 막혀 있는 것은 중대한 실수입니다. 왜냐하면 더 중요한 다른 정보를 놓칠 위험이 있기 때문입니다. 따라서 모르는 단어는 그대로 두는 것이 좋습니다. 이는 외국어를 잘 듣기 위한 기본 전략입니다!

가능한 한 많은 정보를 이해하기 위해 모든 수단을 이용하세요. 하지만 오디오 자료의 일부를 이해하지 못하는 것은 그리 중요하지 않습니다. 이는 언어를 배울 때 흔히 겪는 일입니다. 따라서 스트레스 받지 않고 규칙적으로 듣기 연습을 하면 여러분의 자신감이 더 커질 것입니다.

4 Compréhension de l'oral

25 points

Vous allez écouter plusieurs documents.
Avant chaque écoute, vous entendez le son suivant.
Pour répondre aux questions, cochez ☒ la bonne réponse.

MP3

▶ EXERCICE 1

7 points

Vous écoutez une conversation.
Lisez les questions. Écoutez le document puis répondez.

❶ Que propose Julie à Mélanie ? *1 point*

A ☐ D'aller à un match de foot.
B ☐ De jouer au baby-foot.
C ☐ De jouer au foot.

❷ Depuis quand Julie joue-t-elle au football ? *1 point*

A ☐ Depuis qu'elle est enfant.
B ☐ Depuis 3 mois.
C ☐ Depuis 8 semaines.

❸ Mélanie a peur… *1,5 point*

A ☐ de ne pas avoir assez de temps.
B ☐ d'être mauvaise dans ce sport.
C ☐ de se blesser.

❹ Mélanie semble ravie par la proposition de son amie, car… *1 point*

A ☐ elle s'ennuyait.
B ☐ elle cherchait un travail.
C ☐ elle voulait pratiquer un sport.

❺ Quel événement aura lieu dans un mois ? *1,5 point*

A ☐ Une compétition de foot.
B ☐ Un match national.
C ☐ Un voyage avec toute l'équipe.

❻ Pourquoi les filles ne se rencontrent-elles pas dans la journée ? *1 point*

A ☐ Parce qu'il fait trop chaud.
B ☐ Parce que le lieu d'entraînement est fermé.
C ☐ Parce que certaines ont un emploi.

▶ EXERCICE 2

9 points

Vous écoutez la radio.
Lisez les questions. Écoutez le document puis répondez.

❶ Le DIY est une sorte de… *1,5 point*

A ☐ bricolage.
B ☐ sport.
C ☐ voyage.

❷ Pour pratiquer le DIY… *1 point*

A ☐ un équipement spécifique est nécessaire.
B ☐ il faut avoir un budget important.
C ☐ généralement peu de matériel est nécessaire.

❸ Dans le cadre du DIY, comment sont créés les objets ? *1,5 point*

A ☐ Avec des machines spéciales.
B ☐ Artisanalement.
C ☐ Par l'entreprise DIY.

❹ D'après le journaliste, quelle est la différence entre le bricolage et le DIY ? *1,5 point*

A ☐ Le DIY s'accompagne d'une philosophie.
B ☐ Le DIY coûte moins cher.
C ☐ Le DIY est plus facile.

❺ D'après le journaliste, le DIY… *1,5 point*

A ☐ rend heureux.
B ☐ rend intelligent.
C ☐ permet de garder la forme.

❻ Quelles sont les valeurs principales du DIY ? *1 point*

A ☐ L'écologie et le sens artistique.
B ☐ L'esprit de communauté et la consommation modérée.
C ☐ La famille et la transmission du savoir-faire.

❼ Où les adeptes du DIY trouvent-ils généralement leur inspiration ? *1 point*

A ☐ Dans des livres.
B ☐ Lors de réunions DIY.
C ☐ Dans des vidéos en ligne.

▶ EXERCICE 3

9 points

Vous écoutez la radio.
Lisez les questions. Écoutez le document puis répondez.

❶ Ce document pourrait être issu de la rubrique… *1 point*

A ☐ économie.
B ☐ sport.
C ☐ développement personnel.

❷ D'après l'invitée, les Français sont… *1 point*

A ☐ 15 %
B ☐ 55 % … à détester leur travail.
C ☐ 75 %

❸ D'après la consultante, beaucoup de Français pensent que le temps consacré aux loisirs est… *1,5 point*

A ☐ du temps perdu.
B ☐ très important.
C ☐ insuffisant.

❹ Selon madame BELLINI, pour avoir un meilleur équilibre de vie, il faut… *1,5 point*

A ☐ être plus productif au travail.
B ☐ travailler moins.
C ☐ refuser les tâches qui sont trop difficiles.

❺ Pendant notre temps libre, il vaut mieux privilégier les activités… *1,5 point*

A ☐ sportives pour être en bonne santé.
B ☐ artistiques ou créatives.
C ☐ que l'on aime réellement.

❻ Pour bien gérer notre vie privée et notre vie professionnelle, il faut… *1,5 point*

A ☐ qu'elles soient séparées distinctement.
B ☐ faire de son métier sa passion.
C ☐ avoir deux fois plus de temps pour les loisirs que pour le travail.

❼ Selon madame BELLINI, ses conseils, permettent d'avoir… *1 point*

A ☐ plus d'amis.
B ☐ plus d'argent.
C ☐ une vie plus satisfaisante.

Note pour l'épreuve de compréhension de l'oral : /25

VI Entraînement à l'épreuve de compréhension de l'oral N°5
듣기 시험 연습 N°5

Méthodologie
듣기 시험 문제 푸는 방법

이전 파트에서 듣기 시험을 준비하는 단계와 방법에 대해 조언해드렸지만, 모든 수험생들은 각자 스타일이 다릅니다. 이전 파트의 조언을 토대로 자신에게 맞는 듣기 전략을 찾아야 합니다.

실제로 듣기 시험에서 한국 학생들은 대부분 다음의 두 가지 방식을 선택합니다.

— **메모하기** : 녹음을 들으면서 시간을 절약하기 위해 중요한 정보를 문장이 아닌 키워드 중심으로 메모하는 것입니다.

— **전반적 이해** : 첫 번째 청취 시에는 메모를 하지 않고 녹음을 주의 깊게 듣고, 답을 찾은 문항에 정답을 표시합니다. 두 번째 청취 시에는 답을 찾지 못한 나머지 문항에 대한 정보를 메모합니다.

다시 말하지만, 좋은 전략은 본인에게 잘 맞는 전략입니다. 따라서 자신에게 맞는 듣기 전략을 찾기 위해 여러 방법을 테스트해보는 것이 좋습니다. IV장에서 자세히 설명된 듣기 전략은 효과적이라는 것이 입증되었으므로 시도해보는 것을 권장합니다.

또한, 이미 언급했듯이 듣기 문항은 녹음의 순서와 동일하게 출제된다는 것을 꼭 명심해야 합니다. 첫 번째 문항은 녹음의 시작 부분, 마지막 문항은 녹음의 마지막 부분과 연관됩니다. 하지만 녹음의 전체 흐름을 잃지 않도록 한 질문에만 초점을 맞추지 말고 앞뒤로 이어지는 2~3개의 질문에 집중하도록 합니다. 만약 한 질문에 대한 내용을 놓쳤다면, 의미를 이해한 다른 부분, 가능하면 다음 문항에 연관된 내용을 이해하는 데 집중하세요.

5 Compréhension de l'oral

25 points

Vous allez écouter plusieurs documents.
Avant chaque écoute, vous entendez le son suivant.
Pour répondre aux questions, cochez ☒ la bonne réponse.

MP3

▶ EXERCICE 1

7 points

Vous écoutez une conversation.
Lisez les questions. Écoutez le document puis répondez.

❶ Pour Émilie, Henri est… *1 point*

A ☐ un ami de lycée.
B ☐ son voisin.
C ☐ un commerçant de sa rue.

❷ Émilie habite… *1,5 point*

A ☐ un étage au-dessus d'Henri.
B ☐ un étage au-dessous d'Henri.
C ☐ au même étage qu'Henri.

❸ Émilie demande à Henri… *1 point*

A ☐ d'être amis sur Facebook.
B ☐ combien il a d'amis sur Facebook.
C ☐ où il est allé l'été dernier.

❹ Combien d'amis Henri a-t-il sur Facebook? *1 point*

A ☐ Moins de 300.
B ☐ Entre 300 et 600.
C ☐ Plus de 600.

❺ Henri pense que ses amis sur Facebook… *1,5 point*

A ☐ sont tous très intéressants.
B ☐ sont étranges.
C ☐ ne sont pas de vrais amis.

❻ À propos de la Tunisie, Émilie dit… *1 point*

A ☐ qu'il y fait trop chaud pour elle.
B ☐ qu'elle aimerait y aller dans un an.
C ☐ qu'elle y est déjà allée.

▶ EXERCICE 2

9 points

Vous écoutez la radio.
Lisez les questions. Écoutez le document puis répondez.

❶ L'inventeur de la télévision est originaire… *1 point*

A ☐ de Finlande.
B ☐ d'Écosse.
C ☐ d'Espagne.

❷ Quand a eu lieu la première retransmission publique de télévision ? *1 point*

A ☐ Dans les années 20.
B ☐ Dans les années 30.
C ☐ Dans les années 40.

❸ Où a été mis le premier émetteur télévisé en France ? *1,5 point*

A ☐ Sur la tour Eiffel.
B ☐ Sur l'Arc de Triomphe.
C ☐ Sur le Palais de l'Élysée.

❹ Combien de personnes possédaient une télévision en 1931 ? *1,5 point*

A ☐ Moins de deux cents personnes.
B ☐ Entre deux cents et trois cents personnes.
C ☐ Plus de trois cents personnes.

❺ Combien de temps passent en moyenne les Français à regarder la télévision par jour ? *1 point*

A ☐ 1 heure et 30 minutes.
B ☐ 2 heures et 30 minutes.
C ☐ 3 heures et 30 minutes.

❻ En 1994, les médias… *1,5 point*

A ☐ n'ont pas parlé
B ☐ n'ont pas assez parlé … du génocide au Rwanda.
C ☐ ont trop parlé

❼ La télévision est critiquée, car… *1,5 point*

A ☐ elle a un effet négatif sur les enfants.
B ☐ le programme est imposé au spectateur.
C ☐ elle est moins utile qu'Internet.

▶ EXERCICE 3

9 points

Vous écoutez la radio.
Lisez les questions. Écoutez le document puis répondez.

❶ Le chroniqueur parle… *1 point*

A ☐ de la place des médias dans notre société.
B ☐ des nouveaux médias.
C ☐ des différents types de médias en France.

❷ D'après le chroniqueur, le rôle principal des médias est… *1,5 point*

A ☐ de divertir les gens.
B ☐ d'informer la population.
C ☐ d'influencer l'opinion des citoyens.

❸ D'après une étude, les Français sont… *1,5 point*

A ☐ 26 %.
B ☐ 48 % … à lire quotidiennement le journal.
C ☐ 62 %

❹ Selon le document, quel est le principal problème des médias ? *1,5 point*

A ☐ Les personnes trop exposées perdent leur motivation.
B ☐ Les médias sont trop nombreux.
C ☐ Les médias peuvent influencer l'opinion des gens.

❺ Selon le chroniqueur, les médias ont le pouvoir… *1 point*

A ☐ d'influencer la consommation des individus.
B ☐ d'influencer les choix politiques des populations.
C ☐ d'influencer les goûts musicaux des citoyens.

❻ D'après le présentateur, il est nécessaire… *1 point*

A ☐ de conserver son esprit critique face aux médias.
B ☐ d'éviter tous les médias.
C ☐ de ne s'informer qu'auprès de médias indépendants.

❼ Le chroniqueur… *1,5 point*

A ☐ remet également en cause l'objectivité de sa radio.
B ☐ affirme que seule sa radio est digne de confiance.
C ☐ laisse entendre que sa radio est la meilleure du pays.

Note pour l'épreuve de compréhension de l'oral : ***/25***

Entraînement à l'épreuve de compréhension de l'oral N°6
듣기 시험 연습 N°6

S'entraîner à la compréhension de l'oral : ressources extérieures 듣기 연습 : 다양한 외부 자료

이 교재에서 제공하는 듣기 연습을 실제 외부 자료를 통해 보충하는 것이 좋습니다. 도움이 될 만한 인터넷 사이트와 자료를 소개합니다.

1. RFI SAVOIRS - exercices de compréhension

RFI savoir는 DELF 시험 주관처인 France Éducation international의 새 프랑스 미디어 파트너입니다. RFI가 제공하는 자료들은 DELF B1 수준에 대부분 일치하므로 반드시 보셔야 합니다. 제공되는 자료의 테마와 레벨을 선택할 수 있습니다. (https://savoirs.rfi.fr)

2. 7 JOURS SUR LA PLANÈTE - TV5 Monde

매주 2개의 최신 보도 뉴스 영상이 듣기 연습 문제와 함께 제공됩니다. 또한 모바일 앱을 통해 어휘 연습 문제를 추가로 제공합니다. 각 보도 뉴스는 연습 문제에 대한 답안과 스크립트가 함께 제공됩니다. (www.tv5monde.com)

3. 1 JOUR 1 Question - 1 jour 1 Actu (DELF junior)

주로 어린이를 대상으로 하는 1 jour 1 actu 사이트의 이 섹션은 애니메이션 영상에 나오는 이해하기 쉬운 단어로 시사 문제를 소개합니다. 영상의 스크립트도 제공됩니다. (www.1jour1actu.com)

4. FRANCE INFO JUNIOR (DELF junior)

월요일부터 금요일까지 방송되는 라디오 프로그램으로, 시사에 관한 어린이의 질문에 전문가의 도움으로 답변합니다. 방송은 5분 분량이며 부분적으로 스크립트가 제공됩니다. (www.francetvinfo.fr)

6 Compréhension de l'oral

25 points

Vous allez écouter plusieurs documents.
Avant chaque écoute, vous entendez le son suivant.
Pour répondre aux questions, cochez ☒ la bonne réponse.

MP3

▶ EXERCICE 1

7 points

Vous écoutez une conversation.
Lisez les questions. Écoutez le document puis répondez.

❶ Elsa travaille… *1 point*

- **A** ☐ dans un hôtel.
- **B** ☐ dans une banque.
- **C** ☐ dans un restaurant.

❷ Le travail d'Elsa se trouve… *1 point*

- **A** ☐ en centre-ville.
- **B** ☐ près de chez elle.
- **C** ☐ en banlieue.

❸ Le travail d'Elsa est… *1,5 point*

- **A** ☐ ennuyeux.
- **B** ☐ stressant.
- **C** ☐ fatigant.

❹ Quand le contrat d'Elsa se terminera-t-il ? *1 point*

- **A** ☐ dans quelques mois.
- **B** ☐ dans un an.
- **C** ☐ Il n'a pas de fin.

❺ Jean est… *1,5 point*

- **A** ☐ vendeur.
- **B** ☐ chômeur.
- **C** ☐ étudiant.

❻ Jean est… *1 point*

- **A** ☐ mécontent
- **B** ☐ plutôt satisfait … de sa situation.
- **C** ☐ très heureux

▶ EXERCICE 2

9 points

Vous écoutez la radio.
Lisez les questions. Écoutez le document puis répondez.

❶ L'objectif de monsieur BELLI est… *1 point*

A ☐ d'informer.
B ☐ de promouvoir les métiers de l'armée.
C ☐ de convaincre de l'utilité de l'armée.

❷ Combien de personnes l'armée recrute-t-elle ? *1 point*

A ☐ Plus de 15 000 personnes.
B ☐ Environ 5 700 personnes.
C ☐ Presque 7000 personnes.

❸ Pour pouvoir s'engager, il faut… *1,5 point*

A ☐ être un homme.
B ☐ être majeur.
C ☐ être doué en mathématiques.

❹ L'armée française recherche surtout des jeunes ayant déjà une formation en… *1,5 point*

A ☐ linguistique ou mécanique ou encore psychologie.
B ☐ informatique ou mécanique ou encore biologie.
C ☐ psychologie ou informatique ou encore linguistique.

❺ Selon monsieur BELLI, les militaires… *1,5 point*

A ☐ gagnent bien leur vie.
B ☐ ne payent pas d'impôt.
C ☐ ont de nombreux congés.

❻ Avant quelle date doivent être déposées toutes les candidatures ? *1,5 point*

A ☐ Avant le Nouvel An.
B ☐ Avant Noël.
C ☐ Avant le printemps prochain.

❼ Les jeunes sont invités à l'événement organisé par l'armée pour… *1 point*

A ☐ se renseigner sur l'armée.
B ☐ essayer du matériel militaire.
C ☐ rencontrer d'autres jeunes.

▶ EXERCICE 3

9 points

Vous écoutez la radio.
Lisez les questions. Écoutez le document puis répondez.

❶ Ce document sonore est… *1 point*

A ☐ une chronique sportive.
B ☐ une chronique culturelle.
C ☐ une chronique économique.

❷ Combien de personnes étaient sans emploi en 2019 ? *1 point*

A ☐ 15 % de la population.
B ☐ 10 % de la population.
C ☐ On ne sait pas.

❸ Comment sera la croissance économique dans les prochains mois ? *1,5 point*

A ☐ Elle sera positive.
B ☐ Elle sera négative.
C ☐ Elle ne changera pas.

❹ Combien d'emplois devraient être créés avant la fin de l'année ? *1,5 point*

A ☐ 1 400 emplois.
B ☐ 14 000 emplois.
C ☐ 140 000 emplois.

❺ Les professionnels les plus recherchés sont… *1,5 point*

A ☐ les chercheurs et les chargés de marketing.
B ☐ les chercheurs et les exportateurs.
C ☐ les chercheurs et les ingénieurs.

❻ Quel secteur connaît de grosses difficultés ? *1,5 point*

A ☐ Le secteur technologique.
B ☐ Le secteur textile.
C ☐ Le secteur agricole.

❼ Quel est le ton de la personne qui parle ? *1 point*

A ☐ Pessimiste.
B ☐ Optimiste.
C ☐ Neutre.

Note pour l'épreuve de compréhension de l'oral : /25

Entraînement à l'épreuve de compréhension de l'oral N°7
듣기 시험 연습 N°7

받아쓰기

받아쓰기는 외국어를 배우는 데 매우 유용합니다. 왜냐하면 받아쓰기는 언어 구조에 집중하는 데 효과적인 학습 수단이기 때문입니다. 또한 철자, 문법 및 활용 연습에도 유용합니다. 무엇보다도 받아쓰기는 듣기 실력을 향상시키며, 발음 구별 능력도 향상시킵니다.

받아쓰기를 할 때 특정 단어를 모르는 경우, 단어장을 만들어 모르는 단어를 써두고 암기해야 합니다. 처음에는 프랑스어가 매우 빠르다고 느끼며 단어를 거의 듣지 못할 수 있습니다. 이것은 당연합니다. 따라서 인내하며 꾸준히 연습하면서 필요한 경우 여러 문장을 여러 번 듣습니다. 몇 문장을 이해하고 쓰는 데 수 시간이 걸려도 괜찮습니다. 매일 그렇게 연습하다 보면 더욱 효율적으로 받아쓰기를 할 수 있게 되고, 한 달 후에는 듣기 이해력이 크게 향상될 것입니다. 이것은 달리기를 하는 첫날에는 매우 피곤하지만 몇 번의 경주 후에 더 빠르고 더 오래 달릴 수 있게 되는 것과 같습니다.

— **프랑스어의 발음과 억양의 연습을 위한 받아쓰기**

일부 프랑스어 소리는 외국인이 잘 듣기 어렵습니다. 받아쓰기는 한국어로 존재하지 않는 소리를 구별하는 능력을 향상시키는 유용한 방법입니다. 또한 문장의 논리, 글 또는 말하기의 구성뿐만 아니라 단어를 더 잘 구별할 수 있도록 해줍니다.

— **맞춤법 연습을 위한 받아쓰기**

받아쓰기를 하면서 들리는 소리의 철자에 대해 생각해봐야 합니다. (예 o? au? eau?)

— **문법 연습을 위한 받아쓰기**

받아쓰기 이후 다시 읽기 단계는 잘못된 문법을 교정하는 좋은 방법입니다. 형용사의 단수/복수 또는 성/수를 잘 맞추어 받아썼는지, 주어에 맞는 동사를 잘 맞추어 받아썼는지 다시 확인해볼 수 있습니다.

받아쓰기를 위한 사이트

1. Ortholud

단어 받아쓰기를 제공하는 사이트로 받아쓰기 연습을 시작하기 위해 좋습니다. (www.ortholud.com)

2. TV5Monde

프랑스어를 공부하는 학생들에게 잘 알려진 TV5 Monde 사이트는 여러 수준의 받아쓰기를 제공하고 있습니다(A1에서 C2까지). 꼭 봐야 할 사이트입니다. (https://dictee.tv5monde.com)

3. Othodidacte

여러 수준(A1, A2, B1 및 B2)의 받아쓰기를 제공하는 훌륭한 사이트입니다. (https://dictee.orthodidacte.com)

4. Podcastfrançaisfacile

프랑스어 교육에서 잘 알려진 사이트로, 주제별 받아쓰기를 제공합니다. 빈칸의 답을 맞히는 연습 문제가 포함되어 있습니다. (www.podcastfrancaisfacile.com)

받아쓰기에 익숙한 경우 YouTube에서 쉽게 찾을 수 있는 오디오 북을 통해 듣기 및 쓰기 연습을 계속 하는 것이 좋습니다.

7 Compréhension de l'oral

25 points

Vous allez écouter plusieurs documents.
Avant chaque écoute, vous entendez le son suivant.
Pour répondre aux questions, cochez ☒ la bonne réponse.

MP3

▶ EXERCICE 1

7 points

Vous écoutez une conversation.
Lisez les questions. Écoutez le document puis répondez.

❶ Où se trouvent Manuel et Ronan ? *1,5 point*

A ☐ Dans un supermarché.
B ☐ Dans la rue.
C ☐ Dans un parc.

❷ Manuel est arrivé en France il y a… *1 point*

A ☐ quelques jours.
B ☐ quelques semaines.
C ☐ quelques mois.

❸ Combien de temps Manuel a-t-il voyagé ? *1 point*

A ☐ 6 mois.
B ☐ 1 an.
C ☐ 1 an et demi.

❹ Au Cambodge et en Chine, Manuel a… *1,5 point*

A ☐ fait des randonnées.
B ☐ profité du patrimoine historique.
C ☐ fait des activités artisanales.

❺ Manuel voyage autant pour… *1 point*

A ☐ faire des reportages.
B ☐ faire des voyages d'affaires.
C ☐ faire du tourisme.

❻ Quelle sera la prochaine destination de Manuel ? *1 point*

A ☐ L'Afrique.
B ☐ L'Europe.
C ☐ L'Amérique du Sud.

▶ EXERCICE 2

9 points

Vous écoutez la radio.
Lisez les questions. Écoutez le document puis répondez.

❶ L'objectif de monsieur JANSSENS est… *1 point*

A ☐ d'informer.
B ☐ de promouvoir.
C ☐ de divertir.

❷ La Belgique est… *1,5 point*

A ☐ proche de la Wallonie.
B ☐ proche de la Flandre.
C ☐ composée de la Flandre et de la Wallonie.

❸ Bruxelles est une ville connue pour… *1 point*

A ☐ son attrait historique.
B ☐ son dynamisme économique.
C ☐ la gentillesse de ses habitants.

❹ Le Manneken Pis est… *1,5 point*

A ☐ la place centrale de Bruxelles.
B ☐ un monument très touristique.
C ☐ une statue.

❺ Quelle spécialité culinaire n'est pas belge ? *1,5 point*

A ☐ Les frites.
B ☐ Les gaufres.
C ☐ Les crêpes.

❻ D'après l'invité, la Belgique est le paradis des amateurs de bière, car… *1,5 point*

A ☐ les bières belges sont délicieuses.
B ☐ il existe une très grande variété de bières.
C ☐ la bière ne coûte pas cher.

❼ Combien de temps faut-il pour aller de Paris à Bruxelles en TGV ? *1 point*

A ☐ Moins d'une demi-heure.
B ☐ Moins d'une heure.
C ☐ Moins d'une heure et demie.

▶ EXERCICE 3 *9 points*

Vous écoutez la radio.
Lisez les questions. Écoutez le document puis répondez.

❶ Quel est, actuellement, le domaine d'activité de l'entreprise Ubisoft ? *1,5 point*

A ☐ Le voyage.
B ☐ Les jeux vidéo.
C ☐ L'impression 3D.

❷ Ubisoft est une entreprise… *1 point*

A ☐ française.
B ☐ allemande.
C ☐ canadienne.

❸ Qui est Serge HASCOËT ? *1 point*

A ☐ Le directeur marketing d'Ubisoft.
B ☐ Le directeur commercial d'Ubisoft.
C ☐ Le directeur créatif d'Ubisoft.

❹ Quel type de tourisme l'entreprise Ubisoft aimerait-elle proposer ? *1,5 point*

A ☐ Un tourisme exotique.
B ☐ Un tourisme historique.
C ☐ Un tourisme virtuel.

❺ Les voyages proposés par Ubisoft seraient… *1,5 point*

A ☐ dans le passé.
B ☐ dans le passé et le futur.
C ☐ dans le passé, le présent et le futur.

❻ Il sera possible… *1,5 point*

A ☐ de rapporter des souvenirs des voyages proposés par l'entreprise.
B ☐ de suivre des formations virtuelles lors des voyages proposés par l'entreprise.
C ☐ d'avoir une activité professionnelle dans le monde virtuel proposé par l'entreprise.

❼ Le voyageur pourra participer à ces voyages… *1 point*

A ☐ dans une pièce spéciale appelée « Le lanceur ».
B ☐ chez lui.
C ☐ dans un salon créé par l'entreprise Ubisoft.

Note pour l'épreuve de compréhension de l'oral : /25

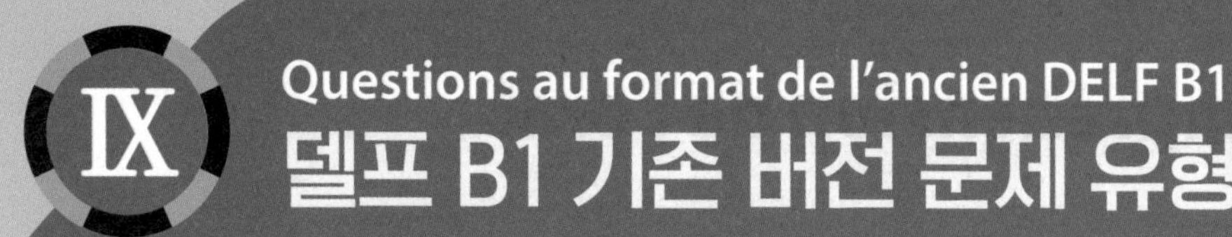

IX Questions au format de l'ancien DELF B1
델프 B1 기존 버전 문제 유형

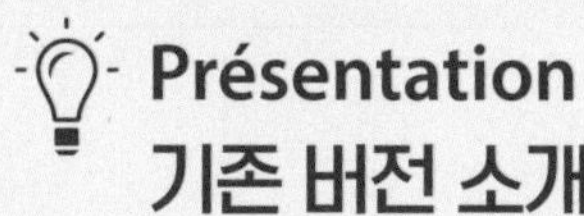

Présentation
기존 버전 소개

2020년 봄부터 델프 B1 듣기 시험의 문제 유형이 바뀝니다. 기존 버전의 듣기 시험에는 문장으로 답변을 쓰는 주관식 문제도 있었습니다. 새 버전의 듣기 시험 문제는 이제 객관식 질문으로만 구성됩니다. 이 교재에서는 주로 새 버전의 문제 유형을 다루었습니다.

그렇지만 한국에서는 기존 버전에서 새 버전으로의 전환이 3년에 걸쳐 점진적으로 이루어질 것입니다. 따라서 2023년까지는 이전 형식의 듣기 시험 문제가 출제될 수 있습니다. 그래서 다음 장에서는 이전 형식의 문제로 B1 시험을 치러야 하는 상황에 대비하기 위해서, 이전에 다루었던 오디오 자료를 바탕으로 주관식 문제를 다루고자 합니다.

— 기존 시험에서는 답안을 문장으로 쓰는 주관식 문제가 출제되었습니다.

— 주관식 문제가 출제된다고 하더라도 너무 걱정하지 마세요. 맞춤법 준수 여부와 상관없이 답변이 일관성 있고 이해가 가능하면 됩니다.

— 답안은 깔끔하고 명확하게 작성합니다. 맞춤법이 점수에 영향을 주지는 않지만, 그래도 맞춤법에 주의하면서 정확하고 간결하게 쓰세요.

1 Compréhension de l'oral

▶ EXERCICE 1

❶ Pourquoi Luc n'est-il pas encore allé chez le docteur ?

❷ Citez deux choses à faire quand on a une gastro-entérite.

1.

2.

❸ Quand est le rendez-vous de Luc chez le médecin ?

▶ EXERCICE 2

❶ Quels sont les trois grands principes d'une alimentation saine ?
Citez-en trois.

1.

2.

3.

❷ Qu'apportent les fruits et les légumes à notre organisme ?

▶ EXERCICE 3

❶ D'où provient le stress des adultes ? Deux réponses sont attendues.

1.

2.

❷ Que faire pour combattre le stress ? Deux réponses sont attendues.

1.

2.

2 Compréhension de l'oral

▶ EXERCICE 1

❶ Pour quelle raison Sophie ne souhaite-t-elle pas aller voir cette pièce de théâtre ?

____

▶ EXERCICE 2

❶ Tintin, ce n'est pas seulement une bande dessinée.
Sur quels autres médias est-il apparu ? Deux réponses attendues.

1. ______________________________

2. ______________________________

❷ Quel jour commence l'exposition sur Tintin ?

____

▶ EXERCICE 3

❶ Qui est Yann ARTHUS-BERTRAND ?

____

❷ Pour avoir plus d'informations sur les événements culturels organisés à Paris, quel numéro faut-il appeler ?

____

3 Compréhension de l'oral

▶ EXERCICE 1

❶ Combien de temps Tony a travaillé sur ce projet ?

▶ EXERCICE 2

❶ Combien existe-t-il d'écoles Montessori dans le monde ?

❷ À partir de quel âge, un enfant peut-il bénéficier de la pédagogie Montessori ?

▶ EXERCICE 3

❶ Combien de pays avaient interdit les châtiments corporels avant la France ?

❷ Quelles peuvent être les conséquences des sanctions corporelles sur les enfants ?

4 Compréhension de l'oral

▶ EXERCICE 1

❶ Quel événement aura lieu dans un mois ?

▶ EXERCICE 2

❶ Que veut dire DIY en français ?

❷ Quels types d'objets peuvent être créés par le DIY ?

▶ EXERCICE 3

❶ Quel est le pourcentage des actifs français qui détestent leur travail ?

❷ Quel est le conseil donné pour mieux concilier vie privée et vie professionnelle ?

5 Compréhension de l'oral

▶ EXERCICE 1

❶ Combien Henri a-t-il d'amis sur Facebook ?

____

▶ EXERCICE 2

❶ Où le premier émetteur de télévision a-t-il été installé en France ?

____

❷ Dans les années 40, combien y avait-il de chaînes télévisées ?

____

▶ EXERCICE 3

❶ Quel est le rôle des médias ?

____

❷ Citez trois types de médias.

1. ____

2. ____

3. ____

6 Compréhension de l'oral

▶ EXERCICE 1

❶ Où travaille Elsa ?

▶ EXERCICE 2

❶ Citez un profil de candidat qui intéresse les recruteurs de l'armée.

❷ Pour avoir plus d'informations sur l'événement organisé par l'armée, quel numéro faut-il appeler ?

▶ EXERCICE 3

❶ Combien d'emplois devraient être créés avant la fin de l'année ?

❷ Quel secteur connaît toujours des difficultés liées à la crise ?

7 Compréhension de l'oral

▶ EXERCICE 1

❶ Combien de temps Manuel a-t-il voyagé ?

▶ EXERCICE 2

❶ Quels adjectifs sont utilisés pour décrire la ville de Bruxelles ?

❷ Combien de temps faut-il pour aller de Paris à Bruxelles en TGV ?

▶ EXERCICE 3

❶ Citez un exemple de voyage virtuel.

❷ Quand ce nouveau type de voyage devrait-il faire partie de notre quotidien ?

X Transcription et traduction des exercices de compréhension de l'oral
듣기 스크립트 및 번역

1 Compréhension de l'oral

▶ EXERCICE 1 Transcription du document audio

Marie	Salut, Luc. Comment vas-tu ? Tu as une petite mine !
Luc	Salut Marie ! BOF, BOF ! Je suis un peu malade depuis hier.
Marie	Ah mince ! Qu'est-ce que tu as ? La grippe ?
Luc	Je ne sais pas trop, j'ai mal au ventre et à la tête. Je crois que j'ai aussi de la fièvre.
Marie	Ah bon ? Mais tu es allé chez le docteur ? C'est peut-être grave !
Luc	Non pas encore. J'ai pris un rendez-vous, mais le docteur ne pouvait pas me recevoir tout de suite !
Marie	Ah, vraiment ? Pourquoi ?
Luc	En ce moment, tout le monde est malade, il y a une épidémie de gastro-entérite, les docteurs sont très occupés…
Marie	Oui, je sais, mon fils et ma fille sont malades eux aussi ! C'est un véritable cauchemar !
Luc	J'ai entendu que s'ils ont la gastro, il faut qu'ils boivent beaucoup d'eau et mangent certains aliments comme du riz ou du pain. Fais attention à ne pas être malade toi aussi. C'est très contagieux.
Marie	Oui, je fais très attention. J'ai vu à la télé qu'il faut se laver les mains très souvent et éviter d'aller dans les lieux publics, où il y a beaucoup de monde. Pour ne pas être contaminé, l'idéal serait presque de rester chez soi !
Luc	Oui et tous les ans c'est pareil ! Avec l'arrivée de l'hiver et du froid, tout le monde tombe malade !
Marie	C'est vrai, mais cette fois-ci nous ne sommes qu'en octobre ! Au fait, quand est ton rendez-vous chez le docteur ?
Luc	Demain à 17 heures.

Marie	안녕 Luc, 어떻게 지내니? 얼굴이 핼쑥해졌는걸?
Luc	안녕 Marie! 윽! 어제부터 몸이 아파.
Marie	이런! 무슨 일이야? 독감이야?
Luc	잘 모르겠어. 배하고 머리가 아파. 내 생각에는 열도 있는 것 같아.
Marie	그래? 그런데 병원에는 다녀왔어? 이거 심각할 수 있어.
Luc	아니, 아직. 진료 예약을 잡긴 했어. 의사 선생님께서 바로 진료하실 수가 없었어.
Marie	아, 정말? 왜?
Luc	요즘 아픈 사람들이 많아. 장염이 유행해서 의사 선생님들이 너무 바쁘시더라고.
Marie	응, 알아. 내 아들과 딸도 아파! 이건 진짜 악몽이야!
Luc	내가 듣기로는 장염에 걸린 사람들은 물을 많이 마셔야 하고 쌀이나 빵 같은 음식들을 먹어야 한대. 너도 아프지 않게 조심해. 전염성이 매우 강해.
Marie	응. 조심하고 있어. 손을 자주 씻고 사람들이 많이 있는 공공장소를 가는 것도 삼가야 한다고 텔레비전에서 보았어. 전염되는 것을 피하기 위해 가장 이상적인 것은 거의 집에 있는 거야.
Luc	맞아, 매년 그런걸! 겨울이 오고 추위가 시작되면 많은 사람이 아파!
Marie	그렇지. 하지만 아직 10월인데. 그런데 진료 예약은 언제야?
Luc	내일 오후 5시야.

EXERCICE 2 Transcription du document audio

Journaliste C'est bien connu, bien manger, c'est bien vivre ! Malheureusement, 80 % des Français ont une mauvaise alimentation. Bonjour, Professeur LEBENSMITTEL, vous êtes chercheur en diététique, que pensez-vous de la situation actuelle ?

Professeur LEBENSMITTEL
Alors, ces chiffres sont alarmants lorsque l'on sait que mal manger est l'une des causes principales de nombreux problèmes de santé, par exemple, les maladies du cœur et l'obésité. Un bon repas doit être à la fois varié et équilibré ! Une bonne pratique alimentaire repose en effet sur trois règles : l'équilibre, la variété et la modération.

Journaliste La modération ? C'est-à-dire ?

Professeur LEBENSMITTEL
Pour être en bonne santé, il est fortement conseillé de manger en petite quantité des repas équilibrés faits d'aliments variés.

Journaliste Et dites-nous, quels sont les aliments à bannir ? Ils sont nombreux, j'imagine !

Professeur LEBENSMITTEL
En fait, vous vous trompez ! Il est vrai qu'aucun aliment ne contient tout ce qui nous est nécessaire. Aussi, aucun aliment n'est à supprimer complètement dans un régime alimentaire normal. Il n'y a pas d'aliment mauvais, il n'y a que de mauvaises habitudes alimentaires.

Journaliste Mais on entend souvent les spécialistes nous conseiller d'éviter les aliments gras et de consommer au minimum cinq fruits et légumes par jour.

Professeur LEBENSMITTEL
Et je suis d'accord avec eux ! Il faut limiter notre consommation d'aliments gras et préférer les fruits et légumes ! De fait, ils apportent à notre corps des vitamines. Ils nous aident aussi à lutter contre le vieillissement et un grand nombre de maladies. Il ne faut pas non plus négliger l'importance des activités sportives. Il est fortement conseillé de faire au moins 30 minutes de sport par jour.

Journaliste Professeur LEBENSMITTEL, vous avez votre cabinet de nutritionniste si je ne me trompe pas. Vous pouvez donc aider nos auditeurs s'ils le souhaitent.

Professeur LEBENSMITTEL

Avec grand plaisir ! Si vous souhaitez recevoir les conseils personnalisés d'un de nos spécialistes de l'alimentation, nous vous invitons à nous contacter par téléphone au 01-43-68-98-60. Les consultations sont remboursées par la Sécurité sociale.

Journaliste Merci Professeur d'avoir accepté notre invitation.

Journaliste 잘 먹는 것이 잘 사는 것이란 건 이미 잘 알려져 있지요! 불행하게도 프랑스인의 80%는 나쁜 식습관을 가지고 있습니다. 안녕하세요, LEBENSMITTEL 교수님. 교수님께서는 식품영양학 연구원이신데, 현재 상황에 대해 어떻게 생각하십니까?

Professeur LEBENSMITTEL

네, 건강에 좋지 않은 식사가 심장 질환 및 비만과 같은 많은 건강 문제의 주요 원인 중 하나라는 점에서 이러한 수치는 매우 우려스럽습니다. 좋은 식사는 다양하고 균형 잡혀 있어야 합니다! 좋은 식습관은 세 가지 규칙을 기반으로 합니다. 균형, 다양성 그리고 절제입니다.

Journaliste 절제 말씀이십니까? 좀 더 설명해 주시겠어요?

Professeur LEBENSMITTEL

건강을 유지하려면 다양한 음식으로 만든 소량의 균형 잡힌 식사를 하는 것을 강력히 권고합니다.

Journaliste 그렇다면 금지해야 할 음식은 어떤 음식인지 말씀해주시겠습니까? 많이 있을 것으로 생각되는데요.

Professeur LEBENSMITTEL

사실 그렇지 않습니다! 우리에게 필요한 모든 영양소가 하나의 식품 안에 다 들어있지 않다는 것은 사실입니다. 또한 정상적인 식단에서는 어떤 식품을 완전히 제거해서는 안 됩니다. 나쁜 식품은 없습니다. 나쁜 식습관이 있을 뿐입니다.

Journaliste 그렇지만 전문가들은 종종 지방이 많은 음식을 피하고 하루에 적어도 5개의 과일과 채소를 먹으라고 조언하잖아요.

Professeur LEBENSMITTEL

전문가들의 의견에 동의합니다! 우리는 지방이 많은 음식 섭취를 제한하고 과일과 채소를 더 많이 섭취해야 합니다! 실제로, 그 음식들은 우리 몸에 비타민을 제공합니다. 또한 노화와 많은 질병에 맞서 싸울 수 있도록 도와줍니다. 운동의 중요성도 간과해서는 안 됩니다. 하루에 최소 30분의 운동을 하는 것이 좋습니다.

Journaliste LEBENSMITTEL 교수님, 교수님께서는 식이요법관리 개인병원(*cabinet 개인병원)을 갖고 계신 걸로 알고 있는데요. 그렇다면 희망하는 청취자들을 교수님께서 도와주실 수도 있겠네요.

Professeur LEBENSMITTEL

물론입니다. 식품 전문가로부터 개인 상담을 받길 원한다면 01-43-68-98-60 연락해 주십시오. 상담 비용은 사회보장보험에 의해 환급됩니다.

Journaliste 교수님, 초대를 수락해 주셔서 감사합니다.

EXERCICE 3 Transcription du document audio

Journaliste	Dans nos sociétés modernes, le stress est devenu pour beaucoup un élément du quotidien. 76 % des Français affirment souffrir d'un stress important. Bonjour, monsieur ESTREK, vous êtes auteur du livre La gestion du stress pour tous. Alors, dites-nous, pour commencer, qu'est-ce que c'est le stress ?
M. ESTREK	Le stress est un ensemble de réactions du corps. Ces réactions peuvent être physiques telles que des tremblements, un mal de ventre ou encore un mal de tête. Et elles peuvent être aussi psychologiques. En d'autres mots, mentales, c'est-à-dire, invisibles, mais bien présentes. Ça se traduit par des angoisses, des difficultés à dormir et même, dans certains cas, une dépression.
Journaliste	D'accord, c'est vraiment intéressant. D'autant plus que nous sommes tous plus ou moins concernés. Alors, dites-moi, qu'est-ce qui provoque ce stress ?
M. ESTREK	Le stress apparaît quand une personne est dans une situation particulière, que l'on dit stressante, ou que cette personne est confrontée à des facteurs de stress.
Journaliste	Oui, d'accord, je comprends, mais plus concrètement, quelles sont ces situations particulières que vous appelez stressantes ?
M. ESTREK	Alors pour la grande majorité d'entre nous, le stress vient de notre travail. Mais ce n'est pas le cas de tous ! Certains, en revanche, accusent leur environnement familial. Une étude récente de 2021 a montré que les adultes ne sont pas les seuls à stresser. De plus en plus d'enfants et d'adolescents sont eux aussi touchés. Le système éducatif, trop compétitif, serait en effet la cause de ce phénomène. Même s'il peut sembler banal, le stress peut être à l'origine de nombreux problèmes comme la dépression chez les ados.
Journaliste	Mais comment faire pour combattre le stress ? On ne peut pas tout simplement quitter notre travail ou notre famille ? Avez-vous des astuces à partager ?
M. ESTREK	Oui, oui, si vous lisez mon livre, vous apprendrez que pour combattre le stress, il est conseillé d'avoir une alimentation équilibrée et de pratiquer une activité sportive.

Journaliste	현대 사회에서 스트레스는 많은 이들에게 일상생활의 한 요소가 되었습니다. 프랑스인의 76%는 심각한 스트레스를 받고 있다고 말합니다. 안녕하세요, ESTREK 씨, 당신은 La gestion du stress pour tous 책의 저자입니다. 우선, 스트레스란 무엇입니까?
M. ESTREK	스트레스는 일련의 신체반응입니다. 이러한 반응은 떨림, 복통 또는 두통과 같은 신체적 반응일 수 있습니다. 그리고 또한 심리적일 수 있습니다. 다시 말하면 정신적이란 뜻인데 즉, 보이지는 않지만 분명히 존재한다는 것입니다. 이로 인해 불안감, 수면 장애 및 경우에 따라 우울증이 발생합니다.
Journaliste	알겠습니다, 정말 흥미롭습니다. 특히 우리 모두가 어느 정도 다 해당되기 때문입니다. 이 스트레스의 원인은 무엇인지 말씀해 주시겠습니까?
M. ESTREK	스트레스는 스트레스가 있다고 말하는 특정 상황에 있거나 스트레스 요인에 직면했을 때 발생합니다.
Journaliste	예, 무슨 말씀이신지 알겠습니다. 스트레스가 많은 특정 상황이란 구체적으로 어떤 것인가요?
M. ESTREK	대다수의 사람들에게 스트레스는 직장에서 비롯됩니다. 그렇지만 모두가 그런 것은 아닙니다! 일부는 가족 환경을 원인으로 꼽습니다. 2021년의 최근 연구에 따르면 성인만이 스트레스를 받는 것은 아니었습니다. 점점 더 많은 어린이와 청소년도 영향을 받습니다. 지나치게 경쟁적인 교육 시스템은 실제로 이러한 현상의 원인이 됩니다. 사소한 것처럼 보이지만 스트레스는 십대 우울증과 같은 많은 문제를 일으킬 수 있습니다.
Journaliste	스트레스를 어떻게 해결해야 할까요? 쉽게 직장이나 가족을 떠날 수는 없지 않습니까? 공유할 팁이 있습니까?
M. ESTREK	예, 그렇습니다. 제 책을 읽으시면 스트레스와 싸우기 위해 균형 잡힌 식사를 하고 스포츠 활동을 하는 것이 좋다는 것을 배울 수 있을 겁니다.

2 Compréhension de l'oral

EXERCICE 1 Transcription du document audio

Sophie Allô ?
Simon Allô Sophie, c'est Simon !
Sophie Bonjour Simon ! Ça fait longtemps ! Comment vas-tu ?
Simon Super ! Oui, ça fait longtemps ! D'ailleurs, aujourd'hui je pensais à toi ! En allant chez le coiffeur, j'ai vu l'affiche d'une pièce de théâtre. Ça a l'air super ! Dis-moi, ça te dirait d'y aller avec moi ?
Sophie Oui bien sûr, pourquoi pas ! Tu peux m'en dire plus ?
Simon Ça s'appelle Abracadabrunch, c'est au théâtre « La Grande Comédie » dans le 9e arrondissement.
Sophie Ah, mince ! J'y suis allée avant-hier soir. C'était vraiment super-drôle !
Simon Ah c'est dommage ! Sinon, il y a un autre spectacle qui semble génial. Ça s'appelle « Léo Brière : Influence ». Tu es déjà allée le voir ?
Sophie Non, mais j'en ai entendu parler. C'est de la magie ! Léo Brière est un mentaliste qui peut lire dans les pensées des gens, faire des prédictions, etc. Ça a l'air super ! C'est où ?
Simon Au théâtre de la Contrescarpe dans le 5e arrondissement. On y va ce soir ?
Sophie Oui ! Avec plaisir ! C'est à quelle heure ?
Simon 21 heures 30, je crois.
Sophie C'est parfait ! Et ça coûte combien ?
Simon Ce n'est pas très cher, seulement 19 euros par personne. On se voit avant ?
Sophie D'accord ! Passe me chercher chez moi vers 20 heures, on dîne rapidement ensemble et après on va au spectacle. Tu es d'accord ?
Simon Oui, ça marche ! À ce soir à 20 heures !
Sophie À ce soir !

Sophie	여보세요?
Simon	여보세요 Sophie, 나 Simon이야.
Sophie	안녕 Simon. 오랜만이야. 어떻게 지냈어?
Simon	잘 지냈어! 오랜만이다! 마침 오늘 나 네 생각을 했어! 미용실에 가면서 연극 포스터를 보았는데 재미있어 보이더라! 나랑 같이 갈래?
Sophie	그럼, 당연하지! 조금 더 자세히 얘기해 줄래?
Simon	Abracadabrunch라는 공연인데, 9구에 있는 La Grande Comédie 극장에서 해.
Sophie	아 저런, 나 그저께 밤에 거기에 갔었어. 정말 재미있었어.
Simon	아, 아쉽다! 아니면, 진짜 괜찮아 보이는 다른 연극도 있어. 《Léo Brière : Influence》라고, 이 공연도 벌써 보러 갔었어?
Sophie	아니, 근데 그 공연 들어봤어. 그거 마술쇼야. Léo Brière는 사람들의 생각을 읽고, 예측을 할 수 있는 마술사야. 멋질 것 같아. 공연장은 어디야?
Simon	공연장은 5구에 있는 la Contrescarpe에 있어. 오늘 저녁에 갈래?
Sophie	그래, 좋아! 몇 시야?
Simon	저녁 9시 30분인 것 같아.
Sophie	딱 좋네! 그런데 가격은 얼마야?
Simon	비싸지는 않아. 1인당 19유로야. 우리는 공연 전에 볼까?
Sophie	그래! 저녁 8시쯤 우리 집으로 나를 픽업하러 와. 빨리 저녁 먹고 공연을 보러 가자. 괜찮지?
Simon	응, 알겠어! 오늘 저녁 8시에 만나.
Sophie	오늘 저녁에 봐!

EXERCICE 2 Transcription du document audio

Journaliste	Qui ne connaît pas Tintin ? Ce petit journaliste, héros de la bande dessinée « les aventures de Tintin ». Tintin est paru pour la première fois il y a presque 90 ans. monsieur GORA est l'un de ses plus grands fans et peut-être même son plus grand fan ! Alors, monsieur GORA, pouvez-vous nous en dire plus sur le personnage de Tintin ?
M. GORA	Mais avec grand plaisir ! Alors pour commencer, comme vous le savez certainement, son dessinateur est belge. On le connaît sous le nom de HERGÉ, mais son vrai nom c'est Georges Rémi. Il a consacré sa vie à cette œuvre qui traverse le temps. Il aura en tout, publié 24 albums complets ! Vous le savez, Tintin a conquis le monde ! Plus de 230 millions de bandes dessinées ont été vendues ! Des jeux vidéo, des pièces de théâtre et même 5 films se sont inspirés du jeune journaliste, le dernier, Les Aventures de Tintin : Le secret de la Licorne, sorti en 2011, aura vendu plus de 5 millions de tickets de cinéma rien qu'en France ! Bien sûr, il ne faut pas l'oublier, il existe une certaine part d'ombre dans l'œuvre d'HERGÉ. La bande dessinée a d'ailleurs connu bon nombre de critiques négatives. Elle est en effet accusée depuis plus de 30 ans de diffuser des idées colonialistes et même racistes. Ces préjugés sont présents entre autres dans la description qui y est faite des non-Européens. Cette accusation concerne principalement les tomes Tintin au pays des Soviets et Tintin au Congo. Néanmoins, beaucoup considèrent ces opinions comme étant totalement anachroniques. En effet, on ne peut pas reprocher à ce pilier de la bande dessinée de refléter son temps. Il faut savoir faire la part des choses. HERGÉ était aussi un grand humaniste et s'il avait vécu à notre époque, la teneur de certains propos dans Tintin aurait été différente.
Journaliste	Si vous souhaitez découvrir ou redécouvrir l'univers incroyable d'HERGÉ, une exposition gratuite sur Tintin est organisée du 28 septembre 2020 au 15 janvier 2021, au Grand Palais à Paris.

Journaliste	땡땡을 모르는 사람이 있을까요? 이 작은 기자는 《땡땡의 모험》 만화 주인공입니다. 땡땡은 거의 90년 전에 처음으로 등장했습니다. GORA 씨는 땡땡의 가장 열렬한 팬들 중 한 명입니다. 아마도 땡땡의 가장 열렬한 팬일 수도 있습니다. 그럼 GORA 씨, 땡땡 캐릭터에 대해 더 이야기해주실 수 있을까요?
M. GORA	그럼요! 먼저, 여러분들이 분명 아시다시피 작가는 벨기에인입니다. 우리는 HERGÉ라는 이름으로 그를 알고 있지만 그의 본명은 Georges Rémi입니다! 그는 시대를 초월하는 이 작품에 그의 삶을 바쳤습니다. 그는 총 24권을 출판했습니다. 아시다시피, 땡땡은 세계를 정복했습니다! 2억 3천만 권 이상의 만화가 팔렸습니다! 비디오 게임, 연극 심지어는 5편의 영화가 이 젊은 기자에게서 영감을 받아 만들어졌습니다. 2011년에 개봉된 최신작 《땡땡의 모험 : 유니콘의 비밀》은 프랑스에서만 5백만 장 이상의 영화 티켓이 팔렸습니다! 물론, 우리는 HERGÉ의 작품에 몇몇의 어두운 면이 있다는 사실을 잊어서는 안 됩니다. 만화는 많은 부정적인 평가를 받았습니다. 이 만화는 실제로 30년 넘게 식민주의와 심지어 인종 차별적 사상을 퍼뜨린다는 비난을 받아왔습니다. 이러한 편견들은 무엇보다도 비유럽인들을 묘사하는 방식에서 기인합니다. 이 비난은 특히 "소련에 간 땡땡"과 "콩고에 간 땡땡"과 관련이 있습니다. 하지만 많은 사람들은 이러한 의견이 완전히 시대착오적이라고 생각합니다. 실제로 우리는 이 만화 중심인물이 그 시대를 반영했다고 비난할 수는 없습니다. 모든 상황을 고려할 줄 알아야 합니다. HERGÉ 또한 위대한 휴머니스트였으며 그가 만약 우리 시대에 살았더라면 땡땡의 어떤 말들의 내용은 달라졌을 것입니다.
Journaliste	만약 여러분들이 HERGÉ의 놀라운 세계를 발견하거나 재발견하고 싶다면, 땡땡의 무료 전시회가 2020년 09월 28일부터 2021년 1월 15일까지 파리의 Grand Palais에서 개최됩니다.

▶ EXERCICE 3 Transcription du document audio

Journaliste	Bonjour, aujourd'hui nous accueillons le directeur culturel de la ville de Paris. Bonjour, monsieur GUIBERT.
M. GUIBERT	Bonjour, je suis très heureux d'être parmi vous aujourd'hui !
Journaliste	Tout le plaisir est pour nous, nous sommes vraiment ravis de vous accueillir sur Radio Luc. La semaine dernière, vous avez déclaré que Paris, c'est la culture. N'est-ce pas prétentieux ?
M. GUIBERT	Non, pas du tout. Paris est l'une des villes d'art et de culture les plus connues au monde, ses musées et l'ensemble de ses monuments forment un condensé époustouflant de l'histoire artistique humaine. « Paris s'affirme comme la capitale mondiale de l'art », affirmait récemment son maire, Anne HIDALGO. Il est vrai que depuis des siècles, Paris est le centre mondial de la création artistique. PICASSO, YVES KLEIN, MODIGLIANI, SALVADOR DALI... Tous, ont un point commun : ils ont vécu dans la Ville lumière.
Journaliste	Et, quels types d'événements culturels la ville propose-t-elle ?
M. GUIBERT	Dans la ville, les expositions temporaires sont très nombreuses et souvent gratuites. Créations contemporaines, œuvres plus classiques, expositions, installations, concerts, théâtre de rue, ou encore musées. L'offre est très variée et s'adresse à tous les âges. Avec 136 musées dans la capitale, Paris est l'une des villes les plus culturelles au monde. Qui n'a jamais entendu parler du Musée du Louvre, du Centre Georges Pompidou ou encore du Musée de l'Orangerie ? L'art et la culture prennent aussi l'air. Un grand nombre d'expositions, d'installations et de spectacles sont organisés en extérieur régulièrement. Des expositions gratuites sont, par exemple, tenues au Jardin du Luxembourg, sur les Champs-Élysées, sur les berges de la Seine et sur le Champ-de-Mars. La dernière en date a eu lieu au jardin du Luxembourg. Le photographe Yann ARTHUS-BERTRAND a ainsi exposé plus de 50 photographies, montrant des paysages incroyables de 43 pays.
Journaliste	Quelle sera la prochaine exposition en plein air ?
M. GUIBERT	L'été prochain, au cœur de Paris, le jardin des Tuileries accueillera une vingtaine d'œuvres du grand sculpteur français Aristide MAILLOL. Soyez nombreux à admirer ces œuvres d'une beauté rare.

Journaliste	Je vous remercie infiniment, monsieur GUIBERT, pour plus d'informations sur les événements culturels à Paris, vous pouvez consulter le site Internet www.cultureparis.com ou appeler le 01 45 66 43 79.

Journaliste	안녕하세요, 오늘 우리는 파리 시의 문화 국장님을 모셨습니다. 안녕하세요 GUIBERT 국장님.
M. GUIBERT	안녕하세요, 오늘 여러분들과 함께 하게 되어 매우 기쁩니다!
Journaliste	저희야말로 국장님을 Radio Luc에 모시게 되어 매우 기쁩니다. 지난주에 《파리, 그것은 문화》라고 표명하셨습니다. 너무 자신감에 넘치는 게 아닐까요?
M. GUIBERT	아니요, 전혀요. 파리는 세계에서 가장 유명한 예술과 문화 도시 중 하나이며, 그 박물관과 기념물은 인류 예술의 역사를 훌륭하게 집약하고 있습니다. Anne Hidalgo 파리 시장은 최근에 《파리는 세계 예술의 수도로 자리잡고 있다》고 주장했습니다. 수 세기 동안 파리는 세계적인 예술적 창작의 중심인 것은 사실입니다. PICASSO, YVES KLEIN, MODIGLIANI, SALVADOR DALI… 그들 모두는 한 가지 공통점이 있습니다. 그들은 빛의 도시(파리)에서 살았습니다.
Journaliste	그런데 시는 어떤 유형의 문화 행사를 제공합니까?
M. GUIBERT	시에서는 임시 전시회가 매우 많고 종종 무료입니다. 현대 창작물, 보다 고전적인 작품, 전시회, 설치물, 콘서트, 거리 연극 심지어 박물관까지, 이런 행사는 매우 다양하며 모든 연령대를 대상으로 합니다. 수도에 136개의 박물관이 있는 파리는 세계에서 가장 문화적인 도시 중 하나입니다. 루브르 박물관, 조르주 퐁피두 센터 또한 오랑주리 박물관에 대해 들어 본 적이 없는 사람이 있습니까? 야외 공연과 전시회도 있습니다. 정기적으로 많은 야외 전시회, 설치 및 공연이 열립니다. 예를 들어 Jardin du Luxembourg, Champs-Élysées, Seine 강변 및 Champ-de-Mars에서 무료 전시회가 열립니다. 가장 최근에는 Jardin du Luxembourg에서 열렸습니다. 사진작가 Yann ARTHUS-BERTRAND는 43개국의 놀라운 풍경을 보여주는 50장 이상의 사진을 전시했습니다.
Journaliste	다음 야외 전시회는 무엇일까요?
M. GUIBERT	내년 여름, 파리 중심부에 있는 튈르리 정원은 위대한 프랑스 조각가 Aristide MAILLOL의 약20개의 작품을 전시할 예정입니다. 많은 사람들이 이 희귀한 아름다운 작품들에 감탄할 것입니다.
Journaliste	대단히 감사합니다 GUIBERT 국장님, 파리의 문화 행사에 대한 자세한 내용은 www.cultureparis.com 사이트를 참조하거나 01 45 66 43 79에 문의하실 수 있습니다.

3 Compréhension de l'oral

▶ EXERCICE 1 Transcription du document audio

Tony	Allô ?
Pr DELAUNAIS	Tony, est-ce que tu peux venir me voir à mon bureau cet après-midi, s'il te plaît ?
Tony	Ah, bonjour, monsieur DELAUNAIS ! Oui bien sûr, c'est à quel sujet ?
Pr DELAUNAIS	C'est par rapport à ta thèse. Je l'ai lue ce week-end.
Tony	Ah, d'accord ! Qu'en pensez-vous ?
Pr DELAUNAIS	C'est globalement un très bon travail. Je suis très content.
Tony	Ah, vraiment ? Je vous remercie monsieur. Ça n'a pas été facile ! J'ai passé les 6 derniers mois à travailler dessus, mais la période du Second Empire me passionne !
Pr DELAUNAIS	Et ça se voit ! C'est presque parfait ! Cependant, il y a quelques petites choses à changer, je pense.
Tony	Oui, je n'en doute pas. De quoi s'agit-il exactement ?
Pr DELAUNAIS	Dans la troisième partie, il y a quelques erreurs au niveau des dates. De plus, tu as écrit que Napoléon III était le fils de Napoléon Bonaparte. En réalité, il était son neveu !
Tony	Ah oui, c'est une grosse erreur ! Je vous remercie de l'avoir remarquée.
Pr DELAUNAIS	Aussi, je pense que tu devrais aller plus loin dans ta réflexion. Il serait intéressant que tu parles des répercussions qu'a eues cette période historique sur le présent.
Tony	Je suis d'accord. C'est très intéressant, mais je risque de manquer de temps. Je dois rendre ma thèse dans deux semaines.
Pr DELAUNAIS	Oui, c'est pour cette raison que j'aimerais t'y aider. Nous allons y travailler cet après-midi.
Tony	D'accord ! C'est vraiment très gentil de votre part ! Où se trouve votre bureau ?
Pr DELAUNAIS	Il est au deuxième étage du bâtiment principal de notre université. Sur la porte, il est marqué « Professeur DELAUNAIS ».
Tony	Oui, je vois ! À quelle heure ?
Pr DELAUNAIS	15 heures si tu es disponible.
Tony	C'est parfait ! À tout à l'heure monsieur DELAUNAIS !
Pr DELAUNAIS	À tout à l'heure Tony !

Tony 여보세요?

Professeur DELAUNAIS
Tony, 오늘 오후에 내 사무실로 올 수 있겠나?

Tony 아, DELAUNAIS 교수님, 안녕하세요? 네, 그럼요. 무슨 일인가요?

Professeur DELAUNAIS
자네 논문에 관련된 일이네. 지난 주말에 읽었거든.

Tony 알겠습니다! 논문은 어떻게 생각하세요?

Professeur DELAUNAIS
전반적으로 아주 훌륭해. 나는 매우 만족하고 있어.

Tony 정말요? 감사합니다, 교수님. 쉽지 않았습니다. 지난 6개월 동안 작업해왔지만 제2제정 시대에 매료됐어요!

Professeur DELAUNAIS
그래, 눈에 보이네. 논문은 거의 완벽해! 그렇지만, 몇 가지 수정해야 할 것 같네.

Tony 알겠습니다. 어떤 부분인가요?

Professeur DELAUNAIS
세 번째 챕터에서 날짜에 관하여 오류가 좀 있어. 게다가 Napoléon 3세가 Napoléon Bonaparte의 아들이라고 썼는데, 실제로는 그의 조카야!

Tony 저런, 그건 큰 실수네요! 발견해주셔서 감사합니다.

Professeur DELAUNAIS
그리고 자네의 생각을 더 밀고 나아가야 한다고 생각하네. 이 역사적 시대가 현재에 미친 영향에 대해 자네가 이야기한다면 흥미로울 거야.

Tony 저도 그렇게 생각합니다. 그런데 매우 흥미롭지만 시간이 부족할 수 있어요. 2주 후에 논문을 제출해야 하거든요.

Professeur DELAUNAIS
그래, 그래서 내가 자네를 도와주고 싶은 걸세. 우리 오늘 오후에 작업하도록 하지.

Tony 네! 정말 친절 하세요! 교수님 연구실은 어디에 있어요?

Professeur DELAUNAIS
우리 대학 본관 2층(*deuxième étage는 한국의 건물과 비교할 때 3층에 해당됨)에 있어. 문에, 《Professeur DELAUNAIS》라고 표시되어 있네.

Tony 네, 알겠습니다! 몇 시에 뵐까요?

Professeur DELAUNAIS
자네가 시간 여유가 된다면 오후 3시에 보지.

Tony 좋습니다! 이따 뵙겠습니다, DELAUNAIS 교수님!

Professeur DELAUNAIS
나중에 보지, Tony!

▶ EXERCICE 2 Transcription du document audio

Journaliste	Bonjour à tous, chers auditeurs ! Dans notre tour du monde de l'éducation, arrêtons-nous aujourd'hui sur une méthode éducative de plus en plus populaire : la pédagogie Montessori. Nous accueillons madame FIORIRE, maîtresse des écoles qui pratique au quotidien la méthode Montessori. Madame FIORIRE, pouvez-vous nous en dire plus sur cette pédagogie ?
Mme FIORIRE	Bonjour à tous, oui avec plaisir. Alors, depuis plusieurs années, la pédagogie Montessori connaît un fort succès en France et dans le monde. Il existe 12 500 écoles Montessori sur la planète. Vous en avez déjà tous entendu parler, mais peu savent ce qu'est réellement la méthode Montessori. Ce nouveau type d'éducation n'est pas si nouveau que ça. Il a été créé en 1907 par Maria MONTESSORI, un médecin. Elle a construit sa pédagogie sur des bases scientifiques, philosophiques et éducatives pendant plus de 50 ans. La méthode Montessori vise les enfants du primaire, c'est-à-dire de 3 à 12 ans. Maria MONTESSORI a considéré l'éducation comme étant une « aide à la vie ». Le but de la pédagogie Montessori est de cultiver le désir d'apprendre. Le matériel est agréable, simple et chaque objet correspond à un apprentissage. On va laisser l'enfant manipuler librement, faire ses propres expériences, car pour nous, c'est par l'expérience que l'enfant apprend. La pédagogie Montessori a aussi pour but de respecter le rythme et les « périodes sensibles » de l'enfant. Elle considère le développement des jeunes, leurs sensibilités et leur personnalité. D'après Maria MONTESSORI, « L'enfant n'est pas un vase que l'on remplit, mais une source qu'on laisse jaillir ». Ainsi, les principales valeurs de cette pédagogie sont : la liberté, l'apprentissage par l'expérience, le bilinguisme, le respect du rythme de chaque élève et l'adaptation.
Journaliste	Merci, madame FIORIRE. Il ne faut pas oublier de préciser à nos auditeurs que cette éducation coûte assez cher. Entre 4500 et 6000 euros par an, selon les écoles.

Journaliste	청취자 여러분 안녕하세요! 우리 《세계 교육 여행》에서, 오늘은 점점 인기를 얻고 있는 교육 방법인 몬테소리 교육에 초점을 맞춰보겠습니다. 저희는 몬테소리 방식을 매일 실천하는 학교 교사인 FIORIRE 선생님을 모셨습니다. FIORIRE 선생님, 이 교육법에 대해 자세히 말씀해 주시겠습니까?
Mme FIORIRE	여러분, 안녕하세요? 그럼요, 기꺼이요. 몇 년 전부터 몬테소리 교육은 프랑스와 전 세계에서 매우 큰 성공을 거두었습니다. 지구상에 12,500개의 몬테소리 학교들이 있습니다. 여러분들은 이미 몬테소리 교육에 대해 모두 들어보셨겠지만 몬테소리 방식이 실제로 무엇인지 아는 사람은 거의 없습니다. 이 새로운 종류의 교육은 그렇게 새로운 것이 아닙니다. 그것은 1907년에 의사인 Maria Montessori에 의해 만들어졌습니다. 그녀는 과학, 철학 및 교육을 기반으로 한 교육학을 50년 이상 동안 구성했습니다. 몬테소리 교육은 초등학생 즉 3~12세 어린이를 대상으로 합니다. Maria MONTESSORI는 교육을 "삶의 도움"으로 간주했습니다. 몬테소리 교육의 목표는 배우고자 하는 욕구를 키우는 것입니다. 교구는 기분 좋고 단순하며, 각 교구가 하나의 학습 과정에 대응됩니다. 우리는 아이들이 자유롭게 만지고 자신들의 경험을 할 수 있게 할 것입니다. 왜냐하면 우리는 자녀가 경험을 통해 배운다고 생각하기 때문입니다. 몬테소리 교육은 또한 아이들의 리듬과 《민감한 시기》를 존중하는 것을 목표로 합니다. 몬테소리 교육은 청소년 발달, 감성 및 성격을 고려합니다. Maria MONTESSORI에 의하면 "아이는 채워지는 꽃병이 아니라 나아갈 수 있는 근원"이라 합니다. 따라서 이 교육학의 주요 가치들은 자유, 체험학습, 이중언어, 각 학생의 리듬에 대한 존중 및 적응입니다.
Journaliste	감사합니다 FIORIRE 선생님. 우리 청취자들에게 교육비가 상당히 고가라는 것을 알려드리는 것도 잊지 말아야겠지요. 학교에 따라서, 매년 4500~6000유로 사이입니다.

▶ EXERCICE 3 Transcription du document audio

Journaliste	L'Assemblée nationale vient de voter une nouvelle loi concernant les familles françaises. Les châtiments corporels sont maintenant interdits en France. Nous accueillons le docteur OCH, psychologue de l'enfance. Bonjour, Docteur OCH, nous sommes heureux de vous accueillir aujourd'hui.
Docteur OCH	Bonjour, je vous remercie de votre invitation.
Journaliste	Alors, monsieur OCH, qu'est-ce que sont les châtiments corporels ?
Docteur OCH	C'est très simple, le châtiment corporel signifie l'utilisation de la violence sur les enfants. La loi vise surtout l'utilisation de la violence dans l'éducation des jeunes.
Journaliste	D'accord, mais pourquoi la loi n'est votée que maintenant alors que ce comportement était déjà interdit dans 44 autres pays ?
Docteur OCH	De nombreuses personnes étaient opposées à ce projet de loi. Ces défenseurs de la punition corporelle pensent que c'est un moyen efficace d'éduquer correctement les enfants. Au contraire, les opposants aux violences dans l'éducation expliquaient que frapper son enfant n'avait aucune valeur éducative.
Journaliste	Est-ce vrai ? Depuis toujours, les enfants sont punis physiquement. C'est donc peut-être efficace.
Docteur OCH	Malheureusement, depuis toujours, nous nous trompons ! La majorité des psychologues et spécialistes de la petite enfance partagent la même opinion : les châtiments corporels n'ont pas de valeur éducative, et ne font pas obéir les enfants. Selon certaines études, les châtiments auraient même tendance à enseigner la violence aux enfants et les inciteraient à perdre confiance en eux.
Journaliste	Alors, que risquent les parents qui continuent d'utiliser les châtiments corporels ?
Docteur OCH	Même si la fessée est désormais interdite en France. Aucune sanction pénale n'existe. En effet, le gouvernement espère juste, grâce à cette loi, changer le comportement des parents. D'ailleurs, d'après une étude de l'institut Alios, 35 % des parents français utiliseraient la punition physique.
Journaliste	Il faut rappeler à nos auditeurs que la loi sera officialisée dans un an. Je vous remercie Docteur OCH.
Docteur OCH	Merci à vous !

Journaliste	국회는 방금 프랑스 가족에 관한 새로운 법안을 통과시켰습니다. 체벌은 이제 프랑스에서 금지입니다. 저희는 아동심리학자 OCH 박사를 모셨습니다. 안녕하세요 OCH 박사님, 오늘 박사님을 모셔서 매우 기쁩니다.
Docteur OCH	안녕하세요? 초대해주셔서 감사합니다.
Journaliste	OCH 박사님, 체벌이란 무엇입니까?
Docteur OCH	매우 간단합니다, 체벌은 어린이에게 폭력을 사용한다는 의미입니다. 이 법은 특히 청소년 교육에서 사용되는 폭력을 겨냥합니다.
Journaliste	알겠습니다. 그런데 44개의 다른 국가들에서는 이 행동은 이미 금지되어 있었는데, 이 법은 왜 지금에서야 통과되었습니까?
Docteur OCH	많은 사람들이 이 법안을 반대했었습니다. 이러한 체벌 옹호자들은 체벌이 어린이들을 올바르게 교육하는 매우 효과적인 방법이라고 생각했습니다. 반대로 교육 폭력의 반대자들은 체벌은 아무런 교육적 가치가 없다고 설명해 왔습니다.
Journaliste	사실인가요? 오래전부터 아이들은 신체적인 체벌을 받았습니다. 그러니까 효과적일 수 있지 않나요?
Docteur OCH	불행하게도 오래전부터 우리가 틀렸던 것입니다! 대다수의 유년기 심리학자와 전문가들은 같은 의견을 공유합니다. 체벌은 교육적 가치가 없으며 아이들이 순종하도록 만들지 않습니다. 어떤 연구에 따르면 체벌은 어린이들에게 폭력을 가르치며 자신감을 잃게 하는 경향이 있는 것으로 보여집니다.
Journaliste	그렇다면 체벌을 계속 가하는 부모들은 어떤 위험이 있습니까?
Docteur OCH	비록 이제부터 프랑스에선 체벌이 금지일지언정 어떤 형사 제재는 없습니다. 실제로, 정부는 단지 이 법 덕분에 부모들의 행동이 바뀌기를 바라는 겁니다. 게다가 Alios연구소의 연구에 따르면 프랑스 부모들의 35%가 체벌을 사용합니다.
Journaliste	우리의 청취자들에게 1년 후에 법이 공식화될 것이라는 점을 다시 말씀 드려야겠습니다. OCH 박사님, 감사합니다.
Docteur OCH	감사합니다!

4 Compréhension de l'oral

EXERCICE 1 Transcription du document audio

Julie Allô, Mélanie ? C'est Julie !

Mélanie Allô, Julie, comment vas-tu ?

Julie Je vais très bien ! C'est le printemps donc je suis pleine d'énergie ! Dis-moi, je voulais te proposer quelque chose. Est-ce que ça te tenterait de faire partie d'une équipe de football ?

Mélanie Faire du foot ? Oui, pourquoi pas… mais pourquoi ?

Julie En fait, j'ai intégré une équipe de football féminin depuis 2 mois et nous recherchons une nouvelle joueuse. J'ai tout de suite pensé à toi !

Mélanie Ah… vraiment, mais tu penses que j'ai le niveau ? Ça fait longtemps quand même que je n'ai pas fait de sport !

Julie Mais oui, bien sûr ! ne t'inquiète pas ! Nous sommes toutes des amatrices. Aussi je suis sûre que tu es très douée et que grâce à toi nous gagnerons tous les matchs !

Mélanie En fait, ta proposition tombe à pic ! Je cherchais justement une nouvelle activité sportive !

Julie C'est génial ! Dans un mois, il y aura une compétition importante donc maintenant nous devons nous entraîner intensément. Quand penses-tu pouvoir commencer ?

Mélanie Dès maintenant s'il le faut ! Où vous entraînez-vous ?

Julie Nous faisons les entraînements au stade municipal.

Mélanie D'accord, ce n'est pas très loin de chez moi. Quels jours et à quelle heure ?

Julie Le lundi et le jeudi de 19 heures à 20 heures.

Mélanie Ah bon ? Pourquoi les entraînements sont-ils si tard ?

Julie Parce que les membres de notre équipe travaillent la journée. Enfin presque tous.

Mélanie Ah, oui, je comprends ! On se voit au stade municipal à 19 h lundi prochain alors !

Julie C'est parfait ! Je vais annoncer à mes amies, qui seront tes futures coéquipières, que tu vas te joindre à l'équipe. Je m'imagine déjà leur réaction ! Elles seront très heureuses de l'apprendre.

Julie	여보세요, Mélanie니? 나 Julie야
Mélanie	여보세요, Julie 잘 지내?
Julie	나야 잘 지내지! 봄이라 기운이 넘쳐! 너에게 제안하고 싶은 게 있는데, 축구팀에 들어올 생각 있어?
Mélanie	축구라고? 응, 안 될 거 없지… 그런데 왜?
Julie	사실, 두 달 전에 축구팀에 들어갔는데 새로운 선수를 찾고 있거든. 나는 바로 너를 생각했어!
Mélanie	아... 정말, 그런데 내가 실력이 된다고 생각해? 운동을 안 한 지 정말 오래 되었어!
Julie	그럼 당연하지! 걱정하지 마! 우리 모두 다 아마추어야. 그리고 나는 네가 매우 재능이 있고 네 덕분에 모든 경기를 이길 거라고 확신하거든!
Mélanie	사실, 딱 좋을 때 말했어! 나는 새로운 스포츠 활동을 찾고 있었거든!
Julie	너무 잘됐다! 한 달 후에 중요한 시합이 있을 예정이거든. 그래서 지금 열심히 훈련해야 해. 언제부터 시작할 수 있을 것 같아?
Mélanie	필요하다면 당장이라도! 어디에서 훈련해?
Julie	우리는 시립경기장에서 훈련해.
Mélanie	좋아. 우리 집에서 그렇게 멀지 않네. 무슨 요일, 몇 시에 해?
Julie	월요일과 목요일 저녁 7시부터 8시까지야
Mélanie	아 그래? 왜 이리 훈련이 늦어?
Julie	왜냐하면 우리 팀원들은 낮 동안 일하거든. 거의 모두가 말이야.
Mélanie	아 그렇구나! 그렇다면 우리 다음주 월요일 저녁 7시에 시립경기장에서 만나겠구나!
Julie	정말 좋다! 미래의 팀원들이 될 친구들에게 네가 우리 팀에 합류한다고 말할게. 벌써 반응이 상상이 가! 팀원들이 알게 되면 매우 기뻐할 거야.

EXERCICE 2 Transcription du document audio

Journaliste Le DIY, vous connaissez ? Ces trois lettres signifient « Do It Yourself ». Nous pouvons le traduire en français par « faites-le vous-même ». Il s'agit en fait d'une sorte de bricolage !
Vous vous en êtes certainement aperçus, le DIY est une nouvelle tendance qui a conquis la France. En 3 mois seulement, c'est devenu l'un des loisirs les plus populaires de notre pays. On le voit et on en entend parler partout ! Il a envahi nos magasins et nos réseaux sociaux. Mais, au fait, le DIY, qu'est-ce que c'est au juste ? Est-ce vraiment simplement du bricolage ? Pour vous, notre chroniqueur Jean-Yves LAPOINTE a mené l'enquête sur ce véritable phénomène de société.

Jean-Yves LAPOINTE
Oui, oui, je vais tout vous dire sur cette nouvelle tendance. Pour commencer, le DIY consiste à créer de façon artisanale des objets artistiques ou technologiques. Souvent avec les moyens du bord, c'est-à-dire très peu de matériel.

Journaliste Mais alors, le DIY est simplement du bricolage ?

Jean-Yves LAPOINTE
Pas tout à fait. Il est vrai que le DIY ressemble beaucoup au bricolage. Mais en réalité, ça va plus loin. Pratiquer cette activité ne se limite pas seulement à confectionner des objets. C'est avant tout une véritable philosophie. Certains affirment même que ce serait une thérapie. En effet, le fait de se concentrer sur une seule chose à la fois, et de réaliser quelque chose de ses dix doigts augmente notre estime de soi et nous fait profiter de l'instant présent. En pratiquant le DIY, nous devenons plus heureux !
L'une des deux valeurs les plus fondamentales du DIY est de diffuser au plus grand nombre des pratiques luttant contre la surconsommation et plus largement le capitalisme.

Journaliste Contre la consommation de masse et le capitalisme ? Vous pouvez nous expliquer ?

Jean-Yves LAPOINTE
Si, si, je vous assure ! En effet, les personnes pratiquant le DIY ne sont plus seulement de simples spectateurs ou consommateurs. D'un objet, ils en deviennent les créateurs et les utilisateurs. Le fait d'avoir créé un objet instaure une relation particulière entre le produit et la personne, le créateur. Et ça, croyez-moi, c'est aussi plaisant que magique !

Journaliste Et la deuxième valeur alors ?

Jean-Yves LAPOINTE

La deuxième valeur du DIY est sans aucun doute l'esprit communautaire. Se laisser tenter par cette nouvelle tendance, c'est aussi entrer dans une communauté à part entière. Le DIY repose sur un fort esprit de partage. Sur Internet, des personnes postent des vidéos expliquant comment confectionner certains objets. Ces vidéos sont très populaires. Un simple objet né de l'esprit d'une seule personne est recréé par des millions de personnes, mais aussi retouché en accord avec les goûts de l'apprenti artisan.

Journaliste 여러분 DIY를 아십니까? 이 세 글자들을 《Do It Yourself》를 의미합니다. 프랑스어로 《faites-le vous-même》으로 번역할 수 있습니다. 이것은 사실 일종의 '브리콜라주(수작업)'입니다!

여러분들은, DIY가 프랑스를 정복한 새로운 트렌드라는 것을 분명히 눈치챘을 겁니다. 불과 3개월 만에 우리나라에서 가장 인기 있는 취미 중 하나가 되었습니다. 곳곳에서 우리는 그것에 대해 보고 듣습니다! DIY는 우리의 상점과 소셜네트워크를 침범했습니다. 그런데 DIY란 정확히 무엇일까요? 정말로 단지 브리콜라주일까요? 우리의 칼럼니스트 Jean-Yves LAPOINTE 가 여러분들을 위해, 진정한 사회적 열풍이라고 할 수 있는 이 현상을 조사했습니다.

Jean-Yves LAPOINTE

네, 여러분들에게 이 새로운 트렌드에 대해 모두 이야기해드리겠습니다. 우선, DIY는 예술적이거나 기술적인 물건을 수공업적인 방식으로 만드는 것입니다. 주로 이미 가지고 있는 것 즉, 적은 재료를 가지고요.

Journaliste 그런데, DIY는 단지 브리콜라주일까요?

Jean-Yves LAPOINTE

완전히는 아니에요. DIY가 브리콜라주와 매우 유사하다는 것은 사실입니다. 그러나 실제로는, 그보다는 한걸음 더 나아갑니다. 이 활동을 하는 것은 단지 물건을 만드는 것에 국한되지 않습니다. 이것은 무엇보다도 진정한 철학입니다. 어떤 사람들은 그것이 치료법이라고 주장하기도 합니다. 왜냐하면, 한 번에 한 가지 일에만 집중하고 열 손가락으로 무언가를 실현하는 것은 우리의 자존감을 올려주고 현재의 순간을 즐기게 해줍니다. DIY를 하면서 우리는 더 행복해집니다! DIY의 가장 기본적인 두 가지 가치 중 하나는 과소비와 자본주의에 맞서 싸우는 실천을 가능한 한 많은 사람들에게 더 광범위하게 전파하는 것입니다.

Journaliste 과소비와 자본주의에 반한다고요? 저희에게 설명해주시겠습니까?

Jean-Yves LAPOINTE

네, 그렇습니다. 실제로, DIY를 하는 사람들은 더 이상 단지 관중이거나 소비자가 아닙니다. 어떤 사물에 대해 그들은 제작자와 사용자가 됩니다. 물건을 제작했다는 사실은 제품과 제작자인 사람 사이에 특별한 관계를 형성합니다. 그것은 마술만큼이나 즐겁습니다!

Journaliste 그럼 두 번째 가치는요?

Jean-Yves LAPOINTE

DIY의 두 번째 가치는 의심의 여지없이 공동체 정신입니다. 이 새로운 트렌드의 유혹에 빠진다는 것은, 그 자체로 특별한 공동체에 들어가는 것을 의미하기도 합니다. DIY는 강력한 공유 정신을 기반으로 합니다. 인터넷에서 사람들은 특정 물건을 어떻게 제작하는지 설명하는 비디오를 게시합니다. 이 영상들은 매우 인기 있습니다. 한 사람의 영혼에서 나온 단순한 물건은 수백만 명의 사람들을 통해 다시 만들어지고 또한 견습 수공업자의 취향에 따라 다듬어집니다.

▶ EXERCICE 3 Transcription du document audio

Mme BELLINI

Bonjour, je m'appelle Sarah BELLINI, je suis consultante en bien-être. Aujourd'hui, je vais vous donner des astuces pour que vous trouviez le bon équilibre entre travail et vie privée.

Je suis bien d'accord, ce n'est pas facile de trouver un équilibre entre la vie professionnelle et la vie personnelle. Mais croyez-moi, il est vraiment possible de s'épanouir professionnellement tout en ayant de nombreux loisirs. Vous allez comprendre comment !

Tout d'abord, je voudrais vous partager ce chiffre : 75 % des travailleurs français détestent leur emploi ! N'est-ce pas dramatique ? Pourquoi un tel chiffre ? Me demanderez-vous ! Eh bien, c'est très simple. La plupart des gens ne travaillent pas de la bonne manière ! Certes, la réussite professionnelle est importante, mais préserver du temps pour les loisirs l'est aussi. Si nous travaillons constamment, nous nous sentons vidés de notre énergie. Aussi, notre motivation faiblit et nous devenons extrêmement fatigués. Pourtant la plupart des Français refusent de prendre du temps pour eux. Vous êtes nombreux à penser qu'avoir des loisirs est du temps perdu. Et même, les gens ont tendance à culpabiliser de ne pas être productifs. Travaillons-nous pour vivre ou vivons-nous pour travailler ? C'est une question cruciale, mais difficile. Pour cette raison, nous allons tout simplement nous demander comment concilier le travail et les loisirs.

Afin de trouver un équilibre entre les deux, il faut travailler de façon plus productive. De cette manière, on peut travailler moins longtemps et passer son temps libre à des activités que l'on apprécie vraiment. Et j'insiste sur ce point. Si vous n'aimez pas le sport, ne faites pas de sport sur votre temps libre. Faites ce que vous aimez ! C'est seulement cela qui vous ressourcera !

En étant plus productif, il est plus facile pour vous de concilier vie professionnelle et vie privée de manière satisfaisante. Il est aussi très important de différencier nos moments personnels et notre travail. Cela signifie que les moments de loisir doivent être distingués des moments d'activité professionnelle. Ils ne doivent pas se chevaucher. Par exemple, lorsqu'on passe du temps avec sa famille, il est préférable d'éteindre son téléphone professionnel et de ne plus penser au bureau !

En suivant ces deux conseils très simples, vous verrez que votre vie va changer. Vous aurez plus d'énergie, vous gagnerez en motivation et surtout, le plus important, vous serez satisfaits de votre vie.

Bonne journée à tous ! Et n'oubliez pas, « Après la pluie, le beau temps ».

Mme BELLINI

안녕하세요, 제 이름은 Sarah BELLINI입니다. 저는 웰빙 컨설턴트입니다. 오늘은 여러분들이 일과 삶의 좋은 균형을 찾을 수 있도록 몇 가지 팁을 드리겠습니다. 저는 직업과 개인 생활의 균형을 찾는 것은 쉽지 않다는 데 동의합니다. 하지만 많은 취미를 가지면서 직업적으로도 성취를 이루는 것은 정말로 가능합니다. 어떻게 가능한지 이해하게 되실 거예요!

우선 여러분들과 이 수치를 공유하고 싶습니다. 프랑스 노동자의 75%는 자신의 직업을 싫어합니다. 심각하지 않습니까? 왜 이리도 수치가 높을까요? 여러분들은 저에게 물어볼 것입니다. 아주 간단합니다. 대부분의 사람들은 올바른 방식으로 일을 하지 않습니다. 물론 직업적인 성공은 중요하지만 취미를 위한 시간들을 지키는 것도 중요합니다. 만약 우리가 끊임없이 일을 한다면 우리는 에너지가 고갈된다는 것을 느낄 것입니다. 또한 우리의 동기부여는 약해지고 극도로 피곤해집니다. 그렇지만 대부분의 프랑스인들은 그들을 위한 시간을 가지는 것을 거부합니다. 많은 사람들이 여가시간을 보내는 것은 시간낭비라고 생각합니다. 심지어 사람들은 생산적이지 않는 것에 죄책감을 느끼는 경향이 있습니다. 우린 살기 위해 일하는 걸까요, 일을 하기 위해 사는 걸까요? 이것은 중요하지만 어려운 질문입니다. 이러한 이유로 우리는 단지 어떻게 일과 여가를 조정하는지 스스로에게 물어볼 것입니다.

둘 사이의 균형을 찾으려면 더욱 생산적인 방식으로 일을 해야 합니다. 이런 식으로 우리는 더 적은 시간을 일하고 우리가 정말로 좋아하는 활동을 하며 자유시간을 보낼 수 있습니다. 그리고 저는 이 점을 강조합니다. 만약 운동을 좋아하지 않으시다면 자유시간에 운동을 하지 마십시오. 당신이 좋아하는 것을 하십시오! 그것만이 여러분들의 원기를 회복시킬 것입니다!

생산성을 더 높이면 일과 사생활을 만족스럽게 조정하기 더 쉽습니다. 개인적인 시간과 일을 구분하는 것도 마찬가지로 매우 중요합니다. 이것은 여가시간은 일하는 시간으로부터 구별되어야 한다는 것을 의미합니다. 그들은 겹쳐지면 안 됩니다. 예를 들어 가족과 시간을 보낼 동안 업무적인 전화는 꺼두고 일 생각은 더이상 생각하지 않는 것이 좋습니다. 매우 간단한 이 두가지 조언을 따르면 여러분들은 여러분들의 삶이 바뀐 것을 볼 것입니다. 여러분들은 더 많은 에너지를 가질 것이고 동기부여를 얻을 것이며 특히 가장 중요한 것은 여러분들의 삶에 만족할 것이라는 겁니다. 좋은 하루 보내세요! 그리고 《비 온 뒤에 날씨가 좋다》(*나쁜 일이 있으면 좋은 일도 있다는 뜻)는 것을 잊지 마십시오.

5 Compréhension de l'oral

▶ EXERCICE 1 Transcription du document audio

Henri	Bonjour ! Je m'appelle Henri. Comment tu t'appelles ?
Émilie	Moi c'est Émilie. Enchantée !
Henri	Je ne t'ai jamais vue ici avant. Tu viens d'emménager dans notre immeuble ?
Émilie	Oui, j'ai emménagé hier ! Je suis encore un peu perdue.
Henri	Tu vas voir, tu vas t'y plaire ! Si tu as besoin de quelque chose, n'hésite pas à me le demander !
Émilie	Merci. C'est très gentil ! Tu habites où ?
Henri	Au deuxième étage, appartement 208.
Émilie	D'accord, moi je suis au premier étage, appartement 106. Demain soir, j'organise une petite fête. Tu aimerais venir ?
Henri	Je ne suis pas sûr. Je crois que j'ai déjà quelque chose de prévu. Je peux te redire plus tard ?
Émilie	Oui, pas de problème. Mais comment se contacter ? Je n'ai pas ton numéro. Ou alors, on peut utiliser Facebook ! Tu utilises ce réseau social ?
Henri	Oui, je suis sur Facebook. Tu peux me rajouter si tu veux. Mon nom est : Henri DALIONE.
Émilie	Ah ! Ça y est je t'ai trouvé ! Je vais t'ajouter en ami.
Henri	Je t'accepte !
Émilie	Waouh ! Tu as beaucoup d'amis ! 570 !
Henri	Oui, mais tu sais le nombre d'amis sur Facebook, ça ne veut rien dire. Souvent, ce ne sont pas de vrais amis. En réalité, c'est peut-être bizarre, mais je n'ai que très peu d'amis. Je peux les compter sur les doigts d'une main.
Émilie	Ah, vraiment ? C'est intéressant, car en fait, moi c'est pareil, en vrai je n'ai que peu d'amis. Tu es allé en Tunisie l'été dernier ? Les photos que tu as postées sont très jolies !
Henri	Oui, j'ai passé deux semaines à Tunis et je suis aussi allé dans le Sahara. J'y ai fait du chameau.
Émilie	Je t'envie. Je pense aussi y aller l'année prochaine.
Henri	Ah, vraiment ? Je te conseille vraiment ce pays. C'est magnifique !
Émilie	Je n'en doute pas.
Henri	Bon, à plus tard !
Émilie	À la prochaine !

Henri	안녕하세요! 제 이름은 Henri예요! 이름이 뭐예요?
Émilie	저는 Émilie예요. 만나서 반가워요!
Henri	전에 이곳에서 당신을 한 번도 본 적이 없네요. 우리 건물에 막 이사하신 건가요?
Émilie	네, 어제 입주했어요! 아직도 약간 정신이 없네요.
Henri	살다 보면 아시겠지만, 마음에 드실 거예요! 만약 무언가 필요하다면 주저하지 말고 저에게 물어보세요!
Émilie	고마워요. 엄청 친절하시군요! 당신은 어디 사세요?
Henri	2층(*한국에서는 건물의 3층에 해당)이에요. 아파트 208호예요.
Émilie	그렇군요. 저는 아파트 1층(*한국에서는 건물의 2층에 해당), 106호예요. 내일 저녁에 작은 파티를 여는데, 오실래요?
Henri	확실하지 않은데. 뭔가 예정된 게 있었던 것 같아요. 나중에 다시 이야기해드려도 될까요?
Émilie	그럼요, 문제없어요. 그런데 우리 어떻게 연락하지요? 저는 당신 번호가 없어요. 아니면 페이스북을 사용할 수 있겠네요! 이 SNS 이용하시나요?
Henri	네, 저 페이스북에 있어요. 원하시면 저를 추가할 수 있어요. 제 이름은 Henri DALIONE이에요.
Émilie	아! 당신을 찾았어요! 당신을 친구로 추가할게요.
Henri	수락했어요!
Émilie	우와! 당신 친구가 많군요! 570명이라니!
Henri	네, 하지만 페이스북 친구들은 아무 의미 없는 거 알잖아요. 대체로, 진짜 친구들이 아니에요. 사실 이상할 수도 있지만 전 친구가 거의 없어요. 손에 꼽을 정도인 걸요.
Émilie	아 정말요? 흥미롭네요. 왜냐하면 사실 저도 같거든요. 정말 몇 명의 친구 밖에 없어요. 지난 여름에 튀니지 갔었어요? 당신이 올린 사진들 정말 예쁘네요!
Henri	네, 저 튀니지에서 2주 있었고 사하라도 방문했어요. 저는 거기에서 낙타도 탔어요.
Émilie	부럽네요. 저 또한 내년에 갈 계획이에요.
Henri	아 정말요? 저는 당신에게 정말로 이 나라를 추천해요. 매우 아름답거든요!
Émilie	그럴 것 같아요.
Henri	그럼, 나중에 봐요!
Émilie	다음에 또 봐요!

▶ EXERCICE 2 Transcription du document audio

Journaliste	Aujourd'hui, l'historien et sociologue Dimitri MOISAN va nous parler de quelque chose que vous avez tous dans vos maisons : la télévision. Bonjour Professeur MOISAN. Vous êtes le bienvenu dans nos studios.
Dimitri MOISAN	Bonjour et merci pour votre invitation.
Journaliste	Professeur MOISAN, de nombreux auditeurs aimeraient connaître l'histoire de la télévision. Pouvez-vous nous en parler ?
Dimitri MOISAN	Oui, avec plaisir. Alors, tout a commencé quand l'Écossais John LOGIE BAIRD a effectué, à Londres, la première retransmission publique de télévision en direct. C'était en 1926. Toutefois, ce n'est qu'en 1931 que la télévision est arrivée en France. La première transmission a eu lieu le 14 avril. Après qu'un émetteur d'ondes courtes a été installé au sommet de la tour Eiffel, la première chaîne de télévision française est née. À l'époque, seulement 180 personnes possédaient une télévision dans l'Hexagone.
Journaliste	Vraiment ? Moins de 200 personnes ?
Dimitri MOISAN	Oui, 90 ans plus tard, les choses ont bien changé. Le petit écran s'est imposé dans la vie des Français. D'ailleurs, nous passons en moyenne une heure et demie par jour à regarder des émissions télévisées. Alors que dans les années 40, il n'existait que deux chaînes seulement en France, nous disposons maintenant de la possibilité de regarder plusieurs centaines de chaînes.
Journaliste	Mais pensez-vous, Professeur MOISAN, que cette invention ait été positive pour le monde ?
Dimitri MOISAN	Il est indéniable que la télévision a changé la face du monde. Mais le petit écran est l'objet de nombreuses critiques. Par exemple, certains reprochent aux émissions télévisées de ne pas être suffisamment variées. Les sujets abordés à la télé sont en effet souvent très proches les uns des autres. De ce fait, on parle trop de certains événements alors que d'autres, en revanche, sont totalement oubliés. C'est le cas de ce qui s'est passé au Rwanda en 1994. À l'époque, l'événement était totalement absent de nos écrans.
Journaliste	Est-ce le seul reproche fait à la télé ?

Dimitri MOISAN Non, d'autres critiques concernent la qualité des émissions. Il est en effet souvent reproché à la télévision de ne partager que des contenus intellectuellement pauvres.
Pour finir, certaines études ont démontré que la télévision avait des effets très néfastes sur le développement de l'enfant. Par exemple, la fondation Tamaki a prouvé qu'un excès de télévision avant trois ans était associé à des problèmes du contrôle de l'attention ainsi qu'à un comportement agressif.

Journaliste 오늘은 역사가이자 사회학자인 Dimitri MOISAN 교수님이 여러분들이 모두 집에 가지고 있는 것에 대해 이야기할 겁니다. 바로 텔레비전이죠. 안녕하세요? MOISAN 교수님. 저희 스튜디오에 오신 것을 환영합니다.

Dimitri MOISAN 안녕하세요. 초대해주셔서 감사합니다.

Journaliste MOISAN 교수님, 많은 청취자들이 텔레비전의 역사를 알고 싶어 합니다. 텔레비전에 대해 말씀해주시겠습니까?

Dimitri MOISAN 네, 물론이죠. 모든 것은 스코틀랜드의 John LOGIE BAIRD가 런던에서 처음으로 공중파 생방송을 할 때 시작되었습니다. 1926년이었습니다. 그러나 1931년이 되어서야 텔레비전은 프랑스에 도착했습니다. 첫 번째 송신은 4월 14일에 개최됐습니다. 에펠탑 꼭대기에 단파 송신기가 설치된 후 최초의 프랑스 TV 채널이 탄생했습니다. 당시 오직 180명의 사람들만이 프랑스에서 텔레비전을 소유하고 있었습니다.

Journaliste 정말이요? 200명 미만이요?

Dimitri MOISAN 그렇습니다. 90년 후에, 상황이 바뀌었습니다. 작은 화면(텔레비젼)은 프랑스인들의 삶에서 필수 불가결한 것이 되었습니다. 게다가 우리는 평균적으로 하루에 텔레비전 방송을 보는 데 1.5 시간을 보냅니다. 1940년대에는 프랑스에 오직 2채널만 존재했는데 말이죠. 이제 우리는 수백 개의 채널들을 시청할 수 있습니다.

Journaliste 하지만 MOISAN 교수님, 이 발명품이 세상에 긍정적이라고 생각하십니까?

Dimitri MOISAN 텔레비전이 세상의 모습을 바꾼 것은 부인할 수 없는 사실입니다. 그렇지만 작은 화면은 많은 비판의 대상이 되어 왔습니다. 예를 들어, 몇몇 사람들은 텔레비전 방송이 충분히 다양하지 않다고 비난합니다. TV에서 논의되는 주제들은 실제로 서로 비슷비슷합니다. 따라서 우리는 특정 사건에 대해 너무 많이 이야기하는 반면 다른 사건들은 완전히 잊혀집니다. 바로 1994의 르완다에서 일어난 일입니다. 당시에 이 사건은 우리 나라 방송에서는 다뤄지지 않았습니다.

Journaliste TV에 대한 비판은 이게 전부인가요?

Dimitri MOISAN 아니요, 다른 비판은 프로그램의 품질에 관련되어 있습니다. 실제로 텔레비전은 종종 지적으로 빈약한 내용만 공유한다는 것에 대하여 비판 받습니다. 끝으로, 일부 연구에 따르면 텔레비전은 아이들의 발달에 매우 해로운 영향을 가지고 있다고 증명되었습니다. 예를 들어 Tamaki 재단은 3세 이전의 지나친 텔레비전 시청은 주의력 조절 문제와 공격적인 행동에 관련이 있음을 입증했습니다.

▶ EXERCICE 3 Transcription du document audio

Chroniqueur radio

Pouvez-vous vous passer des médias sans que l'on vous considère comme un extraterrestre ? Vous en conviendrez, cela est peu probable. En effet, les médias sont la principale, voire même l'unique source d'information des citoyens. Pour cette raison, les médias occupent une place importante dans nos vies, au sein de notre société.

Dans notre quotidien, ils sont absolument partout. Que ce soit les journaux, la radio, Internet ou encore la télévision, les médias nous entourent.

Il est très souvent dit que les médias ont un rôle très important. Selon certains, ils garantiraient en effet la qualité de notre démocratie. Il est vrai que le rôle principal des médias est de partager l'information. Ils sont, d'une certaine manière, notre lien avec le reste du monde.

Grâce aux médias, presque la totalité de la population a la possibilité de se tenir informée et c'est justement en restant informé que l'on peut se créer sa propre opinion. Nous avons bien conscience de cette importance. En effet, d'après une étude récente, 62 % des Français liraient quotidiennement le journal.

Toutefois, de plus en plus, les aspects négatifs des médias sont soulignés. Ils seraient en effet dotés d'un pouvoir absolument effrayant : la capacité de contrôler le jugement et l'opinion des individus.

Nombreux sont ceux qui ont dénoncé l'influence des médias sur les populations. Certains sociologues affirment d'ailleurs que les médias les plus populaires peuvent décider du candidat présidentiel qui sera élu.

Il est difficile de mesurer l'influence qu'ont les médias sur notre vie, mais une chose est sûre, ils en ont. Pour cette raison, il est important de pouvoir développer un esprit critique et le conserver.

Quand nous sommes exposés à une information, il faut absolument se demander si cette information est vraie. Il est aussi primordial de reconnaître que les médias ne sont pas objectifs. Et que, par conséquent, toutes les informations qu'ils partagent sont plus ou moins déformées. Cela concerne même notre radio ! Alors, chers auditeurs, prenez garde !

Chronique radio

여러분들은 미디어 없이 지낼 수 있습니까? 다른 사람들에게 외계인처럼 보이지 않고요? 가능할 것 같지 않다는 데 동의하실 것입니다. 실제로 미디어는 중요하며 심지어는 시민들의 유일한 정보원입니다. 이러한 이유로 미디어는 우리 사회에서 우리 삶에서 중요한 위치를 차지하고 있습니다.

우리들의 일상에서 미디어는 절대적으로 어디에나 있습니다. 신문, 라디오, 인터넷 또는 텔레비전이든 미디어는 우리를 둘러싸고 있습니다. 미디어는 중요한 역할을 가지고 있다고 빈번하게 언급됩니다. 일부 사람들에 의하면 미디어는 실제로 우리 민주주의의 질을 보장할 거라고 합니다. 언론들의 중요한 역할이 정보 공유인 것은 사실입니다. 미디어는 어떤 방식으로든 나머지 세계와 연결되어 있습니다. 언론들 덕분에, 거의 모든 인구가 정보를 가질 가능성이 있으며 정보를 가지는 것은 즉, 자신의 생각이 만들어지는 것입니다. 우리는 이 중요성을 잘 알고 있습니다. 실제로 최근 연구에 따르면 프랑스인들의 62%가 매일 신문을 읽습니다.

그러나 점점 매체들의 부정적인 면이 주장됩니다. 미디어에는 실제로 어마어마한 힘이 부여됩니다. 개인들의 의견과 판단을 통제할 수 있는 능력을 얻었을 것입니다. 사람들에게 끼치는 미디어의 영향에 많은 사람들이 비난했습니다. 일부 사회학자들은 또한, 가장 인기 있는 매체가 선출될 대통령 후보를 결정지을 수 있다고 주장합니다.

미디어가 우리의 삶에 미치는 영향을 측정하는 건 어렵지만 영향을 가지고 있는 것은 확실합니다. 이러한 이유로 비판적 사고를 발전시킬 줄 알아야 하고 그것을 유지하는 것은 중요합니다. 우리가 정보를 대할 때 우리는 전적으로 이 정보가 사실인지 스스로에게 물어야 합니다. 언론들은 객관적이지 않다는 것을 인식하는 것 또한 가장 중요합니다. 따라서 이들이 공유하는 모든 정보는 다소 왜곡됩니다. 그것은 심지어 저희 라디오에도 해당됩니다! 그러니 청취자 여러분 조심하십시오!

6 Compréhension de l'oral

▶ EXERCICE 1 Transcription du document audio

Elsa	Oh, tiens ! Quelle surprise ! Bonjour Jean !
Jean	Oh, je ne t'avais pas vue ! Salut Elsa ! Comment vas-tu ?
Elsa	Ça va plutôt bien ! Oh là, là ! Ça fait vraiment longtemps !
Jean	Oui, c'est vrai ! Au moins six mois ! Dis-moi, tu deviens quoi ?
Elsa	Eh bien, il y a eu beaucoup de changements dans ma vie ! J'ai trouvé un nouveau travail ! Je suis maintenant hôtesse d'accueil !
Jean	Ah, vraiment ? C'est génial ! Félicitations ! Tu travailles dans un hôtel ?
Elsa	Non pas du tout ! Je travaille dans une banque ! Tu sais, le Crédit Agricole, au coin de ma rue.
Jean	Ah ! Oui, je vois ! Oh, c'est un très bon poste. Et ça te plaît ?
Elsa	Non, pas vraiment. Il y a beaucoup de travail et c'est très stressant.
Jean	Ah, je vois tout à fait. Et, bien que ce travail soit stressant, tu penses continuer ?
Elsa	Je pense que oui, car il y a deux points positifs, tout de même ! Je suis bien payée et la banque n'est pas loin de chez moi.
Jean	Oui, je te comprends. Ce sont deux choses importantes. Et, tu as signé un CDI ?
Elsa	Non, mon contrat se termine dans 4 mois donc si je n'ai pas de chance, je vais devoir chercher un autre travail.
Jean	Ah, d'accord, je vois. J'espère qu'ils vont te proposer de continuer.
Elsa	Oui, moi aussi. Et toi, tu fais quoi en ce moment ? Tu travailles toujours comme vendeur ?
Jean	En fait non. Je me suis fait licencier. Je suis maintenant au chômage.
Elsa	Ah mince ! Désolée pour toi. Ça doit être très dur !
Jean	En réalité, je suis plutôt content, j'ai plus de temps pour moi et j'en profite bien.

Elsa	엇! 깜짝이야! 안녕 Jean!
Jean	아, 너를 못 봤네! 안녕 Elsa! 어떻게 지내?
Elsa	매우 잘 지내지! 어머, 정말 오랜만이다!
Jean	응, 정말로! 최소 6개월은 됐어! 말해 봐, 어떻게 지냈어?
Elsa	글쎄, 내 삶에는 많은 변화가 있었어! 나는 새로운 직업을 찾았어! 나 이제 안내원이야!
Jean	아, 정말? 멋지다! 축하해! 너 호텔에서 일하는 거야?
Elsa	전혀 아니야! 난 은행에서 일해! 너도 알 거야 길 모퉁이에 있는 le Crédit Agricole.
Jean	아! 그래, 그렇구나! 오, 그 곳은 매우 좋은 직장이지. 마음에 드니?
Elsa	아니, 실은 별로야. 일이 너무 많고 스트레스도 많아.
Jean	아, 알겠어. 직장이 스트레스가 많아도 계속 일할 생각이야?
Elsa	응, 그럴 생각이야, 왜냐하면 두 가지 긍정적인 점이 있거든. 급여도 좋고, 은행이 집에서 멀지 않아.
Jean	그래, 이해해. 그 두 가지는 중요하지. 그런데, 너 정규직(*CDI는 더 정확하게 말하면 계약 기간이 한정되지 않은 '무기계약'에 해당) 계약했어?
Elsa	아니, 내 계약은 4개월 후에 끝나. 만약 운이 좋지 않으면, 나는 다른 일을 찾아야만 할 거야.
Jean	아, 그래, 그렇구나. 은행에서 너에게 계속 일하자고 했으면 좋겠다.
Elsa	응, 나도. 너는, 요즘 뭐 하고 지내? 여전히 판매원으로 일하고 있어?
Jean	사실은, 아니. 나 해고되었어. 나 지금 실업자야.
Elsa	저런! 미안해. 엄청 힘들겠다!
Jean	실은, 오히려 나는 행복해. 나는 나를 위한 시간을 갖고 있고 그 시간들을 즐기고 있어.

▶ EXERCICE 2 Transcription du document audio

Chroniqueur radio	Nous accueillons maintenant monsieur BELLI, chargé de communication pour l'armée française. Bonjour, monsieur BELLI !
M. BELLI	Bonjour et merci de me recevoir.
Chroniqueur radio	Vous nous avez dit que vous aviez un message pour nos jeunes auditeurs.
M. BELLI	Oui c'est cela, je voudrais leur parler de leur avenir et les inviter à rejoindre l'armée française, car nous recrutons 5760 personnes l'année prochaine. C'est une opportunité à saisir !
Chroniqueur radio	Ah, très bien. Mais dans l'armée française, il existe de nombreux métiers ! Quels profils recherchez-vous ?
M. BELLI	En effet, vous avez tout à fait raison. Il y a de nombreux corps de métier dans l'armée. Actuellement, nous recherchons des profils très variés. Et c'est pour cette raison que je suis ici aujourd'hui. Je voudrais m'adresser à tous les jeunes qui nous écoutent. Si vous avez plus de 18 ans ainsi qu'une formation en biologie, en informatique ou encore en mécanique, la France a besoin de vous et de vos compétences.
Chroniqueur radio	Et quels sont les bénéfices d'un travail dans l'armée ?
M. BELLI	Ah ! Il y en a beaucoup ! S'enrôler dans l'armée c'est, tout d'abord, l'honneur de servir son pays. Aussi, les militaires reçoivent un excellent salaire. Si vous rentrez dans l'armée, vous aurez un avenir stable et serein. Aussi, les jeunes recrues reçoivent une formation de très bonne qualité. À l'issue de cette formation, ils signeront un contrat à durée indéterminée (CDI) c'est-à-dire un contrat qui n'a pas de date de fin. Toutes les candidatures doivent être faites cette année, avant le 1er janvier sur le site Internet www.armee-avenir.fr.
Chroniqueur radio	Je vous remercie monsieur BELLI, nous rappelons à ceux qui nous écoutent qu'un événement est organisé par l'armée le 3 décembre à la salle des expositions Marginée au sud de Paris. Cet événement est organisé pour que les jeunes puissent rencontrer des militaires et découvrir le métier de soldat. Pour plus d'informations, nous vous invitons à visiter le site www.armee-avenir.fr ou appeler le 01 03 56 83 29.

Chroniqueur radio	저희는 지금 프랑스 군대의 커뮤니케이션을 담당하시는 BELLI 씨를 모셨습니다. 안녕하세요, BELLI 씨!
M. BELLI	안녕하세요? 초대해주셔서 감사합니다.
Chroniqueur radio	저희에게 말씀하시길 저희의 젊은 청취자들을 위한 메시지를 준비하셨다고 하셨는데요.
M. BELLI	네, 그렇습니다. 저는 그들에게 그들의 미래에 대해 이야기하고, 그들을 프랑스 군대에 오시라고 권하고 싶습니다. 왜냐하면 저희는 내년에 5,760명 이상의 사람들을 모집하거든요. 이것은 잡아야 할 기회입니다!
Chroniqueur radio	아, 잘됐네요. 하지만 프랑스 군대에는 많은 직업들이 있잖아요! 어떤 사람들을 찾고 계신가요?
M. BELLI	네, 맞습니다. 군대에는 많은 직업군이 있습니다. 현재, 우리는 매우 다양한 자격조건을 가진 사람들을 구하고 있습니다. 이러한 이유로 제가 오늘 여기 있는 겁니다. 저는 이 방송을 듣고 있는 모든 젊은이들에게 말하고 싶습니다. 만약 당신이 18세 이상이고 생물학, 정보과학 또는 기계공학에 대한 배경지식이 있다면, 프랑스는 여러분들과 여러분들의 능력이 필요합니다.
Chroniqueur radio	군대에서 일하면 어떤 이점이 있습니까?
M. BELLI	아, 많이 있습니다! 군대에 입대하는 것은 무엇보다도 자신의 나라를 위해 봉사할 수 있는 영광입니다. 또한, 군인들은 높은 급여를 받습니다. 만약 여러분들이 군대에 들어가신다면, 여러분들은 안정적이고 평화로운 미래를 가질 것입니다. 또한, 젊은 신병들은 매우 우수한 교육을 받습니다. 이 교육이 끝난 후에, 그들은 정규직(*CDI는 더 정확하게 말하면 계약 기간이 한정되지 않은 '무기계약'에 해당)으로 계약할 것입니다. 즉, 무기한 계약에 서명하게 됩니다. 모든 신청은 웹사이트 www.armee-avenir.fr에서 올해 안에, 즉 1월 1일 이전까지 받습니다.
Chroniqueur radio	BELLI 씨 감사합니다. 청취자분들에게 12월 3일 파리 남쪽에 있는 Marginée 전시장에서 행사가 있다는 소식을 전해드립니다. 이 행사는 젊은이들이 군인들을 만날 수 있고 군인이라는 직업에 대해 발견할 수 있도록 준비되었습니다. 더 자세한 정보는, www.armee-avenir.fr 사이트를 방문하시거나 01 03 56 83 29로 문의하십시오.

EXERCICE 3 Transcription du document audio

Chroniqueur radio

Chers auditeurs, nous avons de bonnes nouvelles pour les Français ! Le chômage est en nette baisse. Les chômeurs représentaient en effet 15 % de la population en 2019, mais la reprise économique a dynamisé le marché du travail de façon inattendue.

En 2020, seulement 1 Français sur 10 était en recherche d'emploi. Jamais, depuis 40 ans, le taux de chômage n'aura été aussi bas dans l'hexagone !

Cette excellente nouvelle pour notre pays est la conséquence directe d'une tout aussi heureuse information. La croissance économique de la France devrait dépasser les 4,2 % du produit intérieur brut (PIB) le semestre prochain. Cette augmentation s'explique en partie par la reprise des exportations dans de nombreux domaines technologiques ainsi que par le dynamisme nouveau du secteur textile français.

Le gouvernement a annoncé récemment que de nombreuses entreprises ont prévu d'embaucher des milliers de personnes avant la fin de l'année. C'est le cas de Peugeot, Louis Vuitton, Dior, Dassault, Total et Airbus. Au total, plus de 140 000 emplois devraient être créés.

Les personnes qui travaillent dans la recherche et l'ingénierie sont les plus recherchées, mais globalement, ce sont presque tous les secteurs qui bénéficieront de la reprise économique.

Il est cependant important de noter que les producteurs agricoles traversent toujours une crise. Chez les agriculteurs, le moral est d'ailleurs au plus bas et le nombre de suicides des producteurs agricoles ne fait qu'augmenter. Malgré la passivité du gouvernement, nous pouvons tout de même espérer que la reprise de la consommation aura également un effet bénéfique sur le secteur primaire et que leurs conditions de vie s'amélioreront dans les prochaines années. En attendant, pour nos agriculteurs et notre pays, préférez les produits alimentaires français et, si cela est possible, faites vos courses directement chez le producteur, dans les fermes à proximité de chez vous.

Chroniqueur radio

청취자 여러분, 프랑스인들에게 좋은 소식이 있습니다. 실업률이 급감했습니다. 실업자들은 실제로 2019년도에 인구의 15%를 차지했지만 경기 회복은 예기치 않게 노동시장을 활성화시켰습니다. 2020년에는 10명의 프랑스인 중 1명만이 일자리를 찾고 있었습니다. 프랑스에서 실업률이 40년 동안 이토록 낮았던 적이 없습니다.

우리나라의 이런 희소식은 다른 좋은 소식의 직접적인 결과입니다. 프랑스의 경제 성장은 하반기에(*semetre prochain은 '다음 6개월'을 의미) 국내 총생산(PIB)의 4.2%를 넘길 것 같습니다. 이러한 증가는 많은 기술 분야의 수출 재개와 프랑스 섬유 분야의 새로운 활력을 통해 부분적으로 설명됩니다. 정부는 최근 많은 회사들이 연말 전에 수천 명의 사람들을 고용할 것이라고 발표했습니다. Peugeot, Louis Vuitton, Dior, Dassault, Total 그리고 Airbus의 경우입니다. 총 140,000개 이상의 일자리가 창출될 것으로 예상됩니다.

연구 및 엔지니어링에서 일하는 사람들이 가장 많이 고용되지만 전반적으로 거의 모든 분야들이 경기 회복의 혜택을 볼 것입니다.

그렇지만 농업 생산자들은 여전히 위기를 겪고 있다는 것에 주목하는 것은 중요합니다. 농민들의 사기는 최저이며 농업 생산자들의 자살 수는 증가하고 있습니다. 정부의 수동성에도 불구하고 우리는 여전히 소비 회복이 제 1차 산업에 유리한 영향을 끼치고 몇 년 안에 그들의 생활 조건이 개선되기를 기대할 수 있습니다. 개선을 기다리는 동안, 우리의 농민들과 국가를 위하여 프랑스 식품을 소비하고 만약 가능하다면 가까운 농장에서 생산자에게 직접 구매해 보세요.

7 Compréhension de l'oral

▶ EXERCICE 1 Transcription du document audio

Ronan	Manuel… c'est toi ?
Manuel	Ronan ! Comment vas-tu ? Ça fait très longtemps que nous ne nous sommes pas vus !
Ronan	En effet ! Qu'est-ce que tu fais ici ?
Manuel	Bah, tu vois bien, comme toi je fais mes courses !
Ronan	Oui, je m'en doute ! Quand es-tu revenu en France ?
Manuel	Il y a deux jours seulement ! Après 6 mois à voyager autour du monde, ça fait du bien de retrouver son pays !
Ronan	Oui, j'imagine ! Alors, dis, où es-tu allé pendant ces derniers mois ?
Manuel	J'étais en Océanie et en Asie !
Ronan	Ah, vraiment ? Tu es allé dans quels pays ?
Manuel	Alors, j'ai commencé par l'Australie. J'y suis resté 2 mois ! L'Australie est un pays magnifique et immense ! Ce que j'ai préféré c'était de voir, pour de vrai, des kangourous. C'était incroyable !
Ronan	Ouah ! J'imagine ! Et après ?
Manuel	Après, je suis allé en Indonésie. J'ai passé 1 mois à Bali. Là-bas, j'y ai fait de la plongée sous-marine. Tu ne t'imagines pas Ronan, sous l'eau, c'est incroyable ! C'est très coloré et il y a beaucoup de poissons exotiques !
Ronan	Je t'envie ! J'ai toujours rêvé de faire de la plongée ! Où es-tu allé ensuite ?
Manuel	Après l'Indonésie, je suis arrivé en Malaisie. Je n'y suis resté qu'une semaine, car je devais y faire un visa pour aller en Thaïlande. J'ai passé plus d'un mois en Thaïlande ! Tu me connais, j'aime faire la fête, et crois-moi, la Thaïlande, c'est le paradis de la fête !
Ronan	Génial ! C'est le dernier pays dans lequel tu as voyagé ?
Manuel	Non, non, je suis ensuite allé au Cambodge et en Chine ! J'y ai principalement visité des monuments historiques ! Angkor Vat, au Cambodge et la grande muraille de Chine (성벽) à Pékin !
Ronan	Quelle chance ! Tu vas rester longtemps en France ?
Manuel	À vrai dire, non. Je repars dans 1 mois, j'adore faire du tourisme ! Je vais aller au Brésil cette fois-ci !
Ronan	C'est en Afrique ?
Manuel	Beh, non, voyons ! Tu devrais sortir plus de chez toi ! C'est en Amérique du Sud !
Ronan	Tu es un sacré voyageur Manuel !

Ronan	Manuel... 너야?
Manuel	Ronan! 어떻게 지내? 우리 못 본 지 아주 오래됐네!
Ronan	그래! 여기서 뭐 해??
Manuel	보다시피, 너처럼 장을 보고 있잖아!
Ronan	그렇네! 프랑스에 언제 돌아왔어?
Manuel	이틀 밖에 되지 않았어! 6개월간 전 세계를 여행하고 돌아오게 되니 기분이 좋네!
Ronan	그럴 것 같아! 그래서, 지난 몇 달 동안 어디에 갔었어? 말해봐.
Manuel	오세아니아와 아시아에 있었어!
Ronan	아, 정말? 어느 나라에 갔었어?
Manuel	그러니까, 호주에서 시작했어. 그곳에서 2개월 동안 머물렀어. 호주는 아름답고 거대한 나라야! 내가 가장 좋아했던 것은 진짜로 캥커루들을 보는 거였어. 굉장했지!
Ronan	우와! 정말이지! 그 다음에는?
Manuel	다음에는, 인도네시아에 갔어. 1개월간 발리에 있었어. 그곳에서 스쿠버다이빙을 했어. 상상이 안 될 거야, Ronan. 물속은 굉장해! 매우 화려하고 이국적인 물고기가 많아!
Ronan	부럽다! 난 항상 스쿠버다이빙하길 꿈꿨는데! 다음에는 어디로 갔어?
Manuel	인도네시아 다음에 말레이시아에 갔어. 태국으로 가기 위해 비자 발급을 받아야 하기 때문에 말레이시아에서는 1주일 밖에 머물지 않았어. 태국에서는 1달 이상을 보냈어! 나 파티 좋아하는 거 알지? 정말이지 태국은 파티 천국이야.
Ronan	대단하네! 거기가 마지막으로 여행한 나라야?
Manuel	아니. 그 다음 캄보디아와 중국에 갔어! 나는 주로 역사적인 기념지를 방문했어! 캄보디아의 앙코르와트, 그리고 북경의 만리장성!
Ronan	정말 좋았겠다! 프랑스에는 오랫동안 머무를 예정이야?
Manuel	실은, 아니. 한 달 후에 다시 떠날 거야. 나는 여행이 너무 좋아! 이번에는 브라질로 갈 거야!
Ronan	아프리카야?
Manuel	아니, 좀! 너는 집 밖으로 좀 나가야 해! 브라질은 남미에 있어!
Ronan	넌 정말 대단한 여행가구나, Manuel!

▶ EXERCICE 2 Transcription du document audio

Chroniqueur radio

Bonjour à tous ! Aujourd'hui, dans notre tour du monde de la francophonie, nous allons parler de la Belgique ! Nous accueillons monsieur JANSSENS qui connaît très bien ce pays, car il est Belge ! Bonjour, monsieur JANSSENS !

M. JANSSENS

Bonjour à tous, merci pour l'invitation ! Les Français aiment faire des blagues sur la Belgique et sur ses habitants, mais en réalité ils la connaissent très peu. Alors je vous le dis : mon pays est un pays qu'il faut visiter ! Il y a tant de belles choses à voir et à déguster !

Chroniqueur radio

C'est noté, monsieur JANSSENS, mais pouvez-vous nous en dire plus sur la Belgique ?

M. JANSSENS

Alors, elle est en partie *wallonne, en partie *flamande, le pays est divisé en deux parties ; la Flandre et la Wallonie. Cette division est également culturelle et profonde ! Même la langue y est différente ! À l'ouest, les Belges parlent français alors qu'à l'est, ils parlent flamand ! Autre point géographique, la capitale de la Belgique est Bruxelles. Cette ville est la destination touristique la plus populaire. Bruxelles est dynamique et accueillante ! La capitale possède un patrimoine historique et culturel vaste ! Si vous y allez, vous y découvrirez, en son cœur, la fameuse Grand Place ou encore l'une des statues les plus connues au monde : le Manneken Pis, un petit garçon qui fait pipi devant les passants en toutes saisons !

Chroniqueur radio

Et vous disiez aussi qu'il y avait plein de bonnes choses à déguster !

M. JANSSENS

Bien sûr ! La Belgique, c'est aussi et surtout, je dirais la nourriture ! Celle-ci est vraiment incroyable ! Le pays est internationalement reconnu pour ses gaufres, ses frites et son chocolat ! Bien sûr, qui dit Belgique, dit bière ! Il y aurait plus de 1200 bières différentes en Belgique ! Si vous en goûtiez une différente tous les jours, il vous faudrait presque 3 ans et demi pour toutes les connaître ! Le paradis pour les amateurs de cette boisson fermentée.

Chronniqueur radio

Merci, monsieur JANSSENS, je le rappelle à nos chers auditeurs, Bruxelles se trouve à une heure vingt minutes de Paris en TGV. Alors, qu'attendez-vous pour visiter, le temps d'un week-end, ce pays plein de richesses !

Chroniqueur radio

안녕하세요, 여러분! 오늘은 프랑코포니 세계 여행 중, 벨기에에 대해 이야기 하겠습니다! 이 나라를 매우 잘 아는 벨기에인 JANSSENS를 모셨습니다! 안녕하세요 JANSSENS씨!

M. JANSSENS

여러분, 안녕하세요? 초대해주셔서 감사합니다! 프랑스인들은 벨기에와 벨기에인들에 대해 농담하는 것을 좋아하지만, 실은 그들은 저희를 잘 알지 못합니다. 그래서 저는 여러분께 말씀드립니다. 우리 나라는 방문해봐야 할 나라입니다! 보고 맛볼 멋진 것들이 매우 많습니다!

Chroniqueur radio

알겠습니다, JANSSENS 씨. 벨기에에 대해 더 자세히 말씀해 주시겠습니까?

M. JANSSENS

벨기에는 wallonne(발롱) 부분과 flamande(플랑드르) 부분이라는 두 부분으로 나뉩니다. 플랑드르 지역과 발롱 지역이죠. 이 나뉨은 문화적이기도 하고 심오합니다. 언어조차 다르죠! 남쪽의 벨기에인들은 프랑스어를 사용하고 북쪽에서는 플랑드르어를 사용합니다. 또 다른 지리적인 지점인, 벨기에의 수도는 브뤼셀인데요. 이 도시는 가장 인기 있는 관광지입니다. 브뤼셀은 활발하고 개방적입니다! 이 수도는 문화유산과 광대한 문화를 가지고 있습니다! 여러분이 그곳에 간다면, 그 중심에서 유명한 Grand Place 또는 세계에서 가장 유명한 동상 중 하나인, 사계절마다 사람들 앞에서 오줌 싸는 소년의 동상 Manneken Pis을 발견할 것입니다!

Chroniqueur radio

그리고 또한 맛봐야 할 것들도 많다고 말씀하셨습니다!

M. JANSSENS

물론입니다! 벨기에는 무엇보다도 음식이라고 말하고 싶습니다! 정말로 음식이 대단해요! 이 나라는 세계적으로 와플, 감자튀김 그리고 초콜릿으로 유명합니다. 물론 벨기에 하면 맥주라고 하는 사람도 있습니다! 벨기에에는 1200가지 이상의 다른 맥주들이 있습니다! 만약 여러분들이 매일 다른 것들을 맛보신다면, 모두 다른 맛을 아는 데 거의 3년 반이 필요할 겁니다! 맥주 좋아하시는 분들에게는 천국이죠.

Chroniqueur radio

JANSSENS 씨 감사합니다. 청취자 여러분, 브뤼셀은 파리에서 TGV로 1시간 20분 거리입니다. 주말의 짬으로 보물로 가득 찬 벨기에를 방문할 수 있는데 무엇을 기다리세요?

▶ EXERCICE 3 Transcription du document audio

Chroniqueur radio

Ubisoft, tout le monde connaît cette entreprise. Ubisoft est l'un des éditeurs de jeux vidéo les plus connus du monde. Qui n'a jamais joué à un jeu de ce développeur ? Alors quel est l'avenir du jeu vidéo d'après Ubisoft. Enquête de Serge LUDO.

Serge LUDO

Il y a onze ans, l'entreprise avait sorti Assassin's Creed, le premier opus d'une longue série de jeux à succès. C'est aussi elle qui a créé les jeux Far Cry ou encore The Division. Ubisoft est une entreprise française connue dans le monde entier ayant un poids considérable dans l'industrie du jeu vidéo.

Quant à l'avenir du jeu vidéo, Ubisoft se montre visionnaire et téméraire. D'après Serge HASCOËT, le directeur créatif de l'entreprise, Ubisoft souhaiterait abandonner le jeu vidéo traditionnel et se lancer dans une tout autre industrie : le tourisme !

Mais attention, l'entreprise reste technologique, elle veut proposer à ses utilisateurs un tourisme virtuel !

Ubisoft aimerait désormais donner naissance à des mondes virtuels à visiter.

N'avez-vous jamais rêvé de rencontrer le plus lointain de vos ancêtres ? D'assister à un combat de gladiateurs dans une arène en compagnie de Jules César ? De participer à la Révolution française ? De regarder le coucher de soleil sur l'une des plus belles plages du monde ? D'utiliser les technologies du futur, de voyager sur des milliers de planètes ?

L'éditeur de jeux vidéo, devenu agence de voyages, va pouvoir réaliser vos rêves ! Que ce soit dans le passé, le présent ou le futur, Ubisoft souhaite répondre à vos attentes les plus folles !

Ubisoft est peut-être le premier acteur d'un changement incroyable. Certains experts estiment que d'ici 2035, l'industrie du tourisme sera bouleversée. Vous n'aurez plus besoin de prendre l'avion, ni de faire de demande de visa, ni d'échanger de l'argent. Vous pourrez visiter le monde tout en restant dans votre salon ! Et peut-être même, grâce aux imprimantes 3D, vous pourrez ramener avec vous un souvenir de votre voyage virtuel !

Chronniqueur radio

Ubisoft, 누구나 이 회사를 알고 있습니다. Ubisoft는 세계에서 가장 유명한 비디오게임 퍼블리셔 중 하나입니다. 이 개발사의 게임을 하지 않은 사람이 누가 있을까요? Ubisoft에 따르면 비디오게임의 미래는 어떨까요? 그에 대해 조사한 Serge LUDO입니다.

Serge LUDO

11년 전, 이 회사는 오랫동안 사랑받아 온 Assassin's Creed 시리즈의 첫 시즌을 출시했습니다. 마찬가지로 Far Cry와 The Division을 출시한 회사입니다. Ubisoft는 비디오게임 산업의 상당한 비중을 차지하는 전 세계적으로 유명한 프랑스 회사입니다.

비디오 게임의 미래에 관해서, Ubisoft는 계시적이고 무모한 것처럼 보입니다. 회사의 크리에이티브 디렉터인 Serge HASCOËT에 따르면, Ubisoft는 전통적인 비디오게임을 포기하고 완전히 다른 산업인 관광을 시작하고 싶다고 합니다.

하지만 이 회사는 여전히 테크놀로지 회사로서, 사용자들에게 가상 여행을 제공하고 싶어하는 것입니다! Ubisoft는 이제부터 방문 할 가상세계를 만들고 싶어합니다. 가장 먼 조상님을 만나고, Jules César와 함께 원형 경기장에서 검투사의 싸움에 참가하고, 프랑스 혁명에 참여하고, 세계에서 가장 아름다운 해변 중 한 곳에서 일몰을 보고, 미래의 기술을 사용하거나 수천 개의 행성을 여행하는 걸 꿈꿔본 적이 있습니까?

이제 여행사가 된 비디오게임 퍼블리셔는 당신의 꿈을 이룰 수 있게 해줍니다! 과거, 현재 또는 미래에 상관없이 Unisoft는 여러분들의 기대에 부응하기를 바랍니다! Ubisoft는 아마도 놀라운 변화의 첫 번째 기수일 것입니다. 일부 전문가들은 2035년까지 관광 산업이 큰 충격을 받을 것이라고 생각합니다. 더이상 비행기를 타거나 비자를 신청하거나 환전할 필요가 없을 겁니다. 당신은 거실에 머무르면서 세계를 방문할 수 있습니다! 심지어 3D 프린터 덕분에 가상 여행의 기념품을 가져올 수도 있을 겁니다!

 Correction des épreuves 연습 문제 정답

듣기 영역

1 Compréhension de l'oral p.18

▶ **EXERCICE 1**

1 C 2 B 3 A 4 A
5 B 6 B

▶ **EXERCICE 2**

1 B 2 B 3 A 4 B
5 C 6 C 7 C

▶ **EXERCICE 3**

1 B 2 A 3 C 4 B
5 B 6 C 7 B

2 Compréhension de l'oral p.22

▶ **EXERCICE 1**

1 C 2 B 3 C 4 B
5 C 6 A

▶ **EXERCICE 2**

1 C 2 B 3 C 4 A
5 C 6 B 7 B

▶ **EXERCICE 3**

1 C 2 B 3 B 4 C
5 B 6 B 7 B

3 Compréhension de l'oral p.26

▶ **EXERCICE 1**

1 C 2 B 3 C 4 C
5 A 6 B

▶ **EXERCICE 2**

1 A 2 A 3 B 4 B
5 A 6 C 7 A

▶ **EXERCICE 3**

1 B 2 B 3 C 4 B
5 A 6 C 7 B

4 Compréhension de l'oral p.31

▶ **EXERCICE 1**

1 C 2 C 3 B 4 C
5 A 6 C

▶ **EXERCICE 2**

1 A 2 C 3 B 4 A
5 A 6 B 7 C

▶ **EXERCICE 3**

1 C 2 C 3 A 4 A
5 C 6 A 7 C

5 Compréhension de l'oral p.35

▶ **EXERCICE 1**

1 B 2 B 3 A 4 B
5 C 6 B

▶ **EXERCICE 2**

1 B 2 A 3 A 4 A
5 A 6 A 7 A

▶ **EXERCICE 3**

1 A 2 B 3 C 4 C
5 B 6 A 7 A

6 Compréhension de l'oral p.39

▶ **EXERCICE 1**

1 B 2 B 3 B 4 A
5 B 6 B

▶ **EXERCICE 2**

1 B 2 B 3 B 4 B
5 A 6 A 7 A

▶ EXERCICE 3

1 C 2 A 3 A 4 C
5 C 6 C 7 B

7 Compréhension de l'oral p.44

▶ EXERCICE 1

1 A 2 A 3 A 4 B
5 C 6 C

▶ EXERCICE 2

1 B 2 C 3 A 4 C
5 C 6 B 7 C

▶ EXERCICE3

1 B 2 A 3 C 4 C
5 C 6 A 7 B

DELF 기존 버전 - 듣기 영역 정답

1 Compréhension de l'oral p.48

▶ EXERCICE 1

1 Son docteur est trop occupé.

2 1. Boire beaucoup d'eau.
  2. Manger certains aliments comme du riz ou du pain.
  3. Le lendemain à 17 heures.

▶ EXERCICE 2

1 1. L'équilibre.
  2. La variété.
  3. La modération.

2 Des vitamines.

▶ EXERCICE 3

1 1. Le travail.
  2. La famille.

2 1. Avoir une alimentation équilibrée.
  2. Pratiquer une activité sportive.

2 Compréhension de l'oral p.49

▶ EXERCICE 1

1 Elle l'a déjà vue/elle y est déjà allée.

▶ EXERCICE 2

1 1. Jeux vidéo
  2. Théâtre
  3. Cinéma

2 Le 28 septembre 2020.

▶ EXERCICE 3

1 Un photographe.

2 01 45 66 43 79.

3 Compréhension de l'oral p.50

▶ EXERCICE 1

1 6 mois.

▶ EXERCICE 2

1 12 500 écoles.

2 3 ans.

▶ EXERCICE 3

1 44 pays.

2 Les sanctions corporelles enseignent la violence aux enfants et leur feraient perdre confiance en eux.

4 Compréhension de l'oral p.51

▶ EXERCICE 1

1 Une compétition de foot.

▶ EXERCICE 2

1 Faites-le vous-même.

2 Des objets artistiques ou technologiques.

▶ EXERCICE 3

1 75 % des travailleurs français.

2 Être plus productif au travail.

5 Compréhension de l'oral p.52

▶ EXERCICE 1

1 570 amis.

▶ EXERCICE 2

1 Sur la tour Eiffel.

2 2 chaînes de télévision.

▶ EXERCICE 3

1 Le rôle principal des médias est de partager l'information.

2 1. Le journal.
  2. La radio.
  3. Internet.
  4. La télévision.

6 Compréhension de l'oral p.53

▶ EXERCICE 1

1 Dans une banque.

▶ EXERCICE 2

1 Des personnes ayant une formation en mécanique/biologie/informatique.

2 Le 01 03 56 83 29.

▶ EXERCICE 3

1 140 000 emplois.

2 Le secteur agricole/l'agriculture.

7 Compréhension de l'oral p.54

▶ EXERCICE 1

1 6 mois.

▶ EXERCICE 2

1 Bruxelles est dynamique et accueillante.

2 1 h 20.

▶ EXERCICE 3

1 Assister à un combat de gladiateurs dans la Rome antique/participer à la Révolution française/regarder le coucher de soleil/voyager sur des milliers de planètes.

2 D'ici 2035.

Compréhension des écrits – Méthodologie et épreuves types

II

읽기 시험

B1

I

Présentation de l'épreuve
읽기 시험 소개

읽기 시험은 세 종류의 지문을 읽고 이해한 후 주어진 문제에 답을 선택하는 방식입니다. 일반적으로 세 파트로 구성되어 있는데, 첫 번째는 정보 전달 목적의 짧은 지문 여러 개로 이루어져 있고, 두 번째와 세 번째는 논설문, 설명문 또는 정보 전달문 등 긴 지문으로 구성되어 있습니다. 시험 시간은 45분입니다.

— 첫 번째 파트는 몇 개의 짧은 지문으로 구성됩니다. 이 파트의 목표는 주어진 질문을 읽고 브로셔, 광고, 메뉴에서 적절한 정보를 찾는 것입니다. 따라서 각 지문에 제시된 대상이 명시된 기준을 충족하는지 확인해야 합니다. 시험에는 일반적으로 4개의 짧은 지문이 제시되며 총 4가지 기준을 충족하는지 확인해야 합니다. 지문을 읽기 전에 지침을 주의 깊게 읽고 확인해야 하는 4가지 기준을 기억하세요.

— 나머지 두 파트는 모두 약 350 단어의 지문으로 구성됩니다. 지문을 읽기 전에 어떤 정보를 찾아야 하는지 알 수 있도록 먼저 문제를 읽어봐야 합니다. 이 두 파트에서는 각각 약 7개의 객관식 문제가 출제됩니다.

※ DELF 읽기 시험을 효과적으로 준비하기 위해 이 교재에서 제시되는 주제는 난이도가 점진적으로 높아지도록 조절했습니다. 첫 번째 모의고사는 실제 시험보다 약간 더 쉽고 마지막 모의고사는 시험에서 볼 수 있는 것보다 약간 더 어렵습니다.

Entraînement à l'épreuve de compréhension des écrits N°1
읽기 시험 연습 N°1

Méthodologie et conseils généraux-1
문제 푸는 방법과 전반적 조언 1

읽기 시험에는 3가지 유형의 지문이 출제되기 때문에 각각의 유형을 파악하도록 합니다.

— **정보 전달 목적의 글(informatif)** : 중립적 어조로 사실을 소개하는 글
누가, 언제, 어디서, 무엇을, 왜(qui, quand, où, quoi, pourquoi)와 같은 기본 질문에 대해 생각해봅니다.

— **논설문(argumentatif)** : 설득을 목적으로 논거와 예시를 통해 의견을 주는 글
누가 무엇을 주장하는지, 누구를 설득하고자 하는지와 같은 질문에 대해 생각해봅니다. 또한 지문의 어조에 대해 생각해봅니다(비판적, 회의적, 함축적, 낙관적, 비관적, 긍정적인, 부정적, 중립적).

— **다양한 관점을 제시하는 글** : 각기 다른 관점으로 의견을 제시하는 글
같은 주제에 대해 3명의 사람이 각기 다른 의견을 제시하는 3개의 글이 제시됩니다. 낙관적, 비관적, 긍정적, 부정적, 중립적 견해 중에 누가 어떤 견해를 가지고 있는지 파악합니다.

* 지문을 읽기 전에 문항을 먼저 읽으면서 어떤 주제를 다룰지 예상해보세요. 문항은 지문의 내용 순서를 따릅니다. 읽기 시험에서는 주로 일반적인 주제를 다루며, 모르는 어휘가 있더라도 문맥의 내용에 따라 의미를 유추할 수 있습니다. 시험에서는 지문의 모든 내용을 이해하도록 요구하지는 않습니다. 전체적인 개념과 가장 관련성 있는 정보를 이해하는 것을 목표로 합니다.
* 2020년부터 객관식으로만 구성된 새 버전의 읽기 문제가 출제될 수 있습니다. 채점자가 여러분이 표시한 답을 혼동하지 않도록 원하는 답에만 정확하게 표시하도록 합니다. 그러나 2023년까지는 기존 버전이 출제될 수도 있습니다.
* 정답에 확신이 없는 경우, 본인이 생각하기에 가장 정답에 가깝다고 생각하는 답에 표시하세요. 만약 정답을 모르더라도 포기하지 말고 듣기 지문의 맥락과 다른 문항에서 선택한 답에 따라 상식적인 선에서 답을 유추할 수 있도록 합니다.
  답에 확신이 없는 경우, 가장 정답에 가깝다고 생각하는 답에 표시하세요. 만약 답을 모르더라도 듣기 지문의 맥락과 다른 문항에 선택한 답에 따라 상식적인 선에서 답을 고를 수 있습니다. 여러분이 점수를 얻을 확률은 항상 1/3입니다. 여러분이 고른 답이 틀렸다고 하더라도, 점수를 잃는 것은 아닙니다.

1 Compréhension des écrits

25 points

▶ EXERCICE 1

8 points (0,5 point par bonne réponse)

Avec l'un de vos amis, vous souhaitez partir vous détendre le temps d'un week-end et oublier votre travail très stressant. Vous aimeriez recevoir des soins de remise en forme comme des massages, du spa ou encore de la thalassothérapie. Votre ami aime faire du shopping et vous aimez la nature. Votre ami ne mange pas de viande et vous faites un régime. Vous deux aimeriez visiter des monuments historiques. Vous souhaitez également dormir dans des chambres individuelles. Votre budget est de 160 euros maximum, par jour.

Vous comparez ces annonces. Pour chaque annonce, cochez (☒) OUI si cela correspond au critère ou NON si cela ne correspond pas.

Centre de remise en forme de La Baule

Notre centre de remise en forme propose des séjours santé adaptés aux besoins de notre clientèle. Ouvert depuis plus de 20 ans, notre expérience nous permet d'offrir un service de qualité à nos pensionnaires. Le centre est situé à 2 minutes à pied de la mer et à 5 minutes de la rue principale, où vous pourrez trouver des restaurants, des bars et de nombreux magasins.

Soins proposés : massages, spa, sport en piscine, activités en plein air (vélo, randonnée en campagne, voile).
Hébergement : séjour de 2 à 5 jours en chambre simple ou double. Demi-pension ou pension complète.
Repas : repas diététiques et variés. Possibilité de repas végétariens.
Activités optionnelles : promenade à cheval sur la plage, visite du centre historique de la ville médiévale de Guérande.
Prix : 120 euros par jour en demi-pension, 150 euros en pension complète.

Centre de remise en forme de La Baule

	OUI	NON
❶ Soins proposés	☐	☐
❷ Lieu et activités possibles	☐	☐
❸ Chambre simple	☐	☐
❹ Budget	☐	☐

Centre de remise en forme du Puy-de-Dôme

Notre centre de remise en forme, situé au cœur de l'Auvergne, est le havre de paix dont vous rêviez. Séjournez dans un environnement naturel surprenant où repos et tranquillité seront votre quotidien.

Soins proposés : massages, spa, yoga et activités en plein air (parapente, randonnée, excursion « découverte de la nature »).
Hébergement : chambre simple ou double. Demi-pension ou pension complète.
Repas : repas axés sur les spécialités culinaires auvergnates.
Activités optionnelles : visite du musée du papier à Ambert.
Prix : 116 euros par jour en demi-pension, 140 euros en pension complète. Supplément de 90 euros pour une chambre individuelle.

Centre de remise en forme du Puy-de-Dôme

		OUI	NON
❶	**Soins proposés**	☐	☐
❷	**Lieu et activités possibles**	☐	☐
❸	**Chambre simple**	☐	☐
❹	**Budget**	☐	☐

Bains de montagne

Bains de montagne, est un centre de remise en forme au cœur des Pyrénées, nous proposons des séjours d'une semaine ou plus qui vous permettront de retrouver votre forme. Notre établissement, entouré de montagnes et coupé du monde, vous assura tranquillité et calme. Nous organisons aussi des activités comme des randonnées et des journées de ski.

Soins proposés : massages, spa, yoga et sport de montagne.
Hébergement : chambre simple ou double. Pension complète.
Repas : repas diététiques. Possibilité de repas végétariens.
Prix : 90 euros par jour.

Bains de montagne

		OUI	NON
❶	Soins proposés	☐	☐
❷	Lieu et activités possibles	☐	☐
❸	Chambre simple	☐	☐
❹	Budget	☐	☐

Air provençal

Air provençal se trouve au milieu des champs de lavande, à 70 km de la ville la plus proche. Venez goûter à la tranquillité et à la douceur de la Provence. Le temps d'un week-end, vous pourrez vous ressourcer dans notre centre de remise en forme. Ici, tout est fait pour que vous vous reposiez.
Les seules activités que nous proposons vous revitaliseront : massage, spa et aromathérapie.

Hébergement : chambre simple ou double. Pension complète.
Repas : tous nos repas ont été élaborés par une nutritionniste et sont donc idéals si vous suivez un régime. Nous proposons aussi des repas végétariens et végétaliens.
Prix : 183 euros par jour.

Air provençal

		OUI	NON
❶	Soins proposés	☐	☐
❷	Lieu et activités possibles	☐	☐
❸	Chambre simple	☐	☐
❹	Budget	☐	☐

EXERCICE 2

8 points

Vous lisez cet article sur Internet.

SOYEZ HEUREUX POUR ÊTRE EN BONNE SANTÉ

« J'ai décidé d'être heureux parce que c'est bon pour la santé », disait Voltaire, il y a plus de deux cent cinquante ans de cela ! Aujourd'hui, la science le confirme, l'illustre philosophe français avait tout à fait raison. Depuis quelques années, des recherches ont montré que le fait de se sentir heureux renforçait notre santé. En d'autres mots, le bonheur c'est la santé ! Les personnes vivent plus longtemps si elles ont une vie heureuse ; l'impact du bonheur sur leur espérance de vie est comparable au fait de fumer ou non.

Une étude menée en 2019 par des chercheurs français montre que les personnes heureuses vivent en moyenne 5 ans de plus que les personnes malheureuses. Cet écart important peut s'expliquer par l'absence de stress et d'angoisse qui dans certains cas, participent activement à l'apparition de maladies. Selon le chercheur Quentin DUPOY, « le lien entre bonheur et santé a trop longtemps été sous-estimé, mais c'est une erreur. Le malheur rend malade et tue même ! La tristesse est un problème de société contre lequel il faut faire quelque chose ! ».

Il est donc important que le bien-être soit pris en compte dans les politiques de santé. Cependant, selon un indicateur de bonheur créé par l'OCDE*, « the Better Life Index », les populations des pays riches sont de moins en moins heureuses. Elles sont même, souvent, plus malheureuses que les populations des pays en développement. Selon Alexandre JOST, le directeur du Think-tank « la Fabrique Spinoza », il est important d'inverser cette tendance : « Pour améliorer la santé des gens, il faut que le gouvernement fasse en sorte que sa population soit plus heureuse ».

Rendre les gens plus heureux n'est cependant pas facile. Le bonheur est une chose compliquée à comprendre et donc compliquée à favoriser.

Des scientifiques hollandais ont cependant prouvé que l'on pouvait être plus heureux si l'on avait de bonnes relations avec les autres, un bon équilibre vie privée/vie professionnelle et une activité physique ou artistique.

Vous souhaitez être en bonne santé ? Commencez par être heureux !

**OCDE : Organisation de coopération et de développement économiques.*

Gérard MENFROID, www.larevuedelasante.fr, 21 mars 2021

Pour répondre aux questions, cochez la bonne réponse.

❶ Quel est le thème général du document ? *1 point*

A ☐ Le lien entre le bonheur et la santé.
B ☐ Les problèmes de bien-être dans les pays développés.
C ☐ Les causes du bonheur.

❷ L'effet du bonheur sur la santé est comparé à celui… *1,5 point*

A ☐ de la non-consommation de tabac.
B ☐ de la pratique d'un sport.
C ☐ d'une alimentation équilibrée.

❸ Le stress peut être à l'origine de maladies. *1 point*

A ☐ Vrai B ☐ Faux

❹ Les habitants des pays riches sont plus heureux que ceux des pays en développement. *1 point*

A ☐ Vrai B ☐ Faux

❺ Pour Alexandre JOST, qui doit être le principal acteur du bonheur des populations ? *1 point*

A ☐ Les gens eux-mêmes.
B ☐ Le gouvernement.
C ☐ Les scientifiques.

❻ Il est difficile d'améliorer le bien-être des personnes, car… *1 point*

A ☐ cela coûte cher.
B ☐ il est difficile de comprendre ce qui est à l'origine du bonheur.
C ☐ chaque personne est différente.

❼ Selon des scientifiques hollandais, il est possible d'être plus heureux en… *1,5 point*

A ☐ ayant un meilleur salaire.
B ☐ ayant un animal de compagnie.
C ☐ ayant une activité artistique.

EXERCICE 3

9 points

Vous lisez cet article dans un magazine.

LE SYSTÈME ÉDUCATIF FINLANDAIS DOIT-IL ÊTRE UN MODÈLE ?

Depuis plusieurs années, la Finlande est considérée comme ayant le meilleur système éducatif du monde. Nous avons tenté de découvrir ce qui rend l'éducation finlandaise aussi réussie.

Premier constat, aux yeux des professeurs finlandais, chaque élève est important. En Finlande, la pédagogie est individualisée autant que possible et respecte les rythmes d'apprentissage de tous les élèves. Dans ce pays nordique, les jeunes élèves ont jusqu'à 9 ans pour apprendre à lire. Leurs premières années à l'école sont dédiées à l'éveil des aptitudes, de la créativité et de la curiosité. Contrairement à la France, l'éducation en Finlande vise à s'adapter à chaque élève, en tenant compte de ses différences.

Deuxième constat, les Finlandais accordent beaucoup d'importance à l'environnement d'apprentissage. La taille des écoles est limitée, les espaces de travail sont spacieux et confortables, le matériel à disposition des élèves est d'excellente qualité. Avant leurs 16 ans, les jeunes Finlandais ont des cours d'une durée limitée à 45 minutes. La pause entre chaque cours est de 15 minutes.
De plus, contrairement aux instituteurs français, les enseignants des écoles finlandaises sont aussi beaucoup plus laxistes avec leurs élèves afin de réduire « le mur professeur-élève ».
Le corps enseignant fait tout pour que les élèves aiment leur école, car ce faisant, les jeunes sont plus motivés pour les apprentissages.

Dernièrement, l'évaluation des élèves, outil indispensable de l'éducation dans de nombreux pays, est inconnue des jeunes Finlandais. En effet, en Finlande, jusqu'à 13 ans, les élèves ne sont pas notés, car cela est considéré comme une source de stress et de pression pour eux. Or, chez les jeunes, le stress nuit gravement à la motivation et à la volonté d'apprendre.

Une récente étude de l'OCDE* laissait apparaître que le système éducatif français traverse actuellement une véritable crise. Dans notre pays, les enfants sont stressés, le taux d'échec scolaire ne fait qu'augmenter, les notes sont la seule vraie valeur reconnue chez les élèves. Face à ce constat, nous pouvons nous demander s'il ne serait pas judicieux d'importer le système éducatif finlandais dans nos écoles.

**OCDE : Organisation de coopération et de développement économiques.*

Alain PROVISTE, Le Magazine de l'Éducation, 20 mai 2022

Pour répondre aux questions, cochez la bonne réponse.

❶ Quel est le thème général du document ? *1 point*

A ☐ Le tourisme en Finlande.
B ☐ Le modèle éducatif finlandais.
C ☐ L'architecture des écoles en Finlande.

❷ Les professeurs finlandais tentent de s'occuper de leurs élèves individuellement. *1,5 point*

A ☐ Vrai B ☐ Faux

❸ Les Finlandais accordent également beaucoup d'importance… *1,5 point*

A ☐ au lieu d'apprentissage.
B ☐ à la couleur du matériel pédagogique.
C ☐ à la non-mixité dans les classes.

❹ Pourquoi les professeurs finlandais sont-ils plus laxistes ? *1,5 point*

A ☐ Afin que les élèves aiment l'école.
B ☐ Parce que traditionnellement, l'éducation en Finlande est laxiste.
C ☐ Parce que les professeurs pensent que l'enfant est roi.

❺ Les Finlandais pensent que les notes sont néfastes à l'épanouissement des enfants. *1 point*

A ☐ Vrai B ☐ Faux

❻ À partir de quel âge les jeunes Finlandais sont-ils notés ? *1 point*

A ☐ 9 ans.
B ☐ 13 ans.
C ☐ 16 ans.

❼ L'auteur pense… *1,5 point*

A ☐ que la France devrait s'inspirer du système éducatif finlandais.
B ☐ que le système éducatif finlandais ne fonctionnerait pas en France.
C ☐ que le système éducatif en France est plus performant que celui en Finlande.

Note pour l'épreuve de compréhension des écrits : /25

Entraînement à l'épreuve de compréhension des écrits N°2
읽기 시험 연습 N°2

Méthodologie et conseils généraux-2
문제 푸는 방법과 전반적 조언 2

체계적인 독해 방식을 통해 질문에 대한 정확한 답을 선택할 수 있습니다.

문제 푸는 방법

1. 모르는 단어에 멈춰 있지 말고 전체 지문을 주의해서 읽으세요. 첫 번째 독해에서 여러분은 다음과 같은 내용을 파악할 수 있어야 합니다.
   - 텍스트의 주요 테마 식별하기
   - 텍스트의 성격, 출처, 저자 및 날짜를 파악하기
   - '누가, 무엇을, 어디서, 언제, 어떻게, 왜' 육하원칙에 답하기

2. 두번째 독해를 하기 위해 문제의 문항들을 먼저 읽으세요.

3. 아래의 활동을 통해 더 적극적으로 지문을 읽으세요.
   - 구조, 여러 문단 및 개별적으로 다루는 내용을 구분할 수 있는 연결어, 문장 부호 찾기
   - 한편으로는 텍스트의 주요 아이디어를 식별하고 다른 한편으로는 질문에 답변할 수 있는 키워드 찾기
   - 글쓴이의 관점을 드러낼 수 있는 단어(부사, 형용사, 감정을 나타내는 동사 등) 찾기
   - 중요해 보이지만 뜻을 모르는 단어가 있다면, 문맥을 통해서 의미를 찾거나 알고 있는 어근을 찾기 위해 자세히 분석해보기

2 Compréhension des écrits *25 points*

▶ EXERCICE 1 *8 points (0,5 point par bonne réponse)*

Marie, jeune maman de deux enfants, désire trouver une crèche pour son fils Théo qui a 2 ans et sa fille Mathilde, 3 ans. Elle cherche une crèche près de son entreprise, lui permettant de travailler tout en étant à proximité de ses enfants. Elle travaille de 9 heures à 19 heures du lundi au vendredi dans le centre-ville. Elle souhaite choisir un établissement proposant des sessions de préparation à l'entrée à l'école maternelle pour Mathilde ainsi que des activités artistiques pour Théo. Elle ne veut pas dépenser plus de 300 euros par mois pour ses deux enfants.

Aidez Marie à comparer ces annonces. Pour chaque annonce, cochez (☒) OUI si cela correspond au critère ou NON si cela ne correspond pas.

Les petits loups

Les petits loups est la crèche dont vous rêviez. Idéalement située en centre-ville, la crèche Les petits loups vous assure une prise en charge de qualité pour vos enfants âgés de 36 mois ou plus. Tout le personnel éducatif est hautement qualifié.

Activités proposées : peinture, musique, danse et sport d'extérieur.
Horaires : de 10 h à 20 h, tous les jours de la semaine
Prix : 100 euros par mois pour un enfant.
Site Internet : www.crechelespetitsloups.fr

Les petits loups

	OUI	NON
❶ **Âge**	☐	☐
❷ **Lieu**	☐	☐
❸ **Activités**	☐	☐
❹ **Prix**	☐	☐

Pan et compagnie

Depuis plus de 15 ans, notre garderie accueille les petits de la ville. Situé dans le centre, à côté de la mairie, notre établissement est ouvert de 8 heures à 19 heures, du lundi au vendredi.
Grâce à notre riche expérience, nous avons sélectionné les cours les mieux adaptés pour l'épanouissement de vos bambins. Nous proposons des activités artistiques variées (peinture, chant, musique, sculpture, etc.) ainsi que des initiations au calcul et à la langue française pour préparer l'entrée en maternelle.

Prix : 133 euros par mois.
Admissibilité : enfants de notre commune, à partir de 18 mois.
Site Internet : www.panetcompagnie.fr
Tél. : 02 45 86 72 33

Pan et compagnie

	OUI	NON
❶ Âge	☐	☐
❷ Lieu	☐	☐
❸ Activités	☐	☐
❹ Prix	☐	☐

Garderie municipale

La garderie municipale est un service proposé aux jeunes parents de notre ville.
Vous pouvez, pour une courte durée (maximum 4 heures), y déposer vos enfants gratuitement. Nos éducateurs diplômés organisent tous les jours des jeux, un goûter et d'autres activités pour les enfants de plus d'un an.
Pour plus d'informations, veuillez contacter le secrétariat de la mairie au 02 46 29 67 67 de 10 heures à 17 heures.

La garderie est ouverte gratuitement au deuxième étage de votre mairie de 8 h à 19 h, du lundi au vendredi. Pour toute information complémentaire sur la garderie municipale, veuillez contacter le secrétariat.

Garderie municipale

	OUI	NON
❶ Âge	☐	☐
❷ Lieu	☐	☐
❸ Activités	☐	☐
❹ Prix	☐	☐

Bambins de chez nous

Notre établissement accueille les enfants et adolescents en difficulté (orphelins, etc.). Nous travaillons en collaboration avec le gouvernement pour proposer une aide aux personnes qui en ont le plus besoin.
De nombreuses activités parascolaires (aide aux devoirs) ainsi que des ateliers artistiques sont proposés. Le centre, situé dans le centre-ville, est ouvert gratuitement aux jeunes de 5 à 18 ans, tous les jours, 24 h/24.

Bambins de chez nous

	OUI	NON
❶ Âge	☐	☐
❷ Lieu	☐	☐
❸ Activités	☐	☐
❹ Prix	☐	☐

EXERCICE 2

8 points

Vous lisez cet article sur Internet.

UN VOYAGE CULINAIRE QUI VOUS TEND LES BRAS

Vous rêvez de goûter aux spécialités des quatre coins du monde ? C'est possible ! Vous n'avez pas besoin de faire des heures d'avion pour découvrir des cuisines exotiques. Dans notre capitale, il y a de nombreux restaurants qui proposent des menus gourmands, identiques à ceux que l'on trouve dans leur pays d'origine. De la Chine à l'Éthiopie, en passant par le Mexique, le Vietnam et la Russie, partez à la découverte, près de chez vous, de restaurants qui vous transporteront à l'autre bout du monde !
Connaissez-vous le Kazakhstan ? Vous souhaitez connaître un peu mieux ce magnifique pays d'Asie centrale ? Allez donc au 8 rue Poirier de Narcay, déguster de délicieux *mantis* accompagnés d'un succulent *pilaf* ! N'hésitez pas non plus, à entrer dans l'un de ces étranges restaurants indiens, dont vous ne soupçonnez pas la qualité des mets proposés. Partez déguster un *ramen* japonais ou encore un *falafel* israélien. Laissez-vous séduire par une délicieuse *moussaka* grecque et osez croquer l'étrange *kimchi* coréen !
Manger une spécialité culinaire étrangère ne se résume pas à un simple repas. C'est surtout découvrir une autre culture.

Mais n'oubliez pas : « pour qu'une culture culinaire vive, il faut la manger ». Aussi, nous vous invitons à découvrir la cuisine française. Vous la connaissez déjà ? Êtes-vous certain ? Avez-vous déjà savouré le millier de plats traditionnels français ? Avez-vous déjà croqué les 1200 fromages de notre beau pays ? Vous êtes-vous déjà enivré de tous les vins délicieux produits par les 38 000 vignerons français ? Qu'avez-vous pensé de la garbure ? Ce potage du Sud-Ouest servi du côté de Périgueux en Dordogne. Et le punti ? Ce plat du Cantal mêlant le sucré et le salé. Le potjevleesch du Nord de la France, le zikiro du Pays-Basque, le dampfnudel d'Alsace, le pôchouse de Bourgogne, la socca de Nice ? Connaissez-vous tous ces plats ? Il est fort probable que non !
N'oubliez pas que l'hexagone français cache de nombreux trésors pour vos papilles ! Manger français, c'est aussi préserver des plats traditionnels qui ont tendance à être oubliés et vous verrez, goûter la gardiane de taureau en Camargue est un voyage que vous n'oublierez pas !

Marie ONETTE, www.leblogdessaveurs.fr, 17 septembre 2022

Pour répondre aux questions, cochez la bonne réponse.

❶ Le sujet de cet article est… *1 point*

A ☐ la géographie.
B ☐ la gastronomie.
C ☐ le tourisme à l'étranger.

❷ Où se trouvent les restaurants dont parle le document ? *1,5 point*

A ☐ Uniquement dans la capitale française.
B ☐ Un peu partout en France.
C ☐ Un peu partout dans le monde.

❸ Selon l'auteur, les plats servis dans les restaurants parisiens sont… *1 point*

A ☐ identiques à ceux proposés dans le pays d'origine.
B ☐ différents de ceux proposés dans le pays d'origine.
C ☐ adaptés aux goûts des Français.

❹ Le 8 rue Poirier de Narçay est l'adresse d'un restaurant proposant des plats du Kazakhstan. *1 point*

A ☐ Vrai B ☐ Faux

❺ Selon l'auteur, manger un plat étranger est comparable à faire un voyage. *1 point*

A ☐ Vrai B ☐ Faux

❻ Combien y a-t-il de types de fromages en France ? *1 point*

A ☐ environ une dizaine.
B ☐ environ une centaine.
C ☐ environ un millier.

❼ D'après le texte, il est important de continuer à manger français, car… *1,5 point*

A ☐ cela contribue au développement économique.
B ☐ cela évite que certains plats soient oubliés.
C ☐ la cuisine française est très saine.

EXERCICE 3

9 points

Vous lisez cet article dans un magazine.

LES JEUX VIDÉO : UN LOISIR POUR TOUS QUI DIVISE

Depuis 1972, le jeu vidéo n'a cessé de se développer, de se diversifier et surtout de séduire. L'intelligence artificielle et les graphismes se sont nettement améliorés. Ces progrès ont permis de créer des jeux vidéo très variés et de plus en plus réalistes. Il existe de nos jours des jeux vidéo pour tous les goûts ainsi que pour tous les âges. Dans de nombreux pays, surtout en Asie, les jeux vidéo sont devenus un loisir extrêmement important. C'est le cas en Corée du Sud ou encore en Chine où ils sont considérés comme un sport à part entière.

En France aussi, les jeux vidéo connaissent un succès incroyable. La France compte plus de 38 millions de joueurs. Les Français consacrent en moyenne 14 heures par semaine aux jeux vidéo. Le jeu vidéo est le bien culturel le plus vendu en France et le deuxième marché du divertissement après le livre. Ce sont les jeux de réflexion qui ont le plus de succès. Les jeux de rôle et les jeux d'action, quant à eux, arrivent en deuxième position.
En 2019, plus de la moitié des foyers étaient équipés d'une console de jeux. Toutefois, désormais, de nombreux joueurs préfèrent utiliser leur smartphone.

Malgré sa notoriété, le jeu vidéo soulève un certain nombre de questions. Certains affirment que les jeux vidéo provoquent l'isolement. Des spécialistes du comportement ont même démontré que les grands joueurs ont tendance à être plus agressifs que les personnes qui ne jouent pas.

Ne condamnons pas trop vite les jeux vidéo. Une étude récente démontre que ce nouveau loisir a aussi un impact extrêmement positif sur les joueurs.
Dans un article publié récemment dans La Recherche, la journaliste Anne DEBROISE affirme que jouer aux jeux vidéo d'action augmenterait significativement la capacité à prendre des décisions rapides et favoriserait les facultés de concentration de la majorité des joueurs. Le psychologue André ROLY avance même que les enfants adeptes des jeux vidéo auraient une créativité plus développée que la plupart des autres enfants.
Alors le jeu vidéo, ange ou démon ? À vous de juger !

Karl AGE, Le magazine des parents, 17 septembre 2022

Pour répondre aux questions, cochez la bonne réponse.

❶ L'objectif principal de cet article est… *1,5 point*

A ☐ d'expliquer l'importance économique des jeux vidéo.
B ☐ d'expliquer les effets des jeux vidéo sur les joueurs.
C ☐ d'avertir des dangers des jeux vidéo.

❷ Selon le texte, qu'est-ce qui a permis aux jeux vidéo de s'améliorer ? *1,5 point*

A ☐ Le progrès technique.
B ☐ Un financement important.
C ☐ La professionnalisation des développeurs.

❸ Combien de temps passent les Français par jour à jouer aux jeux vidéo ? *1,5 point*

A ☐ En moyenne 2 heures.
B ☐ En moyenne 3 heures.
C ☐ En moyenne une demi-journée.

❹ En France, le jeu vidéo est le divertissement le plus populaire. *1 point*

A ☐ Vrai **B** ☐ Faux

❺ Selon l'article, quel est le risque lié aux jeux vidéo ? *1,5 point*

A ☐ Ils rendent les joueurs plus violents.
B ☐ Ils rendent les joueurs moins actifs.
C ☐ Ils rendent les joueurs moins créatifs.

❻ Les jeux vidéo affaiblissent la faculté de prise de décision des joueurs. *1 point*

A ☐ Vrai **B** ☐ Faux

❼ Les jeux vidéo améliorent la concentration. *1 point*

A ☐ Vrai **B** ☐ Faux

Note pour l'épreuve de compréhension des écrits : /25

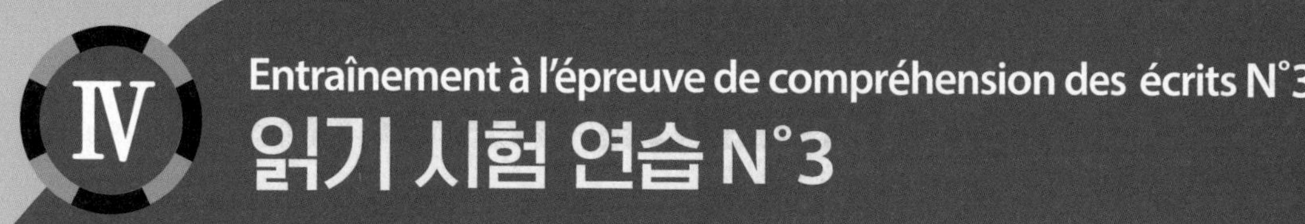

IV Entraînement à l'épreuve de compréhension des écrits N°3
읽기 시험 연습 N°3

Méthodologie : la division du texte en blocs de sens
문제 푸는 방법 : 의미(주제, 토픽) 단위별로 텍스트 나누기

지문을 읽는 동안 중요한 정보에 밑줄을 긋고 키워드에 동그라미를 친 다음 텍스트를 여러 파트로 나눕니다. 이 방법은 다음을 가능하게 해줍니다.

— 글을 읽는 동안 집중력을 높여줍니다.

— 순서대로 제시된 문항에 대한 답을 찾기 위해 (논설문의 첫 번째 문항 제외) 텍스트에 더 쉽게 몰두하게 하여 시간을 절약할 수 있습니다.

— 정보 전달 목적의 글에 제시된 문항에서 요구되는 근거에 필요한 구절을 찾기 쉽게 해줍니다. 근거 제시는 텍스트 전체 구절을 그대로 옮겨 쓰는 것이 아니라 이 구절에서 필요한 정보만 잘 선택함을 의미합니다.

각 단락은 주로 자체 아이디어를 개진하거나 특정 테마와 관련 있는 내용을 다룹니다. 따라서 빈 공간에 각 단락의 아이디어 또는 내용을 찾아서 적으면서 중요한 정보를 식별하는 것을 적극 권장합니다. 지문에 대한 전반적인 이해가 매우 쉬워지고, 질문에 대한 답변을 어디에서 찾을 수 있는지 빠르게 알 수 있기 때문입니다.

3 Compréhension des écrits

25 points

▶ EXERCICE 1

8 points (0,5 point par bonne réponse)

Vous souhaitez inviter au restaurant vos quatre amis, Sylvain, Sophie, Julie et Aurore. Sophie, Julie et Aurore sont disponibles tous les jours de la semaine sauf le week-end. Sylvain n'est disponible que le samedi, le dimanche et le lundi. Sophie est allergique au poisson, mais elle adore la viande. Son plat préféré est l'entrecôte de bœuf. Julie et Sylvain sont végétariens. Aurore aime le vin. Vous souhaiteriez dîner dans un restaurant avec vue sur la mer, si possible. Votre budget est de vingt-deux euros par personne maximum.

Comparez ces annonces. Pour chaque annonce, cochez (☒) OUI si cela correspond au critère ou NON si cela ne correspond pas.

Le loup de mer

Le loup de mer est le lieu incontournable pour tous les amoureux de la mer! Chez nous, pas de viande. Nous ne cuisinons que du poisson.
Bien entendu, comme tous les marins, nous aimons le vin et celui que nous vous proposons est certainement le meilleur de la région!
Le restaurant est situé sur la corniche avec une vue imprenable sur la mer!

Entrées : salade, fruits de mer, crabe au four.
Plats : poisson de rivière au beurre blanc, poulpe gratiné, homard du chef.
Desserts : glace du pêcheur, tarte des sept mers, etc.

Menu du mousse……17 euros
Menu du capitaine……25 euros
Possibilité de menus végétariens (en faire la demande au moment de la réservation).
Horaires d'ouverture : tous les jours de la semaine sauf les vendredis et jours fériés.

Le loup de mer

		OUI	NON
❶	Jours d'ouverture	☐	☐
❷	Plats et boissons proposés	☐	☐
❸	Lieu	☐	☐
❹	Budget	☐	☐

Les pieds dans l'eau

« Les pieds dans l'eau », le restaurant porte bien son nom ! Une envie de dîner sur la plage ? Venez donc goûter à nos spécialités de la mer et à nos plats régionaux. « Les pieds dans l'eau », c'est l'assurance d'un repas réussi que vous n'oublierez pas !

Notre restaurant est ouvert tous les jours sauf le jeudi matin.

Entrées

Salade au choix, foie gras, escargots, moules, assiette de charcuterie.

Plat principal

Brandade de morue, steak frites, poulet au four, poisson au beurre blanc.

Desserts

Sorbet au choix, crêpe (sucrée, Nutella, confiture, glace).

Boissons

Vins de qualité (rouge, rosé et blanc), bière, soda, jus, etc.

Menu à partir de 21 euros.

Pour un repas végétarien, veuillez consulter la carte complète du restaurant.

Les pieds dans l'eau

		OUI	NON
❶	Jours d'ouverture	☐	☐
❷	Plats et boissons proposés	☐	☐
❸	Lieu	☐	☐
❹	Budget	☐	☐

La Corniche ***

Notre restaurant a été élu « meilleur restaurant de la côte » 5 années consécutives. Nous avons même obtenu, l'année dernière, une troisième étoile au guide Michelin (livre de critique culinaire).
Viandes, poissons ou encore plats végétariens, vous découvrirez chez nous des menus gastronomiques d'exception ainsi qu'une vue marine renversante !

Entrées
Salade, caviar, foie gras, escargots

Plats
Pavé de saumon truffé, steak des Andes, faisan braisé aux herbes

Desserts
Sorbets et glaces traditionnelles

Boissons
Vins, champagne

Menu à partir de 89 euros. Le restaurant est ouvert tous les jours sauf les jours fériés. Réservation obligatoire.

La Corniche ***

	OUI	NON
❶ **Jours d'ouverture**	☐	☐
❷ **Plats et boissons proposés**	☐	☐
❸ **Lieu**	☐	☐
❹ **Budget**	☐	☐

La taverne

Nous sommes le plus vieux restaurant encore en activité de la ville ! Spécialisés dans la viande, depuis 1862, nous servons des plats traditionnels. Coq au vin, bœuf bourguignon, lapin des Cévennes, etc.
Notre restaurant, qui ressemble à un véritable musée, se situe en plein centre-ville, à côté de la fontaine des Ducs.

Menu à partir de 12,50 euros.
Le restaurant est ouvert tous les jours, de 11 h à 23 h 30.

La taverne

	OUI	NON
❶ **Jours d'ouverture**	☐	☐
❷ **Plats et boissons proposés**	☐	☐
❸ **Lieu**	☐	☐
❹ **Budget**	☐	☐

EXERCICE 2

8 points

Vous lisez cet article sur Internet.

LES JEUNES ET LES NOUVEAUX MÉDIAS

Une étude américaine affirme que plus de 91 % des adolescents utilisent les nouveaux médias au moins une fois par jour. Les sites Internet comme Facebook, YouTube ou Twitter, se sont développés très rapidement et sont extrêmement populaires chez les plus jeunes.

Selon un nouveau rapport du Centre Français des Sciences Comportementales, l'utilisation des réseaux sociaux aurait un effet bénéfique sur les enfants et les adolescents.
Ils permettraient tout d'abord d'améliorer la communication, la qualité des relations avec les autres et même d'obtenir certaines compétences en informatique.
Par ailleurs, les médias sur Internet permettent aux jeunes de s'ouvrir sur le monde. Avec leur ordinateur, les jeunes découvrent de nouvelles cultures, de nouveaux endroits et rencontrent de nouveaux amis vivant à l'autre bout de la planète.
De plus, les nouveaux médias représentent une opportunité pour les jeunes de développer leurs capacités créatives. De nombreux utilisateurs créent des blogs, des vidéos sur YouTube et même des musiques.

Il est pourtant extrêmement important que les jeunes prennent leurs précautions en utilisant ces nouveaux outils. Certes, les médias sociaux ont des avantages, mais ils ont aussi un certain nombre de dangers.

Les médias sociaux peuvent représenter une menace pour la vie privée. De fait, certains adolescents manquent parfois de vigilance et publient facilement des messages, photos et vidéos à caractère intime. Or, dans certains cas, ces publications peuvent avoir de dramatiques conséquences. En effet, certaines entreprises n'hésitent pas à aller vérifier les informations en ligne des candidats dans le cadre d'un recrutement.
Plus inquiétant encore, la cybercriminalité telle que l'intimidation et les violences verbales sur Internet est en plein boom. De plus en plus de jeunes sont victimes d'insultes ou railleries sur les réseaux sociaux. 12 % des utilisateurs auraient déjà été sujets à des violences verbales en ligne. Cela les pousse même parfois à l'irréparable : le suicide. Malheureusement, combattre ce phénomène semble presque impossible.

Vous l'aurez compris, les nouveaux médias ont de nombreux avantages, mais également des inconvénients. Il est nécessaire d'enseigner à nos enfants la bonne utilisation de ces formidables outils pour qu'ils puissent en tirer des bénéfices tout en évitant leurs pièges.

Jean TRANCÈNE, www.generation2point0.com, 19 novembre 2022

Pour répondre aux questions, cochez la bonne réponse.

❶ Les jeunes sont… *1 point*

A ☐ une minorité à utiliser les réseaux sociaux.
B ☐ une majorité à utiliser les réseaux sociaux.
C ☐ très peu nombreux à utiliser les réseaux sociaux.

❷ Grâce aux médias sociaux, les jeunes sont… *1,5 point*

A ☐ plus ouverts sur le monde.
B ☐ plus indépendants.
C ☐ plus critiques sur le monde qui les entoure.

❸ Les médias sociaux comportent des risques liés à… *1 point*

A ☐ la santé.
B ☐ la vie privée.
C ☐ la créativité.

❹ Certaines publications ont une incidence sur la vie professionnelle de leur auteur. *1 point*

A ☐ Vrai B ☐ Faux

❺ De quel type de cybercriminalité parle le document ? *1 point*

A ☐ Des arnaques sur les sites de vente en ligne.
B ☐ Du vol d'identité.
C ☐ Du harcèlement.

❻ Des utilisateurs ont mis fin à leurs jours à cause de leur activité sur les réseaux sociaux. *1 point*

A ☐ Vrai B ☐ Faux

❼ L'auteur pense… *1,5 point*

A ☐ que les réseaux sociaux devraient être interdits aux ados.
B ☐ que l'on devrait apprendre aux ados à se servir des réseaux sociaux.
C ☐ qu'une loi devrait être créée pour protéger les ados.

EXERCICE 3

9 points

Vous lisez cet article dans un magazine.

LES CHANTIERS INTERNATIONAUX : UNE CHANCE POUR LES JEUNES

Un chantier international est une action bénévole à court terme réalisée en France ou à l'étranger. Les participants sont bénévoles et prennent part, sur une période courte, à un projet utile tout en découvrant la vie en collectivité ainsi que la population locale et la région où a lieu le chantier. Le but est de découvrir et comprendre la vie et la culture d'un pays étranger. Les chantiers internationaux favorisent les échanges et les apprentissages interculturels.

Toutes les personnes qui souhaitent travailler sur un chantier, filles et garçons de tout âge et de toute origine, sans exigence de compétences ou d'expérience préalable, le peuvent. Les participants sont en général des étudiants intéressés par la solidarité internationale, l'animation et les échanges interculturels.

Tous les ans, environ 4200 chantiers internationaux sont organisés dans le monde. L'ensemble des frais liés à la mise en place des actions de volontariat ne sont pas pris en charge, les associations demandent généralement aux volontaires une participation financière.

Claudia est mexicaine. Elle a 21 ans et va bientôt entrer à l'université. Pendant les vacances scolaires, elle a décidé de participer, pour la deuxième fois, à un chantier international. « L'an passé, c'était dans un petit village près de Lyon et j'avais appris le jardinage. Cette fois, j'apprends la peinture à Blois ».

Claudia n'a eu à dépenser que 125 € en plus des frais de voyage. En effet, l'hébergement et la nourriture sont entièrement pris en charge par l'association. Depuis qu'elle est arrivée à Blois il y a trois semaines, elle a visité de nombreux sites touristiques. Vendredi, avec une amie, elle prendra la direction de Paris afin de visiter la capitale.

Nous le rappelons, les chantiers internationaux ayant pour objectif de favoriser les échanges intergénérationnels et interculturels ne sont pas des centres de vacances. Il est déplorable de constater que de nombreux volontaires décident de participer à un chantier en fonction de la destination sans considérer l'utilité même de leur action. Avant de se lancer dans cette aventure, il est nécessaire de se demander si le chantier auquel on souhaite participer est vraiment utile pour la population locale ou si c'est uniquement le désir de voyager dans un endroit dépaysant qui nous pousse à partir.

Sacha TOUILLE, La revue d'un monde meilleur, 13 décembre 2022

Pour répondre aux questions, cochez la bonne réponse.

❶ Quel est le thème général du document? *1 point*

A ☐ Les difficultés des jeunes à intégrer le marché de l'emploi.

B ☐ L'enseignement des langues étrangères dans les camps d'été.

C ☐ Le bénévolat des jeunes à l'international.

❷ Claudia a-t-elle déjà eu une expérience similaire dans l'hexagone? *1,5 point*

A ☐ C'est une première.

B ☐ Elle a déjà eu une expérience de ce type en France.

C ☐ Oui, tous les étés depuis qu'elle a 17 ans.

❸ Cela fait… *1,5 point*

A ☐ moins d'un mois

B ☐ un an … que Claudia est en France.

C ☐ plus d'un an

❹ Lorsqu'elle a du temps libre, Claudia… *1 point*

A ☐ étudie le français.

B ☐ fait du tourisme.

C ☐ apprend le jardinage.

❺ Que signifie la phrase : *1,5 point*

« Ces chantiers internationaux ont pour objectif de favoriser les échanges intergénérationnels et interculturels » ?

A ☐ Les chantiers internationaux promeuvent la coopération économique entre les pays et entre les personnes.

B ☐ Les chantiers internationaux permettent de créer des relations entre des personnes d'âges et de cultures différents.

C ☐ Les chantiers internationaux participent à la sensibilisation des jeunes aux problèmes de la pauvreté et du vieillissement de la population.

❻ Les chantiers internationaux ne sont pas rémunérés. *1 point*

A ☐ Vrai B ☐ Faux

❼ Les chantiers internationaux sont parfois critiqués, car… *1,5 point*

A ☐ le voyage se fait en avion, un moyen de transport peu écologique.

B ☐ pour certains jeunes, les chantiers sont simplement une excuse pour voyager.

C ☐ certains affirment que les jeunes sont utilisés abusivement, car ils travaillent gratuitement.

Note pour l'épreuve de compréhension des écrits : /25

Entraînement à l'épreuve de compréhension des écrits N°4
읽기 시험 연습 N°4

Méthodologie : l'expression de l'évolution
문제 푸는 방법 : 변화를 의미하는 표현

독해 지문에서 변화를 드러내는 경우가 자주 있습니다. 이를 파악하기 위해서는 다음 어휘를 아는 것이 매우 중요합니다.

Changement **변화**	**Pas de changement** **변화 없음**
Évoluer (Se) transformer (Se) modifier Varier Renverser (S') inverser Bouleverser	Se stabiliser Se maintenir Stagner

Changement quantitatif positif **긍정적 양적 변화**	**Changement quantitatif négatif** **부정적 양적 변화**	**Changement qualitatif positif** **긍정적 질적 변화**	**Changement qualitatif négatif** **부정적 질적 변화**
Augmenter Se répandre S'intensifier Prendre de l'ampleur Grossir Grandir Se développer	Diminuer Se raréfier (Se) réduire Disparaître	(S') améliorer S'épanouir Progresser Se bonifier (Se) développer Réussir[1]	Se dégrader Régresser (S') aggraver (Se) détériorer S'abîmer Échouer[2] (échec)

[1] Résultat positif d'un changement 변화의 긍정적인 결과
[2] Résultat négatif d'un changement 변화의 부정적인 결과

4 Compréhension des écrits *25 points*

▶ EXERCICE 1 *8 points (0,5 point par bonne réponse)*

Dimanche prochain, Cindy et Jean veulent aller dans un parc d'attractions avec leurs deux fils de 15 et 16 ans. Ils aimeraient dormir dans un hôtel à proximité du parc le samedi soir afin de pouvoir profiter le plus tôt possible des attractions le lendemain et repartir en fin d'après-midi le dimanche.
Idéalement, la famille souhaiterait que le parc ne soit pas trop fréquenté afin de limiter l'attente avant chaque manège et pouvoir faire tous les manèges en un seul jour.
La famille aimerait avoir la possibilité de pique-niquer le midi. Leur budget pour les billets d'entrée est de 110 euros maximum pour toute la famille.

Aidez la famille de Jean à choisir le parc d'attractions. Pour chaque annonce, cochez (☒) OUI si cela correspond au critère ou NON si cela ne correspond pas.

Disneyland Paris

Vous rêvez de passer une journée magique en famille ? Ne cherchez plus, pour le plus grand plaisir de vos jeunes enfants, venez à Disneyland Paris ! Son univers magique attire chaque année des millions de familles. Du fait de sa grande popularité, attendez-vous à un temps d'attente long pour chaque manège. Nous vous recommandons aussi de prévoir deux jours pour pouvoir faire toutes les attractions. En effet, le parc est immense !

Tarifs : billet à 40 € pour les enfants de moins de 7 ans et 79 € pour les adultes.
Ouverture : toute l'année de 10 heures à 22 heures.
Restauration : très nombreux restaurants et snacks. Absence d'aire de pique-nique.
Hébergement : quatre hôtels thématiques Disney se trouvent à quelques minutes à pied de l'entrée principale.

Disneyland Paris

	OUI	NON
❶ **Hébergement**	☐	☐
❷ **Possibilité de faire toutes les attractions**	☐	☐
❸ **Aire de pique-nique**	☐	☐
❹ **Budget**	☐	☐

Le Futuroscope

Le Futuroscope est le premier parc de loisirs créé en France, il y a 30 ans. Le parc offre plus de 25 attractions incroyables, toutes orientées autour des nouvelles technologies.
Au moins une demi-journée est nécessaire pour pouvoir profiter pleinement des attractions. Le parc est ouvert toute la semaine de 8 heures à 19 heures.

Prix : adulte (17-59 ans), à partir de 30 €/jour. Enfant de 5 à 16 ans inclus : à partir de 20 €/jour. Gratuit pour les moins de 5 ans.
Restauration : crêperie, buffet restaurant, snacks, cafétéria. Des aires de pique-nique sont présentes sur l'ensemble du parc.
Hébergement : gîtes et hôtels à proximité du parc.

Le Futuroscope

	OUI	NON
❶ **Hébergement**	☐	☐
❷ **Possibilité de faire toutes les attractions**	☐	☐
❸ **Aire de pique-nique**	☐	☐
❹ **Budget**	☐	☐

Le Puy du Fou

Élu « Meilleur parc au monde » en 2012 et en 2014, le Puy du Fou, 2e parc à thème de France, est un incroyable parc de loisirs qui propose des dizaines de spectacles, de jour comme de nuit, et de nombreuses animations au milieu d'une forêt immense de 55 hectares. Ce parc est le parc de l'histoire ! Y aller, c'est faire un saut dans l'Antiquité et le Moyen Âge !
Prévoyez un à deux jours pour pouvoir tout visiter et ne manquez surtout pas le spectacle de soirée : il est magique ! Vous pourrez ensuite passer la nuit dans l'un des hôtels rustiques du parc.

Restauration : plus de 24 points de restauration. Aires de pique-nique.
Tarifs : adulte 32 €, enfant de 5 à 13 ans inclus 22 €.
Ouverture : tous les jours de 8 h à 23 h 30.

Le Puy du Fou

		OUI	NON
❶	**Hébergement**	☐	☐
❷	**Possibilité de faire toutes les attractions**	☐	☐
❸	**Aire de pique-nique**	☐	☐
❹	**Budget**	☐	☐

Marineland

Tout près de Nice, le parc Marineland est l'un des lieux les plus visités de la Côte d'Azur, avec plus d'un million de visiteurs par an. Les spectacles sont impressionnants et parfaitement maîtrisés. Vous y verrez des rapaces, des otaries, et surtout des dauphins et des orques.
Prévoyez au moins une demi-journée pour profiter de tous les spectacles.

Restauration : plusieurs restaurants et snacks sont présents dans le parc. Il n'y a pas d'aire de pique-nique.
Tarifs : adulte 39,90 €. Enfant de 3 à 12 ans 32 €.
Ouverture : tous les jours sauf le lundi, de 10 h à 20 h.
Hébergement : aucune possibilité d'hébergement à proximité du parc.

Marineland

		OUI	NON
❶	**Hébergement**	☐	☐
❷	**Possibilité de faire toutes les attractions**	☐	☐
❸	**Aire de pique-nique**	☐	☐
❹	**Budget**	☐	☐

EXERCICE 2

8 points

Vous lisez cet article sur Internet.

UN AUTRE TOURISME EST POSSIBLE

L'OMT* a récemment publié une étude qui montre que le tourisme international est responsable de l'émission de 9 % des gaz à effet de serre dans le monde. En effet, tout comme le transport routier, le transport aérien génère une très forte pollution. L'hébergement des touristes est lui aussi extrêmement polluant.
Cette étude affirme que les hôtels de luxe sont ceux ayant le plus grand impact sur l'environnement. Cela s'explique par le fait que la plupart sont dotés d'équipements très énergivores.
Malheureusement, notre survie en dépend : nous avons l'obligation de changer nos façons de voyager, de partir en vacances.
Plusieurs solutions existent déjà. Elles appartiennent toutes à une même logique de respect de la nature et des populations locales. Découvrons-les !

Le tourisme durable

Le tourisme durable et responsable a pour but d'appliquer au tourisme le principe du développement durable, c'est-à-dire « un développement qui remplit les besoins de tous au présent sans menacer la capacité des générations futures à répondre aux leurs ». Un tourisme durable, c'est un tourisme qui vise à se préserver : il conserve la beauté des paysages, la qualité de l'environnement et des ressources naturelles. Il préserve aussi l'équilibre de l'économie, de la société et de la culture locale.

Le tourisme positif

Le tourisme positif va encore plus loin. Ce tourisme limite bien entendu ses impacts négatifs, mais il a aussi pour but d'avoir un effet positif sur la planète.
Le tourisme positif participe à la préservation et à la restauration de l'environnement. Ainsi, pour favoriser le tourisme, les acteurs locaux vont nettoyer l'environnement (en ramassant des déchets sur les plages par exemple). Ils développent ainsi leur environnement naturel. Ainsi, dans certaines régions françaises, des milliers d'arbres sont plantés chaque année afin de préserver et enrichir le milieu naturel.

Le tourisme solidaire

Le tourisme solidaire assure la solidarité avec les populations : le séjour des touristes se fait dans des communautés locales et soutient des projets de développement régional via des actions bénévoles ou des dons. Les chantiers internationaux illustrent très bien ce type de tourisme.
Des solutions respectueuses de l'environnement et des populations locales existent, il est maintenant temps d'abandonner les hôtels trois étoiles et de choisir l'authenticité. La planète vous en sera reconnaissante !

**OMT : Organisation Mondiale du Tourisme*

Alex TÉRIEUR, Revue du Monde, 7 septembre 2022

Pour répondre aux questions, cochez la bonne réponse.

❶ Cet article a pour but… *1,5 point*

A ☐ de promouvoir le tourisme en solitaire.
B ☐ de comparer les différents hébergements touristiques.
C ☐ de convaincre les lecteurs de changer leurs pratiques touristiques.

❷ Les hébergements touristiques proposant un service luxueux sont les premiers coupables. *1 point*

A ☐ Vrai B ☐ Faux

❸ Le modèle touristique actuel n'a aucune répercussion sur l'environnement. *1 point*

A ☐ Vrai B ☐ Faux

❹ Que signifie la phrase :
« Un développement qui remplit les besoins de tous au présent sans menacer la capacité des générations futures à répondre aux leurs » ? *1 point*

A ☐ Le développement de la génération actuelle ne doit pas nuire au développement des générations futures.
B ☐ La génération actuelle doit adopter la décroissance, abandonner tout le confort moderne.
C ☐ La génération actuelle doit commencer à produire des biens pour les générations futures.

❺ Selon l'article, le tourisme positif peut consister à… *1 point*

A ☐ loger chez les locaux.
B ☐ étendre et enrichir les milieux naturels.
C ☐ contrôler l'expansion de certaines espèces animales nuisibles.

❻ Le tourisme solidaire vise principalement à… *1 point*

A ☐ apporter une aide aux populations locales.
B ☐ protéger les espèces locales en danger.
C ☐ combattre la pollution sur un territoire précis.

❼ L'auteur conseille de ne pas voyager à l'étranger et de préférer un tourisme de proximité. *1,5 point*

A ☐ Vrai B ☐ Faux

EXERCICE 3

9 points

Vous lisez cet article dans un magazine.

MAIS OUI, MAIS OUI, L'ÉCOLE N'EST PAS FINIE

Depuis quelques années, de nombreux adultes envisagent un retour aux études alors qu'ils ont déjà une carrière derrière eux. La formation continue des adultes est non seulement entrée dans les mœurs, mais elle est aussi encouragée par les entreprises. Pour répondre à ce phénomène de société, un nombre grandissant d'établissements de formation proposent des programmes spécifiques et adaptés, répondant aux aspirations et aux contraintes que l'on peut avoir lorsqu'on est salarié, chef d'entreprise ou encore parent.

Mais pourquoi souhaiter revenir sur les bancs de l'école quand on a un travail, une famille ? Les motivations qui peuvent nous amener à envisager un retour aux études, à un âge où l'on pourrait croire ce temps révolu, sont extrêmement variées. On peut chercher à se perfectionner ou à développer ses acquis pour accéder à un meilleur emploi. Parfois, on n'a pas d'autre choix que suivre une formation pour exercer légalement son métier. Dans d'autres cas, et il s'agit de la raison la plus répandue, certains planifient une reconversion professionnelle. En effet, de plus en plus de personnes occupant un poste à responsabilités ne sont pas satisfaites de leur vie et souhaitent un changement radical. Ces personnes sont loin d'être des cancres ! Il a été observé que lorsque l'on reprend ses études à l'âge adulte, on est bien plus mature que lorsque l'on est jeune. On travaille mieux et plus. Les expériences professionnelles antérieures améliorent les compétences scolaires bien plus que l'on ne pourrait le penser.

Avant de se lancer, il y a des points auxquels il faut faire attention. Il est tout d'abord crucial de connaître précisément les débouchés possibles du diplôme visé. Il faut ensuite s'assurer que ses compétences et savoirs sont en cohérence avec ce diplôme. Finalement, tous les centres de formation ne se valent pas. Il vaut donc mieux vérifier le sérieux d'un établissement avant de s'y inscrire.

Refaire des études à l'âge adulte relève du défi personnel, familial, professionnel et aussi social. Les conséquences d'une telle décision sont importantes, mais la plupart de ces étudiants d'un nouveau genre y ont longuement réfléchi. Leur décision est souvent une des étapes d'un projet de vie plus large.

Une chose est sûre, il n'y a pas d'âge pour apprendre. Le seul critère important pour réussir des études, que l'on soit jeune ou vieux, est d'être motivé.

Débie GOUDY, L'homme moderne, 5 mai 2021

Pour répondre aux questions, cochez la bonne réponse.

❶ La reprise des études chez les adultes est rare. *1 point*

A ☐ Vrai B ☐ Faux

❷ Les formations proposées aux adultes… *1,5 point*

A ☐ sont toujours financées par l'employeur.
B ☐ ne permettent pas d'avoir une activité professionnelle en même temps.
C ☐ peuvent être suivies par une personne qui a un emploi.

❸ Les adultes qui reprennent leurs études… *1,5 point*

A ☐ souhaitent un changement de vie complet.
B ☐ le font pour de nombreuses raisons.
C ☐ veulent généralement avoir un meilleur salaire.

❹ Les adultes en formation ont souvent de meilleures notes que leurs jeunes camarades. *1 point*

A ☐ Vrai B ☐ Faux

❺ Les établissements d'enseignement pour adultes… *1,5 point*

A ☐ offrent des formations de qualité très variable.
B ☐ offrent des formations qui se ressemblent.
C ☐ offrent des formations plus faciles à suivre que celles des écoles traditionnelles.

❻ La reprise des études est une décision prise généralement… *1 point*

A ☐ après une longue réflexion.
B ☐ sur un coup de tête.
C ☐ après la naissance des enfants.

❼ La motivation est l'élément le plus important pour réussir sa reprise des études. *1,5 point*

A ☐ Vrai B ☐ Faux

Note pour l'épreuve de compréhension des écrits : /25

Entraînement à l'épreuve de compréhension des écrits N°5
읽기 시험 연습 N°5

S'entraîner à la compréhension des écrits : ressources extérieures 읽기 연습 : 다양한 외부 자료

이 교재에서 제공하는 읽기 연습을 실제 외부 자료를 통해 보충하는 것이 좋습니다. 도움이 될 만한 인터넷 사이트와 자료를 소개합니다.

1. RFI SAVOIRS - articles

RFI 사이트에서는B1-B2 수준의 기사를 제공합니다. 반드시 보셔야 할 자료입니다.
(https://savoirs.rfi.fr)

2. RFI SAVOIRS - exercices de compréhension

RFI 사이트에서는 B1 수준의 읽기 연습 문제를 제공합니다.
테마와 레벨을 선택할 수 있습니다. 반드시 보셔야 할 자료입니다.
(https://savoirs.rfi.fr)

3. 1jour1actu - articles d'actualité

1jour1actu 사이트에서는 B1 수준의 기사를 제공합니다.
(https://www.1jour1actu.com)

4. ACTUJOUR - fiches pédagogiques

Actujour 사이트에서는 B1 수준의 기사를 제공합니다.
(https://actujour.wordpress.com)

5. Partajon

Partajon 사이트에서는 듣기와 읽기 연습 문제를 제공합니다.
(https://www.partajondelfdalf.com)

6. L'actu

L'actu는 14세 이상의 청소년들이 읽는 일간지입니다.
이 신문은 PDF 파일을 무료로 다운받을 수 있습니다.
(https://lactu.playbacpresse.fr)

7. Mon Quotidien

Mon Quotidien은 10~13세 어린이들을 위한 일간지입니다.
이 신문은 PDF 파일을 무료로 다운받을 수 있습니다.
(https://monquotidien.playbacpresse.fr)

5 Compréhension des écrits

25 points

▶ EXERCICE 1

8 points (0,5 point par bonne réponse)

Vous souhaitez regarder un film avec trois amis, Sarah, Luc et Jules. Malheureusement, vous avez tous des goûts cinématographiques très différents.
Sarah aime la danse et les comédies. En revanche, elle déteste les films d'horreur et n'a pas envie de regarder un dessin animé.
Luc déteste les documentaires et les films d'horreur. C'est un grand fan de Travis KNIGHT et de Guillaume CANET. Regarder une comédie ne le dérange pas.
Jules, quant à lui, aime tous les genres cinématographiques. Mais attention ! Il est très exigeant sur la qualité. Il n'accepte de regarder que les films ayant une note moyenne de la part des spectateurs supérieure à trois virgule cinq. Il préfère aussi les œuvres courtes (pas plus d'une heure et quarante minutes).
Finalement, vous n'aimez que les comédies et les films qui font peur.

Comparez ces films. Pour chaque annonce, cochez (☒) OUI si cela correspond aux critères de la personne ou NON si cela ne correspond pas.

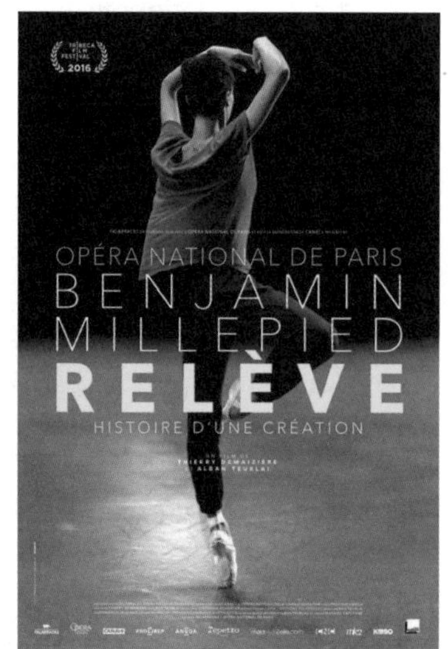

Relève : histoire d'une création

7 septembre 2016 / 1h 55min / Documentaire
De Thierry Demaizière, Alban Teurlai
Avec Benjamin Millepied

Benjamin Millepied, danseur chorégraphe français, est nommé directeur de la danse de l'Opéra National de Paris en novembre 2014. Sa jeunesse, son regard moderne, sa culture et sa notoriété doivent apporter un renouveau dans la prestigieuse institution.

Presse ★★★★★ 3,8 Spectateurs ★★★★★ 4,2

Relève : histoire d'une création

	OUI	NON
❶ Sarah	☐	☐
❷ Luc	☐	☐
❸ Jules	☐	☐
❹ Vous	☐	☐

Cézanne et moi

1 janvier 2016 / 1h 54min / Comédie dramatique, Biopic, Historique
De Danièle Thompson
Avec Guillaume Gallienne, Guillaume Canet, Alice Pol

Ils s'aimaient comme on aime à treize ans : révoltes, curiosité, espoirs, doutes, filles, rêves de gloires, ils partageaient tout. Paul est riche. Émile est pauvre. Ils quittent Aix, « montent » à Paris, pénètrent dans l'intimité de ceux de Montmartre et des Batignolles.

Presse ★★★★★ 2,5 Spectateurs ★★★★★ 3,0

Cézanne et moi

	OUI	NON
❶ Sarah	☐	☐
❷ Luc	☐	☐
❸ Jules	☐	☐
❹ Vous	☐	☐

Kubo et l'armure magique

21 septembre 2016 / 1h 41min / Animation
De Travis Knight
Avec Charlize Theron, Art Parkinson, Ralph Fiennes
Titre original Kubo And The Two Strings

Kubo est un être aussi intelligent que généreux, qui gagne chichement sa vie en sa qualité de conteur, dans un village de bord de mer. Cette petite vie tranquille, ainsi que celle de ses compagnons Hosato, Hashi et Kamekichi vont être bouleversées quand par erreur il invoque un démon du passé.

Presse ★★★★★ 4,3

Spectateurs ★★★★★ 3,7

Kubo et l'armure magique

	OUI	NON
❶ Sarah	☐	☐
❷ Luc	☐	☐
❸ Jules	☐	☐
❹ Vous	☐	☐

Un petit boulot

31 août 2016 / 1h 37min / Comédie
De Pascal Chaumeil
Avec Romain Duris, Michel Blanc, Alice Belaïdi

Jacques habite une petite ville dont tous les habitants ont été mis sur la paille suite à un licenciement boursier. L'usine a fermé, sa copine est partie et les dettes s'accumulent. Alors quand le bookmaker mafieux du coin, lui propose de tuer sa femme, Jacques accepte volontiers...

Presse	Spectateurs
★★★★★ 3,5	★★★★★ 3,8

Un petit boulot

	OUI	NON
❶ Sarah	☐	☐
❷ Luc	☐	☐
❸ Jules	☐	☐
❹ Vous	☐	☐

EXERCICE 2

8 points

Vous lisez cet article sur Internet.

À PARIS, À VÉLO, ON DÉPASSE LES AUTOS...

Depuis les années 2000, la pratique du vélo s'accélère dans toutes les grandes villes occidentales, y compris aux États-Unis, en augmentant de 5 à 15 % par an. Ce succès s'explique par les avantages indéniables du vélo. La bicyclette est en effet une alternative aux transports publics. Les métros et bus sont trop fréquentés, nous y sommes toujours serrés et il y est difficile de trouver une place assise. La voiture quant à elle, est toujours bloquée dans les embouteillages. Il a été d'ailleurs prouvé qu'il est généralement plus rapide de se déplacer à vélo qu'en voiture dans une grande ville comme Paris.

Un autre avantage indiscutable de la bicyclette, qu'on appelle également « la petite reine », est sa contribution à notre bonne santé. Pédaler nous permet de garder la ligne et même de perdre nos kilos en trop tout en réduisant de manière importante les risques de maladies. Il a été prouvé en 2020, par une équipe de chercheurs français, que l'usage du vélo prévient et contribue à guérir de nombreuses maladies chroniques, tout en renforçant les défenses immunitaires. Certes, les cyclistes sont exposés à la pollution et aux accidents, mais les bénéfices liés à cette activité physique rendent ces risques tout à fait négligeables.

Si tous ces bienfaits du vélo ne vous ont pas convaincu, peut-être l'aspect financier vous séduira. La pratique permet d'économiser énormément d'argent. Il a été estimé que les personnes n'utilisant pas le vélo pour leurs déplacements quotidiens dépensent en moyenne 1340 euros de plus par an en essence, assurance, taxi et transports en commun que leurs concitoyens cyclistes.

Toutefois, ce mode de transport quasi miraculeux a aussi quelques défauts. La portée d'un déplacement à vélo est souvent considérée comme étant limitée à 6 km maximum et les intempéries peuvent être un obstacle au début, mais des équipements existent contre la pluie, le froid ou la chaleur.

Il est vrai que le vélo n'est pas parfait, mais c'est une solution très sérieuse, qui mérite que l'on s'y intéresse. Certes, tout le monde ne se mettra pas au vélo ou ne pourra pas s'y mettre. La pratique devrait toutefois au moins tripler, voire plus si l'on fournit aux cyclistes des aménagements cyclables continus confortables et sécurisés.

Jack CÉLAIR, Vie nouvelle, 10 juin 2022

Pour répondre aux questions, cochez la bonne réponse.

❶ L'utilisation du vélo… *1,5 point*

A ☐ augmente dans les grandes villes.
B ☐ diminue dans les grandes villes.
C ☐ ralentit dans les grandes villes.

❷ À Paris, le vélo permet de se déplacer plus vite que la voiture. *1 point*

A ☐ Vrai B ☐ Faux

❸ Faire régulièrement du vélo est bénéfique à notre santé. *1 point*

A ☐ Vrai B ☐ Faux

❹ D'après l'auteur… *1,5 point*

A ☐ Il faut éviter de faire du vélo, car il y a de nombreux risques.
B ☐ faire du vélo a des avantages, mais les risques de cette pratique sont plus grands.
C ☐ les cyclistes s'exposent à certains dangers, mais les bienfaits du vélo sont plus importants.

❺ Selon l'article, faire du vélo permet… *1 point*

A ☐ de faire des économies.
B ☐ d'augmenter ses revenus
C ☐ d'augmenter ses dépenses.

❻ Le vélo peut remplacer les autres moyens de transport. *1 point*

A ☐ Vrai B ☐ Faux

❼ Concernant l'avenir du vélo dans les villes, l'auteur semble... *1 point*

A ☐ pessimiste.
B ☐ optimiste.
C ☐ indifférent.

EXERCICE 3

9 points

Vous lisez cet article dans un magazine.

DEMAIN, TRAVAILLERONS-NOUS TOUS DE CHEZ NOUS ?

Le télétravail nous donne la possibilité de travailler de manière régulière et volontaire hors du bureau grâce aux nouvelles technologies. Ce nouveau mode de travail était déjà très populaire dans les années 2010 dans les entreprises françaises. Il y avait au moins 15 % de télétravailleurs dans l'hexagone en 2019. C'est en 2022, après l'épidémie de COVID-19, que le télétravail a été adopté par l'écrasante majorité des entreprises. Le confinement leur a effectivement laissé peu de choix. Si elles voulaient survivre, il fallait qu'elles oublient leurs réticences : le télétravail était la seule option qu'elles avaient. La pratique les a convaincues. En 2021, près de 61 % des employés avaient la possibilité de travailler chez eux, au moins un jour par semaine, si leur activité professionnelle le permettait.
C'est un changement de taille. En effet, le télétravail implique de nouveaux rapports entre l'entreprise et ses salariés. Une plus grande liberté doit être accordée aux travailleurs.

Alors, quels sont les avantages du télétravail ?
Premièrement, les télétravailleurs sont connus pour être moins stressés. Cette réduction du stress s'explique par un environnement plus adapté, du point de vue professionnel, familial et personnel. Inutile de se presser pour aller prendre le métro et rejoindre le bureau, car tout se fait au domicile même. Ainsi, le fait d'être en télétravail permet de mieux gérer le quotidien. Grâce à cette flexibilité, les gens consacrent plus de temps à leur famille et à leurs passions. Cela leur permet d'avoir un train de vie tranquille et sans stress.
Sur le plan écologique, le télétravail contribue à la diminution des émissions de gaz à effet de serre par la réduction des déplacements.
Pour l'entreprise, le télétravail entraîne généralement une augmentation de la productivité (estimée à environ 20 %), une diminution des charges (chauffage, électricité, eau...) et des frais d'entretien des bâtiments. Il est également observé que le fait de travailler à distance augmente considérablement la motivation des salariés et supprime les retards liés aux difficultés pour se déplacer (métros, trains, embouteillages).
Toutefois, le télétravail n'est pas fait pour tout le monde. En effet, travailler chez soi demande une grande autonomie ainsi qu'une bonne organisation. De plus, pour certains salariés, la distance est pesante et un sentiment d'isolement se développe rapidement. Cela peut nuire considérablement au dynamisme d'une équipe de travail.

Thérèse TÉTARO-BURRO, le Quotidien de l'éco, 18 avril 2022

Pour répondre aux questions, cochez la bonne réponse.

❶ Avant l'épidémie de COVID-19, le télétravail… *1 point*

A ☐ était inexistant dans les entreprises françaises.
B ☐ était déjà présent dans les entreprises françaises.
C ☐ était aussi répandu qu'il l'est actuellement.

❷ Depuis 2021… *1,5 point*

A ☐ la majorité des employés français peuvent télétravailler une fois par semaine.
B ☐ la majorité des employés français doivent être présents toute la semaine dans l'entreprise.
C ☐ Pour la majorité des employés français, il n'est plus nécessaire de venir travailler dans l'entreprise.

❸ Selon l'article, le télétravail nécessite… *1,5 point*

A ☐ une relation de confiance entre l'employé et son employeur.
B ☐ un budget plus important.
C ☐ un management plus ferme.

❹ Le télétravail a un impact négatif sur l'environnement. *1,5 point*

A ☐ Vrai B ☐ Faux

❺ Le télétravail rend les employés… *1,5 point*

A ☐ plus créatifs.
B ☐ moins productifs.
C ☐ plus efficaces.

❻ Le télétravail est adapté à tous les profils. *1 point*

A ☐ Vrai B ☐ Faux

❼ Le télétravail ne permet pas toujours de satisfaire le besoin de lien social. *1 point*

A ☐ Vrai B ☐ Faux

Note pour l'épreuve de compréhension des écrits : /25

6 Compréhension des écrits

25 points

EXERCICE 1

8 points (0,5 point par bonne réponse)

Marc, 17 ans, souhaite avoir un petit boulot pendant les grandes vacances pour gagner un peu d'argent. Il aimerait que son travail soit à Paris afin de s'y rendre facilement. Il recherche un job étudiant lui permettant de rencontrer des gens. Marc souhaite aussi améliorer son anglais et serait donc très heureux de rencontrer des touristes. Idéalement, il aimerait travailler à mi-temps, car il veut garder du temps pour lui.

Comparez ces offres d'emploi. Pour chaque offre, cochez (☒) OUI si cela correspond au critère ou NON si cela ne correspond pas.

Délice Pizza recherche un livreur

La pizzeria « Délice Pizza », située dans le XIVe arrondissement de Paris, recherche un livreur pendant les vacances (juillet et août).
Les livraisons sont réalisées en scooter ou en voiture.
Une expérience en tant que livreur est obligatoire.

Mission : *livrer des pizzas aux clients dans le XIVe et le XVe.*
Horaires : *temps plein, 8 heures par jour.*
Bénéfice : *repas pris en charge.*
Profil recherché : *personne aimable et souriante faisant de la ponctualité sa priorité et ayant une expérience significative dans le domaine de la livraison. Personne majeure, car le permis de conduire est nécessaire.*
Salaire : *8,50 €/heure.*

Délice Pizza

	OUI	NON
❶ **Lieu**	☐	☐
❷ **Rencontre avec des anglophones**	☐	☐
❸ **Temps de travail**	☐	☐
❹ **Profil**	☐	☐

L'Alésia recherche un serveur

La brasserie l'Alésia recherche un serveur pour les mois de juillet et d'août. L'établissement est situé près de la station Alésia dans le XIVe arrondissement de Paris.

Description du poste : le serveur devra servir les consommations et débarrasser les tables.
Horaires : 4 heures par jour, le matin ou le soir selon les besoins.
Profil recherché : le serveur idéal est une personne souriante, de 16 ans ou plus, dynamique et aimable. Une expérience dans le domaine est souhaitable, mais pas obligatoire. La clientèle étant composée à 60 % de touristes, de solides bases en anglais sont nécessaires.
Avantage : repas inclus.

L'Alésia

	OUI	NON
❶ **Lieu**	☐	☐
❷ **Rencontre avec des anglophones**	☐	☐
❸ **Temps de travail**	☐	☐
❹ **Profil**	☐	☐

Fraisifolie recherche des planteurs de fraisiers

L'entreprise Fraisifolie recherche des personnes pour la saison d'été pour la plantation des fraisiers. L'exploitation agricole se situe à Treffieux, à 35 minutes de Nantes. L'hébergement ainsi que la restauration sont assurés par l'entreprise. Aucune qualification n'est requise, les postulants doivent avoir plus de 15 ans.

6,50 euros/heure.
En moyenne 9 heures de travail par jour.

Fraisifolie

	OUI	NON
❶ Lieu	☐	☐
❷ Rencontre avec des anglophones	☐	☐
❸ Temps de travail	☐	☐
❹ Profil	☐	☐

L'entreprise *Magnifiques jardins* recherche un jardinier

L'entreprise Magnifiques jardins recherche un jardinier – paysagiste pour juillet et août. Le jardinier travaillera au Jardin du Luxembourg, au cœur de Paris.
Il s'agit d'un poste à mi-temps rémunéré 12 euros par heure. Nous recherchons seulement des candidats titulaires d'un diplôme de paysagiste, âgés de plus de 16 ans.

Magnifiques jardins

	OUI	NON
❶ Lieu	☐	☐
❷ Rencontre avec des anglophones	☐	☐
❸ Temps de travail	☐	☐
❹ Profil	☐	☐

EXERCICE 2

8 points

Vous lisez cet article sur Internet.

L'INTÉRÊT DU THÉÂTRE CHEZ LES JEUNES

Qu'apprend-on en faisant du théâtre ? La réponse à cette question explique peut-être le succès, depuis toujours, de cette pratique. En effet, les cours de théâtre sont très populaires auprès des enfants et des jeunes aujourd'hui comme hier. Le théâtre semble être source de plaisir et est une façon d'apprendre à se connaître. Cette pratique artistique continue donc de se développer en marge de l'école, via des associations, dans le périscolaire ou en classe via l'option théâtre et les classes spécialisées.

Jouer un rôle c'est à la fois se transformer, se présenter aux autres, prendre des risques et c'est aussi... jouer tout simplement ! Eh, oui, les acteurs, qu'ils soient jeunes ou âgés, s'amusent tout d'abord.

Alors pourquoi devrions-nous encourager nos enfants à faire du théâtre ? Découvrons ensemble ses incroyables vertus chez les plus jeunes.

Premièrement, le fait de jouer et de participer à quelque chose de collectif peut aider les enfants à développer leur confiance en eux et à trouver leur place. Il est cependant nécessaire que l'enfant ait envie de faire du théâtre. Les parents ne doivent surtout pas forcer leurs enfants à monter sur scène s'ils ne le veulent pas.

Deuxièmement, chez les adolescents, le théâtre permet de retrouver le plaisir de jouer comme lorsqu'ils étaient enfants. Aussi, cette pratique peut être une expérience très forte, initiatique, même. Le théâtre plaît beaucoup aux adolescents parce qu'il y est question de métamorphose, de transformation, d'être quelqu'un d'autre. C'est pour eux l'occasion de changer de peau, d'expérimenter, de s'interroger sur le rapport au corps, à l'autre, au beau, à l'idéologie et aux valeurs. Ce sont des sujets très importants à cet âge. Les jeunes trouvent dans le théâtre des situations et des émotions qu'ils vivent au quotidien, mais ils les comprennent différemment et mieux grâce à la dimension artistique.

Il serait bénéfique d'encourager la pratique du théâtre dans le milieu scolaire. Pour les lycéens, c'est une expérience précieuse au moment où ils construisent leur rapport au monde. Au collège et même en primaire, le théâtre aide à développer l'estime de soi et la capacité à faire ensemble.

Barbie CHAITTE, www.souslesprojecteurs.com, 24 juin 2022

Pour répondre aux questions, cochez la bonne réponse.

❶ La pratique du théâtre est… *1 point*

A ☐ populaire depuis très longtemps.
B ☐ populaire depuis quelques années.
C ☐ récemment populaire.

❷ Le théâtre… *1 point*

A ☐ est pratiqué par les jeunes uniquement à l'école.
B ☐ n'est pas autorisé dans le milieu scolaire.
C ☐ peut être pratiqué à l'extérieur comme à l'intérieur de l'école.

❸ Faire du théâtre serait… *1,5 point*

A ☐ efficace pour développer la créativité des plus jeunes.
B ☐ bénéfique aux enfants qui manquent de confiance en eux.
C ☐ risqué pour les enfants n'ayant pas confiance en eux.

❹ D'après l'auteur, si son enfant ne souhaite pas faire de théâtre, il ne faut pas le forcer. *1,5 point*

A ☐ Vrai B ☐ Faux

❺ Le théâtre plaît aux adolescents, car… *1 point*

A ☐ jouer leur fait être temporairement quelqu'un d'autre.
B ☐ il permet de faire des rencontres.
C ☐ cela leur donne le sentiment d'être des célébrités.

❻ Faire du théâtre permet de mieux comprendre son quotidien. *1 point*

A ☐ Vrai B ☐ Faux

❼ L'auteur souhaite que la pratique théâtrale en milieu scolaire se développe. *1 point*

A ☐ Vrai B ☐ Faux

EXERCICE 3

9 points

Vous lisez cet article dans un magazine.

NOMOPHOBIE : QUAND LE PORTABLE DEVIENT UNE MALÉDICTION

La nomophobie est un mot anglais qui signifie « no mobile phone phobia » soit « la peur ou l'inquiétude de ne pas pouvoir utiliser son téléphone portable ». Les nomophobes ont toujours leur appareil sur eux et vérifient tout le temps qu'ils l'ont.

Le téléphone portable est devenu un compagnon qui ne nous quitte jamais. Grâce à ce petit appareil, nous ne connaissons plus la solitude. Aujourd'hui, quand nous patientons, nous ne rêvassons plus. Nous ne nous perdons plus dans nos pensées et nous ne lisons plus de livres pour combler l'attente.

Maintenant, nous utilisons systématiquement notre téléphone. Nous refusons d'attendre, de nous ennuyer. Nous ne tolérons plus la frustration, il faut toujours occuper son esprit. Faire quelque chose. Nous avons oublié comment nous ennuyer et laisser vagabonder notre esprit alors que ces moments sont importants, car ils nous invitent à réfléchir sur nous-mêmes et nous permettent de nous ressourcer.

La nomophobie touche principalement les personnes âgées de 18 à 35 ans. Pour ces jeunes, l'utilisation du smartphone permet d'éviter le réel, les problèmes, le conflit. Malheureusement, cette addiction a des conséquences négatives. Tout d'abord, le fait d'être « aidé » constamment par son téléphone réduit notre confiance en nous. Nous ne nous pensons pas capables de faire les choses par nous-mêmes, sans cette assistance numérique.

Passer trop de temps sur son portable cause également des difficultés tant au niveau familial que professionnel. Le smartphone crée des conflits avec l'entourage, notamment dans le couple et plus généralement en famille lorsque le portable prend toute la place. Des pertes de performance sur le plan scolaire et le plan professionnel sont également constatées : toute notification génère un arrêt de la concentration. Dans certains cas, nous commençons à perdre de l'intérêt pour les autres activités. Nous allons préférer aller sur Facebook plutôt que de voir nos amis. En outre, cette addiction est à l'origine d'accidents. Nous nous sentons souvent obligés de répondre à un SMS au volant.

Pour éviter l'addiction, il est conseillé de couper les notifications pour éviter que ce soit le smartphone qui décide quand vous regardez vos mails. Il est également conseillé de définir des zones, des temps sans smartphone.

Thierry DIKUL, La gazette de l'homme moderne, 6 juin 2022

Pour répondre aux questions, cochez la bonne réponse.

❶ La nomophobie est lorsqu'on a peur… *1 point*

A ☐ de ne pas avoir son téléphone portable.
B ☐ de ne pas avoir le dernier téléphone portable à la mode.
C ☐ que personne ne nous contacte sur notre téléphone portable.

❷ D'après le document, à cause du téléphone portable… *1,5 point*

A ☐ nous ne passons plus de temps sans rien faire.
B ☐ nous sommes moins créatifs.
C ☐ notre vie privée est menacée.

❸ D'après l'auteur, l'attente et l'ennui sont… *1 point*

A ☐ inutiles.
B ☐ nécessaires.
C ☐ dangereux.

❹ La nomophobie touche particulièrement les jeunes. *1 point*

A ☐ Vrai B ☐ Faux

❺ Selon l'article, le fait que le téléphone apporte une aide quotidienne est… *1,5 point*

A ☐ mauvais pour l'estime que nous avons de nous.
B ☐ la seule raison pour laquelle nous en sommes dépendants.
C ☐ son seul point positif.

❻ Le smartphone nous rend... *1,5 point*

A ☐ moins sociables et moins performants.
B ☐ plus heureux, mais plus seuls.
C ☐ très efficaces au travail, mais pas à l'école.

❼ Pour lutter contre les effets pervers du smartphone, l'auteur conseille… *1,5 point*

A ☐ d'arrêter complètement de l'utiliser.
B ☐ de mieux contrôler son utilisation afin d'éviter que ce soit lui qui nous contrôle.
C ☐ de participer à une thérapie de groupe.

Note pour l'épreuve de compréhension des écrits : /25

7 Compréhension des écrits

25 points

EXERCICE 1

8 points (0,5 point par bonne réponse)

Votre amie québécoise, Chloé va vivre en France. La jeune femme vient en effet de trouver un travail en tant que commerciale dans une grande entreprise française. On lui propose de choisir parmi quatre villes d'affectation : Paris, Bordeaux, Angers et Nantes.
Chloé est indécise, elle vous demande de l'aider à choisir.
Elle aimerait une ville à taille humaine (moins de un million d'habitants), où il fait chaud et pleut rarement. Chloé aimerait que la ville possède un patrimoine historique et culturel riche (monuments historiques, spectacles, etc.) Pour finir, elle aimerait aussi être proche de la mer.

Aidez Chloé à faire son choix. Comparez ces quatre villes. Pour chaque ville, cochez (☒) OUI si cela correspond au critère ou NON si cela ne correspond pas.

Paris

Paris est la capitale de la France. Elle se situe sur les bords de la Seine, à deux heures de route de la Manche (mer séparant l'Angleterre et la France).
Ses habitants s'appellent les Parisiens. La ville de Paris est divisée en vingt arrondissements. Ville la plus peuplée de France, Paris compte au 1er janvier 2013 plus de 2,2 millions d'habitants. Le coût de la vie, notamment celui du logement y est plus élevé que dans le reste de la France.

Météo : Paris a un climat de type océanique pluvieux : la température minimale moyenne est de 8,9 °C sur l'année, avec des pluies fréquentes en toutes saisons.
Culture : symbole de la culture française, abritant de nombreux monuments, la ville, surnommée la Ville Lumière, attire près de 35 millions de visiteurs chaque année. C'est la capitale la plus visitée au monde.

Paris

	OUI	NON
❶ Taille	☐	☐
❷ Météo	☐	☐
❸ Patrimoine historique et culturel	☐	☐
❹ Proximité de la mer	☐	☐

Bordeaux

Bordeaux est une commune du Sud-Ouest de la France. La ville de Bordeaux est située près de l'océan Atlantique.
Elle est connue dans le monde entier pour les vins de Bordeaux et les vignobles du Bordelais. Le coût de la vie à Bordeaux est dans la moyenne française.

Le climat de la Gironde est de type océanique : des hivers très doux et des étés chauds (les températures moyennes sont de 6,6 °C en janvier et de 21,4 °C en août).
Bordeaux est une ville au patrimoine très riche. Une grande partie de la ville est listée comme patrimoine mondial, en tant qu'ensemble urbain exceptionnel.
En 2019, la commune était la neuvième commune de France par sa population avec 340 626 habitants.

Bordeaux

	OUI	NON
❶ Taille	☐	☐
❷ Météo	☐	☐
❸ Patrimoine historique et culturel	☐	☐
❹ Proximité de la mer	☐	☐

Angers

Angers est une commune de l'Ouest de la France située au bord de la Maine.
Située sur l'axe Paris-Nantes, à 120 km de l'océan Atlantique, Angers est en 2013 la dix-neuvième commune la plus peuplée de France avec 150 125 habitants.
Capitale historique de l'Anjou, berceau de la dynastie Plantagenêt, ses universités, ses musées et son activité culturelle en font également un centre culturel important.

Météo : il est souvent dit qu'Angers possède un « microclimat » La météo y est en effet très clémente. Il y fait généralement chaud et les pluies sont modérées.
Coût de la vie : légèrement inférieur à la moyenne nationale.

Angers

	OUI	NON
❶ **Taille**	☐	☐
❷ **Météo**	☐	☐
❸ **Patrimoine historique et culturel**	☐	☐
❹ **Proximité de la mer**	☐	☐

Nantes

Nantes est une commune de l'Ouest de la France, située au sud du Massif armoricain, qui s'étend sur les rives de la Loire, près de l'océan Atlantique. Labellisée ville d'arts et d'histoire, la ville de Nantes est peuplée de 340 000 habitants.
Le climat nantais est souvent qualifié de très pluvieux.
Le coût de la vie à Nantes est légèrement inférieur à la moyenne nationale.

Culture : Nantes est une capitale culturelle en effervescence. De grands noms de la musique y ont vu le jour. Par exemple, les DJ C2C.
Terre de spectacles, la ville de Nantes est aussi très connue pour sa compagnie d'artistes de rue « Royal de Luxe ».

Nantes

		OUI	NON
❶	Taille	☐	☐
❷	Météo	☐	☐
❸	Patrimoine historique et culturel	☐	☐
❹	Proximité de la mer	☐	☐

EXERCICE 2

8 points

Vous lisez cet article sur Internet.

LA REVANCHE DES CAMPAGNES

Les difficultés liées aux transports, la pollution, l'insécurité, le bruit, les prix exorbitants des logements et de la vie en général font que la ville est devenue un cauchemar pour de nombreuses personnes.

À l'heure du digital, des « milléniaux » ultra-connectés et du télétravail, il n'est souvent plus nécessaire de vivre dans une ville pour développer son activité professionnelle. Aussi, depuis plusieurs années nous assistons à un véritable exode urbain. De plus en plus de citadins veulent travailler loin de la ville.

La campagne attire de plus en plus d'entrepreneurs. C'est le cas d'Hélène ÉLA, qui a choisi, en 2020, d'installer son entreprise artisanale de produits alimentaires d'antan « les recettes de grand-mère » dans le petit village breton de Treffieux, en Loire-Atlantique.

« Je suis sûre que plein de commerces basés en ville tourneraient beaucoup mieux à la campagne. Depuis que je suis venue ici, je fais 20 % de chiffre d'affaires en plus », affirme-t-elle. Le village où elle s'est installée est relativement éloigné des villes. Nantes est à 45 km et Rennes à 80 km. C'est un lieu charmant et typique, mais peu touristique. Il y a seulement un bar et une boulangerie en guise de commerces. Toutefois, cela ne pose aucun problème à Hélène, car l'essentiel de ce qu'elle produit est vendu à des professionnels ou à l'export. Bien sûr, s'installer avec succès en milieu rural ou dans une petite commune ne se fait pas sans conditions. Pour l'entrepreneur, la stratégie de l'entreprise doit être élaborée en tenant compte de nombreux aspects tels que les infrastructures de transport et l'accès à Internet.

Le fait de fonder une famille pousse également les citadins à quitter la ville. Alors que leurs parents pensaient que grandir en ville était une chance, les jeunes sont convaincus que leurs enfants seront plus épanouis s'ils grandissent dans un environnement rural. C'est le cas de Jeanne et de son mari Florent qui ont compris que leurs 3 enfants seraient plus heureux dans un écrin de verdure que dans un appartement parisien de 60 m2. Ils ont ainsi décidé d'abandonner leurs emplois très bien rémunérés dans la capitale pour devenir paysans dans le Cantal.

Tout quitter pour aller vivre en province est une décision difficile à prendre, mais elle est très rarement regrettée. Et vous ? Êtes-vous prêt à faire le pas ?

Aude DOGUE, www.leredutemps.com, 20 juillet 2022

Pour répondre aux questions, cochez la bonne réponse.

❶ D'après le document, il est plus cher d'habiter en ville qu'à la campagne. *1 point*

A ☐ Vrai   B ☐ Faux

❷ Tout comme la ville, la campagne offre… *1 point*

A ☐ une vie culturelle riche.
B ☐ des transports en commun variés.
C ☐ des opportunités professionnelles.

❸ Pour Hélène ÉLA… *1,5 point*

A ☐ les affaires sont aussi bonnes à la campagne qu'en ville.
B ☐ les affaires sont moins bonnes à la campagne qu'en ville.
C ☐ les affaires sont meilleures à la campagne qu'en ville.

❹ Hélène ÉLA s'est installée à la campagne, mais proche d'une grande ville. *1,5 point*

A ☐ Vrai   B ☐ Faux

❺ Madame ÉLA travaille dans… *1 point*

A ☐ le secteur touristique.
B ☐ le secteur agroalimentaire.
C ☐ le secteur automobile.

❻ Les jeunes couples estiment qu'il est préférable que leurs enfants grandissent à la campagne. *1 point*

A ☐ Vrai   B ☐ Faux

❼ Jeanne et Florent n'ont pas changé de travail quand ils sont allés vivre à la campagne. *1 point*

A ☐ Vrai   B ☐ Faux

EXERCICE 3

9 points

Vous lisez cet article dans un magazine.

LUTTONS CONTRE L'ABANDON DES ANIMAUX DE COMPAGNIE

Nos animaux domestiques, généralement des chats et des chiens, dépendent de nous pour leurs besoins quotidiens : la nourriture, l'eau, l'abri, les soins vétérinaires et l'affection. Cependant, en France, des milliers d'animaux n'ont pas de maître pour s'occuper d'eux. Beaucoup souffrent et meurent dans la rue, car il n'y a pas assez de place dans les refuges. L'abandon des animaux est un problème complexe, mais dont la solution est simple : il faut adopter les animaux des refuges ou des rues au lieu de les acheter à des animaleries et il est aussi nécessaire de stériliser ses animaux de compagnie.

Au moment où cet article est écrit, en France, de nombreux chiens et chats errent dans les rues. Ils sont livrés à leur propre sort et souffrent avant de trouver une mort prématurée à cause d'un accident de voiture, de l'attaque d'un autre animal, des températures extrêmes, des maladies ou encore de la faim.

Les refuges acceptent tous les animaux en détresse, mais trop d'animaux sont abandonnés. Par manque de place, la plupart d'entre eux sont tués. Environ 140 chiens et chats sont ainsi euthanasiés dans les refuges chaque jour en France.

Il faut boycotter les marchands d'animaux de compagnie. Les éleveurs et les animaleries sont les principaux responsables de cette crise parce qu'ils font naître davantage de chiots et de chatons alors qu'il n'y a pas assez de foyers prêts à l'adoption pour tous les animaux qui existent déjà. Par ailleurs, de nombreuses personnes prennent un animal sur un coup de tête ou en offrent un en cadeau. Elles ne se rendent pas compte de l'engagement de long terme que cela implique. Lorsqu'elles découvrent que s'occuper d'un animal nécessite davantage d'efforts, d'argent, de temps et de patience qu'elles ne l'imaginaient, elles finissent souvent par abandonner leur loyal compagnon.

Il serait aussi nécessaire de rendre obligatoire la stérilisation. En effet, la façon la plus fondamentale et la plus efficace d'épargner aux chiens et aux chats toute cette souffrance est d'empêcher que davantage d'animaux non désirés ne naissent, en s'assurant que nos animaux sont stérilisés. La stérilisation est une opération presque sans risque et ne coûtant pas cher, qui améliore aussi la santé des animaux. Elle réduit par exemple le risque de cancer chez nos amis à quatre pattes.

Thierry DIKUL, La gazette de l'homme moderne, 6 juin 2022

Pour répondre aux questions, cochez la bonne réponse.

❶ En France,… *1,5 point*

A ☐ la plupart des animaux abandonnés sont sauvés.
B ☐ un grand nombre des animaux abandonnés vivent dans la rue.
C ☐ tous les animaux abandonnés trouvent une place en refuge.

❷ D'après l'auteur de l'article, pour solutionner le problème, il suffirait… *1,5 point*

A ☐ de mettre en prison les personnes qui abandonnent leurs animaux.
B ☐ d'ouvrir un plus grand nombre de refuges et de garantir la gratuité des soins pour les animaux.
C ☐ d'empêcher les animaux de se reproduire et de les adopter plutôt que de les acheter.

❸ D'après l'article, les animaux domestiques vivant dans la rue ont une vie… *1,5 point*

A ☐ plus courte
B ☐ plus saine
C ☐ plus longue

… que ceux ayant un maître.

❹ Par manque de place, environ... *1 point*

A ☐ mille
B ☐ cinquante mille
C ☐ cent quarante

… chiens et chats sont tués chaque année dans les refuges.

❺ Selon l'article, le nombre d'animaux en animalerie, dans la rue et dans les refuges… *1,5 point*

A ☐ est supérieur à la demande d'animaux de compagnie des Français.
B ☐ est inférieur à la demande d'animaux de compagnie des Français.
C ☐ diminue depuis une dizaine d'années.

❻ D'après le document, de nombreux animaux de compagnie sont abandonnés, car… *1 point*

A ☐ les animaux deviennent rapidement trop gros pour vivre en appartement.

B ☐ ils représentent un danger pour les enfants.

C ☐ les propriétaires les achètent sans réfléchir, sans penser à ce que cela implique.

❼ L'auteur de l'article ne pense pas que la stérilisation soit une solution. *1 point*

A ☐ Vrai **B** ☐ Faux

Note pour l'épreuve de compréhension des écrits : **/25**

IX Questions au format de l'ancien DELF B1
델프 B1 기존 버전 문제 유형

Présentation et méthodologie
소개 및 문제 푸는 방법

2020년 봄부터 DELF B1 읽기 시험의 문제 유형이 바뀌었습니다. 새 버전의 읽기 시험은 객관식으로만 구성됩니다. 이 교재에서는 객관식 유형의 문제를 다루었습니다.
그렇지만 한국에서는 기존 버전에서 새 버전으로의 전환이 3년에 걸쳐 점진적으로 이루어질 것입니다. 따라서 2023년까지는 기존 형식의 읽기 시험 문제가 출제될 수 있습니다. 그래서 다음 장에서는 기존 형식의 문제로 시험을 치러야 하는 상황에 대비하기 위해서 앞에 나온 읽기 지문을 바탕으로 주관식(서술형) 문제와 《참/거짓》 타입의 문제를 다루고자 합니다.

— 기존 시험에서는 답안을 문장으로 쓰는 **주관식 문제**가 출제되었으며, 반드시 justification(답의 근거를 지문에서 찾아 쓰는 것)을 함께 작성해야 하는 **《참/거짓》** 형식의 문제도 출제되었습니다. 이 유형은 제시된 문장이 참인지 거짓인지 고른 다음 지문에 있는 해당 부분을 인용하여 뒷받침해야 했습니다. 참/거짓 선택과 근거 중 하나라도 틀리면 점수가 부여되지 않습니다.

— 지문을 읽는 동안 중요한 정보에 밑줄을 긋고 텍스트를 여러 파트로 나누세요. 전체 문장이나 전체 구절을 이해하지 못하면, 작은 단위로 나누어서 이해한 다음에 범위를 넓히는 것이 좋습니다.

— 여러분의 답변을 뒷받침하기 위해 특정 문장을 인용하거나 몇몇 문장이나 표현을 자신의 어휘로 설명하는 것이 요구됩니다. 올바른 답변을 위해 정보의 내용을 서로 잘 연결하도록 합니다.

— 주관식 문제가 출제된다고 하더라도 너무 걱정하지 마세요. 맞춤법 준수 여부와 상관없이 답변이 일관성 있고 이해가 가능하면 됩니다.

— 답안은 깔끔하고 명확하게 작성합니다. 맞춤법이 점수에 영향을 주지는 않지만, 그래도 맞춤법에 주의하면서 정확하고 간결하게 쓰세요.

1 Compréhension des écrits

▶ EXERCICE 2

❶ Vrai ou faux ? Cochez ☒ la bonne réponse et recopiez la phrase ou la partie de texte qui justifie votre réponse.

Le candidat reçoit des points si le choix V/F et la justification sont corrects, sinon aucun point ne sera attribué.

Le bonheur nous fait vivre plus longtemps. ☐ **Vrai** ☐ **Faux**

Justification : ______________________________

____

❷ Comment pouvons-nous faire pour favoriser notre bonheur ? *Trois réponses attendues.*

1. ______________________________
2. ______________________________
3. ______________________________

▶ EXERCICE 3

❶ Pour quelle raison les jeunes Finlandais ne sont-ils pas évalués ?

____

____

❷ Vrai ou faux ? Cochez ☒ la bonne réponse et recopiez la phrase ou la partie de texte qui justifie votre réponse.

Le candidat reçoit des points si le choix V/F et la justification sont corrects, sinon aucun point ne sera attribué.

D'après l'auteur, le système éducatif français n'a pas besoin de changer.

☐ **Vrai** ☐ **Faux**

Justification : ______________________________

____

2 Compréhension des écrits

▶ EXERCICE 2

❶ Vrai ou faux ? Cochez ☒ la bonne réponse et recopiez la phrase ou la partie de texte qui justifie votre réponse.

Le candidat reçoit des points si le choix V/F et la justification sont corrects, sinon aucun point ne sera attribué.

Il est possible de découvrir la cuisine internationale en restant en France.

☐ **Vrai** ☐ **Faux**

Justification : ______________________________

____

❷ Citez trois plats traditionnels français.

1. ______________________________
2. ______________________________
3. ______________________________

▶ EXERCICE 3

❶ D'après l'article, qu'est-ce qui a permis le développement des jeux vidéo ?

____

____

❷ Vrai ou faux ? Cochez ☒ la bonne réponse et recopiez la phrase ou la partie de texte qui justifie votre réponse.

Le candidat reçoit des points si le choix V/F et la justification sont corrects, sinon aucun point ne sera attribué.

Les Français jouent moins aux jeux vidéo qu'ils ne lisent. ☐ **Vrai** ☐ **Faux**

Justification : ______________________________

____

3 Compréhension des écrits

▶ EXERCICE 2

❶ Vrai ou faux ? Cochez ☒ la bonne réponse et recopiez la phrase ou la partie de texte qui justifie votre réponse.

Le candidat reçoit des points si le choix V/F et la justification sont corrects, sinon aucun point ne sera attribué.

Les jeunes Français sont une majorité à utiliser quotidiennement les nouveaux médias.

☐ **Vrai** ☐ **Faux**

Justification : ______________________________

____

❷ Quels sont les dangers de ces nouvelles technologies ? *Deux réponses attendues.*

1. ______________________________
2. ______________________________

▶ EXERCICE 3

❶ Quelle était l'activité de Claudia l'année dernière ?

____

____

❷ Vrai ou faux ? Cochez ☒ la bonne réponse et recopiez la phrase ou la partie de texte qui justifie votre réponse.

Le candidat reçoit des points si le choix V/F et la justification sont corrects, sinon aucun point ne sera attribué.

Les chantiers internationaux sont un type de tourisme dont l'objectif principal est de voyager.

☐ **Vrai** ☐ **Faux**

Justification : ______________________________

____

4 Compréhension des écrits

▶ EXERCICE 2

❶ Vrai ou faux ? Cochez ☒ la bonne réponse et recopiez la phrase ou la partie de texte qui justifie votre réponse.

Le candidat reçoit des points si le choix V/F et la justification sont corrects, sinon aucun point ne sera attribué.

Les hébergements offrant le plus grand confort sont également les plus polluants.

☐ **Vrai** ☐ **Faux**

Justification : ______________________________

____

❷ Quelle est la particularité du tourisme positif ?

____

____

▶ EXERCICE 3

❶ Pourquoi certains adultes décident-ils de reprendre les études ? *Citez trois raisons.*

1. ______________________________
2. ______________________________
3. ______________________________

❷ Vrai ou faux ? Cochez ☒ la bonne réponse et recopiez la phrase ou la partie de texte qui justifie votre réponse.

Le candidat reçoit des points si le choix V/F et la justification sont corrects, sinon aucun point ne sera attribué.

Les adultes qui reprennent leurs études ont de moins bons résultats que leurs camarades plus jeunes.

☐ **Vrai** ☐ **Faux**

Justification : ______________________________

____

5 Compréhension des écrits

▶ EXERCICE 2

❶ Vrai ou faux ? Cochez ☒ la bonne réponse et recopiez la phrase ou la partie de texte qui justifie votre réponse.

Le candidat reçoit des points si le choix V/F et la justification sont corrects, sinon aucun point ne sera attribué.

Le vélo est de moins en moins populaire en ville. ☐ **Vrai** ☐ **Faux**

Justification : ______________________________

____

❷ Quels sont les avantages du vélo ? *Trois réponses sont attendues.*

1. ______________________________
2. ______________________________
3. ______________________________

▶ EXERCICE 3

❶ Quel événement a poussé une majorité d'entreprises françaises à adopter le télétravail ?

____

____

____

❷ Vrai ou faux ? Cochez ☒ la bonne réponse et recopiez la phrase ou la partie de texte qui justifie votre réponse.

Le candidat reçoit des points si le choix V/F et la justification sont corrects, sinon aucun point ne sera attribué.

Le télétravail est intéressant sur le plan financier. ☐ **Vrai** ☐ **Faux**

Justification : ______________________________

____

6 Compréhension des écrits

▶ EXERCICE 2

❶ Vrai ou faux ? Cochez ☒ la bonne réponse et recopiez la phrase ou la partie de texte qui justifie votre réponse.

Le candidat reçoit des points si le choix V/F et la justification sont corrects, sinon aucun point ne sera attribué.

Le théâtre connaît un succès récent chez les jeunes. ☐ **Vrai** ☐ **Faux**

Justification : ______________________________

____

❷ Qu'apporte la pratique du théâtre aux élèves du primaire et du collège ? *Deux réponses sont attendues.*

1. ______________________________
2. ______________________________

▶ EXERCICE 3

❶ D'après l'auteur, pourquoi est-il nécessaire de s'ennuyer ?

____

____

____

❷ Vrai ou faux ? Cochez ☒ la bonne réponse et recopiez la phrase ou la partie de texte qui justifie votre réponse.

Le candidat reçoit des points si le choix V/F et la justification sont corrects, sinon aucun point ne sera attribué.

Les activités en ligne remplacent celles de la vie réelle. ☐ **Vrai** ☐ **Faux**

Justification : ______________________________

____

7 Compréhension des écrits

▶ EXERCICE 2

❶ Vrai ou faux ? Cochez ☒ la bonne réponse et recopiez la phrase ou la partie de texte qui justifie votre réponse.

Le candidat reçoit des points si le choix V/F et la justification sont corrects, sinon aucun point ne sera attribué.

L'entreprise d'Hélène se situe dans une grande ville. ☐ **Vrai** ☐ **Faux**

Justification : ______________________________

____

❷ Pour quelle raison de nombreux jeunes couples souhaitent-ils aller vivre à la campagne ?

____

____

▶ EXERCICE 3

❶ D'après l'auteur, comment peut-on lutter contre l'abandon des animaux de compagnie ? *Deux réponses sont attendues.*

1. ______________________________
2. ______________________________

❷ Pour quelle raison les refuges tuent-ils les animaux qu'ils ont recueillis ?

____

____

X Traduction des documents des compréhension des écrits 읽기 해석

1 Compréhension des écrits

▶ 연습문제 1 읽기 해석

당신은 친구 중 한 명과 함께 주말 동안 휴식을 취하며, 스트레스가 많은 직장 일을 잊고 싶습니다. 당신은 마사지와 스파 서비스를 받고 싶습니다. 당신의 친구는 쇼핑을 좋아하고 당신은 자연을 사랑합니다. 당신의 친구는 고기를 먹지 않고 당신은 다이어트 중입니다. 두 분은 역사적인 관광지를 방문하고 싶습니다. 또한 개별 방에서 숙박하고 싶습니다. 당신의 예산은 하루 최대 160유로입니다.

다음의 광고를 비교합니다. 각 광고에 대해 기준에 해당하면 예(☒)를 선택하고 일치하지 않으면 아니오를 선택합니다.

Centre de remise en forme de La Baule
라볼(La Baule) 헬스 센터

우리의 피트니스 센터는 고객의 요구에 맞는 건강 숙박 패키지를 제공합니다. 20년 이상의 경험을 통해 고객들에게 양질의 서비스를 제공할 수 있습니다. 이 센터는 바다에서 도보로 2분이며, 레스토랑, 바 및 많은 상점이 있는 메인 스트리트에서 5분 거리에 있습니다.

제공되는 서비스: 마사지, 스파, 수영장에서의 스포츠, 야외 활동(사이클링, 컨트리 하이킹, 세일링).
숙박 : 싱글룸 또는 더블룸에서 2~5일 투숙. 조 · 석식 포함 또는 식사 모두 포함.
식사 : 건강하고 다양한 식사. 채식주의 식단 가능.
선택 활동 : 해변에서 승마, 중세 마을 게랑드(Guérande)의 역사적인 중심지 방문.
가격 : 조 · 석식 포함 하루 120유로, 식사 모두 포함 150유로.

Centre de remise en forme du Puy-de-Dôme
퓌드돔(Puy-de-Dôme) 헬스 센터

오베르뉴(Auvergne) 중심부에 위치한 피트니스 센터는 여러분이 꿈꿔왔던 평화의 안식처입니다. 휴식과 평온함이 일상이 될 놀라운 자연 환경에 머무르십시오.

제공되는 서비스 : 마사지, 스파, 요가 및 야외 활동(패러 글라이딩, 하이킹, '자연 발견' 여행).
숙박 : 싱글룸 또는 더블룸. 조 · 석식 포함 또는 식사 모두 포함.
식사 : 오베르뉴 특선 요리에 초점을 맞춘 식사.
선택 활동 : Ambert의 종이 박물관 방문.
가격 : 1일 116유로(조 · 석식 포함), 140유로(식사 모두 포함). 1인실 90유로 추가.

Bains de montagne
뱅 드 몽타뉴

뱅 드 몽타뉴는 피레네 산맥의 중심부에 위치한 피트니스 센터로 좋은 컨디션을 되찾을 수 있도록 일주일 이상 숙박을 제공합니다. 산으로 둘러싸여 세상과 단절된 우리 센터는 당신에게 평온함과 조용함을 보장할 것입니다. 우리는 또한 하이킹 및 스키 데이와 같은 활동을 제공합니다.

제공되는 서비스 : 마사지, 스파, 요가 및 산악 스포츠.
숙박 : 싱글룸 또는 더블룸. 식사 모두 포함.
식사 : 다이어트 식사. 채식주의 식단 가능.
가격 : 하루에 90유로.

Air provençal
에르 프로방살

에르 프로방살은 가장 가까운 마을에서 70km 떨어진 라벤더 밭 한가운데에 있습니다. 오셔서 프로방스의 평온함과 달콤함을 맛보십시오. 주말에는 피트니스 센터에서 배터리를 충전할 수 있습니다. 여기, 당신이 쉬기 위한 모든 것이 있습니다.
우리가 제공하는 유일한 활동들인 마사지, 스파와 아로마 테라피가 당신에게 활기를 제공할 것입니다.

숙박 : 싱글룸 또는 더블룸. 식사 모두 포함.
식사 : 모든 식사는 영양사에 의해 개발되었으므로 다이어트 중일 때 이상적입니다.
채식과 비건 식사도 제공합니다.
가격 : 하루 183유로.

▶ 연습문제 2 읽기 해석

Soyez heureux pour être en bonne santé !

건강하고 행복하십시오!

250년 전에 Voltaire는 "나는 건강에 좋기 때문에 행복해지기로 결정했다"고 말했습니다. 이 저명한 프랑스 철학자가 절대적으로 옳았음을 오늘날 과학은 확인합니다. 지난 몇 년 동안 연구 결과들은 행복함을 느끼는 것은 우리의 건강을 향상시키는 것으로 나타났습니다. 다시 말해, 행복은 건강입니다! 행복한 삶을 사는 사람들은 더 오래 삽니다. 기대 수명에 대한 행복의 영향은 흡연 여부와 비슷합니다.

2019년에 프랑스 연구자들이 실시한 연구 결과는 행복한 사람들이 평균적으로 행복하지 않은 사람들보다 5년 더 산다고 합니다. 이 중요한 차이점은 스트레스와 불안의 부재로 설명될 수 있으며, 어떤 경우에는 질병의 발병에 적극적으로 관여합니다. Quentin DUPOY 연구원에 따르면, "행복과 건강의 관계는 매우 오랫동안 과소평가 되어 왔지만 이것은 실수입니다. 불행은 당신을 아프게 하고 심지어는 죽이기도 합니다! 슬픔은 우리가 뭔가를 해야 하는 사회적 문제입니다!"

그러므로 건강 정책에서 웰빙을 고려하는 것은 중요합니다. 그렇지만 OECD가 만든 행복 지수인 《the Better Life Index》에 따르면, 부유한 국가의 사람들은 점점 덜 행복해진다 합니다. 심지어 그들은 종종 개도국의 사람들보다 더 불행하기도 합니다. 《la Fabrique Spinoza》 싱크탱크의 국장 Alexandre Jost에 따르면, 이 경향을 뒤집는 것이 중요합니다. "국민의 건강을 개선하기 위해서는 정부가 국민들을 더 행복하게 만들어야 합니다."

그러나 사람들을 더 행복하게 만드는 것은 쉽지 않습니다. 행복은 이해하기 어려운 것이므로 주기에도 어렵습니다.

그러나 네덜란드 과학자들은 우리가 다른 이들과 좋은 관계를 유지하고, 일과 삶의 균형, 신체적 활동 및 예술적 활동이 있으면 좀 더 행복해질 수 있다고 입증했습니다. 건강해지기를 원합니까? 행복해지는 것부터 시작하세요!

** OCDE : 경제협력개발기구*

Gérard MENFROID, www.larevuedelasante.fr, 21 mars 2021

▶ 연습문제 3 읽기 해석

Le système éducatif finlandais doit-il être un modèle ?

핀란드 교육 시스템이 모델이어야 할까요?

몇 년 전부터 핀란드는 세계 최고의 교육 시스템을 가지고 있는 것으로 간주되었습니다. 우리는 무엇이 핀란드 교육을 이토록 성공시켰는지 찾으려고 시도했습니다.
첫 번째 사실은, 핀란드 선생님들에게는 각각의 학생들이 중요하다는 것입니다. 핀란드에서는 교육이 최대한 개별화되어 있으며, 모든 학생들의 학습 리듬을 존중합니다. 이 북유럽 국가에서 어린 학생들은 읽는 것을 배우기 위해 최대 9년까지 시간을 갖습니다. 그들의 학교에서의 첫해는 적성과 창의성과 호기심의 깨달음을 목적으로 합니다. 프랑스와는 달리 핀란드에서의 교육은 각각의 학생들에게 그들의 차이점을 고려하면서 맞춰가는 것을 목표로 합니다.
두 번째 사실은, 핀란드 사람들은 학습 환경에 중요성을 많이 기울입니다. 학교의 규모는 제한되어 있고 학업 공간들은 넓고 편안하며 학생들에게 제공되는 것들의 품질은 훌륭합니다. 16세 전에는 핀란드 학생들은 수업 시간이 45분으로 제한됩니다. 각각의 수업 사이의 휴식은 15분입니다.
게다가 프랑스 교사들에 비해 핀란드 학교의 교사들은 학생과 교사의 벽을 줄이기 위해 학생들에게 훨씬 더 관용적인 태도를 취합니다. 교사들은 학생들이 그들의 학교를 좋아하게 하기 위해 노력합니다. 그렇게 함으로써 학생들은 학습에 더 많은 동기를 부여합니다.
마지막으로, 많은 국가에서 교육의 필수 도구인 학생 평가는 핀란드 학생들에게 이루어지지 않았습니다. 실제로 핀란드에서는 학생들은 13세까지 평가를 받지 않습니다 왜냐하면 이것은 학생들에게 스트레스와 압박감의 이유처럼 여겨지기 때문입니다. 학생들에게 스트레스는 학습의 동기부여와 학습 욕구에 심각한 영향을 미칩니다.
OECD의 최근 연구에서 프랑스 교육 시스템은 현재 심각한 위기를 겪고 있는 것으로 나타났습니다. 우리나라에서는 아이들이 스트레스를 받고 학업 실패율은 올라가기만 하고 성적은 학생들 사이에서 유일한 가치로 인정받습니다. 이러한 사실에 직면하여 우리는 핀란드 교육 시스템을 우리 학교에 도입하는 것이 현명하지 않은지 자문할 수 있습니다.

* *OCDE : Organisation de coopération et de développement économiques.*

Alain PROVISTE, Le Magazine de l'Éducation, 20 mai 2022

2 Compréhension des écrits

▶ 연습문제 1 읽기 해석

두 아이를 둔 젊은 엄마 Marie는 2세인 아들 Théo와 3세인 딸 Mathilde를 위한 어린이집을 찾고자 합니다. 그녀는 아이들과 가깝게 지내면서 일할 수 있는, 직장 근처에 있는 어린이집을 찾고 있습니다. 그녀는 월요일부터 금요일까지 오전 9시부터 오후 7시까지 도심에서 일합니다. 그녀는 Mathilde의 유치원 입학 준비 과정과 Théo의 예술 활동을 제공하는 시설을 선택하려고 합니다. 그녀는 두 자녀에게 매달 300유로 이상을 지출하고 싶지 않습니다.

Marie가 이 광고를 비교하도록 도와주세요. 각 광고에 대해 기준에 해당하면 예(☒)를 선택하고 일치하지 않으면 아니오를 선택합니다.

Les petits loups
레프티루

레프티루는 당신이 꿈꿔 왔던 어린이집입니다. 도심에 이상적으로 위치한 레프티루는 36개월 이상의 자녀에게 양질의 보살핌을 제공합니다. 모든 교육 직원은 높은 자격을 갖추고 있습니다.

제공되는 활동 : 그림, 음악, 댄스 및 야외 스포츠
시간 : 매일 오전 10시~오후 8시
가격 : 유아 1인당 한 달에 100유로
웹 사이트 : www.crechelespetitsloups.fr

Pan et compagnie
팡앤코

15년 이상 동안 저희 어린이집은 도시의 어린 아이들을 환영해 왔습니다. 시청 옆 중앙에 위치한 저희 시설은 월요일부터 금요일까지 오전 8시부터 오후 7시까지 영업합니다.
풍부한 경험 덕분에 유아 발달에 가장 적합한 코스를 선택했습니다. 다양한 예술 활동(그림, 노래, 음악, 조각 등)은 물론 유치원 입학 준비를 위한 산술 및 프랑스어 입문 수업도 제공합니다.

가격 : 한 달에 133유로.
자격 : 18개월부터. 지역에 거주하는 유아
웹 사이트 : www.panetcompagnie.fr
전화 : 02 45 86 72 33

Garderie municipale
시립 탁아소

시립 탁아소는 우리 시의 젊은 부모들에게 제공되는 서비스입니다.
단기간(최대 4시간) 무료로 자녀를 맡길 수 있습니다. 자격을 갖춘 교육자들은 1세 이상 어린이를 위해 매일 게임, 간식 및 기타 활동을 제공합니다.
자세한 내용은 오전 10시부터 오후 5시까지 02 46 29 67 67번으로 시청 사무국에 문의하시기 바랍니다.

어린이집은 월요일부터 금요일까지 오전 8시부터 오후 7시까지 시청 2층에서 무료로 운영됩니다.
시립 보육에 대한 자세한 내용은 사무국으로 문의하십시오.

Bambins de chez nous
방뱅드셰누

저희 시설은 어려움에 처한 어린이와 청소년(고아 등)을 환영합니다. 저희는 정부와 협력하여 가장 필요한 사람들에게 도움을 제공하고 있습니다.
많은 과외 활동(숙제 도움)과 예술 워크숍이 제공됩니다. 도심에 위치한 이 센터는 5-18세 청소년에게 매일 24시간 무료로 개방됩니다.

▶ 연습문제 2 읽기 해석

Un voyage culinaire qui vous tend les bras
당신에게 다가가는 요리 여행

세계 각지의 특산물을 맛보는 것을 꿈꾸십니까? 가능합니다! 이국적인 요리들을 발견하기 위해 몇 시간 동안 비행할 필요가 없습니다. 우리의 수도에는 원산지에서 찾은 것과 동일한 미식 메뉴들을 제공하는 많은 레스토랑들이 있습니다. 중국에서 에티오피아까지 멕시코, 베트남 그리고 러시아를 거쳐 세계 반대편으로 이동시켜줄 여러분 집 근처의 레스토랑들을 찾아보세요!

카자흐스탄을 아십니까? 여러분들은 이 아름다운 중앙아시아 국가를 조금 더 잘 알고 싶습니까? 그렇다면 푸아리에 드 나르케(Poirier de Narcay) 거리 8번지로 가서, 즙이 많은 필라프와 함께 맛있는 mantis를 맛보세요! 제공된 요리의 품질을 의심하지 않는 이 이상한 인도 식당들 중 하나에 들어가는 데 망설이지 마세요.

일본 라면이나 이스라엘 falafel을 맛보러 가세요. 맛있는 그리스 moussaka에 마음을 사로잡혀보세요 그리고 기묘한 한국 김치를 먹어보세요!

외국의 특산 요리를 먹는 것은 간단한 식사가 아닙니다. 무엇보다도 그것은 다른 문화를 발견하는 것을 의미합니다.

그러나 《생생한 요리 문화를 위해서는 먹어봐야 한다》는 것을 잊지 마세요. 또한 저희는 프랑스 요리를 발견하도록 여러분들을 초대합니다. 이미 알고 계신가요? 확실합니까? 수천 개의 프랑스 전통 요리들을 이미 맛보신 적이 있습니까? 아름다운 우리나라의 1200개의 치즈를 이미 맛본 적이 있습니까? 38,000명의 프랑스 와인 재배자들이 생산하는 맛있는 모든 와인에 취한 적이 있습니까? garbure에 대해 어떻게 생각하십니까? 이 남서부의 스프는 도르도뉴(Dordogne)의 페리귀(Périgueux) 근처에서 제공되었습니다. 그리고 punti는요? 단맛과 짠맛이 혼합된 Cantal 요리. 프랑스 북부의 potjevleesch, 바스크(Basque) 지방의 zikiro, 알자스(Alsace)의 dampfnudel, 브르고뉴(Bourgogne)의 pôchouse, 니스(Nice)의 socca? 여러분들은 이 모든 음식들을 알고 계십니까? 그렇지 않을 가능성이 높습니다!

프랑스는 당신의 입맛을 위한 많은 보물이 숨겨져 있다는 것을 잊지 마십시오! 프랑스 음식을 먹는다는 것은 잊혀지고 있는 전통 요리를 보존한다는 것을 의미하며, 카마르그(Camargue)에서 la gardiane de taureau를 맛보는 것은 잊지 못할 여행입니다!

Marie ONETTE, www.leblogdessaveurs.fr, 17 septembre 2022

▶ 연습문제 3 읽기 해석

Les jeux vidéo : un loisir pour tous qui divise
비디오 게임 : 모두가 즐기지만 논란이 되는 취미

1972년 이래로 비디오 게임은 계속해서 개발되고, 다양화하고 무엇보다 유혹해 왔습니다. 인공 지능과 그래픽이 크게 향상되었습니다. 이러한 발전으로 점점 더 현실감 있는 다양한 비디오 게임을 만들 수 있게 되었습니다. 오늘날에는 모든 취향과 모든 연령대를 위한 비디오 게임이 존재합니다. 많은 나라에서, 특히 아시아에서, 비디오 게임은 매우 중요한 취미가 되었습니다. 한국이나 중국에서는 그 자체로 스포츠로 간주됩니다.
프랑스에서도 비디오 게임은 믿을 수 없는 성공을 거두고 있습니다. 프랑스에는 3천 8백만명 이상의 플레이어들이 있습니다. 프랑스인들은 평균적으로 주 14시간을 비디오 게임에 몰두합니다. 비디오 게임은 프랑스에서 가장 많이 팔린 문화 상품이며 책 다음으로 두 번째로 큰 엔터테인먼트 시장입니다. 전략 게임은 가장 성공한 게임입니다. 롤 플레잉 게임과 액션 게임은 두 번째 입니다.
2019년에는 가구의 절반 이상이 게임기를 갖추고 있었습니다. 그러나 현재, 많은 플레이어들은 스마트폰 이용을 선호합니다.
이런 인기에도 불구하고 비디오 게임은 많은 질문을 제기합니다. 일부는 비디오 게임이 고립을 유발한다고 말합니다. 행동 전문가들은 게임을 많이 하는 사람들이 플레이하지 않는 사람들보다 더 공격적인 경향이 있음을 보여주었습니다.
그러나 너무 빨리 비디오 게임을 단죄하지 마세요. 최근 연구에 따르면 이 새로운 취미는 플레이어들에게 매우 긍정적인 영향을 미칩니다.
최근 La Recherche실린 기사에서 Anne DEBROISE 기자는 액션 비디오 게임을 하는 것은 빠른 결정을 내리는 능력을 크게 향상시키고 대다수의 플레이어들의 집중력을 돕는다고 주장했습니다. 심지어 심리학자 André ROLY는 비디오 게임에 능숙한 아이들은 대부분의 다른 아이들보다 창의력이 더 발달한다고 주장합니다. 자, 비디오 게임은 천사일까요 악마일까요? 여러분들이 판단할 차례입니다!

Karl AGE, Le magazine des parents, 17 septembre 2022

3 Compréhension des écrits

▶ 연습문제 1 읽기 해석

당신은 네 친구 Sylvain, Sophie, Julie 그리고 Aurore를 레스토랑에 초대하고 싶습니다. Sophie, Julie 및 Aurore는 주말을 제외하고 매일 시간이 됩니다. Sylvain은 토요일, 일요일 그리고 월요일에만 시간이 됩니다. Sophie는 생선 알레르기가 있지만 고기를 좋아합니다. 그녀가 가장 좋아하는 요리는 소고기 스테이크입니다. Julie와 Sylvain은 채식주의자입니다. Aurore는 좋은 와인을 좋아합니다. 가능하면 바다가 보이는 레스토랑에서 식사를 하고 싶습니다. 당신의 예산은 1인당 최대 22유로입니다.

이 광고를 비교하십시오. 각 광고에 대해 기준에 해당하면 예(☒)를 선택하고 일치하지 않으면 아니오를 선택합니다.

Le loup de mer
루드메르

루드메르는 모든 바다 애호가를 위한 장소입니다! 저희에게는 고기는 없습니다. 생선만을 제공합니다. 물론, 모든 선원들처럼 저희는 와인을 좋아하고 저희가 제공하는 와인은 이 지역에서 확실히 최고입니다! 레스토랑은 바다의 숨막히는 전경을 조망할 수 있는 라 코르니슈(la corniche)에 있습니다!

전채요리 : 샐러드, 해산물, 구운 게
요리 : 화이트 버터로 요리한 민물고기, 구운 문어, 셰프의 랍스터
후식 : 어부의 아이스크림, 일곱 바다 타르트 등

무스 세트 …… 17유로
캡틴 세트 …… 25유로
채식주의자 식단 가능(예약 시 요청)
영업 시간 : 금요일과 공휴일을 제외한 모든 요일.

Les pieds dans l'eau
레피에당로

"레피에당로*" 레스토랑의 이름은 적절합니다. 해변에서 식사를 원하십니까? 해산물 특선 요리와 지역 요리를 맛보십시오. 레피에당로는 잊지 못할 훌륭한 식사를 보장합니다!
저희 레스토랑은 목요일 아침을 제외하고 매일 영업합니다.

전채요리
샐러드, 푸아그라, 달팽이, 홍합, 냉육 중 선택.

메인 코스
대구 브랑다드, 스테이크와 감자튀김, 구운 치킨, 화이트 버터 피쉬.

디저트
셔벗, 크레페(설탕, 누텔라, 잼, 아이스크림) 중 선택.

음료
고급 와인(레드, 로제, 화이트), 맥주, 소다, 주스 등

메뉴는 21유로부터

채식 메뉴는 레스토랑의 전체 메뉴를 참조하세요.

* '물 속의 발'이라는 뜻

La Corniche ***
라 코르니슈

라 코르니슈(La Corniche)는 5년 연속 "해안 최고의 레스토랑"으로 선정되었습니다. 작년에 미슐랭에서 3스타를 받았습니다.
고기, 생선, 심지어 채식 요리까지, 뛰어난 미식 메뉴와 멋진 바다의 전망을 발견할 수 있습니다!

전채요리
샐러드, 캐비어, 푸아그라, 달팽이

메인 코스
트러플 연어 스테이크, 안데스 스테이크, 꿩 구이

디저트
전통 셔벗과 아이스크림

음료
와인, 샴페인

메뉴는 89유로부터. 레스토랑은 공휴일을 제외하고 매일 영업합니다. 예약 필수.

La taverne
라 타베른

저희는 마을에서 가장 오래된 레스토랑입니다! 육류 전문점으로 1862년부터 전통 요리를 제공하고 있습니다. 코코뱅(coq au vin), 뵈프 부르기뇽(boeuf bourguignon), 세벤(Cévennes) 토끼 등. 실제 박물관처럼 보이는 저희 레스토랑은 공작의 분수 옆 도심에 있습니다.

메뉴는 12.50유로부터
레스토랑은 매일 오전 11시부터 오후 11시 30분까지 영업합니다.

▶ 연습문제 2 읽기 해석

Les jeunes et les nouveaux médias

젊은이와 뉴미디어

미국의 한 연구에 따르면 91% 이상의 청소년들은 최소한 하루에 한 번 새로운 미디어를 이용한다고 주장합니다. Facebook, YouTube 및 Twitter와 같은 웹 사이트들은 매우 빠르게 발달되었고 젊은이들에게 매우 인기가 있습니다.

프랑스 행동 연구 센터(CCF)의 새로운 보고서에 따르면, 소셜네트워크의 사용은 어린이들과 청소년들에게 이로운 영향을 줄 것이라고 합니다.

우선 커뮤니케이션, 다른 사람과의 관계의 질을 향상시키고, 심지어 컴퓨터 기술을 습득할 수 있습니다.

또한, 인터넷 미디어를 통해 젊은이들이 세상을 열 수 있습니다. 그들의 컴퓨터를 통해서 젊은이들은 새로운 문화, 새로운 장소 그리고 세계 반대편에 살고 있는 새로운 친구들을 만나게 됩니다.

게다가, 새로운 미디어들은 젊은이들이 그들의 창의적인 능력을 발달시킬 수 있는 기회가 됩니다. 많은 이용자들은 YouTube에서 블로그, 비디오 그리고 음악까지 만듭니다.

그러나 이 새로운 도구를 이용할 때 젊은이들은 주의해야 한다는 것은 매우 중요합니다. 물론 소셜미디어는 장점들이 있지만 여러 가지 위험 또한 있습니다.

소셜미디어는 프라이버시를 위협할 수 있습니다. 실제로, 일부 청소년들은 경계가 부족하고 사적인 메시지, 사진 및 비디오들을 쉽게 게시합니다. 그런데 어떤 경우에는 이러한 게시물들이 심각한 결과를 가지고 올 수도 있습니다. 실제로 일부 회사들은 채용 과정에서 후보자들의 온라인 정보를 주저없이 확인하곤 합니다.

더욱 심각하게는, 인터넷에서의 협박과 언어 폭력과 같은 사이버 범죄가 급상승하고 있습니다. 점점 더 많은 젊은이들이 소셜 네트워크에서 모욕과 조롱의 피해자가 됩니다. 12%의 이용자들은 이미 온라인에서 언어폭력을 당했습니다. 심지어 그것은 때때로 돌이킬 수 없는 자살이라는 선택을 하게 합니다. 불행하게도, 이 현상에 맞서는 것은 불가능해 보입니다.

보다시피, 새로운 미디어들은 많은 장점들이 있지만 단점도 있습니다. 아이들에게 문제점들을 피하면서도 이점들은 얻을 수 있도록 이 훌륭한 도구를 잘 사용할 수 있는 방법을 가르쳐야 합니다.

Jean TRANCÈNE, www.generation2point0.com, 19 novembre 2022

▶ 연습문제 3 읽기 해석

Les chantiers internationaux : une chance pour les jeunes

국제건설봉사 : 젊은이들에게 기회

국제건설봉사(chantier international)는 프랑스 또는 외국에서 수행되는 단기적인 자발적 활동입니다. 참가자들은 자원 봉사자로 짧은 기간 동안 지역 사회와 현지인 및 건설 현장이 진행되는 지역의 삶을 발견하면서 유용한 프로젝트에 참여합니다. 목표는 외국의 삶과 문화를 이해하고 발견하는 것입니다. 이것은 문화 간 교류와 학습입니다.

기술이나 사전 경험에 대한 요구 사항 없이 모든 연령대와 모든 배경의 소녀와 소년, 건설 현장에서 일하고 싶은 사람은 누구나 할 수 있습니다. 참가자는 일반적으로 국제 연대, 애니메이션, 문화 간 교류에 관심이 있는 학생들입니다.

매년 전세계적으로 약 4,200개의 국제건설봉사가 조직됩니다. 자원봉사 활동 수행과 관련된 모든 비용은 보장되지 않으며, 협회는 일반적으로 자원봉사자들에게 특정 비용에 참여하도록 요청합니다.

Claudia는 멕시코인입니다. 그녀는 21세이고 곧 대학에 입학할 것입니다. 방학 동안 그녀는 두 번째로 국제건설봉사에 참가하기로 결정했습니다. 《작년에는 리옹 근처의 작은 마을에 있었고 정원 가꾸기를 배웠습니다. 이번에는 블루아(Blois)에서 그림을 배우고 있습니다》.

Claudia는 여행 비용 외에 125유로만 지불했습니다. 실제로 숙박 시설과 음식은 협회가 전적으로 지원합니다. 3주 전에 그녀가 블루아(Blois)에 도착한 후, 그녀는 관광지를 방문했습니다. 금요일에 친구와 함께 그녀는 수도를 방문하기 위해 파리로 향할 것입니다.

우리는 국제건설봉사가 세대 간 및 문화 간 교류를 장려하는 목적을 가지고 있으며, 휴양 시설이 아니라는 점을 환기하고자 합니다. 많은 자원 봉사자가 그들의 활동의 유용성을 고려하지 않고 목적지에 따라 봉사 현장에 참여하기로 결정하는 것은 매우 유감스러운 일입니다. 이 모험을 시작하기 전에 우리가 참여하고 싶어하는 것이 정말 지역 주민들에게 유용한지 또는 오직 우리를 떠나게 하는 이국적인 장소에 여행하고 싶은 욕구인지 자문할 필요가 있습니다.

Sacha TOUILLE, La revue d'un monde meilleur, 13 décembre 2022

4 Compréhension des écrits

▶ 연습문제 1 읽기 해석

다음 주 일요일, Cindy와 Jean은 15세와 16세의 두 아들과 함께 놀이 공원에 가고 싶어 합니다. 가능한 한 빨리 다음날 놀이공원을 즐기고 일요일 늦은 오후에 출발하기 위해 토요일 저녁에는 공원 근처의 호텔에서 자고 싶습니다. 가능하다면 이들은 놀이공원이 바쁘지 않아 놀이기구 탑승 전 대기 시간을 줄이고 하루 안에 모든 기구를 탑승을 할 수 있기를 바랍니다.
이 가족은 점심으로 피크닉을 할 수 있기를 원합니다. 입장권 예산은 온 가족이 최대 110 유로입니다.

Jean의 가족이 놀이 공원을 선택하도록 도와주세요. 각 광고에 대해 기준에 해당하면 예(☒)를 선택하고 일치하지 않으면 아니오를 선택합니다.

Disneyland Paris
디즈니랜드 파리

가족과 함께 마법 같은 하루를 보내고 싶습니까? 더이상 보지만 말고 어린 아이들의 기쁨을 위해 디즈니랜드 파리로 오십시오! 그 마법의 세계는 매년 수백만 가족을 끌어들입니다. 큰 인기로 인해(매년 수백만 명의 방문객) 각 놀이기구에 긴 대기 시간이 예상됩니다. 또한 모든 놀이기구를 이용할 수 있도록 이틀을 계획하는 것을 추천합니다. 실제로 공원은 거대합니다!

가격 : 7세 미만 어린이는 40유로, 성인은 79유로
개장 : 연중 오전 10시부터 오후 10시까지
식당 : 매우 많은 레스토랑과 간이 식당이 있습니다. 피크닉 장소가 없습니다.
숙박 시설 : 4개의 디즈니 테마 호텔이 정문에서 도보 거리 내에 있습니다.

Le Futuroscope
퓨처로스코프

퓨처로스코프는 30년 전 프랑스에서 최초로 조성된 레저 공원입니다. 이 공원은 신기술을 중심으로 한 25개 이상의 놀라운 놀이기구를 제공합니다.
놀이기구를 충분히 즐기기 위해서는 최소 반나절이 필요합니다. 공원은 오전 8시부터 오후 7시까지 일주일 내내 개장합니다.

가격 : 성인(17~59세), 하루에 30유로. 5~16세 포함 어린이 : 하루에 20유로. 5세 미만 어린이는 무료입니다.
식당 : 크레페 가게, 뷔페 레스토랑, 스낵, 카페테리아. 공원 전체에 피크닉 장소가 있습니다.
숙박 : 공원 근처의 숙박 및 아침 식사 및 호텔.

Le Puy du Fou
퓌 뒤 푸

2012년과 2014년에 "세계 최고의 공원"으로 선정된 프랑스의 두 번째 테마파크인 퓌 두 푸는 수십 개의 쇼, 낮과 밤, 그리고 중간에 다양한 활동을 제공하는 놀라운 레저 공원입니다. 55헥타르의 거대한 숲의 이 공원이 바로 역사 공원! 고대와 중세로의 도약입니다!
모든 곳을 방문할 수 있도록 하루나 이틀을 계획하고, 이브닝 쇼를 놓치지 마세요. 마법 같습니다! 그런 다음 공원의 소박한 호텔 중 하나에서 밤을 보낼 수 있습니다.

식당 : 24개 이상의 케이터링 포인트. 피크닉 장소
가격 : 성인 32유로, 5~13세 포함 어린이 22유로
개장 : 매일 오전 8시부터 오후 11시 30분까지

Marineland
마린랜드

니스와 매우 가까운 마린랜드 공원은 프랑스 리비에라에서 가장 많이 방문하는 장소 중 하나이며 연간 100만 명 이상의 방문객이 방문합니다. 쇼는 인상적이고 완벽하게 준비되어 있습니다. 맹금류, 물개, 특히 돌고래와 범고래를 볼 수 있습니다.
모든 쇼를 즐기려면 적어도 반나절을 계획하십시오.

식당 : 여러 레스토랑과 스낵이 공원에 있습니다. 피크닉 장소가 없습니다.
가격 : 성인 39.90 유로, 3~12세 어린이 32유로
개장 : 월요일을 제외한 매일 오전 10시부터 오후 8시까지
숙박 시설 : 공원 근처에 숙박 시설이 없습니다.

▶ 연습문제 2 읽기 해석

Un autre tourisme est possible
또 다른 관광이 가능합니다

세계 관광 기구(OMT)는 최근 국제 관광이 전 세계 온실 가스 배출량의 9%를 차지한다는 연구 결과를 발표했습니다. 실제로 항공 운송은 도로 운송과 같이 매우 높은 오염을 발생시킵니다. 관광 숙박 시설 또한 매우 오염을 발생시킵니다.

이 연구는 고급 호텔이 환경에 가장 큰 영향을 미친다고 주장합니다. 대부분의 시설이 매우 에너지 집약적이기 때문입니다. 불행하게도 우리의 생존은 그것에 달려 있습니다. 우리는 여행 방법을 바꾸고 휴가를 갈 의무가 있습니다.

몇 가지 해결책이 이미 존재합니다. 해결책들은 모두 지역민과 자연을 존중하는 동일한 논리를 가지고 있습니다. 자, 알아봅시다!

Le tourisme durable
지속 가능한 관광업

지속 가능하고 책임감 있는 관광은 관광에 지속 가능한 개발의 원칙을 적용하는 것을 목표로 합니다. 다시 말해서 《미래 세대가 자신의 요구를 충족시킬 수 있는 능력을 위협하지 않으면서 오늘날 모든 사람들의 요구를 충족시키는 개발》입니다. 지속 가능한 관광은 자체 보존을 목표로 하는 관광입니다. 경관의 아름다움, 환경의 질 및 천연자원을 보존합니다. 또한 지역 경제, 사회 및 문화의 균형을 유지합니다.

Le tourisme positif
긍정적인 관광

긍정적인 관광은 한걸음 더 앞서 갑니다. 이 관광은 물론 자연적으로 부정적인 영향을 제한하지만 지구에 긍정적인 영향을 주는 것을 목표로 합니다.

긍정적인 관광은 환경의 보존과 복원에 기여합니다. 따라서 관광업을 돕기 위해서 현지 관계자들은 환경을 깨끗하게 할 것이고 (예를 들어 해변가에 있는 쓰레기를 주우면서) 자연 환경을 개발할 것입니다. 이처럼 일부 프랑스 지역에서는 자연 환경을 보존하고 풍요롭게 하기 위해 매년 수천 그루의 나무들이 심어집니다.

Le tourisme solidaire
연대 관광

연대 관광은 인구와의 연대감을 약속합니다. 관광객은 지역 사회에 머무르며 자발적인 활동이나 기부를 통해 지역 개발 프로젝트를 지원합니다. 국제 건설 현장은 이러한 유형의 관광을 잘 보여줍니다.

환경과 지역 주민을 존중하는 해결책들은 존재합니다. 이제는 3성급 호텔을 버리고 진정성을 선택할 때입니다. 지구는 당신에게 감사할 것입니다!

* *OMT : Organisation Mondiale du Tourisme*

Alex TÉRIEUR, Revue du Monde, 7 septembre 2022

▶ 연습문제 3 읽기 해석

Mais oui, mais oui, l'école n'est pas finie

그렇습니다. 학교는 끝나지 않았습니다.

최근 몇 년 동안 많은 성인들이 이미 경력을 쌓은 상태에서 학교로 돌아가는 것을 고려했습니다. 성인을 위한 평생 교육은 일반화되었을 뿐만 아니라 기업에서도 장려되고 있습니다. 이러한 사회 현상에 대응하기 위해 점점 더 많은 교육 기관에서 직원, 사업주 또는 심지어 부모일 때 가질 수 있는 열망과 제약을 충족하는 구체적이고 알맞게 조정된 프로그램을 제공하고 있습니다.

그런데 왜 우리는 직장이나 가족이 있을 때 학교로 돌아가기를 바라는 걸까요? 우리가 지나간 시간을 확신하는 나이에 학교로 돌아가는 것을 고려하게 만드는 동기들은 매우 다양합니다. 우리는 더 나은 직업을 얻기 위해 자신을 개선하거나 기술을 개발할 수 있습니다. 때때로 우리는 합법적으로 직업을 수행하기 위해 교육을 받을 수밖에 없습니다. 다른 경우에는 이것이 가장 일반적인 이유이며 일부는 직종 변경을 계획합니다. 실제로 책임 있는 직책에 있는 사람들은 자신의 삶에 만족하지 못하고 근본적인 변화를 원합니다. 그리고 그들은 열등생들이 아닙니다. 성인의 나이에 공부를 다시 시작할 때 젊었을 때보다 더욱 성숙해진다는 것이 관찰되었습니다. 이들은 공부를 더 많이 하고 더 잘합니다. 이전의 업무 경험은 우리가 생각한 것보다 학업 능력을 훨씬 향상시킵니다.

시작하기 전에 주의해야 할 몇 가지 사항이 있습니다. 목표하는 자격증이 어떤 기회를 제공할 수 있는지 정확히 아는 것이 무엇보다도 중요합니다. 그런 다음 자신의 능력과 지식들이 이 자격증과 일치하는지 확인해야 합니다. 마지막으로 모든 교육 센터가 유효하지는 않습니다. 따라서 등록하기 전에 기관의 신뢰성을 확인하는 것이 좋습니다.

성인의 나이로 학습을 다시 하는 것은 개인적, 가족적, 전문적 또한 사회적 도전입니다. 이러한 결정의 결과들은 중요하지만 대부분의 이러한 새로운 유형의 학생들은 오랫동안 고민합니다. 그들의 결정은 종종 더 큰 인생 계획의 한 단계입니다. 한 가지 확실한 것은, 배움의 나이가 없다는 것입니다. 성공적인 학습을 위한 유일한 기준은 우리가 젊든 늙든 간에 동기를 부여하는 것입니다.

Débie GOUDY, L'homme moderne, 5 mai 2021

5 Compréhension des écrits

▶ 연습문제 1 읽기 해석

당신은 세 친구 Sarah, Luc 그리고 Jules와 함께 영화를 보고 싶습니다. 안타깝게도 여러분은 모두 매우 다른 영화 취향을 가지고 있습니다.

Sarah는 춤과 코미디를 좋아합니다. 반면에 그녀는 공포 영화를 싫어하고 애니메이션은 보고 싶지 않습니다.

Luc는 다큐멘터리와 공포 영화를 싫어합니다. 그러나 그는 Travis KNIGHT와 Guillaume CANET의 열렬한 팬입니다. 그는 코미디를 보는 것을 싫어하지 않습니다.

반면 Jules은 모든 영화 장르를 좋아합니다. 그러나 주의하십시오! 그는 작품의 질을 매우 따집니다! 평점이 3.5 이상인 영화만 시청합니다. 그는 또한 짧은 상영(1시간 40분 이하)을 선호합니다.

마지막으로 당신은 무서운 영화와 코미디 영화만을 좋아합니다.

다음 영화들을 비교하십시오. 각 광고에 대해 사람의 기준과 일치하면 예(☒)를 표시하고 그렇지 않으면 아니오를 선택합니다.

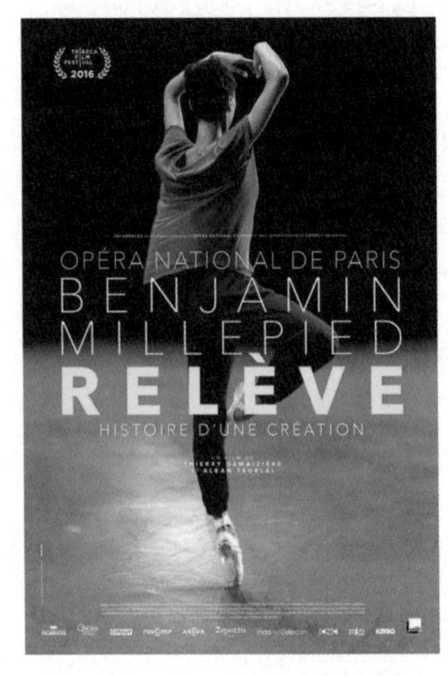

Relève : histoire d'une création
계승 : 창조의 역사

2016년 9월 7일/2시간/다큐멘터리
연출 – Thierry Demaizière, Alban Teurlai
출연 – Benjamin Millepied

프랑스 안무가인 Benjamin Millepied는 2014년 11월에 파리 국립오페라단의 댄스 단장으로 임명되었다. 그의 젊음, 그의 현대적인 시선, 그의 소양과 명성이 명성 있는 기관에 새로움을 가져올 것이다.

언론 : 3,8점 (별 4개)
관객 : 4,2점 (별 4개)

Cézanne et moi
세잔과 나

2016년 9월 21일/1시간 54분/역사, 자전적, 코미디 드라마
연출 – Danièle Thompson
출연 – Guillaume Gallienne, Guillaume Canet, Alice Pol

그들은 마치 우리가 13살에 사랑하는 것처럼 서로 사랑한다 : 반항, 호기심, 희망, 의심, 소녀들, 영광의 꿈, 그들은 모든 것을 공유한다. Paul은 부유하고 Emile은 가난하다. 그들은 엑상프로방스(Aix)를 떠나 파리로 〈상경한다〉. 몽마르트(Monmartre)와 바티뇰(Batignolles)의 그들과 친밀한 관계로 스며든다.

언론 : 2,5점 (별 2개반)
관객 : 3점 (별 3개)

Kubo et l'armure magique
쿠보와 마법의 갑옷

2016년 9월 21일/1시간 42분/애니메이션
연출 – Travis Knight
출연 – Charlize Theron, Art Parkinson, Ralph Fiennes

Kubo는 한 바닷가 마을에서 이야기꾼으로서 근근히 먹고 사는, 너그럽고똑똑한 인물이다. 이 작고 평온한 삶과 마찬가지인 그의 친구들 Hosato, Hashi 그리고 Kamekishi의 삶은 Kubo가 실수로 과거의 악마를 소환하면서 혼란에 휩싸인다.

언론 : 4,3점 (별 4개반)
관객 : 3,7점 (별 3개반)

Un petit boulot
아르바이트

2016년 8월 31일/1시간 37분/코메디
연출 – Pascal Chaumeil
출연 – Romain Duris, Michel Blanc, Alice Belaïdi

Jacques는 모든 마을 주민이 회사 구조 조정 후 비참하게 살고 있는 작은 마을에 거주하고 있다. 공장은 문을 닫았고, 그의 여자 친구는 떠났고 빚은 늘어만 간다. 그래서 마피아 마권업자가 그에게 자기 부인을 죽여달라고 제안했을 때, Jacques는 기꺼이 받아들인다…

언론 : 3,5점 (별 3개반)
관객 : 3,8점 (별 4개)

▶ 연습문제 2 읽기 해석

À Paris, à vélo, on dépasse les autos…

파리에서 자전거로 자동차를 넘어

2000년대 이후 미국을 포함한 모든 서양의 큰 도시들에서 자전거 타는 사람들의 비율은 가속화되어 매년 5%에서 15%까지 증가했습니다. 이러한 성공은 자전거의 명백한 장점들로 설명됩니다. 자전거는 실제로 대중교통의 대안입니다. 지하철과 버스는 너무 바쁘고 항상 붐비며 좌석을 찾기가 어렵습니다. 자동차는 항상 교통 체증에 막혀있습니다. 게다가 파리와 같은 큰 도시에서는 일반적으로 자전거로 이동하는 게 자동차보다 빠르다는 것이 입증되었습니다.

"작은 여왕"이라고도 불리는 자전거의 다른 확실한 장점은 우리의 건강에 기여한다는 것입니다. 페달을 굴리다 보면 우리의 몸매를 유지하게 해주고 살을 빠지게 해주는 동시에 질병의 위험을 크게 줄일 수 있습니다. 2020년에 프랑스 연구팀을 통해 자전거 사용은 면역 체계를 강화하면서 수많은 만성 질환을 예방하고 치료한다는 것이 입증되었습니다. 물론 자전거를 타는 사람들은 공해와 사고에 노출되어 있지만 신체 활동에 관련된 이점을 보면 이러한 위험들을 완전히 무시할 수 있습니다.

만약 자전거의 혜택이 여러분들을 설득하지 못했다면 아마도 경제적인 측면은 여러분들의 마음을 사로잡을 것입니다. 자전거 타기는 많은 돈을 절약하게 해줍니다. 매일 출퇴근에 자전거를 이용하지 않는 사람들은 자전거를 이용하는 사람들보다 휘발유, 보험, 택시 및 대중교통에 1,340유로를 더 소비한다고 추정됩니다.

그러나 이 기적적인 교통 수단에도 몇 가지 단점이 있습니다. 자전거 여행의 범위는 최대 6km로 제한되는 경우가 많으며 처음에는 악천후가 장애물이 될 수 있지만 비, 추위 또는 더위에 대비한 장비들이 있습니다.

자전거가 완벽하지 않다는 건 사실이지만 우리가 관심을 가져야 할 매우 진지한 해결책입니다. 물론 모든 사람들이 자전거를 시작하거나 타지 못할 수도 있습니다. 그러나 만약 자전거를 타는 사람들에게 편안하고 안전한 자전거도로가 제공된다면 실천은 적어도 3배가 될 것으로 예상됩니다.

Jack CÉLAIR, Vie nouvelle, 10 juin 2022

▶ 연습문제 3 읽기 해석

Demain, travaillerons-nous tous de chez nous ?
내일 우리 모두 재택 근무를 할까요?

새로운 기술 덕분에 재택근무는 사무실 밖에서 정기적이고 자발적으로 일할 수 있는 가능성을 제공합니다. 이 새로운 근무 방식은 이미 2010년 프랑스 기업에서 매우 인기가 있었습니다. 2019년 프랑스에는 최소 15%의 재택근무자들이 있었습니다. 2022년에는 코로나 바이러스 전염병 발생 이후 대다수의 기업이 재택근무를 채택했습니다. 격리는 사실상 기업들에게 선택의 여지를 거의 주지 않았습니다. 기업들이 생존하기를 원한다면, 더 이상 주저하지 말아야 했습니다. 재택근무는 회사들이 할 수 있는 유일한 선택이었습니다. 실행 후 회사들은 확신을 가지게 되었습니다. 2021년에는, 그들의 일이 재택근무를 할 수 있는 것이라면 거의 61%의 직원들이 최소한 주1회 그들의 집에서 일할 수 있었습니다.
재택근무는 회사와 직원 간의 새로운 관계를 함축합니다. 직원들에게 더 큰 자유를 부여해야 합니다.
그렇다면 재택근무의 이점은 무엇입니까?
첫째, 재택근무자들은 스트레스를 덜 받는 것으로 알려져 있습니다. 이러한 스트레스 감소는 전문가, 가족 및 개인적 관점에서 보다 적합한 환경에 의해 설명됩니다. 모든 것이 집에서 이루어지기 때문에 지하철을 타거나 사무실에 가는 데 서두를 필요가 없습니다. 따라서, 재택근무를 하면 일상 생활을 더 잘 관리할 수 있습니다. 유연성 덕분에, 사람들은 그들의 가족과 열정에 더 많은 시간을 쏟을 수 있습니다. 이를 통해 평온하고 스트레스가 없는 라이프스타일을 가질 수 있습니다.
생태학적인 관점에서 재택근무는 출장의 감소를 통해 온실가스 배출량 감소에 기여합니다. 기업의 경우 재택근무는 일반적으로 생산성 증가(약20%로 추정), 건물 유지 비용 및 비용(난방, 전기, 수도…) 감소로 이어집니다. 마찬가지로 원격으로 근무한다는 것은 직장인들의 동기부여를 매우 증가시키고 이동의 어려움(지하철, 기차, 교통 체증)과 관련된 지연을 없애는 것으로 관찰되었습니다. 그러나 재택근무는 모든 사람들을 위한 것은 아닙니다. 실제로 집에서 일을 하는 것은 훌륭한 자율성과 좋은 조직을 필요로 합니다. 게다가 일부 직장인들에게는 거리가 힘겹고 고독감이 빠르게 증가합니다. 이것은 작업 팀의 활기에 상당한 영향을 미칠 수 있습니다.

Alex TÉRIEUR, le Quotidien de l'éco, 18 avril 2022

6 Compréhension des écrits

연습문제 1 읽기 해석

17세의 Marc는 여름 방학 동안 돈을 벌기 위해 아르바이트를 하고 싶어 합니다. 그는 파리에 쉽게 갈 수 있도록 파리에서 일을 구하기를 바랍니다. 그는 사람들을 만날 수 있는 학생 일자리를 찾고 있습니다. Marc는 또한 영어 실력을 향상시키기 원하므로 관광객을 만나는 일을 하면 매우 기쁠 것입니다. 그는 자신을 위한 시간을 원하기 때문에 가능하면 파트타임 일을 하고 싶어합니다.

이 구인 광고를 비교하십시오. 각 광고에 대해 기준에 해당하면 예(☒)에 표시하고 일치하지 않으면 아니오를 선택하십시오.

Délice Pizza recherche un livreur
배달원을 찾고 있는 *Délice Pizza*

파리 14구에 위치한 "Délice Pizza" 피자 가게는 휴일 (7월과 8월)에 배달원을 찾고 있습니다.
배송은 스쿠터 또는 자동차로 이루어집니다.
배달 기사로서의 경험은 필수입니다.

업무 : 14구와 15구에 있는 고객에게 피자를 배달
시간 : 풀 타임, 하루 8시간
혜택 : 식사가 보장됩니다.
지원 조건 : 시간 엄수를 최우선으로 하고 배달 분야에서 상당한 경험을 가진 친절하고 웃는 사람. 운전 면허증이 필요하기 때문에 성인이어야 함.
급여 : 8.50유로 / 시간

L'Alésia recherche un serveur
***Alésia*는 웨이터를 찾고 있습니다**

Alésia 바는 7월과 8월에 웨이터를 찾고 있습니다. 이 식당은 파리 14구의 알레시아 역 근처에 있습니다.

직업 설명 : 서버는 음료수를 제공하고 테이블을 정리해야 합니다.
시간 : 하루 4시간, 필요에 따라 아침 또는 저녁
지원 조건 : 이상적인 웨이터는 16세 이상이며 역동적이고 친절하며 웃는 사람입니다. 현장에서의 경험은 바람직하지만 필수는 아닙니다. 고객의 60%는 관광객이기 때문에 영어에 대한 탄탄한 기초가 필요합니다.
혜택 : 식사 포함

Fraisifolie recherche des planteurs de fraisiers
*Fraisifolie*는 딸기 재배자를 찾고 있습니다

Fraisifolie 회사는 여름철에 딸기를 심을 사람들을 찾고 있습니다. 농장은 낭트에서 35분 거리에 있는 Treffieux에 있습니다. 숙박 및 케이터링은 회사에서 제공합니다. 자격이 필요하지 않으며 지원자는 15세 이상이어야 합니다.

6.50유로 / 시간
하루 평균 9시간 근무

L'entreprise *Magnifiques jardins* recherche un jardinier
*Magnifiques jardins*는 정원사를 찾고 있습니다

Magnifiques jardins는 7월과 8월에 조경 정원사를 찾고 있습니다. 정원사는 파리 중심부에 있는 룩셈부르크 정원에서 일하게 됩니다.
시간당 12유로를 지불하는 파트 타임 일입니다. 우리는 16세 이상의 조경 졸업장을 가진 후보자만 찾고 있습니다.

▶ 연습문제 2 읽기 해석

L'intérêt du théâtre chez les jeunes
연극에 대한 젊은이들의 관심

연극을 하면서 우린 무엇을 배웁니까? 이 질문에 대한 답은 이 관행의 오랜 성공을 통해 설명할 수 있습니다. 실제로 연극 수업들은 오늘날과 어제처럼 어린이들과 젊은이들에게 매우 인기가 있습니다. 연극은 즐거움의 원천이며 서로를 알아가는 방법입니다. 따라서 이러한 예술적인 실습은 학교 밖에서, 협회들을 통해, 과외 또는 교실에서의 선택 수업 및 특수 수업을 통하여 계속 발전하고 있습니다.

역할을 한다는 것은 동시에 자신을 변화시키고 다른 사람들에게 자신을 제시하고 위험을 감수하는 것이 며, 단순히 즐기는 것이기도 합니다… 네, 배우들은 젊든 나이가 있든 관계없이 먼저 즐깁니다.

그렇다면 왜 우리의 아이들에게 연극을 하도록 장려해야 할까요? 어린이들에게 미치는 놀라운 효과를 알아봅시다.

첫 번째로 연극을 하는 것과 무언가에 함께 참여하는 것은 아이들이 자신감을 키우고 아이들의 자리를 찾는 데 도움을 줄 수 있습니다. 하지만 아이는 연극을 하고 싶어 해야 합니다. 부모는 특히 자녀가 원하지 않을 경우 무대에 오르도록 강요해서는 안 됩니다.

두 번째로 청소년들에게 연극은 마치 그들이 어린 시절과 같이 노는 즐거움을 재발견하도록 해줍니다. 또한 연극을 하는 것은 매우 강력한 경험이 될 수 있습니다. 연극은 변신, 변형, 다른 사람이 되는 것에 관한 일이기 때문에 청소년들은 연극을 정말 좋아합니다. 이것이 그들에게는 심기일전하고, 실험하고, 몸과의 관계, 타인, 아름다움, 이념과 가치, 그 나이대에 매우 중요한 주제에 질문할 수 있는 기회입니다. 젊은이들은 연극에서 일상적으로 경험하는 상황과 감정에 집중하게 되지만 예술적 차원으로 인해 다르게 이해합니다.

학교 환경에서 연극 연습을 격려하는 것은 이로울 것입니다. 고등학생들에게 그들이 세상과의 관계를 구축할 때 이것은 값진 경험입니다. 중학교와 초등학교 또한 연극은 자존감과 함께 일할 수 있는 능력을 키우는 데 도움을 줍니다.

Barbie CHAITTE, www.souslesprojecteurs.com, 24 juin 2022

▶ 연습문제 3 읽기 해석

Nomophobie : quand le portable devient une malédiction
노모포비아 : 휴대 전화가 저주가 될 때

노모포비아는 《no mobile phone phobia》 또는 "휴대폰 사용을 못 하는 것에 대한 두려움이나 걱정"을 의미하는 영어 단어입니다. 휴대폰 중독자들은 항상 그들의 폰을 가지고 있으며 항시 가지고 있는지 확인합니다.
휴대폰은 우리에게 절대 떠나지 않는 동반자가 되었습니다. 이 작은 기계 덕분에 우리는 더이상 외로움을 알지 못합니다. 오늘날 우리는 무언가 기다릴 때 더이상 공상하지 않습니다. 더이상 생각 속에서 빠지지 않으며 기다리는 시간을 채우기 위해 책을 읽지 않습니다.
이제 우리는 항상 휴대폰을 이용합니다. 우리는 기다리고 지루한 것을 거부합니다. 우리는 더이상 좌절감을 용납하지 않으며, 항상 무언가가 당신의 마음을 사로잡아야 합니다. 무언가를 하는 것. 우리는 어떻게 지루해 하는지와 우리의 마음을 그저 떠돌아다니게 놔두는지를 잊어버렸습니다. 이러한 순간들은 중요하지만 말이죠. 왜냐하면 이것들은 우리에 대해 생각하도록 이끌며 에너지를 채우게 해주기 때문입니다.
노모포비아는 주로 18세에서 35세의 사람들에게 영향을 미칩니다. 이 젊은이들에게 스마트폰의 사용은 현실, 문제 및 갈등을 피하게 해줍니다. 불행하게도 이 중독성은 부정적인 결과들을 가지고 있습니다. 우선은 휴대폰으로 지속적인 "도움"을 받으면, 자신감이 감소합니다. 우리는 이 디지털 도움 없이는 스스로 무언가를 할 수 있다고 생각하지 않습니다.
휴대폰을 많이 사용하는 것은 또한 가정과 직장에서 어려움들을 야기합니다. 스마트폰이 온통 자리를 차지할 때 스마트폰은 주변 사람, 특히 커플들과 좀더 일반적으로는 가족들과의 갈등을 일으킵니다. 학교와 직장의 성과 저하 또한 확인됩니다. 알림을 받으면 집중이 중단됩니다. 어떤 경우에는 다른 활동들에 대한 관심을 잃기 시작합니다. 우리는 친구들을 보는 것보다 Facebook을 보는 것을 선호할 것입니다. 게다가 이 중독은 사고들의 원인이 되기도 합니다. 운전하는 동안 우리는 자주 SMS에 답해야만 한다고 느낍니다.
중독을 피하기 위해서는, 당신이 이메일을 확인하는 시기를 스마트폰이 결정하지 않도록 알림을 중지하는 것이 좋습니다. 그리고 스마트폰이 없는 시간과 구역을 정하는 것이 좋습니다.

Thierry DIKUL, La gazette de l'homme moderne, 6 juin 2022

7 Compréhension des écrits

▶ 연습문제 1 읽기 해석

퀘백에 사는 당신 친구 Chloé가 프랑스에서 살게 되었습니다. 이 젊은 여성은 프랑스 대기업에서 영업 담당자로 방금 일자리를 찾았습니다. 그녀는 파리, 보르도, 앙제, 낭트의 4개 도시 중에서 선택하도록 제안 받았습니다.

아직 결정을 내리지 않은Chloé는, 당신에게 선택을 도와달라고 부탁합니다.

그녀는 덥고 거의 비가 내리지 않는 작은 규모의 도시(주민 100만 명 미만)를 원합니다. Chloé는 이 도시가 풍부한 역사적, 문화적 유산(역사적 기념물, 공연 등)을 갖기를 원합니다. 마지막으로 그녀는 또한 바다에 가까웠으면 합니다.

Chloé가 선택하도록 도와주세요. 이 네 도시를 비교하십시오. 각 도시에 대해 기준에 해당하면 예(☒), 일치하지 않으면 아니오를 선택하십시오.

Paris
파리

파리는 프랑스의 수도입니다. 잉글랜드 해협(잉글랜드와 프랑스를 구분하는 바다)에서 차로 2시간 거리인 센 강변에 위치해 있습니다.

그 주민들은 파리지엥이라고 불립니다. 파리는 20개의 구로 나뉩니다.

프랑스에서 가장 인구가 많은 도시인 파리는 2013년 1월 1일에 220만 명 이상의 주민이 거주했습니다. 생활비, 특히 주거비는 프랑스의 다른 지역보다 높습니다.

날씨 : 파리는 비가 오는 해양성 기후입니다. 평균 최저 기온은 연중 8.9℃이며, 사계절 내내 비가 자주 내립니다.

문화 : 많은 기념물이 있는 프랑스 문화의 상징인 이 도시는 빛의 도시로 불리며 거의 3천 5백만 명의 방문객을 끌어들입니다. 세계에서 가장 많이 방문한 수도입니다.

Bordeaux
보르도

보르도는 프랑스 남서부에 있는 도시입니다. 보르도는 대서양 근처에 있습니다.
이 도시는 보르도 와인과 보르도 포도농장으로 전 세계적으로 유명합니다. 보르도에서의 생활비는 프랑스 평균 수준입니다.

지롱드(Gironde)의 기후는 매우 온화한 겨울과 더운 여름(1월에 6.6℃, 8월에 21.4℃)으로 해양성입니다.
보르도는 매우 풍부한 유산을 가진 도시입니다. 도시의 대부분은 예외적 도시지구로서 세계 유산으로 등재되어 있습니다.
2019년에, 이 마을은 인구 340,626명으로 프랑스에서 9번째로 꼽혔습니다.

Angers
앙제

앙제는 멘느(la Maine) 강변에 위치한 프랑스 서부의 마을입니다.
대서양에서 120km 떨어진 파리 – 낭트(Paris-Nantes) 축에 위치한 앙제는 2013년에 150,125명의 주민이 거주하는 프랑스에서 19번째로 인구가 많은 지방 자치구였습니다.
Anjou의 역사적 수도, Plantagenets 왕조의 요람, 대학, 박물관 및 문화 활동도 앙제를 중요한 문화 중심지가 되게 합니다.

날씨 : 앙제에는 "소기후"(*microclimat : 주변 기후와 다른 국지 기후라는 뜻)를 가진다고 종종 말합니다. 날씨는 실제로 매우 온화합니다. 일반적으로 따뜻하고 비가 적당히 옵니다.
생활비 : 전국 평균보다 약간 낮습니다.

Nantes
낭트

낭트는 대서양 근처의 루 아르 강둑을 따라 뻗어있는 Armourican 산악지대의 남쪽에 위치한 프랑스 서부의 지방 자치체입니다. 예술과 역사의 도시인 낭트에는 340,000명의 주민이 거주합니다.
낭트의 기후는 종종 비가 많이 오는 것으로 묘사됩니다.
낭트에서의 생활비는 전국 평균보다 약간 낮습니다.

문화 : 낭트는 분주한 문화 수도입니다. C2C DJ와 같은 음악계의 거물들이 등장했습니다. 공연의 땅인 낭트 시는 거리 예술가 단체 "Royal de Luxe"로도 유명합니다.

연습문제 2 읽기 해석

La revanche des campagnes
시골의 복수

교통, 오염, 불안, 소음, 주거와 생활의 과도한 비용과 관련된 어려움들은 많은 사람들에게 도시를 악몽으로 만들었습니다.

고도로 연결된 《밀레니엄 세대(*génération Y라고도 불리는 사람들로 1980~2000년대 태어난 사람들)》, 디지털 시대와 재택근무 시대에, 전문적인 활동을 개발하기 위해 더이상 도시에 살 필요가 없는 경우가 많습니다. 또한 몇 년 전부터 우리는 도시 탈출을 목격하고 있습니다. 점점 더 많은 도시인들이 도시에서 멀리 떨어진 곳에서 일하기를 원합니다.

시골들은 점점 더 많은 기업가를 유치하고 있습니다. 이것은 2020년에 루아르-아틀랑티크(Loire-Atlantique)에 있는 작은 브르타뉴 마을 트레피유(Treffieux)에 《할머니의 요리법》이라는 수공업 식품 사업을 시작하기로 선택한 Hélène Éla의 사례입니다.

"도시에 기반을 둔 많은 상점들이 시골에서 훨씬 더 잘될 것이라고 확신합니다. 이곳에 온 이후로 저는 20% 더 많은 매출을 올렸습니다."라고 그녀는 말합니다. 그녀가 정착한 마을은 도시에서 비교적 떨어져 있습니다. 낭트(Nantes)는 45km, 렌느(Rennes)는 80km 떨어져 있습니다. 매력적이고 전형적인 장소이지만 관광지는 아닙니다. 상점으로는 바 한 곳과 빵집 한 곳만 있습니다. 그렇지만 그녀가 생산하는 대부분의 제품은 전문가에게 또는 수출용으로 판매되기 때문에 Hélène에게는 이것은 문제가 되지 않습니다. 물론, 시골 환경이나 작은 마을에서 성공적으로 정착하는 것은 조건 없이는 이루어지지 않습니다. 기업가는 운송 인프라 및 인터넷 액세스와 같은 많은 점들을 고려하면서 비즈니스 전략을 기획해야 합니다.

가정을 이루는 것도 도시인들이 도시를 떠나도록 하는 원인이 됩니다. 그들의 부모는 도시에서 자라는 것이 기회라고 생각했지만, 젊은이들은 그들의 아이들이 시골 환경에서 자란다면 더 만족스러울 것이라고 확신합니다. 이것은 60m2의 파리 아파트보다 녹색 환경에서 세 자녀가 더 행복하다는 것을 이해한 Jeanne과 그녀의 남편 Florent의 사례입니다. 따라서 그들은 캉탈(Cantal)에서 농부가 되기 위하여 수도에서 고임금의 직장을 포기하기로 결정했습니다. 지방에 살기 위해 모든 것을 떠나는 것은 어려운 결정이지만 후회는 거의 없습니다. 여러분들은 어떠십니까? 당신은 뛰어들 준비가 되었습니까?

Aude DOGUE, www.leredutemps.com, 20 juillet 2022

연습문제 3 읽기 해석

Luttons contre l'abandon des animaux de compagnie

반려동물 유기에 맞서 싸웁시다

우리의 반려동물, 일반적으로 강아지와 고양이들은 음식, 물, 안식처, 수의학적 관리 및 애정과 같은 그들의 일상적인 필요를 우리에게 의존합니다. 그러나 프랑스에서는 수천 마리의 동물이 그들을 돌봐줄 주인이 없는 상태입니다. 보호소에 충분한 공간이 없기 때문에 많은 동물들이 고통을 받고 거리에서 죽거나 안락사 당합니다. 동물 유기는 복잡한 문제이지만 해결책은 간단합니다. 펫샵에서 동물을 사지 말고 보호소나 거리에서 동물을 입양하고 반려동물에게 중성화 수술을 해야 합니다.

이 기사가 쓰여지는 순간에도, 프랑스에서는 수많은 강아지들과 고양이들이 길거리에서 배회합니다. 그들은 그들 자신의 운명에 맡겨져서 자동차 사고, 다른 동물의 공격, 극한의 온도, 질병 심지어 굶주림으로 일찍 죽기 전에 고통을 겪습니다.

보호소는 모든 비참한 동물들을 수용하지만 너무 많은 동물들이 버려집니다. 공간 부족으로 대부분의 동물들은 안락사됩니다. 프랑스에서는 매일 약 140마리의 개와 고양이들이 보호소에서 안락사됩니다.

반려동물 상인에게 불매 운동을 해야 합니다. 동물 사육자들과 반려동물 상점들은 이미 존재하는 모든 동물들이 입양할 수 있는 충분한 집이 없는데도 더 많은 새끼 강아지들과 새끼 고양이들을 생산하기 때문에 이 위기의 주범입니다. 또한 많은 사람들이 변덕에 동물을 사거나 선물로 줍니다. 그들은 이것이 수반하는 장기적인 책무를 깨닫지 못합니다. 그들은 동물을 돌보려면 상상했던 것보다 더 많은 노력, 돈, 시간과 인내가 필요하다는 사실을 알게 되면 종종 충성스런 동반자를 버리게 됩니다.

중성화를 의무화 하는 것 또한 필요합니다. 실제로 이러한 모든 고통으로부터 개들과 고양이들을 구하는 가장 기본적이며 효과적인 방법은 우리의 동물들이 중성화되도록 하여 더 많은 원치 않는 동물들이 태어나는 것을 방지하는 것입니다. 중성화는 거의 위험이 없으며 저렴한 수술로 동물들의 건강을 향상시킵니다. 예를 들어 중성화는 우리 동물 친구들의 암 위험을 감소시킵니다.

Thierry DIKUL, La gazette de l'homme moderne, 6 juin 2022

Correction des épreuves 연습 문제 정답

읽기 영역

1 Compréhension des écrits p.104

▶ EXERCICE 1

Centre de remise en forme de La Baule

1 OUI 2 OUI 3 OUI 4 OUI

Centre de remise en forme du Puy-de-Dôme

1 OUI 2 NON 3 OUI 4 NON

Bains de montagne

1 OUI 2 NON 3 OUI 4 OUI

Air provençal

1 OUI 2 NON 3 OUI 4 NON

▶ EXERCICE 3

1 A 2 A 3 A 4 B
5 B 6 B 7 C

▶ EXERCICE 3

1 B 2 A 3 A 4 A
5 A 6 B 7 A

2 Compréhension des écrits p.112

▶ EXERCICE 1

Les petits loups

1 NON 2 OUI 3 NON 4 OUI

Pan et compagnie

1 OUI 2 OUI 3 OUI 4 OUI

Garderie municipale

1 OUI 2 OUI 3 NON 4 OUI

Bambins de chez nous

1 NON 2 OUI 3 NON 4 OUI

▶ EXERCICE 2

1 B 2 A 3 A 4 A
5 A 6 C 7 B

▶ EXERCICE 3

1 B 2 A 3 A 4 B
5 A 6 B 7 A

3 Compréhension des écrits p.120

▶ EXERCICE 1

Le loup de mer

1 OUI 2 NON 3 OUI 4 OUI

Les pieds dans l'eau

1 OUI 2 OUI 3 OUI 4 OUI

La Corniche ***

1 OUI 2 OUI 3 OUI 4 NON

La taverne

1 OUI 2 NON 3 NON 4 OUI

▶ EXERCICE 2

1 B 2 A 3 B 4 A
5 C 6 A 7 B

▶ EXERCICE 3

1 C 2 B 3 A 4 B
5 B 6 A 7 B

4 Compréhension des écrits p.130

▶ EXERCICE 1

Disneyland Paris

1 OUI 2 NON 3 NON 4 NON

Le Futuroscope

1 OUI 2 OUI 3 OUI 4 OUI

Le Puy du Fou

1 OUI 2 NON 3 OUI 4 NON

Marineland

1 NON 2 OUI 3 NON 4 NON

▶ EXERCICE 2

1 C 2 A 3 B 4 A
5 B 6 A 7 B

▶ EXERCICE 3

1 B 2 C 3 B 4 A
5 A 6 A 7 A

5 Compréhension des écrits p.139

▶ EXERCICE 1

Relève

1 OUI 2 NON 3 NON 4 NON

Cézanne et moi

1 OUI 2 OUI 3 NON 4 OUI

Kubo et l'armure magique

1 NON 2 OUI 3 NON 4 NON

Un petit boulot

1 OUI 2 OUI 3 OUI 4 OUI

▶ EXERCICE 2

1 A 2 A 3 A 4 C
5 A 6 B 7 B

▶ EXERCICE 3

1 B 2 A 3 A 4 B
5 C 6 B 7 A

6 Compréhension des écrits p.147

▶ EXERCICE 1

Délice Pizza

1 OUI 2 NON 3 NON 4 NON

L'Alésia

1 OUI 2 OUI 3 OUI 4 OUI

Fraisifolie

1 NON 2 NON 3 NON 4 OUI

Magnifiques jardins

1 OUI 2 NON 3 OUI 4 NON

▶ EXERCICE 2

1 A 2 C 3 B 4 A
5 A 6 A 7 A

▶ EXERCICE 3

1 A 2 A 3 B 4 A
5 A 6 A 7 B

7 Compréhension des écrits p.154

▶ EXERCICE 1

Paris

1 NON 2 NON 3 OUI 4 NON

Bordeaux

1 OUI 2 OUI 3 OUI 4 OUI

Angers

1 OUI 2 OUI 3 OUI 4 NON

Nantes

1 OUI 2 NON 3 OUI 4 OUI

▶ EXERCICE 2

1 A 2 C 3 C 4 B
5 B 6 A 7 B

▶ EXERCICE 3

1 B 2 C 3 A 4 B
5 A 6 C 7 B

DELF 기존 버전 - 읽기 영역 정답

1 Compréhension des écrits p.164

▶ EXERCICE 2

1 Vrai

Justification : les personnes heureuses vivent en moyenne 5 ans de plus que les personnes malheureuses.

2
1. Avoir de bonnes relations avec les autres
2. Avoir un bon équilibre vie privée/vie professionnelle
3. Avoir une activité physique ou artistique.

▶ EXERCICE 3

1 Ils ne sont pas notés, car le stress nuit gravement à la motivation et à la volonté d'apprentissage.

2 Faux

Justification : Le système éducatif français traverse actuellement une véritable crise. / Dans notre pays, les enfants sont stressés, le taux d'échec scolaire ne fait qu'augmenter.

2 Compréhension des écrits p.165

▶ EXERCICE 2

1 Vrai

Justification : Dans la capitale française, il y a de nombreux restaurants qui proposent des menus gourmands, identiques à ceux que l'on trouve dans leur pays d'origine.

2 Trois parmi :

— *la garbure*
— *le punti*
— *le potjevleesch*
— *le zikiro*
— *le dampfnudel*
— *le pôchouse*
— *la socca*
— *la gardiane de taureau*

▶ EXERCICE 3

1 L'amélioration de l'intelligence artificielle et des graphismes.

2 Vrai

Justification : Le jeu vidéo est le bien culturel le plus vendu en France et le deuxième marché du divertissement après le livre.

3 Compréhension des écrits p.166

▶ EXERCICE 2

1 Vrai

Justification : plus de 91 % des adolescents utilisent les nouveaux médias au moins une fois par jour.

2 1. Danger pour la vie privée
2. Le harcèlement en ligne (violences verbales, etc.)

▶ EXERCICE 3

1 Elle avait appris le jardinage.

2 Faux

Justification : Les chantiers internationaux ont pour objectif de favoriser les échanges intergénérationnels et interculturels, ce ne sont pas des centres de vacances.

4 Compréhension des écrits p.167

▶ EXERCICE 2

1 Vrai

Justification : Les hôtels de luxe sont ceux ayant le plus grand impact sur l'environnement.

2 Le tourisme positif a aussi pour but de créer un impact positif sur la planète.

▶ EXERCICE 3

1 1. Pour accéder à un meilleur emploi.
2. Pour exercer légalement leur métier.
3. Pour changer de vie, être plus heureux.

2 Faux

Justification : Il a été observé que lorsqu'on reprend ses études à l'âge adulte, on est bien plus mature que lorsque l'on est jeune. On travaille mieux et plus.

5 Compréhension des écrits p.168

▶ EXERCICE 2

1 Faux

Justification : Depuis les années 2000, la pratique du vélo s'accélère dans toutes les grandes villes occidentales, en augmentant de 5 à 15 % par an.

2 1. Il est souvent plus efficace et agréable que les autres moyens de transport urbain.
2. Faire du vélo est bon pour la santé.
3. Il permet d'économiser de l'argent.

▶ EXERCICE 3

1 C'est en 2020, après l'épidémie de COVID-19, ▶ que le télétravail a été adopté par la majorité des entreprises.

2 Vrai

Justification : Pour l'entreprise, le télétravail entraîne généralement une augmentation de la productivité et une diminution des charges et frais d'entretien.

6 Compréhension des écrits p.169

▶ EXERCICE 2

1 Faux

Justification : Les cours de théâtre sont très populaires auprès des enfants et des jeunes aujourd'hui comme hier.

2 1. La pratique du théâtre leur donne confiance en eux.
2. Le théâtre leur permet de trouver leur place dans un groupe/de développer leur capacité à faire ensemble.

▶ EXERCICE 3

1 S'ennuyer et laisser vagabonder son esprit sont des moments importants, car ils nous invitent à réfléchir sur nous-mêmes et nous permettent de nous ressourcer.

2 Vrai

Justification : Dans certains cas, nous commençons à perdre de l'intérêt pour les autres activités. Nous allons préférer aller sur Facebook plutôt que de voir nos amis.

7 Compréhension des écrits p.170

EXERCICE 2

1 Faux

Justification : Hélène ÉLA a choisi, en 2020, d'installer son entreprise dans le petit village breton de Treffieux, en Loire-Atlantique.

2 Les jeunes sont convaincus que leurs enfants seront plus épanouis s'ils grandissent dans un environnement rural.

▶ EXERCICE 3

1 1. Il faut adopter les animaux des refuges ou des rues au lieu de les acheter à des animaleries.
2. Il faut faire stériliser ses animaux de compagnie.

2 Car il n'y a pas assez de place dans les refuges pour tous les animaux abandonnés.

Production écrite

Ⅲ

쓰기 시험

B1

I Présentation de l'épreuve
쓰기 시험 소개

a Déroulement de l'épreuve et conseils 시험 진행 순서 및 조언

Objectif (목표)

쓰기 시험은 정확한 예시를 통해 사실과 생각을 기술하면서 본인의 관점을 글로 표현하는 것이 목표입니다. 지시 사항에 나와 있는 최소 글자 수에 맞춰 쓰는 것이 아주 중요합니다.
쓰기 시험에서는 최소 160 단어로 글을 작성합니다. 정확하게 채점자들이 사용하는 규칙을 적용하면, 최소 144 단어 이상 사용하여 글을 써야 감점되지 않습니다. 그러나 180 단어 이상 작성할 필요는 없습니다. 굳이 더 긴 글을 써서 감점 요인을 만들지 않는 것이 좋습니다.
여러분은 총 45분 동안 답안을 작성합니다. 시험 시간을 다음의 순서에 따라 잘 배분하시기 바랍니다. 처음 10분 동안 개요를 작성하고, 그 다음 30분은 글을 쓰고 나머지 5분 동안 작성한 글을 다시 읽어보아야 합니다.

Matériel (준비물)

답안지는 반드시 펜으로만 작성해야 합니다. 연필 사용은 절대 허용되지 않으며, 연필로 답안 작성 시 채점자가 아예 채점을 하지 않고 0점 처리 하므로 반드시 주의하시기 바랍니다.
수정테이프 사용은 가능하지만, 채점자 입장에서는 수정테이프의 사용이 적을수록 읽기가 편한 것이 사실입니다.
고사장에 벽시계가 배치되어 있기는 하나, 시험 종료까지 얼마나 시간이 남았는지 확인하기 위해 개인용 시계를 챙기는 것도 좋습니다. (스마트 워치 사용은 금지되어 있습니다)
시험 시작 전, 시험지와 함께 연습지 한 장씩을 받게 됩니다. 그리고 작문용 추가 답안지도 구비되어 있으니 필요 시 감독관에게 요청하면 됩니다.

시험 유형

아래 4가지 유형 중에 1가지가 시험에 출제됩니다.

— une lettre formelle 격식을 갖춘 편지 쓰기
— une lettre à un ami 친구에게 편지 쓰기
— une lettre au courrier des lecteurs 독자 투고 글쓰기
— un article sur Internet (blog/forum) 인터넷 글쓰기 (블로그/포럼)

가장 자주 출제되는 형식은 편지입니다. 특히 친구에게 보내는 편지 쓰기가 자주 출제됩니다. 따라서 프랑스어로 편지 쓰는 방법을 숙지해야 하며, 편지를 논리적이고 체계적으로 작성하는 것이 중요합니다. 이 교재에서 제시하는 글쓰기 방법론을 적용하는 것이 좋습니다.

델프 B1시험에서 다루는 테마는 일반적으로 다음과 같습니다.
아래 테마 관련 어휘들을 많이 알고 있어야 합니다.

Le monde du travail — Les études — La santé — Les loisirs — Les habitudes de consommation — Les relations sociales — Les relations familiales — Les réseaux sociaux — L'éducation — L'apprentissage des langues — L'environnement — Les transports — Les médias — Le tourisme, etc.

직업/일의 세계, 학업, 건강, 취미/레저, 소비 습관, 사회 관계, 가족 관계, 소셜 네트워크,교육, 언어 학습, 환경, 교통, 미디어, 관광 등

b Grille d'évaluation 채점표

DOCUMENT RÉSERVÉ AUX CORRECTEURS

Le candidat peut prendre connaissance de ce document.
LES CORRECTEURS SONT NÉANMOINS LES SEULES PERSONNES HABILITÉES À LE REMPLIR.

GRILLE D'ÉVALUATION DE LA PRODUCTION ÉCRITE B1

ESSAI *25 points*

Respect de la consigne Peut mettre en adéquation sa production avec le sujet proposé. Respecte la consigne de longueur minimale indiquée.*	0	0,5	1	1,5	2				
Capacité à présenter des faits Peut décrire des faits, des événements ou des expériences.	0	0,5	1	1,5	2	2,5	3	3,5	4
Capacité à exprimer sa pensée Peut présenter ses idées, ses sentiments et / ou ses réactions et donner son opinion.	0	0,5	1	1,5	2	2,5	3	3,5	4
Cohérence et cohésion Peut relier une série d'éléments courts, simples et distincts en un discours qui s'enchaîne.	0	0,5	1	1,5	2	2,5	3		

Compétence lexicale / orthographe lexicale

Étendue du vocabulaire Possède un vocabulaire suffisant pour s'exprimer sur des sujets courants, si nécessaire à l'aide de périphrases.	0	0,5	1	1,5	2
Maîtrise du vocabulaire Montre une bonne maîtrise du vocabulaire élémentaire mais des erreurs sérieuses se produisent encore quand il s'agit d'exprimer une pensée plus complexe.	0	0,5	1	1,5	2
Maîtrise de l'orthographe lexicale L'orthographe lexicale, la ponctuation et la mise en page sont assez justes pour être suivies facilement le plus souvent.	0	0,5	1	1,5	2

Compétence grammaticale / orthographe grammaticale

Degré d'élaboration des phrases Maîtrise bien la structure de la phrase simple et les phrases complexes les plus courantes.	0	0,5	1	1,5	2
Choix des temps et des modes Fait preuve d'un bon contrôle malgré de nettes influences de la langue maternelle.	0	0,5	1	1,5	2
Morphosyntaxe – orthographe grammaticale Accord en genre et en nombre, pronoms, marques verbales, etc.	0	0,5	1	1,5	2

* Si la production fait entre 113 et 143 mots, on attribuera 0,5 point sur 1 au critère de longueur.
Si la production fait 112 mots ou moins, on attribuera 0 point sur 1 au critère de longueur.

NOM DU CORRECTEUR 1 : ....

NOM DU CORRECTEUR 2 : ....

Note : /25

CODE CANDIDAT : ☐☐☐☐☐☐ - ☐☐☐☐☐☐

Après évaluation du candidat, cette grille doit être rattachée à la copie DELF B1.

DELF B1

채점표를 반드시 읽어보세요!

처음에는 채점표의 내용과 형식이 머리에 잘 들어오지 않습니다. 낯설기 때문입니다.
천천히 꼼꼼하게 반복해서 읽어보세요. 채점표에서 요구하는 능력이 무엇인지
잘 파악하고 있는 것이 매우 중요합니다.

■ Grille d'évaluation (채점표)

응시자가 쓴 글이 작문 주제에 일치하는가? 전체 글자수가 160 단어 이상인가?	0	1.5	1	1.5	2				
사실, 사건 혹은 경험담을 묘사할 수 있는가?	0	0.5	1	1.5	2	2.5	3	3.5	4
응시자의 생각, 감정, 대응 혹은 의견을 나타낼 수 있는가?	0	0.5	1	1.5	2	2.5	3	3.5	4
연결어를 적절하게 사용하고 전체 문맥의 흐름이 잘 짜여 있는가?	0	0.5	1	1.5	2	2.5	3		

어휘 능력 / 어휘 맞춤법

잘 모르는 표현은 쉬운 어휘로 풀어서 전달하더라도, 전체적으로 주어진 주제에 맞게 글을 쓰기에 어휘가 충분한가?	0	1.5	1	1.5	2
약간 실수를 하는 것을 감안하더라도, 사용한 어휘가 적절하고 정확한가?	0	0.5	1	1.5	2
단어 철자, 구두점 사용이 올바르고, 단락 배분이 올바른가?	0	0.5	1	1.5	2

문법 능력 / 문법 맞춤법

프랑스 문화권 내에서 실질적으로 사용되는 단순한 문장과, 가장 자주 사용되는 좀 더 복잡한 구조의 문장들이 잘 숙련되어 있는가?	0	1.5	1	1.5	2
모국어에 영향을 받은 듯한 약간 어색한 표현이 있다 하더라도, 시제(과거, 미래 등)와 문법(명령, 분사, 조건법 등)을 정확하고 적절하게 잘 사용하는가?	0	0.5	1	1.5	2
여러 품사(명사, 형용사, 대명사 등)의 성과 수 일치, 동사 활용 등 문법 규칙에 맞게 철자를 정확하게 표기했는가?	0	0.5	1	1.5	2

C Conseils méthodologiques 방법론적 조언

글쓰기 전에 자신에게 질문을 던져 보세요.

1. **무엇에 관한 것인가?**
   편지글인지 혹은 신문기고 글인지, 쓰고자 하는 글의 성격에 따라 형식을 알맞게 맞추세요.
2. **누구에게 쓰는 글인가?**
   여러분의 글을 읽을 대상을 분명하게 설정하세요. 친구에게 쓰는 글과 서비스센터 담당 직원에게 보내는 글은 형식과 표현에 명확한 차이가 있습니다.
3. **이 글을 왜 쓰는가?**
   글의 목적을 분명하게 파악하고 있어야 합니다. 가령 초대 목적으로 상대방에게 제안하는 글이라면, 상대방을 설득할 수 있는 내용이 주를 이루어야 합니다.
4. **어떻게 쓸 것인가?**
   주어진 주제에 논리적으로 타당한, 구체적인 의견을 제시하세요. 목적에 맞게 전체적인 흐름이 일관되어야 합니다.

생각을 정리한 후, 우선 키워드를 적어 보세요.

1. 일단 주어진 연습지(빈 종이)를 잘 활용해 봅시다. 시간이 부족하다는 생각에 무턱대고 글을 시작하지 마세요. 물론 사람마다 편한 아이디어 도출 방식과 글쓰기 습관이 있습니다만, 그래도 본격적으로 텍스트 양식에 맞추어 첫 문장을 쓰기 전에 10분 정도 시간을 투자하세요. 각 단락의 핵심 단어를 순서대로 적어보세요.
2. 주요 아이디어를 뽑아냈다면 시험지에 바로 글을 쓰지 말고 우선 다른 종이에 써보고, 그 다음 적은 것을 시험지 위에 옮겨 적으세요. 옮겨 적다 보면, 처음 쓸 때는 보이지 않았던 아이디어의 비논리적 구성이나 문법적인 실수가 발견될 확률이 높습니다.
3. 다 옮겨 적은 뒤에도 "누구에게" "왜" " 무엇을" "어떻게"가 적절하게 잘 조화되어 있는 글인지 다시 한 번 확인해보세요.
4. 한 줄마다 8~10개의 단어를 쓴다고 생각하고 글을 작성하세요. 단어 수를 세지 말고 글 쓴 줄을 세면 시간을 절약할 수 있습니다. 총 18줄 가량 쓰면 됩니다.

전체적인 단어 수를 세어보세요.

le chien = 2 mots	관사도 단어 수에 포함시켜 따로 세어야 합니다.
l'hôtel = 1 mot	축약이 될 경우 1단어로 취급합니다.
c'est-à-dire = 1 mot	연결어도 1단어에 해당됩니다.

5. 서론, 본론, 결론의 단어 수가 균형있게 배분되었는지 확인하세요.
6. 마지막 5분 동안은 자신이 쓴 글을 다시 한 번 읽어 보세요. 이때 어휘, 문법, 통사론, 구두점 등에 실수가 있는지 잘 확인하고, 수정하면 됩니다.

문단의 들여쓰기

각 문단마다 첫 시작은 들여쓰기로 시작해야 합니다.

예시

Dans la vie, il existe de nombreux dangers pour notre santé. Certains, comme les accidents, sont difficilement évitables. Cependant, il est possible d'augmenter notre espérance de vie en faisant attention. Nous allons voir, tout d'abord, les enjeux d'une bonne alimentation et ensuite l'importance d'avoir une activité sportive régulière.

d Conseils d'écriture 글을 잘 쓰는 법

Écrire des phrases simples et riches
간단하고 풍부한 문장으로 글쓰기

글을 잘 쓰려면 심플하면서 풍부한 문장으로 작성하는 것이 좋습니다.
그렇다면 어떻게 글을 써야 잘 쓰는 걸까요? 방법은 간단합니다. 심플한 문장에 형용사와 부사, 보어를 추가하기만 하면 됩니다.

형용사(명사를 설명하거나 꾸며주며, 명사의 앞이나 뒤에 옵니다).
부사(동사를 설명해주고 꾸며주며, 항상 동사 뒤에 위치합니다).

예 Je mange un petit-déjeuner. 나는 아침을 먹습니다.
→ Je mange rapidement un délicieux petit-déjeuner.
저는 맛있는 아침을 빠르게 먹습니다.

상황보어(상황에 따른 글의 보완을 위해 장소, 시간, 수단, 목적, 방법에 대한 대한 정보도 추가할 수 있습니다.)

예 Je mange un petit-déjeuner. 나는 아침을 먹습니다.
→ Le matin, je mange rapidement dans la cuisine un délicieux petit-déjeuner en écoutant la radio.
아침에는 라디오를 들으며 주방에서 맛있는 아침 식사를 재빨리 먹습니다.

→ Le matin, je mange rapidement avec une cuillère mon petit-déjeuner pour ne pas être en retard au travail.
아침에는 일에 늦지 않도록 숟가락으로 아침 식사를 재빨리 먹습니다.

한 번에 너무 많은 상황보어를 사용하면 문장을 이해하기 어려울 수 있으니 너무 많은 보어를 추가하지는 마십시오.

어떠한 형용사와 부사, 보어를 사용하느냐에 따라 문장의 분위기가 달라질 수 있으며, 글을 읽는 사람으로 하여금 글의 성격, 목적 등을 더 쉽게 이해할 수 있도록 도와줍니다. 그렇기 때문에 우리는 상황에 맞는 품사를 잘 사용하여 글을 써야 합니다.

예 Je marchais lorsque j'ai rencontré cette personne.
저는 이 사람을 만났을 때 걷고 있었습니다.

긍정적인 품사들을 사용하였을 때 문장 :

→ Un beau matin, je marchais tranquillement en fredonnant dans une charmante rue ensoleillée lorsque j'ai rencontré cette gentille personne.
어느 날 아침, 저는 이 친절한 사람을 만났을 때 사랑스럽고 햇살 가득한 거리를 따라 흥얼거리며 조용히 걷고 있었습니다.

부정적인 품사들을 사용하였을 때 문장 :

→ Une nuit glaciale, je marchais rapidement avec terreur dans une horrible rue sombre lorsque malheureusement, j'ai rencontré cette cruelle personne.
어느 얼어 붙은 밤, 저는 불행하게도 이 잔인한 사람을 만났을 때 끔찍한 어두운 거리를 공포에 떨며 빠르게 걷고있었습니다.

Éviter la répétition 반복을 피하십시오

풍부한 문장을 쓰는 것은 또한 반복을 피하는 것을 의미합니다. 따라서 가능한 한 같은 단락에 같은 단어를 여러 번 쓰는 것을 피해야 합니다. 단어를 반복하지 않도록 동의어, 유의어 및 대명사를 사용하십시오.

e Rendez votre essai plus vivant 더 생동감 있는 글 쓰기

각 주장의 예시 뒤에 감탄문을 넣으면, 더 설득력 있는 글이 됩니다.

- Quelle honte ! 이게 무슨 창피인가!
- C'est inacceptable au XXIe siècle ! 21세기에서 있을 수 없는 일이야!
- Il faut changer cela ! 이것을 바꿔야 해!
- C'est révoltant ! 분노스러워!
- C'est un cauchemar ! 악몽이야!
- C'est choquant ! 충격적이야!

반대로, 긍정적인 상황을 강조하고자 할 때는 다음과 같이 말할 수 있습니다.

- Quel bonheur ! 너무 기뻐!
- Quelle bonne idée ! 참 좋은 생각이야!
- Ça change la vie ! 획기적이네!
- C'est le paradis ! 천국이 따로 없네!
- C'est prometteur ! 유망하네!
- Que demander de plus ? 더 말할 필요가 없네!

Autres : 다른 표현

- C'est surprenant ! 놀라워!
- C'est intéressant ! 흥미로워!

f 마지막 네 가지 중요한 팁

1. 주어 on의 사용

글을 쓸 때 주어를 on보다는 nous를 사용하는 게 더 좋습니다. on은 구어체에서 주로 사용되며 on의 사용은 대부분의 경우 마이너스 요인이 됩니다.

2. DELF 시험 중 외국어 사용

말하기 그리고 쓰기 파트에서 영어나 한국어의 사용을 피하십시오. 부득이하게 사용하게 되거나 대체 단어를 찾을 수 없을 때는 불어로 부연 설명을 하는 것이 좋습니다.
DELF 시험 감독관은 시험 중에 응시생이 영어를 사용하는 것을 원하지 않습니다. 특히 많은 응시생들께서 영어와 불어의 비슷한 단어를 발음만 불어로 바꿔 사용하는 경우가 많지만 대부분 그 의미가 다른 경우가 많으니 확실하지 않다면 사용하지 않는 것이 좋습니다.

3. 문장을 간단하게 만들기

본인의 글을 이해시키려면 복잡한 문장을 쓰지 마십시오. 특히 구문에 대해 확신하지 못하는 경우에는 더욱 그렇습니다. 길고 이해하기 어렵고 오류로 가득 찬 문장보다 짧고 간단한 문장을 유지하는 것이 좋습니다. 따라서 2줄 이상의 문장은 쓰지 않는 것이 좋습니다. 한 문장이 2줄을 넘으면 마침표를 넣고 새 문장을 시작해야 합니다!

4. 글을 쓴 후 다시 읽어 보기

이 조언을 전에 여러 번 드렸습니다만, 실제로 많은 분들이 다시 읽기를 하지 않습니다. 그러나 다시 읽기를 통해 쓰기 시험에서 많은 오류를 피할 수 있습니다.
그렇다면 다시 읽기를 어떻게 하는 것이 효과적일까요? 가장 좋은 방법은 자주 하는 실수를 찾는 것입니다. 이를 위해 일반적인 실수 목록을 만드는 것이 중요합니다. 그런 다음 글 작성이 끝나면 항상 실수한 것이 있는지를 확인해야 합니다.
다시 읽기를 통해 대부분의 실수를 피할 수 있고, 프랑스어 실력을 향상시킬 수 있습니다. 실제로 여러분들이 다시 읽기를 인내를 갖고 꾸준히 하다 보면 글을 쓰면서 하게 되는 잦은 실수를 점점 더 줄일 수 있을 것입니다.

Ⅱ Écrire un texte organisé et cohérent
체계적이고 일관된 텍스트 작성

서론-본론-결론 전체 구조 세우기

1) 서론(본론 유도)

2) 본론1(주장+설명+예시)

3) 본론2(주장+설명+예시)

4) 결론(요약+전망)

 간단하면서 논리적이고 통일성 있는 구조를 세우는 것이 매우 중요합니다!

1. 서론에서는, 주제에 관해 본문에서 본격적으로 풀어나갈 내용을 글의 성격에 맞게 자연스럽게 소개할 것입니다.

2. 본론은 2개 혹은 3개의 파트로 나누어집니다. 각 파트에서 여러분의 의견을 발전시켜 나갑니다. 예시를 첨부하는 것을 잊지 마십시오.

서론-본론-결론 세부 구조 세우기

a 본론 만들기

본론에서 사용되는 연결어

- **본론 1에 사용되는 연결어 종류**
  Tout d'abord(우선), Premièrement(첫 번째로), Pour commencer(시작으로), En premier lieu(첫째로)
- **본론 2에 사용되는 연결어 종류**
  Ensuite(이어서), Deuxièmement(두 번째로), Par ailleurs(게다가), De plus(게다가), En outre(이외에도), En second lieu(둘째로)
- **본론 3에 사용되는 연결어 종류** (*B1 글쓰기 경우 본론 3은 의무가 아님)
  Enfin(결론적으로), Pour finir(끝내기 위해), Finalement(끝으로), En dernier lieu(마지막으로)
- **근거와 예시를 들 때 사용하는 연결어 종류**
  En effet(실질적으로), Autrement dit(달리 말해서), En d'autres termes(달리 말해보자면), Effectivement(실질적으로), C'est-à-dire(말하자면), Par exemple(예를 들어보자면), Ainsi(그렇게)

Expression de l'opinion 의견 표현하기

여러분의 의견을 나타내는 것은 매우 중요합니다. 주장을 명확하게 피력하세요.

Je trouve que	Je suis certain(e) que	D'après moi,
Je crois que	Je suis sûr(e) que	À mon avis,
Je pense que		Selon moi,

Je trouve qu'apprendre une langue étrangère ne sert pas à grand-chose.
저는 외국어 학습이 크게 쓸모가 없다고 판단합니다.

Selon moi, nous ne devons pas étudier une langue seulement pour son utilité, il faut également prendre plaisir à l'apprendre.
제 생각에, 유용성을 위해서만 외국어를 공부해서는 안 되며 배우는 기쁨도 느껴야 합니다.

핵심 주제 Pourquoi faut-il apprendre le français?

왜 프랑스어를 배워야 할까?

본론 – 의견1

Idée Le français est une langue très répandue et donc utile lorsque nous voyageons.

Explication Plusieurs dizaines de pays parlent le français et parfois, il n'est pas possible de communiquer en anglais avec les francophones quand nous visitons d'autres pays.

Exemple Il y a quelques mois, je suis allé en Belgique, en Suisse et en France. Savoir parler français était nécessaire pour communiquer avec les locaux.

의견 제시 프랑스어는 널리 쓰이는 언어이므로 우리가 여행할 때 유용한 언어입니다

설명 수십 개의 나라에서 프랑스어를 사용하고 때때로 우리가 다른 나라를 방문할 때 프랑스어권 사람과 영어로 소통하는 것은 불가능합니다.

예시 몇 달 전, 저는 벨기에, 스위스 그리고 프랑스에 갔습니다. 현지인들과 소통하기 위해 프랑스어를 할 줄 알아야 했습니다.

의견 – 설명 – 예시까지 제시한 후 접속사를 넣어 정리

Tout d'abord, le français est une langue très répandue et donc utile lorsque nous voyageons.
En effet, plusieurs dizaines de pays parlent le français et parfois, il n'est pas possible de communiquer en anglais avec les francophones quand nous visitons d'autres pays.
Par exemple, il y a quelques mois, je suis allé en Belgique, en Suisse et en France. Savoir parler français était nécessaire pour communiquer avec les locaux.

무엇보다도 프랑스어는 널리 쓰이는 언어이므로 우리가 여행할 때 유용한 언어입니다.
실질적으로 수십 개의 나라에서 프랑스어를 사용하고 때때로 우리가 다른 나라를 방문할 때 프랑스어권 사람과 영어로 소통하는 것은 불가능합니다.
예를 들어 몇 달 전, 저는 벨기에, 스위스 그리고 프랑스에 갔습니다. 현지인들과 소통하기 위해 프랑스어를 할 줄 알아야 했습니다.

 본론 – 의견2

Idée Le français est une langue très belle et romantique.

Explication Je pense que le français est une langue superbe. Grâce à sa prononciation mélodieuse, pour de nombreux étrangers, le français est synonyme d'élégance.

Exemple Quand j'entends des Français parler leur langue, je trouve cela très charmant. Aussi, du fait de la sonorité de la langue, beaucoup de personnes pensent que les Français sont des personnes romantiques.

의견 제시 프랑스어는 매우 아름답고 낭만적인 언어입니다.

설명 저는 프랑스어가 매우 아름다운 언어라고 생각합니다. 운율이 있는 발음 덕분에, 많은 외국인들에게 프랑스어의 동의어는 《우아함》입니다.

예시 프랑스인들이 그들의 언어를 말하는 것을 들을 때면, 저는 그것이 매우 매력적이라 느낍니다. 마찬가지로 언어의 소리로 인해 많은 사람들이 프랑스어는 낭만적이라 생각합니다.

의견 – 설명 – 예시까지 제시한 후 접속사를 넣어 정리

Par ailleurs, le français est une langue très belle et romantique.
Autrement dit, je pense que le français est une langue superbe. Grâce à sa prononciation mélodieuse, pour de nombreux étrangers, le français est synonyme d'élégance. **Ainsi**, quand j'entends des Français parler leur langue, je trouve cela très charmant. Aussi, du fait de la sonorité de la langue, beaucoup de personnes pensent que les Français sont des personnes romantiques.

게다가 프랑스어는 매우 아름답고 낭만적인 언어입니다.
달리 말해 보자면 저는 프랑스어가 매우 아름다운 언어라고 생각합니다. 운율이 있는 발음 덕분에, 많은 외국인들에게 프랑스어의 동의어는 《우아함》입니다.
그렇게 프랑스인들이 그들의 언어를 말하는 것을 들을 때면, 저는 그것이 매우 매력적이라 느낍니다.
마찬가지로 언어의 소리로 인해 많은 사람들이 프랑스어는 낭만적이라 생각합니다.

b 도입부 만들기

도입부는 읽는 사람에게 여러분 글의 첫인상을 남기므로 어떻게 시작하는지가 매우 중요합니다. 주제를 소개하고 무엇에 대해 어떻게 글을 전개시킬 것인지 뉘앙스를 풍기는 문장을 간략하게 씁니다.

도입부 구조는 **주제 소개 → 문제 제기 → 글의 방향 제시** 순서로 작성합니다

도입부 - 의견1

Sujet et contexte	De nos jours, l'anglais est considéré comme une langue internationale. De nombreuses personnes pensent qu'apprendre une autre langue comme le français est inutile et que l'anglais est suffisant.
Problématique (optionnelle)	Nous pouvons donc nous demander s'il est intéressant et utile d'apprendre une autre langue étrangère comme le français.
Annonce du développement	Nous allons voir ensemble qu'il est profitable d'apprendre le français.

주제와 문맥 짚기	오늘날 영어는 '국제적인'언어로 간주됩니다. 수많은 사람들이 또 다른 외국어로서 프랑스를 배우는 것이 비실용적이라 생각하며, 영어만으로도 충분하다고 생각합니다.
문제 제기	우리는, 프랑스를 또 다른 외국어로서 배우는 것이 흥미롭고 또한 실용적일 수도 있는지 자문해볼 수 있습니다.
글의 방향 제시	우리는 프랑스어 학습이 매우 유익한 활동임을 함께 알아볼 것입니다.

C 결론 만들기

결론은 여러분이 전개 부분에서 제시했던 의견들을 효과적으로 요약해야 하기 때문에 매우 어렵습니다. 요약에 이어 전개 부분에서 더 나아간 의견(대안, 새로운 가정)을 제시해야 합니다.

— **결론부에서 필요한 연결어 종류**

En conclusion(결론적으로), Pour conclure(결론을 내보자면), En somme(요컨대/결국)
Comme nous l'avons vu(앞에서 본 것처럼), Comme je l'ai expliqué(제가 설명했던 것처럼)

결론 – 의견1

Votre position	D'après moi, la langue française est très utile et extrêmement attractive.
Résumé du développement	Le français, parlé dans de nombreux pays, est très important pour voyager. De plus, c'est une langue magnifique, romantique et riche.
Ouverture (optionnelle)	Je pense que l'émergence de l'Afrique va redonner à la langue française, l'importance qu'elle mérite. Il ne faut pas oublier que presque la moitié de l'Afrique est francophone.

입장	제 생각에, 프랑스어는 매우 유용하며 지극히 매력적입니다.
본론 요약	수많은 나라에서 프랑스어를 사용한다는 것은 여행할 때 매우 유용합니다. 게다가 근사하고 낭만적이며 풍부한 언어입니다.
결론	아프리카가 떠오르고 있는 것은 프랑스어가 지니고 있는 중요성을 더욱 북돋게 할 것입니다. 아프리카의 거의 절반이 프랑스어를 사용한다는 사실을 잊지 말아야 합니다.

연결어 넣어서 정리

En conclusion, d'après moi, la langue française est très utile et extrêmement attractive. **Comme nous l'avons vu**, le français, parlé dans de nombreux pays, est très important pour voyager. **De plus**, c'est une langue magnifique, romantique et riche. **Aussi**, je pense que l'émergence de l'Afrique va redonner à la langue française, l'importance qu'elle mérite. Il ne faut pas oublier que presque la moitié de l'Afrique est francophone.

결론적으로 제 생각에, 프랑스어는 매우 유용하며 지극히 매력적입니다.
우리가 보았다시피 수많은 나라에서 프랑스어를 사용한다는 것은 여행할 때 매우 유용합니다. **게다가** 근사하고 낭만적이며 풍부한 언어입니다.
또한 아프리카가 떠오르고 있는 것은 프랑스어가 지니고 있는 중요성을 더욱 북돋게 할 것 입니다. 아프리카의 거의 절반이 프랑스어를 사용한다는 사실을 잊지 말아야합니다.

Solution finale 최종 답안 예시

De nos jours, l'anglais est considéré comme une langue internationale. De nombreuses personnes pensent qu'apprendre une autre langue comme le français est inutile et que l'anglais est suffisant. Nous pouvons donc nous demander s'il est intéressant et utile d'apprendre une autre langue étrangère comme le français. Nous allons voir ensemble qu'il est profitable d'apprendre le français.

Tout d'abord, le français est une langue très répandue et donc utile lorsque nous voyageons. En effet, plusieurs dizaines de pays parlent le français et parfois, il n'est pas possible de communiquer en anglais avec les francophones quand nous visitons d'autres pays.
Par exemple, il y a quelques mois, je suis allé en Belgique, en Suisse et en France. Savoir parler français était nécessaire pour communiquer avec les locaux.

Par ailleurs, le français est une langue très belle et romantique.
Autrement dit, je pense que le français est une langue superbe. Grâce à sa prononciation mélodieuse, pour de nombreux étrangers, le français est synonyme d'élégance.
Ainsi, quand j'entends des Français parler leur langue, je trouve cela très charmant. Aussi, du fait de la sonorité de la langue, beaucoup de personnes pensent que les Français sont des personnes romantiques.

En conclusion, d'après moi, la langue française est très utile et extrêmement attractive. Comme nous l'avons vu, le français, parlé dans de nombreux pays, est très important pour voyager. De plus, c'est une langue magnifique, romantique et riche. Aussi, je pense que l'émergence de l'Afrique va redonner à la langue française, l'importance qu'elle mérite. Il ne faut pas oublier que presque la moitié de l'Afrique est francophone.

오늘날 영어는 '국제적인' 언어로 간주됩니다. 수많은 사람들이 또 다른 외국어로 프랑스어를 배우는 것이 비실용적이라 생각하며, 영어만으로도 충분하다고 생각합니다. 우리는, 또 다른 외국어로서 프랑스어를 배우는 것이 흥미롭고 또한 실용적일 수도 있는지 자문해 볼 수 있습니다. 우리는 프랑스어 학습이 매우 유익한 활동임을 함께 알아볼 것입니다.

무엇보다도 프랑스어는 널리 쓰이는 언어이므로 우리가 여행할 때 유용한 언어입니다. 실질적으로 수십 개의 나라에서 프랑스어를 사용하고 때때로 우리가 다른 나라를 방문할 때 프랑스어권 사람과 영어로 소통하는 것은 불가능합니다. 예를 들어 몇 달 전, 저는 벨기에, 스위스 그리고 프랑스에 갔습니다. 프랑스어를 할 줄 아는 것이 현지인들과 소통하기 위해 필요했습니다.

게다가 프랑스어는 매우 아름답고 낭만적인 언어입니다. 달리 말해보면 저는 프랑스어가 매우 아름다운 언어라고 생각합니다. 운율이 있는 발음 덕분에, 많은 외국인들에게 프랑스어의 동의어는 《우아함》입니다. 그렇게 프랑스인들이 그들의 언어를 말하는 것을 들을 때면, 저는 그것이 매우 매력적이라 느낍니다. 또한 언어의 소리로 인해 많은 사람들이 프랑스어는 낭만적이라 생각합니다.

결론적으로 제 생각에, 프랑스어는 매우 유용하며 지극히 매력적입니다. 우리가 보다시피 수많은 나라에서 프랑스어를 사용한다는 것은 여행할 때 매우 유용합니다. 게다가 근사하고 낭만적이며 풍부한 언어입니다. 마찬가지로 아프리카가 떠오르고 있는 것은 프랑스어가 지니고 있는 중요성을 더욱 북돋아줄 것입니다. 아프리카의 거의 절반이 프랑스어를 사용한다는 사실을 잊지 말아야 합니다.

À vous de jouer !

자, 이제 당신 차례입니다!

III

Écrire un texte organisé et cohérent : mise en pratique
체계적이고 일관된 텍스트 작성 : 실전 연습

a Production écrite 1 : 논증 글쓰기

Sujet À votre avis, quels éléments dans votre vie sont les plus dangereux pour votre santé ? Proposez des solutions ou alternatives. Vous écrirez un texte construit et cohérent sur ce sujet. (160 mots minimum).

Nombre de mots :

1. 아이디어 도출하기

주제 당신의 의견으로는, 당신의 건강에 가장 위험한 요소들은 무엇입니까? 해결 방법이나 대안책을 제시하세요. 최소 160 단어로 일관성 있고 구조화된 문장으로 써봅시다.

건강과 관련 있는 단어들을 두서없이 떠오르는 대로 써보기

나쁜 식습관 – une mauvaise alimentation.
담배, 술 남용 – la consommation de tabac et l'abus d'alcool.
규칙적인 스포츠 활동 – une activité sportive régulière.

의견을 구체적으로 풀기 (주장을 뒷받침할 두가지 의견 제시)

일부 질병은 식습관, 흡연 및 술의 남용으로 인해 발생합니다.
Certaines maladies sont causées par les habitudes alimentaires, la consommation de tabac et l'abus d'alcool.

일상적으로 신체 활동을 권장합니다.
Il est recommandé d'avoir une activité physique quotidienne.

버스나 자동차 대신 자전거를 타거나 엘리베이터 대신 계단을 이용하기
Faire du vélo au lieu de prendre le bus ou la voiture, utiliser les escaliers à la place de l'ascenseur.

마무리 – 본론의 의견 정리 (추가로 마무리 단계에서 한 가지 더 의견을 제시하는 것도 좋습니다.)

건강한 식단을 갖고 일상적으로 운동하는 것이 가장 좋습니다.
Il est préférable d'avoir une alimentation saine et de pratiquer une activité physique quotidienne.

TIP! 글을 쓰기 전에 먼저, 특정 주제를 선보인 **출제자의 의도를 파악**하는 것이 중요합니다. 다급한 마음으로 "일단 시작하고 보자" 하는 자세는 구성력이 결핍된 글로 이어질 수 있습니다. 서론, 본론, 결론까지 일관적으로 짜임새 있는 글을 쓰기 위한 첫걸음은 《**충분히 사고하기**》입니다. 주제와 관련해서 머릿속에 떠오르는 아이디어를 빈 종이에 나열해보세요.

b Solution proposée 예시 답안

2. 구체적으로 풀어 써보기

Introduction	Présentation du sujet	Dans la vie, il existe de nombreux dangers pour notre santé. Certains, comme les accidents sont difficilement évitables. Cependant, il est possible d'augmenter notre espérance de vie en faisant attention.
	Annonce du plan	Nous allons voir, tout d'abord, les enjeux d'une bonne alimentation et ensuite l'importance d'avoir une activité sportive régulière.
1re partie	Annonce de l'idée	Premièrement, l'alimentation est très importante.
	Explication et exemple	En effet, les personnes qui mangent mal ont plus souvent des problèmes de santé. Certaines maladies, comme les problèmes de cœur ou le cancer, ont généralement pour origine une mauvaise alimentation. De plus, les consommations de tabac et d'alcool sont aussi très nocives pour notre santé.
	Solution	Pour être en bonne santé, il est donc important de consommer des aliments sains, de ne pas fumer et de boire de l'alcool avec modération.
2e partie	Annonce de l'idée	Deuxièmement, il est important d'avoir une activité physique quotidienne.
	Explication	De fait, dans nos sociétés modernes, à cause des avancées technologiques, les gens pratiquent de moins en moins de sport.
	Solution	Pour rester en bonne santé, il serait préférable de marcher ou faire du vélo au lieu de prendre le bus ou la voiture. Nous pouvons aussi utiliser les escaliers à la place de l'ascenseur.

Conclusion	Rappel des idées	En conclusion, je pense que si nous avons une alimentation saine et que nous pratiquons une activité physique quotidienne, il sera plus facile de rester en bonne santé. Aussi, je suis convaincu que le sommeil est très important. En effet, il est recommandé de dormir entre 6 et 8 heures par nuit pour être en forme.

도입 (문제제기)	주제 소개	우리 사회에는, 건강을 해치는 많은 위험들이 있습니다. 사고와 같은 일부는 피하기 어렵습니다. 그럼에도 우리의 행동에 주의를 기울이면 기대 수명을 연장할 수 있습니다.
	계획	먼저, 우리는 식단에 관한 문제들과 이어서 규칙적인 스포츠 활동이 가지는 중요성을 살펴볼 것입니다.
본론 1	견해 알리기	첫번째로 식단은 매우 중요합니다.
	설명과 예시	사실, 올바르게 먹지 않는 사람들은 더 자주 건강 문제를 겪을 수 있습니다. 심장 질환이나 암 같은 일부 질병들은 잘못된 식습관에 의해 자주 야기됩니다. 게다가 담배와 술의 소비는 우리의 건강에 매우 해롭습니다.
	해결책	따라서 건강을 유지하기 위해서는 건강한 음식을 섭취하고 담배를 피우지 않으며 절제하며 술을 마시는 것이 중요합니다.
본론 2	견해 알리기	두 번째로, 일상적으로 신체 활동을 가지는 것은 중요합니다.
	설명과 예시	사실 현대 사회에서는 기술의 발전으로 인해 사람들은 운동을 점점 덜 하고 있습니다.
	해결책	건강을 유지하기 위해서는 예를 들어, 버스나 자동차를 타는 대신에 걷거나 자전거를 타는 것이 좋을 것입니다. 또한 엘리베이터 대신 계단을 이용할 수도 있을 것입니다.
결론	본론에 제시된 견해 정리	결론으로, 우리가 건강한 식사를 하고 매일 신체 활동을 한다면 건강을 유지하기가 더 쉬울 것이라고 생각합니다. 또한 수면이 매우 중요하다고 확신합니다. 실제로 건강을 유지하기 위해 밤에 6~8 시간을 자는 것이 좋습니다.

3. 완성한 텍스트

Dans la vie, il existe de nombreux dangers pour notre santé. Certains, comme les accidents sont difficilement évitables. Cependant, il est possible d'augmenter notre espérance de vie en faisant attention. Nous allons voir, tout d'abord, les enjeux d'une bonne alimentation et ensuite l'importance d'avoir une activité sportive régulière.

Premièrement, l'alimentation est très importante. En effet, les personnes qui mangent mal ont plus souvent des problèmes de santé. Certaines maladies, comme les problèmes de cœur ou le cancer, ont généralement pour origine une mauvaise alimentation. De plus, les consommations de tabac et d'alcool sont aussi très nocives pour notre santé. Pour être en bonne santé, il est donc important de consommer des aliments sains, de ne pas fumer et de boire de l'alcool avec modération.

Deuxièmement, il est important d'avoir une activité physique quotidienne.
De fait, dans nos sociétés modernes, à cause des avancées technologiques, les gens pratiquent de moins en moins de sport. Pour rester en bonne santé, il serait préférable de marcher ou faire du vélo au lieu de prendre le bus ou la voiture. Nous pouvons aussi utiliser les escaliers à la place de l'ascenseur.

En conclusion, je pense que si nous avons une alimentation saine et que nous pratiquons une activité physique quotidienne, il sera plus facile de rester en bonne santé. Aussi, je suis convaincu que le sommeil est très important. En effet, il est recommandé de dormir entre 6 et 8 heures par nuit pour être en forme.

우리 사회에는, 건강을 해치는 많은 위험들이 있습니다. 사고와 같은 일부는 피하기 어렵습니다. 그럼에도 우리의 행동에 주의를 기울이면 기대 수명을 연장할 수 있습니다. 먼저, 우리는 식단에 관한 문제들과 이어서 규칙적인 스포츠 활동이 가지는 중요성을 살펴볼 것입니다.

첫 번째로 식단은 매우 중요합니다. 사실, 올바르게 먹지 않는 사람들은 더 자주 건강 문제를 겪을 수 있습니다. 심장 질환이나 암 같은 일부 질병들은 잘못된 식습관에 의해 자주 야기됩니다. 게다가 담배와 술의 소비는 우리의 건강에 매우 해롭습니다. 따라서 건강을 유지하기 위해서는 건강한 음식을 섭취하고 담배를 피우지 않으며 절제하며 술을 마시는 것이 중요합니다.

두 번째로, 일상적으로 신체 활동을 가지는 것은 중요합니다. 사실 현대 사회에서는 기술의 발전으로 인해 사람들은 운동을 점점 덜 하고 있습니다. 건강을 유지하기 위해서는 예를 들어, 버스나 자동차를 타는 대신에 걷거나 자전거를 타는 것이 좋을 것입니다. 또한 엘리베이터 대신 계단을 이용할 수도 있을 것입니다.

결론으로, 만약 우리가 건강한 식사를 하고 매일 신체 활동을 한다면 건강을 유지하기가 더 쉬울 것이라고 생각합니다. 또한 수면이 매우 중요하다고 확신합니다. 실제로 건강을 유지하기 위해 밤에 6~8시간을 자는 것이 좋습니다.

 도입 예시

- **Dans la vie, il existe de nombreux dangers pour notre santé.**
  우리 사회에는, 건강을 해치는 많은 위험들이 있습니다.
- **Quotidiennement, nous sommes exposés à de nombreux dangers pour notre santé.**
  우리 삶에서, 우리는 건강에 대한 많은 위험에 노출되어 있습니다.
- **De nos jours, il existe un grand nombre de risques pour la santé des êtres humains.**
  오늘날, 사람들의 건강을 해치는 수많은 위험들이 있습니다.
- **Actuellement, nous pouvons constater qu'il existe de nombreux dangers pour notre santé.**
  현재, 우리의 건강을 해치는 많은 위험들이 존재한다는 것을 확인할 수 있습니다.

본론 들어가기 예시

본론 1

- Tout d'abord, avoir une bonne hygiène nous permet de rester en bonne santé.
  우선, 좋은 위생 상태는 건강할 수 있게 도와줍니다.
- En premier lieu, vivre dans un endroit non pollué nous préserve de nombreuses maladies.
  첫 번째로, 오염이 되지 않은 곳에서 살면 많은 질병으로부터 보호할 수 있습니다.

본론 2

- Ensuite, être heureux a un effet bénéfique sur notre santé.
  이어서, 행복하면 우리의 건강에 이로운 영향을 줍니다.
- En second lieu, marcher régulièrement a l'avantage de nous maintenir en forme.
  두 번째로, 걷기를 꾸준히 하면 건강을 유지할 수 있다는 이점이 있습니다.

결론을 맺을 때 필요한 표현 예시

- En conclusion, si nous prenons des repas équilibrés…
  결론적으로, 우리가 균형 잡힌 식사를 한다면...
- En somme, si nous faisons attention à notre alimentation…
  요컨대, 우리가 우리의 식단에 주의를 기울인다면...
- Pour résumer, en choisissant des produits sains…
  요약하자면, 건강한 식품을 선택함으로써...

C Vocabulaire et expressions utiles 어휘와 유용한 표현

건강과 관련된 글쓰기에 필요한 형용사

형용사	예시
Sain 건강한, 이로운	Une nourriture saine. 몸에 이로운 음식.
Malsain 병약한, 건강에 해로운	Fumer est malsain. 흡연은 건강에 해롭다.
Dangereux 위험한	Ne pas mettre sa ceinture est dangereux. 안전띠를 매지 않는 것은 위험하다.
Malade 아픈	Il est malade. 그는 아프다.
Alimentaire 식품의, 음식의	Des habitudes alimentaires. 식습관.
Nutritionnel 영양의	L'équilibre nutritionnel. 영양 균형.
Physique 신체의	Une activité physique. 신체 활동.
Néfaste 나쁜, 해로운	Boire de l'alcool est néfaste pour la santé. 술을 마시는 것은 건강에 해롭다.
Actif 활동적인	Être actif est important pour rester en forme. 활동적인 것은 건강을 유지하기 위해 중요하다.
Excessif 지나친, 과잉의	Il faut éviter d'avoir une consommation excessive de chocolat. 지나친 초콜릿의 섭취는 피해야 한다.
Attentif 주의깊은, 신경을 쓰는	Il faut être attentif à sa santé. 건강에 주의를 기울여야 한다.
Médical 의료의	Un soin médical. 의료 행위.
Déséquilibré 불균형한	Une alimentation déséquilibrée. 불균형적인 식단.

Équilibré 균형잡힌	Une alimentation équilibrée. 균형 잡힌 식단.
Sanitaire 보건의, 위생의	Un risque sanitaire. 보건상의 위험.
Exposé 노출된	Être exposé à une maladie. 질병에 노출되다.
Contagieux 전염의	La grippe est contagieuse. 독감은 전염된다.

건강과 관련된 글쓰기에 필요한 부사

부사	예시
Régulièrement 규칙적으로	Je fais du sport régulièrement. 나는 규칙적으로 운동을 한다.
Quotidiennement 일상적으로	Fumer quotidiennement est dangereux pour la santé. 일상적인 흡연은 건강에 해롭다.
Habituellement 보통, 습관적으로	Je travaille habituellement de 10 heures à 18 heures. 나는 보통 오전 10시부터 저녁 6시까지 일한다.
Généralement 주로, 보편적으로	Il est généralement en retard. 그는 보통 지각을 한다.
Normalement 정상적으로, 일반적으로	Il fonctionne normalement. 그것은 정상적으로 작동한다.
Souvent 자주	Je mange souvent des légumes. 그는 자주 야채를 먹는다.
Constamment 끊임없이	Il parle constamment. 그는 끊임없이 말한다.
Fréquemment 빈번하게	Je rencontre mes amis fréquemment. 나는 빈번하게 내 친구들을 만난다.
Systématiquement 체계적으로, 어김없이	Quand il fait froid, je suis systématiquement malade. 날씨가 추워지면, 나는 어김없이 아프다.
Difficilement 어렵게	Je comprends difficilement ce qu'il dit. 나는 그가 말하는 것이 이해하기 어렵다.

Dangereusement 위험하게	Il agit dangereusement. 그는 위험하게 행동한다.
Gravement 심각하게	La situation s'est gravement détériorée. 상황은 심각하게 악화되었다.
Terriblement 몹시, 심하게	J'ai terriblement envie de manger du chocolat. 나는 초콜릿이 너무나 먹고 싶다.

TIP! 부사처럼 사용하기	예시
De façon + adj **De manière + adj** ~의 방식(방법)으로 / ~하게	Vivre de façon dangereuse. 위험한 방식으로 살아가기. Étudier de manière sérieuse. 진지하게 공부하기.
Avec + nom ~하게	Vivre avec prudence. 신중하게 살다. Dormir avec difficulté. 힘들게 잠들다. Travailler avec soin. 신중하게 작업하다.

*nom 명사 adj 형용사 inf 동사원형

원인(이유) 말하기

접속사	예시
Parce que 왜냐하면	Je n'ai pas pu venir, **parce que** j'étais malade. 나는 올 수 없었다 왜냐하면 아팠기 때문이다. Nous n'avons pas fait de pique-nique, **parce qu**'il faisait froid. 우리는 소풍을 갈 수 없었다. 왜냐하면 날이 추웠기 때문이다.
Car 왜냐하면 *parce que 보다 격식 있는 표현	Je dors mal, **car** je suis stressé. 나는 잘 자지 못했다. 왜냐하면 스트레스가 있기 때문이다. Il est heureux, **car** c'est bientôt les vacances. 그는 행복하다. 왜냐하면 곧 휴가이기 때문이다.
Puisque ~니까, ~이므로 ~하는 까닭에 *주로 서두에 위치	**Puisque** je ne travaille pas demain, je vais faire la fête ce soir. 내일 일을 하지 않으니까, 오늘 저녁 파티를 열 것이다. **Puisque** j'ai mal aux dents, je vais aller chez le dentiste cet après-midi. 치아가 아프므로, 오늘 오후 치과에 갈 것이다.

Comme ~하는 까닭에 ~함에 따라서 *주로 서두에 위치	**Comme** je suis fatigué, je vais rester chez moi. 피곤한 까닭에, 나는 집에 남아있을 것이다. **Comme** l'été arrive bientôt, je fais du sport pour perdre du poids! 곧 여름이 다가옴에 따라서, 살을 빼기 위해 운동을 하겠다!
Grâce à + nom ~덕분에	**Grâce à** mes amis, je suis heureux. 친구들 덕분에, 나는 행복하다. J'ai réussi l'examen **grâce à** mon professeur. 선생님 덕분에 나는 시험에 통과했다.
À cause de + nom ~때문에	**À cause de** mon travail, je suis très fatigué. 일 때문에 나는 매우 피곤하다. Je ne peux pas jouer au foot **à cause de** la pluie. 비 때문에 나는 축구를 할 수 없다.

결론 말하기

연결어	예시
Donc 그래서, 그러므로	Il pleut, **donc** je ne pourrai pas aller à la pêche. 비가 와서 낚시를 못 하겠어요. J'ai faim, **donc** je vais manger. 배가 고파서 먹으러 갑니다.
Alors 그래서, 그러면	Un ami vient ce soir, **alors** je vais dîner avec lui. 친구가 오늘 밤에 와서 저녁을 같이 먹겠습니다. Je suis fatigué, **alors** je vais me faire un café. 피곤해서 커피를 만들려고요.
Par conséquent 그래서, 그러므로	Le magasin est fermé, **par conséquent** je ne peux pas acheter de lait. 가게가 문을 닫아서 우유를 살 수 없습니다. J'ai mal à la tête, par conséquent je prends un médicament. 머리가 아파서 약을 먹어요.
Si bien que ~하므로 ~하다	Il y a beaucoup neigé, **si bien que** le sol est glissant. 눈이 많이 내려 땅이 미끄럽습니다. Je suis en retard, **si bien que** je n'ai pas le temps de boire de café. 늦어서 커피를 마실 시간이 없어요.
C'est la raison pour laquelle, C'est pourquoi ~때문에, ~이유로	Si vous détruisez la forêt, de nombreux animaux mourront, **c'est la raison pour laquelle** je ne suis pas d'accord avec ce projet. 숲을 무너뜨리면 많은 동물이 죽어 버리기 때문에 이 프로젝트에 동의하지 않습니다.

장단점 말하기

장점 표현	예시
L'avantage de ~ est ~ ~의 장점은 ~이다 **Avoir l'avantage de** ~은 장점이 있다	L'avantage de cet ordinateur est qu'il est compatible avec la plupart des logiciels. 이 컴퓨터의 장점은 대부분의 소프트웨어와 호환된다는 것입니다. Le français a l'avantage d'*être* parl*é* dans de nombreux pays. 프랑스어는 많은 국가에서 사용된다는 장점이 있습니다.
Permettre de + inf ~할 수 있게 하다	Parler une langue étrangère permet de discuter avec les locaux. 외국어를 말하는 것은 현지인과 대화할 수 있게 해줍니다.
Avoir le mérite de + inf ~한 장점을 가지다	Ce livre a le mérite de donner des informations utiles. 이 책은 유용한 정보를 제공하는 장점을 가지고 있습니다.
Donner la possibilité de + inf ~할 수 있는 여지를 주다 ~할 수 있게 하다	Étudier à la maison nous donne la possibilité de nous concentrer sur des sujets qui nous plaisent. 집에서 공부하는 것(홈스쿨링)은 우리에게 우리가 좋아하는 주제에 집중할 수 있는 기회를 제공합니다.

단점 표현	예시
Risquer de + inf ~(할) 위험이 있다	Les enfants faisant l'école à la maison risquent d'être moins sociables. = Les enfants faisant l'école à la maison ont le risque d'être moins sociables. 홈스쿨링 하는 아동은 덜 사교적일 위험이 있다.
Être néfaste à + nom ~에 해롭다	Les films violents sont néfastes au développement des enfants. 폭력적인 영화는 아동발달에 해롭습니다.
Avoir l'inconvénient de + inf ~는 단점이 있다 **L'inconvénient de + nom est + nom** ~의 단점은 ~이다	Les réseaux sociaux ont l'inconvénient d'isoler les utilisateurs. 소셜 네트워크에는 사용자를 고립시키는 단점이 있다. L'inconvénient du tourisme est la pollution. 관광의 단점은 오염입니다.
Être nuisible à + nom ~에 해롭다	La télévision est nuisible à la créativité des adolescents. 텔레비전은 청소년의 창의성에 해롭습니다.
Nuire à + nom ~에 해롭다	L'abus d'alcool nuit à la santé. 알코올 남용은 건강에 해롭습니다.

IV

Écrire une lettre formelle
격식을 갖춘 편지 글쓰기

a Production écrite 2 : 항의 편지 글쓰기

Sujet Vous venez d'acheter un nouvel appareil photo. Malheureusement, celui-ci fonctionne mal. Vous écrivez une lettre au service après-vente pour expliquer votre problème et demander une solution. (160 mots minimum)

Nombre de mots :

b Méthodologie de la lettre formelle et exemple de production 격식을 갖춘 편지 쓰는 방법과 예시답안

아래의 형식으로 프랑스식 편지 양식을 잘 지켜서 글을 써야 합니다.
이 양식을 바탕으로, 주어진 주제에 맞추어 글을 작성하세요.

Sujet Vous venez d'acheter un nouvel appareil photo. Malheureusement, celui-ci fonctionne mal. Vous écrivez une lettre au service après-vente pour expliquer votre problème et demander une solution. (160 mots minimum)

[보내는 사람 주소]

Marin DODOUSSE
10 rue des frênes
75014 Paris
Tel : 01 46 57 37 49

[받는 사람 주소]

Service après-vente Lumini
46 rue Lucien Bonaparte
75017 Paris

[제목]

Objet : Demande d'échange ou de remboursement.

[날짜]

Paris, le 23 juillet 2022

[받는 사람 (이름, 호칭, 직위)]

Monsieur,

[전달 내용]

Le 17 juillet dernier, j'ai acheté un appareil photo Lumilatox 24K1 dans votre magasin, au 8 rue Palefrenier dans le XIIIe arrondissement de Paris.

Malheureusement, je vous informe que j'ai constaté de nombreux défauts de fabrication.
En effet, l'appareil a un problème concernant la recharge. J'ai essayé à plusieurs reprises de recharger la batterie du Lumilatox mais rien ne se passe.

De plus, les photos que j'ai pu prendre avec l'appareil photo, lorsque celui-ci avait encore de la batterie, sont de très mauvaise qualité. La totalité des photos prises sont complètement floues.

Compte tenu des nombreux défauts du produit que vous m'avez vendu, je souhaite être remboursé ou alors échanger l'appareil contre un autre, fonctionnant correctement.

Dans l'attente de votre réponse, je reste à votre disposition pour tout renseignement complémentaire.

[끝맺음 인사]

Je vous prie d'agréer, Monsieur, l'expression de ma considération.

[서명]

Marin DODOUSSE

주제 당신은 방금 새로운 카메라를 구입했습니다. 불행하게도 작동이 잘 되지 않습니다. 문제점을 설명하고 해결책을 요구하기 위해 서비스센터에 편지를 쓰세요. (최소 160 단어 사용)

	편지	
보내는 사람 주소	Marin DODOUSSE 10 rue des frênes 75014 Paris Tel : 01 46 57 37 49	
	서비스센터 46 rue Lucien Bonaparte 75017 Paris	받는 사람
제목	제목 : 교환 또는 환불 요구	
	2022년 7월23일 파리	날짜
받는 사람 (이름, 호칭, 직위)	Monsieur(남성에 대한 의례적 존칭)	
전달 내용	지난 7월 17일, 저는 파리 13구에 위치한 팔르프리니에 거리 8번지에 위치한 당신의 가게에서 Lumilatox 24K1 카메라를 구입했습니다. 애석하게도, 제품에 수많은 문제점이 있다는 것을 발견했음을 알립니다. 구체적으로* 카메라는 충전기와 관련하여 문제점이 하나 있습니다. 저는 이 모델의 충전기를 여러 번 꽂아 보았으나 전혀 작동이 되지 않았습니다. 게다가, 배터리가 아직 남아있었을 때 이 카메라로 찍을 수 있었던 사진들은 질이 떨어집니다. 모든 사진들이 매우 흐릿합니다. 당신이 제게 판매하신 제품의 수많은 결점을 고려했을 때, 저는 환불을 받거나 혹은 정상적으로 작동하는 카메라로 교환하기를 희망합니다. 답변을 기다리며, 부가적인 정보가 필요하다면 드릴 준비가 되어 있습니다.	
	(끝맺음 인사)	끝맺음 인사
	Marin DODOUSSE	서명

* En effet의 사전적 뜻이 '구체적으로'는 아니며, 앞의 내용에 대한 부연 설명의 기능을 합니다

TIP! 주소, 사람, 목적, 날짜는 채점 대상이 아니지만 전체 단어 수는 점수에 반영됩니다. 편지 본문에서 최소 단어 수를 채웠다면 이 부분은 작성하지 않아도 무방합니다. 그러나 받는 사람(이름, 호칭, 직위), 끝맺음 인사는 중요합니다.

C Vocabulaire et expressions utiles
어휘와 유용한 표현

받는 사람(호칭, 직위)

«Monsieur,» 남성에 대한 존칭 «Madame,» 여성에 대한 존칭

«Madame, Monsieur,» 상대가 남자인지 여자인지 모를 경우

«Monsieur, Madame + statut» : 직위 넣어 호칭하기

«(Chère) Madame la Directrice» (친애하는) ...께 *le Directeur : 교육, 회사 등의 조직장

«(Cher) Monsieur le Directeur» (친애하는) ...께

«Monsieur le Maire,» 시장님께 «Monsieur le Président,» 대통령 각하께

주의! 친근한 편지와 관련된 주제인 경우 공식적인 편지로 작성하지 마십시오. 잘못 작성한 경우 감점됩니다.

끝맺음 인사

편지 형식에 의례적으로 들어가는 문장입니다. 의미 해석보다 그 자체로 암기하는 것이 좋습니다. 아래 끝맺음 인사 예시 중 한 문장을 골라 반드시 암기해두세요.

- «Dans l'attente de votre réponse, je vous prie d'agréer, Monsieur, l'expression de mes sentiments distingués.»
- «Je vous prie d'agréer, Monsieur, l'expression de ma considération distinguée.»
- «Veuillez agréer, Madame, Monsieur, l'expression de mes sentiments distingués.»
- «Veuillez croire, Madame, Monsieur, à l'expression de mes respectueux hommages.»

이메일은 좀 더 간결한 끝맺음 인사를 사용합니다.

- «Cordialement,» «Bien cordialement,» «Sincèrement,» : 진심을 담아

끝맺음 인사를 하기 전 편지 마무리에 사용할 수 있는 표현

- «En espérant que ce courrier retiendra votre attention.»
  이 편지가 당신의 주의를 끌어낼 수 있기를 희망하면서.
  *학습자들의 편의를 위해 다소 직역한 번역이며, 읽어주시길 바란다는 의미입니다.
- «Dans l'attente de votre réponse, je reste à votre disposition pour tout renseignement complémentaire.»
  당신의 답변을 기다리면서, 당신이 부가적인 정보를 원하신다면 (언제든) 대답할 준비가 되어 있습니다.

공식 서신	친근한 편지
– 교사, 학교 교장 – 정치 공무원(시장, 대통령, 지사 등) – 상사(고용주, 책임자, 관리자) – 개인적으로 잘 알지 못하는 사람 *수신인에게 존칭과 격식있는 어휘를 사용해야 합니다	– 친구, 외국인 친구(펜팔 상대) – 가족 – 개인적으로 아주 잘 아는 사람

À vous de jouer !

자, 이제 당신 차례입니다!

a Production écrite 3 : 편지글 안에 논증글 쓰기

Sujet Une petite forêt, près de votre quartier, va être rasée. La ville souhaite y construire à la place un centre commercial. Vous écrivez une lettre au maire de votre ville pour lui faire part de votre opposition au projet. (160 mots minimum)

Nombre de mots :

b Solution proposée 예시 답안

Sujet Une petite forêt, près de votre quartier, va être rasée. La ville souhaite y construire à la place un centre commercial. Vous écrivez une lettre au maire de votre ville pour lui faire part de votre opposition au projet. (160 mots minimum)

보내는 사람 주소

Max IMOME
10 rue de
l'écureuil
44500 Frossay

받는 사람 주소

Monsieur le Maire
13 rue de la République
44500 Frossay

날짜

Le 3 mai 2022, Nantes.

받는 사람 (이름, 호칭, 직위)

1. Monsieur le Maire,

전달 내용

2. Je me permets de vous écrire une lettre en réaction à votre projet de raser la forêt de notre quartier pour y construire un centre commercial. En tant que citoyen de notre ville, je m'interroge sur l'intérêt public de votre idée.

3. Tout d'abord, la forêt, que vous souhaitez détruire, a un rôle écologique important. En effet, de nombreuses espèces animales y habitent. La raser signifierait la mort de dizaines d'animaux. Aussi, la forêt participe à la réduction de la pollution de l'air dans notre ville.

4. Ensuite, un nouveau centre commercial n'est absolument pas nécessaire. Dans le quartier, il existe déjà quatre supermarchés ainsi qu'un grand nombre de boutiques et restaurants. Non seulement un nouveau centre commercial est inutile, mais en plus, sa construction serait une menace pour les nombreux commerces qui existent déjà.

5. Pour finir, votre projet nuira à la qualité de vie de vos citoyens. La forêt est en effet très appréciée. Le matin, beaucoup de personnes y font leur jogging. Toute la journée vos concitoyens s'y promènent et en fin de journée, après l'école, les enfants du quartier y jouent.

6. En conclusion, un nouveau centre commercial menace l'écologie, l'équilibre économique du quartier ainsi que la qualité de vie de ses habitants. Je vous prie donc de reconsidérer ce projet.

끝맺음 인사

7. Je vous prie d'agréer, Monsieur le Maire, l'expression de ma considération la plus distinguée.

서명

Max IMOME

＊시장이나 구청장에게 제안, 불만을 보내는 편지 형식은 자주 출제되므로 주의깊게 보십시오!

주제 당신이 사는 동네 근처의 한 작은 숲이 벌채될 예정입니다. 시는 그곳에 복합 쇼핑몰을 세우길 원합니다. 시장에게 이 계획에 반대하는 당신의 입장을 표명하기 위해 편지를 쓰세요. (160 단어 이상)

구성	편지	구성
보내는 사람 주소	Max IMOME 10 rue de l'écureuil 44500 Frossay	
	Monsieur le Maire 13 rue de la République 44500 Frossay	받는 사람 주소
	2022년 5월 3일 낭트	날짜
받는 사람 (이름, 호칭, 직위)	1. 시장님께,	
전달 내용	2. 시 안의 작은 숲 대신 복합 쇼핑몰을 세우려는 당신의 계획에 반하여 이 편지를 쓰게 되었습니다. 우리 시의 시민으로서, 나는 당신의 생각으로부터 나온 공공의 이익에 대해 의문을 가집니다. 3. 첫 번째로, 당신이 파괴하길 원하는 이 숲은 환경적으로 중요한 역할을 맡고 있습니다. 실상, 수많은 종의 동물들이 이곳에 살고 있습니다. 이 산림 벌채는 수십 마리 동물의 죽음을 의미합니다. 또한 이 공원이 우리 시의 공기 오염 감소에 기여하고 있습니다. 4. 이어서, 새로운 쇼핑몰은 꼭 필요하지 않습니다. 이 지역에는 이미 4개의 수퍼마켓과 수많은 상점과 레스토랑이 있습니다. 새로운 쇼핑몰은 무의미할 뿐만 아니라, 이 건축물은 이미 존재하고 있는 수많은 상점들을 위협하게 될 것입니다. 5. 마지막으로, 당신의 계획은 우리 시민들의 삶의 질을 저해할 것입니다. 이 숲은 실제로 (시민들로부터) 매우 사랑받고 있습니다. 아침에는 많은 사람들이 이곳에서 조깅을 합니다. 하루 종일, 시민들은 산책을 하고 하루가 끝나면 방과 후 동네 아이들이 이곳에서 놉니다. 6. 결론적으로, 새로운 복합 쇼핑몰은, 자연 생태계와 동네 주민들의 삶의 질과 더불어 동네의 경제적 균형을 위협합니다. 나는 이 계획을 다시 고려해주시길 당부 드립니다.	
	7. (끝맺음 인사)	끝맺음 인사
	8. Max IMOME	서명

C Vocabulaire et expressions utiles 어휘와 유용한 표현

편지글 시작

- Je me permets de vous écrire, car...
  외람되지만 제가 편지를 쓰는 이유는 ...
- Je me permets de vous écrire en réaction à...
  외람되지만 당신에게 ...에 대응하여 이 편지를 씁니다.
- Je vous écris, car j'aimerais partager avec vous mon indignation concernant...
  저는 ...에 대한 저의 분노를 당신과 표명하고 싶기 때문에 당신에게 편지를 올립니다.
- Je me permets de vous écrire au nom des habitants de mon quartier...
  외람되지만 저는 주민들의 이름으로 당신에게 편지를 씁니다.

본론으로 들어가기

- En effet, la situation actuelle est inacceptable...
  사실상, 현재 상황은 .... 을 받아들일 수가 없습니다.
- En effet, votre projet de construction d'un nouveau centre commercial est...
  사실상, 새로운 쇼핑몰 건설에 대한 당신의 프로젝트는 ...

En effet, cet événement ~	사실상, 이 사건은...
En effet, ce constat ~	사실상, 이 증명된 사실이...
En effet, ce phénomène ~	사실상, 이 현상은...
En effet, ce résultat ~	사실상, 이 결과가...
En effet, cette révolution technologique ~	사실상, 이러한 기술적 혁신이...
En effet, cette décision ~	사실상, 이 결정이...

결론짓기

- En conclusion, la construction d'un nouveau centre commercial...
  결론적으로 이 새로운 쇼핑몰의 건설은 ...
- En somme, si vous rasez la forêt de notre quartier...
  요컨대, 당신이 저희 동네의 숲을 산림 벌채하시겠다면 ...
- Pour résumer, les habitants du quartier et moi-même sommes contre la construction d'un centre commercial car...
  요약하자면, 동네 주민들과 저는 쇼핑센터 건립을 반대합니다. 왜냐하면 ...

부정적인 표현

동사	예시
Blâmer 비난하다, 나무라다	Je vous **blâme** pour votre attitude. 나는 당신의 태도를 나무라는 것입니다.
Mépriser 경멸, 혐오하다	Je **méprise** ce nouveau projet. 나는 이 새로운 프로젝트를 혐오합니다.
Se tromper 틀리다, 오해하다	Vous vous êtes **trompé**! 당신이 오해한 것입니다!
Faire erreur 실수하다	Il a **fait** une grosse **erreur**. 그는 엄청난 실수를 했습니다.
Avoir tort 틀리다	Vous **avez tort de** penser cela. 당신이 그렇게 생각하는 것은 잘못되었습니다. Vous **avez tort**, la forêt est importante pour les habitants. 당신이 틀렸습니다. 이 숲은 주민들에게 중요합니다.
Être contre 반대하다	Nous **sommes contre** ce projet. 우리는 이 프로젝트에 반대합니다.

부사	예시
Lamentablement 비참하게	Ce projet va **lamentablement** échouer. 이 프로젝트는 비참하게 실패할 것입니다.
Lâchement 비겁, 비열하게	Vous avez **lâchement** décidé de raser cette forêt. 당신은 비겁하게 이 숲을 산림 벌채하기로 결정했습니다.
Ridiculement 우스꽝스럽게, 터무니없이	Vous avez **ridiculement** affirmé que nous n'avions pas besoin de la forêt. 당신은 저희에게 이 숲이 필요하지 않다고 터무니 없게 수상했습니다.
Insuffisamment 불충분하게	Vous vous occupez **insuffisamment** des habitants du quartier. 당신은 이웃 주민들을 충분하게 돌보지 않고 있습니다.
Terriblement 심하게, 끔찍하게	Votre idée est **terriblement** mauvaise. 당신의 아이디어는 끔찍하게 잘못되었습니다.
Extrêmement 극단적으로	C'est une idée **extrêmement** dangereuse. 그것은 극단적으로 위험한 생각입니다.

형용사	예시
Scandaleux 추잡스런, 파렴치한	C'est un projet **scandaleux**. 이건 파렴치한 프로젝트입니다.
Horrible 끔찍한	Raser cette forêt est une action **horrible**. 이 숲을 파괴하는 것은 끔찍한 행동입니다.
Sinistre 불길한, 암울한	Les animaux de la forêt auront un destin **sinistre**. 숲의 동물들은 암울한 운명을 맞게 될 것입니다.
Décevant 기만하는, 실망시키는	Votre décision est très **décevante**. 당신의 결정은 매우 실망스럽습니다.
Catastrophique 재앙의	Ce sera **catastrophique** pour tous les habitants. 모든 주민들에게 재앙이 될 것입니다.
Déplorable 비참한, 한탄스러운	Il est dommage que vous pensiez faire une chose aussi **déplorable**. 당신이 이처럼 한탄스러운 일을 할 생각을 했다니 유감입니다.
Médiocre 보잘것없는, 시시한	C'est un travail vraiment **médiocre**. 이 일은 정말 보잘것없습니다.

부정적인 감탄사 (Quel + 명사)
Quelle honte! 창피한 줄 아세요!
Quel scandale! 정말 터무니 없구만!
Quel désastre! 재난이 따로 없네!

목적, 목표의 표현

표현	예시
Pour + nom/inf ~하기 위하여	Il faut agir pour changer cette situation. 이 상황을 바꾸기 위해 행동해야 합니다.
Afin de + inf ~하기 위하여	Afin d'améliorer les conditions de vie des animaux, il faut agir. 동물의 생활 환경을 개선하기 위해서는 행동해야 합니다. Il faut se mobiliser afin de mettre fin aux maltraitances des animaux. 우리는 동물 학대를 종식시키기 위해 행동합시다.
Dans le but de + inf ~하기 위하여	Dans le but de préserver les baleines, il faut en interdire la chasse. 고래를 보호하기 위해서는 포획이 금지되어야 합니다.
Dans l'objectif de + inf ~하기 위하여	Nous allons réintroduire le loup dans l'objectif de rétablir la faune originelle des Pyrénées. 피레네 산맥에 원래 살던 동물들을 복원하기 위해 늑대를 재도입 할 예정입니다.

확신의 표현

부사	예시
Absolument 절대적으로, 완전히	Je suis **absolument** contre ce projet. 저는 이 프로젝트에 절대적으로 반대합니다.
Totalement 완전히, 전적으로	Nous sommes **totalement** en désaccord avec vous. 우리는 당신과 완전히 동의하지 않습니다.
Intimement 내면 깊숙히, 긴밀하게	Je suis **intimement** persuadé que ce n'est pas une bonne idée. 나는 이것이 좋은 생각이 아니라고 깊이 확신합니다.

동사	예시
Croire ~을(를)믿다, 확신하다	Nous **croyons** que ce n'est pas une bonne idée. 우리는 그것이 좋은 생각이 아니라고 확신합니다.
Penser 생각하다	Je **pense** qu'il ne faut pas faire cela. 나는 그렇게 해서는 안 된다고 생각합니다.
Affirmer 단언하다, 주장하다	Il **affirme** que c'est la seule solution. 그는 이것이 유일한 해결책이라고 주장합니다.
Défendre 보호하다, 옹호하다	Pourquoi **défendez**-vous cette idée catastrophique ? 당신은 왜 이 끔찍한 아이디어를 옹호하고 있습니까?

Être 동사와 함께	예시
Être sûr(e) + de / + que 확신하다	Je **suis sûr que** ce n'est pas une bonne idée. 저는 좋은 생각이 아니라고 확신합니다. Je **suis sûr que** vous faites erreur. 나는 당신이 실수했다고 확신합니다. Je suis **sûr de** réussir. 저는 성공할 것이라고 확신합니다.
Être certain(e) + de / + que 확신하다	Je **suis certain que** c'est dangereux. 나는 위험하다고 확신합니다. Nous **sommes certains que** ce n'est pas une bonne idée. 우리는 좋은 생각이 아니라고 확신합니다. Je suis **certain d'**arriver à l'heure. 저는 제시간에 도착할 거라고 확신합니다.
persuadé(e) + de / + que 확신하다	Nous **sommes persuadés qu'**il ne faut pas raser la forêt. 우리는 숲이 벌채 되어서는 안 된다고 확신합니다.
Être convaincu(e) + de / +que 확신하다	Je **suis convaincu qu'**il faut préserver la forêt. 나는 우리가 숲을 보존해야 한다고 확신합니다. Je suis **convaincu de** l'importance des parcs en ville. 나는 도시 공원의 중요성을 확신합니다.
Il est évident que 분명한 사실이다	**Il est évident que** nous sommes contre ce projet. 우리가 이 프로젝트에 반대하는 것은 명백한 사실입니다.

V

Écrire une lettre à un ami
친구에게 편지쓰기

a Production écrite 4 : 친구에게 편지쓰기 - 제안하기

Sujet Vous écrivez une lettre à un(e) ami(e) pour prendre de ses nouvelles. Vous lui parlez de votre vie et vous lui proposez de partir en vacances avec vous l'été prochain. (160 mots minimum)

Nombre de mots :

b Méthodologie de la lettre à un ami
친구에게 편지글 쓰는 방법

가까운 사람에게 쓰는 편지글이라 할지라도, 기본적인 틀을 지켜주는 것이 좋습니다. 논증글이나 격식을 갖춘 편지에 들어가는 주요 연결어*도 함께 사용해주세요. 그렇지만 친구에게 쓰는 편지글 형식은 다른 종류의 글에 비해 비교적 자유로운 편입니다.

(*tout d'abord 우선, ensuite 이어서, en effet 실제로, par exemple 예를 들어 등)

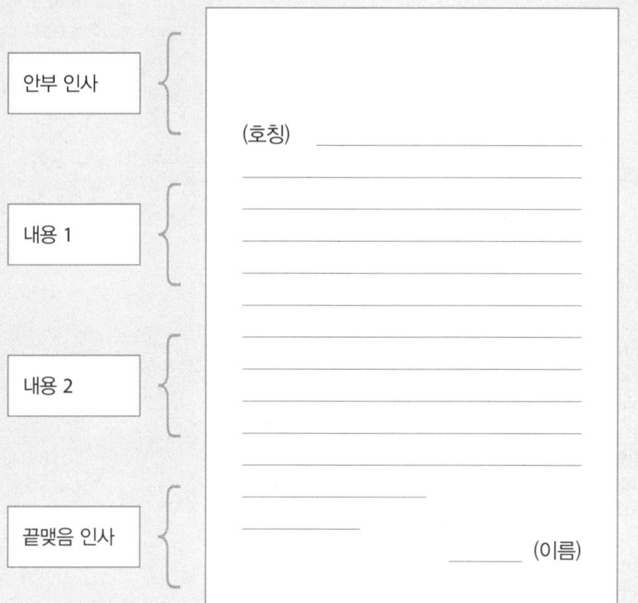

편지 시작 : 받는 사람 호칭과 인사

« Salut, » ou « Salut Chloé, »
《안녕》 혹은 《안녕 클로에》 (친구 이름)

« Mon Thomas, »
« Mon cher Thomas, »
《나의 토마》 혹은 《나의 소중한 토마》

« Coucou ! »
《안녕!》 가까운 사람을 다정하게 부를 때 사용

끝맺음 인사 전에 주로 덧붙이는 표현

« N'oublie pas de m'écrire. »
내게 편지쓰는 것 잊지마.

« J'attends avec impatience ta réponse. »
애타게 너의 답장을 기다릴 거야.

끝맺음 인사

« Je t'embrasse. »
포옹을 하면서 (인사)

« Affectueusement, »
다정스러운 마음을 담아

« Gros bisous. »
네게 키스를 남기며

« Amitiés, »
우정을 담아

C Solution proposée 예시 답안

Sujet Vous écrivez une lettre à un(e) ami(e) pour prendre de ses nouvelles. Vous lui parlez de votre vie et vous lui proposez de partir en vacances avec vous l'été prochain. (160 mots minimum)

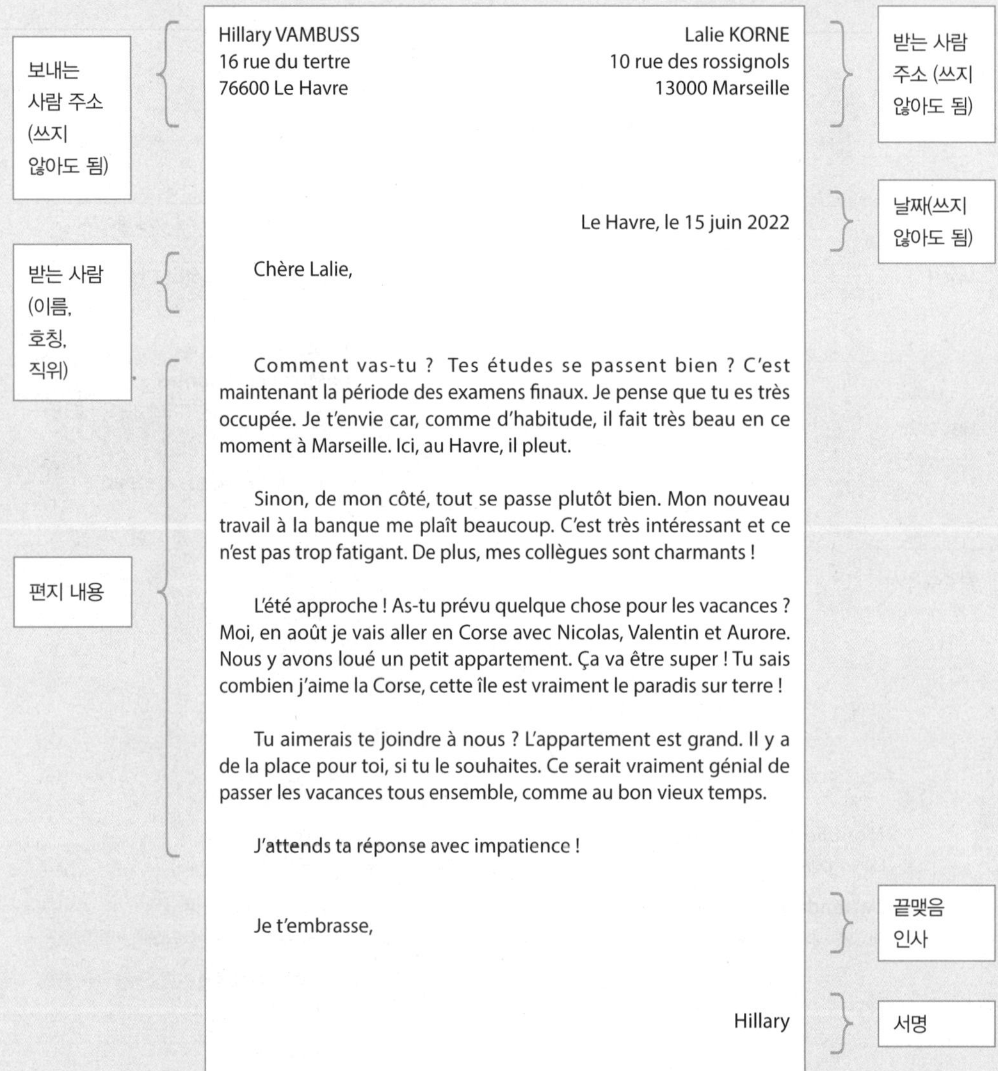

Hillary VAMBUSS
16 rue du tertre
76600 Le Havre

Lalie KORNE
10 rue des rossignols
13000 Marseille

Le Havre, le 15 juin 2022

Chère Lalie,

Comment vas-tu ? Tes études se passent bien ? C'est maintenant la période des examens finaux. Je pense que tu es très occupée. Je t'envie car, comme d'habitude, il fait très beau en ce moment à Marseille. Ici, au Havre, il pleut.

Sinon, de mon côté, tout se passe plutôt bien. Mon nouveau travail à la banque me plaît beaucoup. C'est très intéressant et ce n'est pas trop fatigant. De plus, mes collègues sont charmants !

L'été approche ! As-tu prévu quelque chose pour les vacances ? Moi, en août je vais aller en Corse avec Nicolas, Valentin et Aurore. Nous y avons loué un petit appartement. Ça va être super ! Tu sais combien j'aime la Corse, cette île est vraiment le paradis sur terre !

Tu aimerais te joindre à nous ? L'appartement est grand. Il y a de la place pour toi, si tu le souhaites. Ce serait vraiment génial de passer les vacances tous ensemble, comme au bon vieux temps.

J'attends ta réponse avec impatience !

Je t'embrasse,

Hillary

주제 당신은 친구에게 안부 편지를 씁니다. 그에게 당신의 현재 삶에 대해 이야기하고, 다음 여름 휴가 때 함께 떠날 것을 제안하세요. (160 단어 이상)

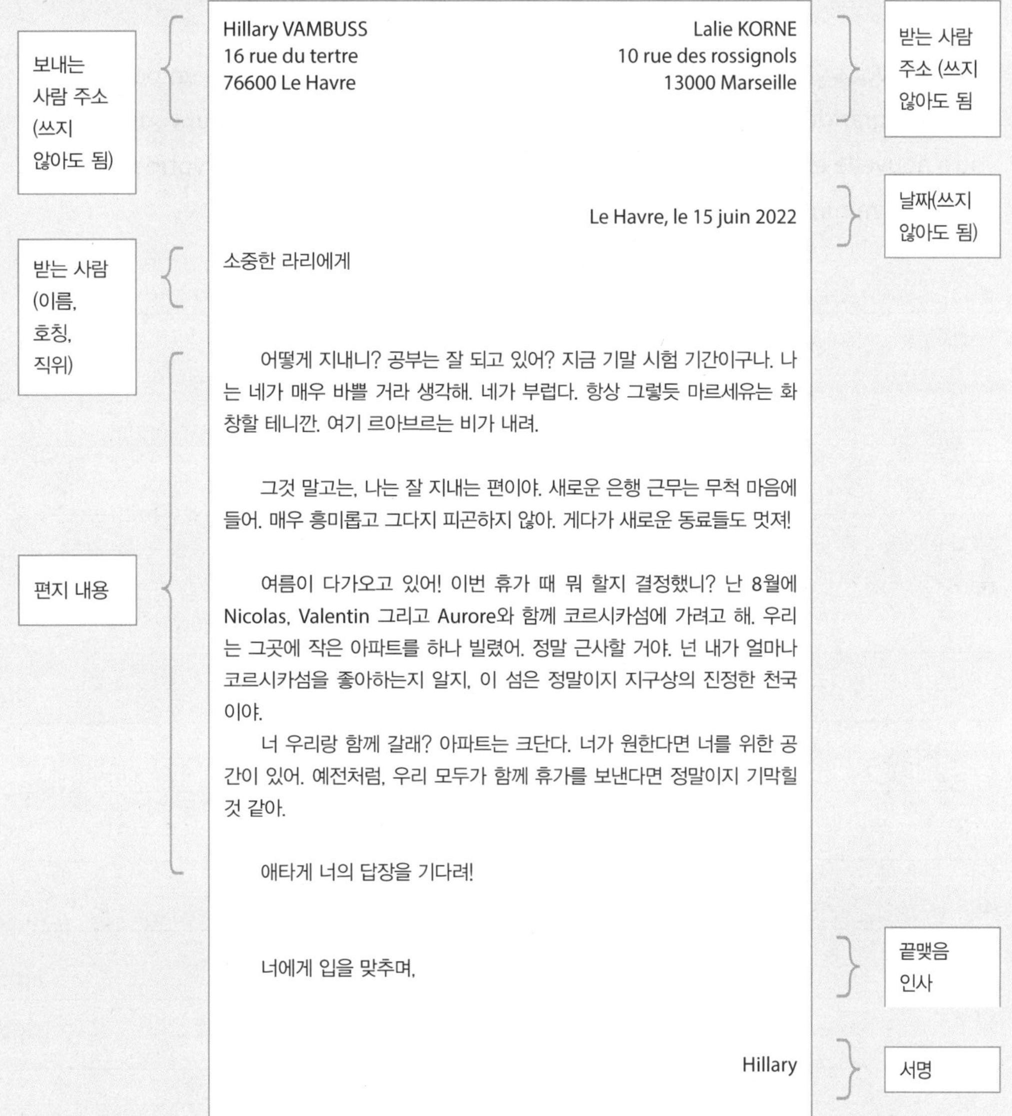

Hillary VAMBUSS
16 rue du tertre
76600 Le Havre

Lalie KORNE
10 rue des rossignols
13000 Marseille

Le Havre, le 15 juin 2022

소중한 라리에게

어떻게 지내니? 공부는 잘 되고 있어? 지금 기말 시험 기간이구나. 나는 네가 매우 바쁠 거라 생각해. 네가 부럽다. 항상 그렇듯 마르세유는 화창할 테니깐. 여기 르아브르는 비가 내려.

그것 말고는, 나는 잘 지내는 편이야. 새로운 은행 근무는 무척 마음에 들어. 매우 흥미롭고 그다지 피곤하지 않아. 게다가 새로운 동료들도 멋져!

여름이 다가오고 있어! 이번 휴가 때 뭐 할지 결정했니? 난 8월에 Nicolas, Valentin 그리고 Aurore와 함께 코르시카섬에 가려고 해. 우리는 그곳에 작은 아파트를 하나 빌렸어. 정말 근사할 거야. 넌 내가 얼마나 코르시카섬을 좋아하는지 알지, 이 섬은 정말이지 지구상의 진정한 천국이야.

너 우리랑 함께 갈래? 아파트는 크단다. 너가 원한다면 너를 위한 공간이 있어. 예전처럼, 우리 모두가 함께 휴가를 보낸다면 정말이지 기막힐 것 같아.

애타게 너의 답장을 기다려!

너에게 입을 맞추며,

Hillary

À vous de jouer !

자, 이제 당신 차례입니다!

a Production écrite 5 :
친구에게 편지쓰기 - 문화 간의 차이점에 대해 소개하기

Sujet Vous venez de déménager en France, car vous avez obtenu un poste à Paris dans une grande entreprise. Vous écrivez une lettre à un ami, avec qui vous partagez votre nouvelle expérience ainsi que les différences entre la France et votre pays natal. (160 mots minimum)

Nombre de mots :

b Solution proposée 예시 답안

Sujet Vous venez de déménager en France, car vous avez obtenu un poste à Paris dans une grande entreprise. Vous écrivez une lettre à un ami, avec qui vous partagez votre nouvelle expérience ainsi que les différences entre la France et votre pays natal. (160 mots minimum)

비교적 자유로운 형식으로 편지글 써보기

DoHyeon KIM
8 rue Poirier de Narcay
75014 Paris

Le 16 mai 2022, Paris

Salut Fabien !

Déjà trois mois que je suis arrivé en France ! Je suis désolé de ne pas t'avoir donné de nouvelles plus tôt ! Tu sais, mon ami, ça fait des années que je rêvais d'aller vivre dans ce pays. Ici, tout est très différent de la Corée. J'aurais beaucoup de choses à te raconter, mais je vais essayer de faire court.

Premièrement, mon rythme de vie est totalement différent. En Corée, j'étais tout le temps pressé. À Paris, pour la première fois de ma vie, je prends le temps de vivre. Tu sais, avant, je travaillais de 9 heures à minuit. Ici, tous les jours, je finis à 17 heures. J'ai donc beaucoup de temps pour moi.

Aussi, si tu viens un jour me voir en France, tu verras que les Français sont très polis. À Séoul, nous disons rarement « bonjour » à nos voisins, aux chauffeurs de bus ou encore aux vendeurs d'un magasin. À Paris, il est très important de dire « bonjour, merci, au revoir », aux gens que nous rencontrons.

Comme tu l'as compris, mon expérience en France est plutôt positive. Je te donnerai plus de détails dans une prochaine lettre. J'espère que tout va bien pour toi. J'attends de tes nouvelles.

Amitiés,

Ton ami DoHyeon

주제 파리의 대기업에 취업하여 프랑스로 이사했습니다. 친구에게 당신의 새로운 경험 및 프랑스와 여러분 나라의 차이점에 대해서 이야기하는 편지를 쓰세요. (160 단어 이상)

김도현
8 rue Poirier de Narcay
75014 Paris

Le 16 mai 2022, Paris

Fabien 안녕

내가 프랑스에 온 지도 벌써 세 달이나 지났어! 너에게 더 빨리 연락을 주지 못해서 미안해. 친구야, 너도 알다시피, 나는 몇 년 동안이나 이 나라에 살아보길 꿈꿔왔잖아. 여기는 한국과는 매우 달라. 나는 네게 할 말이 너무 많지만 짧게 쓰도록 노력해볼게.

첫 번째로, 나의 일상 리듬이 완전히 달라졌어. 한국에서 나는 언제나 서둘렀지. 여기서 처음으로 나는 삶을 사는 시간을 보내. 너도 알다시피, 전에는 9시부터 자정까지 일했다면, 여기서는 매일 오후 5시면 퇴근이야. 그래서 나를 위한 많은 시간을 쓸 수 있어.

그리고, 만약 네가 언젠가 나를 보러 프랑스에 온다면, 너는 프랑스 사람들이 매우 예의 바르다는 것을 알게 될 거야. 서울에서, 우리는 옆집 사람에게, 버스 기사님께 또는 상점 안 판매인들에게 잘 인사하지 않잖아. 파리에서는 우리가 만나는 사람들에게 "안녕하세요, 고맙습니다, 안녕히 계세요"라고 인사하는 것이 무척이나 중요해.

보다시피, 전체적으로 프랑스에서의 나의 경험은 비교적 긍정적이야. 다음 번 편지에 좀 더 자세하게 이야기해줄게. 네가 잘 지냈으면 좋겠어. 너의 소식을 기다릴게.

우정을 담아,

네 친구 도현

C Vocabulaire et expressions utiles
어휘와 유용한 표현

편지글 쓰기 시작할 때 예시

- Déjà deux ans que nous ne nous sommes pas vus.
  우리가 서로를 못 본 지 벌써 2년이 되었습니다.
- Ça fait longtemps que je n'ai pas eu de tes nouvelles.
  당신의 소식들을 들은 지 정말 오래되었습니다.
- Tout se passe bien pour toi ? Comment va ta famille ?
  모든 일이 잘 풀리고 있습니까? 가족들은 어떻습니까?

자신에 대해 이야기하기

- En ce moment, je suis très occupé(e), car…
  요즘, 나 매우 바빠 왜냐하면…
- Pour moi, beaucoup de choses ont changé dans ma vie…
  내 삶에서 많은 것들이 바뀌었어…
- J'ai tellement de choses à te raconter ! J'ai changé de travail et j'ai déménagé.
  너에게 할 말이 정말 많아! 나는 직장도 바꿨고 이사도 했어.

새로운 소식에 관한 질문

- Et toi, comment se passe ton travail?
  너는, 너의 일은 어떻게 되어가니?
- J'imagine que tu es très occupé(e), tes études te plaisent toujours?
  네가 매우 바쁠 거라고 생각해, 여전히 너의 공부를 즐기고 있니?
- Comment se porte ta famille?
  너의 가족은 어때?
- Tout va bien avec ton copain/ta copine?
  남자친구/여자친구랑은 모든 것이 괜찮니?

친구에게 조언 구하기

- Qu'est-ce que tu en penses ? 넌 이거 어떻게 생각해?
- Que ferais-tu à ma place ? 너라면 어떻게 하겠어?
- Ça te dirait (de + inf) ? / Ça te plairait (de + inf) ? ~하는 거 괜찮니?

긍정적인 표현

동사	예시
Admirer 감탄하다, 존경하다	**J'admire** mes collègues, ils travaillent très bien. 나는 내 동료들에게 감탄한다. 그들은 일을 매우 잘한다.
Féliciter 축하하다	Je te **félicite** pour ton nouveau travail. 당신의 새로운 직장을 축하한다.
Impressionner 인상을 주다	Les monuments parisiens **m'impressionnent**. 파리 기념물들은 나에게 깊은 인상을 주었다.
Adorer 흠모하다, 사랑하다	Nous **adorons** nous promener dans les rues de Paris. 우리는 파리의 거리를 산책하는 것을 사랑한다.
Apprécier 좋아하다	**J'apprécie** beaucoup la nourriture française. 나는 프랑스 음식을 매우 좋아한다.
Être satisfait 만족하다	Il est **satisfait** de sa vie en France. 그는 프랑스에서의 그의 삶에 만족한다.
Se réjouir de 기뻐하다	Je me **réjouis** d'aller vivre dans ce pays. 나는 이 나라에 이사하게 되어 기쁘다.
Aimer 좋아하다	**J'aime** beaucoup le vin de Bordeaux. 나는 보르도의 와인을 매우 좋아한다.

부사	예시
Formidablement 굉장히, 엄청나게	Ce voyage en avion était **formidablement** confortable. 비행기로 한 이번 여행은 굉장히 편안했다.
Exceptionnellement 특별히, 예외적으로	La tour Eiffel est **exceptionnellement** magnifique. 에펠탑은 특별히 멋졌다.
Superbement 멋지게	Vous avez **superbement** réussi ce projet. 당신은 이 프로젝트를 멋지게 성공했다.
Agréablement 즐겁게, 기분좋게	Nous nous sommes **agréablement** promenés. 우리는 즐겁게 산책했다.
Correctement 정확하게, 올바르게	Il a **correctement** répondu. 그는 정확하게 답변했다.
Aisément 쉽게	J'ai **aisément** retrouvé mon chemin. 나는 쉽게 나의 길을 찾았다.

형용사	예시
Exceptionnel 예외적인, 특별한	C'est une ville **exceptionnelle.** 특별한 도시입니다.
Formidable 대단한	C'est **formidable** d'avoir autant de temps libre. 이렇게 많은 자유시간을 가지는 것은 대단합니다.
Convaincant 설득력 있는	Je trouve cette idée très **convaincante.** 나는 이 아이디어가 매우 설득력 있다고 봅니다.
Beau 아름다운	Quel **bel** endroit ! 얼마나 아름다운 곳입니까!
Parfait 완벽한	Ce dîner était **parfait.** 이 저녁 식사는 완벽했습니다.
Délicieux 맛있는	Quel **délicieux** repas ! 얼마나 맛있는 식사입니까!
Passionnant 열광시키는, 재미있는	Ce livre est **passionnant.** 이 책은 아주 재미있습니다.
Somptueux 화려한	Le Louvre est un musée **somptueux.** 루브르는 화려한 박물관입니다.

기타 표현
Toutes mes félicitations ! Mes compliments ! 축하합니다!

연결어

차이점	예시
Mais 그러나	Je veux acheter un ordinateur, **mais** je n'ai pas d'argent. 나는 컴퓨터를 사고 싶지만 돈이 없다.
Cependant 그렇지만	J'étais très heureux en France, **cependant** tu me manquais. 프랑스에서 정말 행복했지만 네가 보고 싶었어.
Pourtant 그러나, 그렇지만	Il est fatigué, **pourtant** il continue de travailler. 그는 피곤하지만 계속 일을 한다.
Toutefois 그렇기는 하지만, 그러나 *격식 있는 표현	J'adore visiter de nouveaux endroits. **Toutefois,** je n'en ai pas le temps aujourd'hui. 나는 새로운 장소를 방문하는 것을 좋아한다. 그렇지만 오늘은 시간이 없다.

Par contre 반면에	La nourriture en France est bonne, **par contre** il n'y a pas de kimchi. 프랑스에서 음식은 좋지만 반면에 김치가 없다.
En revanche 그 대신에, 반면에	Je ne peux pas venir demain, **en revanche** je suis disponible samedi. 나는 내일은 올 수 없지만 그 대신에 토요일은 가능하다.
Tandis que ~하는 반면에, 한편	À Paris, il y a la tour Eiffel, **tandis qu'à** Séoul, il y a la tour Namsan. 파리에는 에펠타워가 있다면 서울에는 남산타워가 있다.
Alors que ~인데 비해, ~임에 반해	Il fait beau en France **alors qu'il** pleut en Corée. 한국에는 비가 오는데 반해 프랑스는 날씨가 좋다.
Contrairement à ~달리, 반대로	**Contrairement** aux Coréens, les Français boivent beaucoup de vin. 한국인들과 달리 프랑스인들은 와인을 많이 마신다.
Différent de 다른	La culture coréenne est très **différente de** la culture française. 한국 문화는 프랑스 문화와 매우 다르다.

유사점	예시
Comme ~같이, ~처럼	Les Français sont **comme** les Coréens : ils sont très gentils. 프랑스인들은 한국인들과 같다. 그들은 매우 친절하다.
Ressembler à ~비슷하다, ~을 닮다	Mon manteau **ressemble au** tien. 내 외투는 네 것과 비슷하다.
Identique 마찬가지의, 같은	Mon travail et le sien sont **identiques**. 나의 일과 너의 일은 같다.
Similaire à 비슷한	Ma vie en France est **similaire à** celle que j'avais en Corée. 프랑스에서의 내 삶은 한국에서의 삶과 비슷하다.
Pareil(le) [형용사] ~같은, 비슷한 **Pareil** [부사] ~똑같이, 비슷하게	Il est **pareil** que celui-là. 이것과 같다. Il fait **pareil** que toi. 그는 너와 똑같이 한다.

비교급

형용사	동사	명사
Plus + 형용사 + que Aussi + 형용사 + que Moins + 형용사 + que	동사 + plus + que 동사 + autant + que 동사 + moins + que	Plus de + 명사 + que Autant de + 명사 + que Moins de + 명사 + que

*아래 불규칙 비교급은 암기하셔야 합니다.

형용사	최상급형	부정 표현
Bien Bon (ne. s)	Mieux Meilleur (e. s)	Moins bien Moins bon (ne. s), pire(s)

최상급

형용사	동사	명사
(Le, la, les) Plus + 형용사 + de (Le, la, les) Moins + 형용사 + de	동사 + le plus + de 동사 + moins + de	(Le, la, les) plus de + 명사 (Le, la, les) Moins de + 명사 + que

	예시
Le mieux 최선	Le mieux, c'est d'aller en France pour apprendre la langue. 가장 좋은 것은 프랑스어를 배우기 위해 프랑스로 가는 것이다.
Le meilleur, la meilleure, les meilleur(e)s. + de 최고	La glace au chocolat est la meilleure du monde. 초콜릿 아이스크림은 세계 최고이다.
Le pire, la pire, les pires 최악	C'est le pire gâteau que j'ai eu l'occasion de manger dans ma vie. 이것은 내 인생에서 먹어본 최악의 케이크이다.

예문

비교급

- Les jeunes Français ont plus de temps pour profiter de leur jeunesse que les jeunes coréens.
  프랑스 젊은이들은 한국 젊은이들보다 그들의 청춘을 즐길 시간이 더 많습니다.
- La cuisine française est aussi variée que celle de Chine.
  프랑스 요리는 중국 요리만큼 다양합니다.
- Les bus en France roulent moins vite que ceux en Corée.
  프랑스에서 버스는 한국에서보다 느리게 운행됩니다.

최상급

- Il est le plus passionné de la classe.
  그는 반에서 가장 열정적이다.
- Elle s'habille le plus joliment du monde.
  그녀는 세상에서 가장 예쁘게 옷을 입는다.
- Ce sont eux qui mangent le plus de tous les employés de notre entreprise.
  그들이 우리 회사의 모든 직원들 중에 가장 많이 먹는 사람들이다.
- Séoul est la ville qui a le plus d'habitants du pays.
  서울은 전국에서 인구가 가장 많은 도시이다.
- Ma vie actuelle est mieux qu'avant.
  현재 내 삶은 전보다 낫다.

가정법 표현

실현 가능 가정	예시
Si + 현재, 단순 미래	Si je suis en retard, je louperai mon train. 내가 늦는다면, 기차를 놓칠 것이다. Si tu travailles dur, tu réussiras le DELF B1. 열심히 공부한다면, 델프 B1을 합격할 거야.

상상(비현실)	예시
Si + 반과거, 조건법 현재	Si j'habitais en France, je mangerais des croissants tous les jours. 프랑스에 산다면, 매일 크루아상을 먹을 텐데. S'il le voulait, il pourrait devenir président. 그가 원한다면 대통령이 될 수 있을 텐데.

유사 표현

유사 표현	예시
Sembler + adj/inf ~처럼 보이다, ~같다	Ce monument semblait très ancien. 이 기념물은 매우 오래된 것 같다. Il semblait cuisiner avec talent. 그는 재능 있는 요리를 하는 것처럼 보였다.
Paraître + adj/inf 보이다, 나타나다	Ces gens paraissaient extrêmement heureux. 이 사람들은 매우 행복해 보였다.
Avoir l'air ~와 같다	Dans ce costume traditionnel, j'avais l'air d'une vraie Bretonne. 이 전통 의상을 입으니 나는 진짜 브르타뉴 사람 같았다.
Faire penser à 연상시키다	Me balader dans les rues de Montmartre m'a fait penser à une scène d'Amélie Poulain. 몽마르트 거리를 산책하는 것은 Amélie Poulain 속의 한 장면을 연상시켰다.

a Production écrite 6 : 독자 투고 글쓰기

Sujet En lisant l'article d'un magazine français, vous apprenez que plus de soixante-mille animaux de compagnie ont été abandonnés cet été. L'auteur explique que certaines personnes ne peuvent pas partir en vacances avec leurs animaux. Elles décident alors de les laisser sur le bord de la route. Touché par cette information, vous décidez d'écrire au courrier des lecteurs pour exprimer votre colère. (160 mots minimum)

Nombre de mots :

b Méthodologie du courrier des lecteurs 독자 투고 글 쓰는 방법

독자 투고 글은 기사나 칼럼에 대한 반응으로 신문사나 잡지사 또는 편집장에게 글을 쓰거나 시사, 사회, 풍속 따위에 관하여 기고하기 위해 글을 쓰는 것입니다. 글의 형식은 정해진 양식이 있는 것은 아니니 자유롭게 작성하되 사전에 연습한 편지글과 논증글의 양식을 이용하여 작성하는 것이 좋습니다.

보내는 사람 주소 (쓰지 않아도 됨)

Robert Nard
84-5 Apgujeong
Gangnam-Gu, Séoul

받는 사람 주소 (쓰지 않아도 됨)

Journal « le Matinal »
46 rue Jean Moulin
75008 Paris

날짜(쓰지 않아도 됨)

Séoul, le 29 août 2022

받는 사람 (이름, 호칭, 직위)

Mesdames, Messieurs,

내용

Je me permets de vous écrire suite à l'article que vous avez publié la semaine dernière, au sujet de ________________.
J'ai en effet été très surpris de lire que...

끝맺음 인사말 (중요)

En espérant que mon opinion retiendra votre attention, recevez chers lecteurs l'expression de mes salutations les plus respectueuses.

서명

Robert Nard

C Solution proposée 예시 답안

Sujet En lisant l'article d'un magazine français, vous apprenez que plus de 60 000 animaux de compagnie ont été abandonnés cet été. L'auteur explique que certaines personnes ne peuvent pas partir en vacances avec leurs animaux. Elles décident alors de les laisser sur le bord de la route. Choqué, par cette information, vous décidez d'écrire au courrier des lecteurs pour exprimer votre colère. (160 mots minimum)

보내는 사람 주소 (쓰지 않아도 됨)

Harry COVERT
10 rue de la rose
35000 Rennes

받는 사람 주소 (쓰지 않아도 됨)

Magazine Citoyen Debout
16 rue de la Révolution
75008 Paris

날짜(쓰지 않아도 됨)

Rennes, le 29 novembre 2023

받는 사람 (이름, 호칭, 직위)

Mesdames, Messieurs,

내용

Je vous écris après avoir lu l'article sur les abandons d'animaux, paru la semaine dernière dans ce journal. J'ai vraiment été choqué de savoir qu'autant d'animaux étaient abandonnés pendant les vacances ! Quelle honte !

Avant tout, nos compagnons sont des êtres sensibles ! Tout comme les humains, ils ont des sentiments. Comme nous, ils peuvent ressentir la tristesse et la joie.
Imaginez que votre famille vous abandonne. Imaginez que tout ce que vous connaissiez disparaisse. Vous seriez complètement bouleversés ! C'est exactement ce qu'ils ressentent !

Aussi, abandonner notre animal signifie le condamner à mort. L'hiver dernier, plusieurs dizaines de milliers de chats et chiens errants sont morts dans nos rues. Ce nombre terrible s'explique par le froid, les accidents routiers et la faim. De même, les animaux domestiques ne sont pas adaptés à la vie sauvage. Par exemple, un chat qui a vécu avec les hommes se fera facilement attaquer par d'autres chats dans la rue. Généralement, il mourra.

En conclusion, la plupart des humains veulent des animaux domestiques. Cependant, il est nécessaire de bien réfléchir avant d'accueillir un animal dans notre foyer. Nous devons être capables de nous occuper de lui et de le considérer comme un membre de notre famille.

끝맺음 인사말 (중요)

Sincères salutations,

서명

Harry COVERT

주제 프랑스 잡지의 기사를 읽으면서, 당신은 이번 여름에 6만 마리 이상의 반려동물이 버려졌다는 사실을 알게 되었습니다. 저자는 어떤 사람들은 반려동물과 함께 휴가를 갈 수 없기 때문이라고 설명합니다. 그래서 그들은 동물을 길가에 유기하기로 결정합니다. 이 정보에 충격을 받은 당신은 독자의 편지에 글을 써서 분노를 표현하기로 결정했습니다. (160 단어 이상)

보내는 사람 주소 (쓰지 않아도 됨)

Harry COVERT
10 rue de la rose
35000 Rennes

받는 사람 주소 (쓰지 않아도 됨

Magazine Citoyen Debout
16 rue de la Révolution
75008 Paris

날짜(쓰지 않아도 됨)

Rennes, le 29 novembre 2023

받는 사람 (이름, 호칭, 직위)

Mesdames, Messieurs,

편지 내용

지난주에 이 잡지에 나온 버림받은 동물들에 관한 기사를 읽은 후에 당신에게 편지를 씁니다. 저는 휴가 기간 동안 이토록 많은 동물들이 버림받는 사실을 알고 정말로 충격을 받았습니다. 얼마나 부끄러운 일입니까!

무엇보다도 우리의 동반자들은 지각이 있는 존재입니다! 인간들과 마찬가지로 그들은 감정이 있습니다. 우리처럼 그들은 슬픔과 기쁨을 느낄 수 있습니다. 당신의 가족들이 당신을 버린다고 상상해보세요. 당신이 알고 있는 모든 것이 사라진다고 상상해보세요. 당신은 완전히 괴로울 것입니다! 이것이 정확히 그들이 느끼는 것입니다.

또한 우리의 동물을 버린다는 것은 그들을 죽음에 처하게 하는 것입니다. 지난 겨울에 떠돌아다니는 수만 마리의 고양이와 개들이 길거리에서 죽었습니다. 이 끔찍한 수는 추위, 도로 사고 및 배고픔 때문일 수 있습니다. 마찬가지로 애완동물들은 야생 삶에 적응되지 않았습니다. 예를 들어 사람들과 함께 살아온 고양이는 길거리에서 다른 고양이들에게 쉽게 공격을 받을 것 입니다. 그들은 대개 죽게 될 것입니다.

결론적으로 대부분의 사람들은 반려동물들을 원합니다. 그렇지만 우리 가정에 동물을 데리고 오기 전에 신중하게 생각해 볼 필요가 있습니다. 우리는 그들을 돌볼 수 있어야 하며 우리 가족 구성원처럼 여겨야 합니다.

끝맺음 인사

Sincères salutations,

서명

Harry COVERT

d Vocabulaire et expressions utiles 어휘와 유용한 표현

호칭

- « Monsieur le rédacteur, » 편집부 담당자께
- « Chers lecteurs, » 독자들께

첫 문장 쓰기

- « Je vous écris, car j'aimerais partager avec vous mon opinion sur l'article ________, que vous avez publié le ________ »
  ________에 게시한 ________ 기사에 대한 제 의견을 공유하고 싶어 편지를 씁니다.
- « Je me permets de vous écrire suite à l'article ____________, que vous avez publié la semaine dernière. »
  저는 당신이 지난주에 발행한 ____________ 기사를 본 후 당신에게 글을 씁니다.

  예 Je me permets de vous écrire suite à l'article "les robots intelligents", que vous avez publié le 10 juin 2018. 2018년 6월 10일에 게시한 "지능형 로봇"기사를 본 후 당신에게 글을 씁니다.

마무리 문장

본론 – 주장하는 글에서는 적절한 연결어와 접속사 사용을 항상 염두에 두세요.

- Avant tout, nos compagnons sont... 무엇보다도, 우리 동반자들은…
- Aussi, abandonner notre animal signifie... 또한, 우리의 동물을 버린다는 것은 … 의미합니다
- En conclusion, la plupart des humains veulent... 결론적으로, 대부분의 사람들은 … 원합니다

끝맺음 (마무리) 인사

- Je vous remercie de m'avoir lu et vous prie d'agréer, Madame, Monsieur, l'expression de mes salutations les plus respectueuses.
  이 글을 읽어주셔서 감사합니다. + 끝맺음 인사 (한 가지씩 기억해두는 것이 좋습니다.)
- En espérant que mon opinion retiendra votre attention, recevez, chers lecteurs, l'expression de mes salutations les plus respectueuses.
  제 의견이 여러분들의 관심을 끌기를 희망하며 + 끝맺음 인사
- « Veuillez agréer, Madame/Monsieur, l'expression de mes sentiments distingués. »
  안녕히 계십시오. (매우 격식적인 편지에서 쓰이는 의례적 인사 표현)

조금 더 친숙한 끝맺음 인사

- « Cordialement, » « Bien cordialement, » « Sincèrement, » « Sincères salutations, »
  진심으로, 충심으로

입장 표명 동사	예시
Suggérer 권하다	Il nous suggère d'apprendre à cuisiner. 그는 우리가 요리를 배우는 것을 권합니다.
Dénoncer 고발하다, 규탄하다	Je souhaite dénoncer la cruauté envers les animaux. 동물에 향한 잔인함을 규탄하고 싶습니다.
Tolérer 참다, 허용하다	Je ne tolère pas ces actes. 나는 이러한 행동들을 참을 수 없습니다.
Se mobiliser 함께 행동하다, 불러모으다	Nous devons nous mobiliser. 우리는 함께 행동해야 합니다.
Condamner 비난하다, 형을 선고하다	Je condamne fermement les violences contre les animaux. 동물에 대한 폭력을 확고하게 비난합니다.
Être persuadé (e) 확신하다	Je suis persuadé qu'un autre monde est possible. 나는 다른 세상이 가능하다고 확신합니다.
Ignorer 무시하다	Nous ne devons plus ignorer cette réalité. 우리는 더 이상 이 현실을 무시해서는 안 됩니다.

의사 강조 부사	예시
Probablement 아마도	Il est probablement facile de changer. 아마도 바꾸기 쉽습니다.
Assurément 틀림없이, 확실히	Des milliers d'animaux meurent assurément de maltraitance chaque année. 틀림없이 수천 마리의 동물들은 매년 학대로 인해 죽습니다.
Certainement 림없이	Une solution existe certainement. 틀림없이 해결책은 존재합니다.
Désormais 이제부터	Nous devons désormais changer les choses. 우리는 이제부터 상황을 바꿔야 합니다.
Extrêmement 극도로	Lire cela m'a extrêmement choqué. 이것을 읽는 것은 극도로 충격적이었습니다.
Absolument 절대적으로	Il faut absolument trouver une solution. 절대적으로 해결책을 찾아야만 합니다.
Éventuellement 경우에 따라서는	Il faudrait éventuellement changer la loi. 경우에 따라서는 법을 바꾸어야 합니다.

Vraisemblablement 아마도	Il existe vraisemblablement des solutions. 아마도 해결책들은 존재합니다.

부정 표현 형용사	예시
Indifférent 무관심한	Ne restez pas indifférents. 무관심하지 마세요.
Choqué (e) 충격을 받은	Je suis profondément choqué. 나는 깊이 충격 받았습니다.
Pénible 괴로운	Il m'a été pénible d'apprendre cette nouvelle. 이 소식을 알게 되어 괴로웠습니다.
Monstrueux 끔찍한	C'est absolument monstrueux. 절대적으로 끔찍합니다.
Destructeur 파괴적인	Il faut arrêter ces actions destructrices. 이러한 파괴적인 행동들을 중단해야만 합니다.
Sombre 어두운	C'est une sombre affaire. 암담한 일이다.
Triste 슬픈, 속상한	Le traitement que subissent certains animaux est vraiment triste. 몇몇 동물들이 겪는 취급은 정말로 슬프다.
Bouleversant 충격적	Ces informations sont absolument bouleversantes. 이 정보들은 완전히 충격적이다.
Révoltant 불쾌한	Leurs actions sont révoltantes ! 그들의 행동들은 불쾌하기 짝이 없다!

부정적 뉘앙스의 감탄
C'est un scandale ! 이것은 파렴치한 행위입니다! C'est inacceptable ! 이것은 용납할 수 없습니다!

의사 표현 동사	예시
Maintenir 주장하다	Je maintiens qu'il faut changer. 나는 우리가 바꿔야 한다고 주장한다.
Rester sur ses positions ~의 입장을 고수하다	Je reste sur mes positions. 나의 입장을 고수하다.
Croire 믿다, 확신하다	Je crois que c'est inadmissible. 나는 받아들일 수 없다고 믿는다.
Sembler ~인 것 같다	Il me semble que c'est inhumain. 이것은 비인간적인 것 같다.
Paraître 나타나다, 보이다	Il me paraît dangereux de continuer comme cela. 이렇게 계속하는 것은 위험해 보인다.
Craindre 무서워하다, 겁내다	Je crains que rien ne change. 나는 아무것도 변하지 않을까 무섭다.
Se demander 궁금하다	Je me demande si la situation va s'améliorer. 상황이 나아질지 궁금하다.
Imaginer 가정하다, 상상하다	J'imagine que je ne suis pas le seul à penser de cette manière. 나는 이렇게 생각하는 게 나만은 아닌 것 같다.
Supposer 가정하다, 추측하다	Je suppose que vous êtes nombreux à partager mon opinion. 제 생각에 공유하고 싶은 분들이 많다고 추측한다.
Penser 생각하다	Je pense que ça va encore continuer longtemps si l'on ne fait rien. 우리가 아무것도 하지 않으면 이것이 오랫동안 지속될 거라고 생각한다.
S'opposer à 반대하다	Je m'oppose à ces pratiques. 나는 이 실천에 반대한다.
Désapprouver 찬성하지 않다	Je désapprouve toute maltraitance sur les animaux. 나는 동물에 향한 모든 학대를 찬성하지 않는다.
Ne pas être d'accord 동의하지 않다	Je ne suis pas d'accord avec l'article. 나는 기사에 동의하지 않는다.

원인 나타내기	예시
C'est la raison pour laquelle 그래서, ~이기 때문에	Si vous détruisez la forêt, de nombreux animaux mourront, c'est la raison pour laquelle je ne suis pas d'accord avec ce projet. 숲을 파괴하면 많은 동물들이 죽기 때문에 저는 이 프로젝트에 동의하지 않습니다.
C'est pourquoi 그래서, ~이기 때문에	J'aime les animaux, c'est pourquoi je suis membre de cette association. 저는 동물들을 좋아합니다. 때문에 저는 이 협회의 멤버입니다.
C'est pour cette raison que 그래서, ~이기 때문에	Nous pensons qu'il est nécessaire de protéger les ours blancs et c'est pour cette raison que nous sommes réunis aujourd'hui. 우리는 북금곰을 지키는 것이 중요하다고 생각합니다. 그렇기 때문에 우리는 오늘 모였습니다.

관련짓기	예시
Concernant ~에 관하여, ~에 대해서	Concernant votre proposition, je pense que c'est une idée formidable. 당신의 제안에 관하여 저는 대단한 아이디어라고 생각합니다.
En ce qui concerne ~에 관련하여	En ce qui concerne les SDF, le gouvernement doit proposer une solution faisable et humaine. 노숙자와 관련하여 정부는 실현 가능하고 인도적인 해결책을 제시해야만 합니다.
Par rapport à ~관련하여, ~대하여	Nous sommes embarrassés par rapport à ce qui vient d'arriver. 우리는 방금 일어난 일에 대하여 난처합니다.

관점 나타내기	예시
• économique 경제적 • culturel 문화적 • moral 도덕적 • philosophique 철학적 • artistique 예술적 • global 전체적 • commercial 상업적 • littéraire 문화적 • social 사회적 • politique 정치적 • sanitaire 보건적 • rationnel 이성적 • scientifique 과학적 • écologique 생태학적 • professionnel 전문적 • humaniste 인간적	D'un point de vue ~관점에서 D'un point de vue écologique, la voiture est un désastre. 생태학적 관점에서 자동차는 재앙이다. D'un point de vue écologique, l'utilisation de sacs plastiques dans les magasins est à interdire. 생태학적 관점에서 상점에서 비닐봉지 사용은 금지되어야 한다. D'un point de vue éducatif, avoir un animal de compagnie est enrichissant pour les enfants. 교육적인 관점에서 반려동물을 가지는 것은 아이들의 정신을 풍요롭게 하는 일이다.

VII

Écrire un article sur Internet (blog/forum)
인터넷에 글쓰기 (블로그/포럼)

a Production écrite 7 : 인터넷에 글쓰기 (블로그/포럼)

Sujet Vous revenez d'un séjour à Paris. Vous décidez d'écrire un article sur un blog de voyage pour parler de votre expérience. Vous partagerez vos conseils concernant le tourisme à Paris avec les autres internautes. (160 mots minimum)

ID :

Publié :

Nombre de mots :

a Méthodologie de l'article sur Internet 블로그 글 쓰는 방법

블로그 글은 현대 매체의 발달과 더불어 비교적 최신 스타일의 글로서, 형식에 가장 구애를 받지 않습니다.

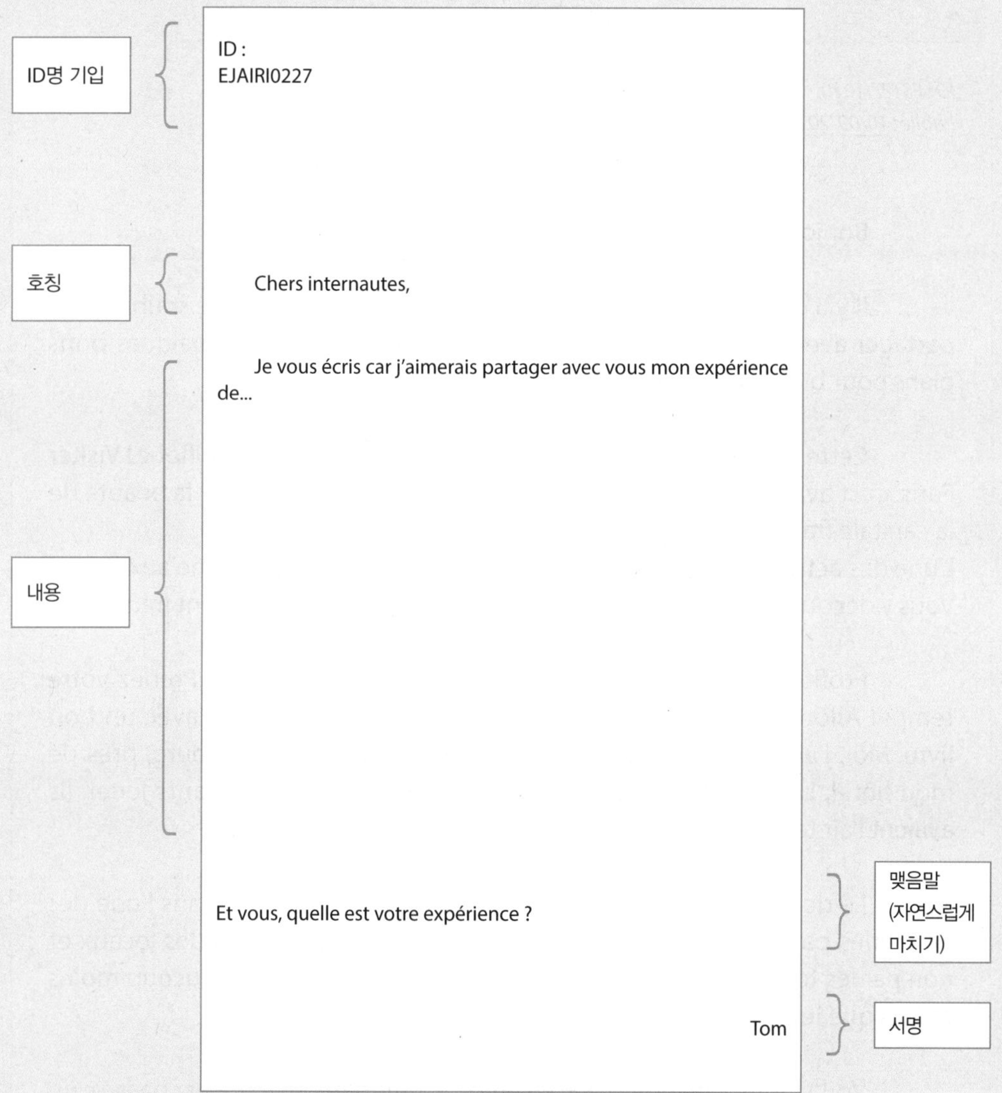

ID명 기입
ID :
EJAIRI0227
호칭
Chers internautes,
내용
Je vous écris car j'aimerais partager avec vous mon expérience de...
Et vous, quelle est votre expérience ?
맺음말 (자연스럽게 마치기)
Tom
서명

C Solution proposée 예시 답안

Sujet Vous revenez d'un séjour à Paris. Vous décidez d'écrire un article sur un blog de voyage pour parler de votre expérience. Vous partagerez vos conseils concernant le tourisme à Paris avec les autres internautes. (160 mots minimum)

ID : ESTEZI1620
Publié : 10/09/2021 à 15 h 24

Bonjour tout le monde !

Il y a quelques semaines, je suis allée en France, à Paris. Je souhaiterais partager avec vous mon voyage. Aussi, je vais vous parler de quelques bons plans pour bien profiter de cette ville incroyable.

Cette ville est comme une carte postale ! Tout y est magnifique ! Visiter Paris, c'est avant tout se promener, par-ci par-là, afin de découvrir la beauté de la capitale française.
L'une des activités que j'ai vraiment adorées, était d'aller au marché aux puces. Vous y découvrirez un grand nombre d'objets anciens typiquement français.

Profiter de Paris, c'est aussi vivre à la manière française. Prenez votre temps ! Allongez-vous, comme les Français le font, sur l'herbe avec un bon livre. Moi, j'ai adoré lire des mangas dans le jardin du Luxembourg, près de mon hôtel. Le parc était très beau et on pouvait y voir des enfants jouer. Ils avaient l'air tellement heureux.

Le dernier conseil que je vous donnerai est de manger dans l'une des brasseries parisiennes. Elles sont généralement fréquentées par les locaux et non par les touristes. Les brasseries sont très chaleureuses et beaucoup moins chères que les restaurants de votre guide touristique.

Voilà ! Allez découvrir Paris ! Allez au marché aux puces, passez un après-midi dans un parc, savourez un délicieux repas dans une brasserie ! Je suis certaine que vous ne le regretterez pas. Merci de m'avoir lue !

Anne

주제 파리 여행에서 돌아온 당신은 여행 블로그에 당신의 경험에 대한 글을 쓰려고 합니다. 다른 네티즌들에게 파리 관광에 대한 조언을 해 주세요. (160 단어 이상)

안녕하세요, 여러분!

몇 주 전에 저는 프랑스 파리에 갔습니다. 여러분들과 함께 제 여행담을 공유하고 싶습니다. 또한 이 놀라운 도시를 잘 즐기기 위한 몇 가지 좋은 계획에 대해 말씀드리겠습니다.

이 도시는 엽서와 같습니다! 모든 것이 매우 아름답습니다! 파리를 방문하는 것은 무엇보다 여기저기 산책하는 것입니다. 프랑스 수도의 아름다움을 발견하기 위해서요.

제가 정말로 좋아했던 활동 중 하나는 벼룩시장에 가는 것이었습니다. 여러분들은 전형적인 많은 프랑스 골동품들을 발견할 것입니다.

프랑스를 즐기는 것은 프랑스 방식으로 사는 것입니다. 여유를 가지세요! 프랑스인들이 하는 것처럼 좋은 책과 함께 잔디 위에 누워보세요. 저는 호텔 근처 Luxembourg 공원에서 만화를 읽는 것을 매우 좋아했어요. 공원은 매우 예뻤고 그곳에서 아이들이 노는 것을 볼 수 있었습니다. 그들은 행복해 보였습니다.

여러분들에게 드릴 마지막 충고는 파리의 브라스리* 중 한 곳에서 식사해보는 것입니다. 브라스리는 일반적으로 관광객이 아닌 현지인들이 많이 찾습니다. 브라스리는 매우 따뜻한 분위기이며 여러분들의 관광 음식점들보다도 매우 저렴합니다.

자! 파리를 발견하러 가세요! 벼룩시장에 가고 공원에서 오후를 보내고 브라스리에서 맛있는 식사를 즐기세요! 저는 여러분들이 후회하지 않을 것이라고 확신합니다. 읽어주셔서 감사합니다!

Anne

* brasserie : 간단한 맥주와 음식 등을 파는 곳

d Vocabulaire et expressions utiles 어휘와 유용한 표현

블로그 글쓰기

글의 시작 - 받는 사람 호칭 만들기

- « Chers internautes, » 경애하는 인터넷 사용자 여러분
- « Chers amis, » 친애하는 친구들
- « Bonjour tout le monde, » 안녕하세요 여러분

도입부 쓰기

- « Je vous écris, car j'aimerais partager avec vous mon opinion sur… »
  당신과 ~에 관한 제 의견을 공유하고 싶어서 글을 씁니다.
- « Je vous écris, car j'aimerais partager avec vous mon expérience de… »
  당신과 ~의 내 경험을 공유하고 싶어서 글을 씁니다.
- « Il y a quelques semaines je suis allé (e) / j'ai fait… »
  몇 주 전에 나는 ~에 갔습니다 / ~를 했습니다.
- Depuis quelque temps, je pense beaucoup à…
  얼마 전부터 ~에 대해 많이 생각합니다.
- Depuis plusieurs mois, je m'inquiète beaucoup concernant…
  몇 달 전부터 ~에 관해 많이 걱정합니다.

끝맺음 인사

- « Merci de m'avoir lu(e) » 읽어주셔서 감사합니다.
- « J'attends avec impatience vos réactions » 당신의 반응을 애타게 기다립니다.
- « Et vous, quelle est votre expérience ? » 그리고 당신의 경험은 무엇이세요?
- « Bien à vous, » 진심을 담아.

견해 표현하기

제안, 권고 표현	예시
Conseiller de + inf 권하다, 조언하다	Je vous conseille de visiter la Sainte Chapelle à Paris. 파리에서 Sainte-Chapelle을 방문하는 것을 권합니다.
Suggérer de + inf 권하다, 제시하다	Je vous suggère de réserver votre billet plusieurs mois à l'avance pour le payer moins cher. 더 저렴하게 사기 위해서 몇 달 전에 표를 예약하시는 걸 권해드립니다.
Inviter à + inf 권하다, 권유하다	Je vous invite à apprendre quelques mots d'espagnol avant de vous rendre à Madrid. 마드리드에 가기 전에 스페인어 몇 단어를 배우는 걸 권합니다.

원인과 결과 나타내기	예시
Provoquer + nom 유발하다	La consommation de masse provoque de graves problèmes environnementaux. 대량 소비는 심각한 환경 문제들을 유발한다.
Entraîner + nom 이끌다	Le manque de sommeil entraîne des troubles de l'appétit. 수면 부족은 식욕 문제로 이끈다.
Produire + nom 생산하다	Un bon blé produit une bonne farine qui produit du bon pain. 좋은 밀은 좋은 밀가루를 생산하여 좋은 빵을 생산한다.
Créer + nom 만들어내다	Cette loi va créer de nombreuses opportunités pour les personnes en recherche d'emploi. 이 법은 일자리를 찾고 있는 사람들에게 많은 기회를 만들어낼 것이다.
Être responsable de + nom 책임이 있는, ~의 원인이 되는	Cette politique a été responsable de nombreuses guerres. 이 정책은 많은 전쟁들의 원인이 되었습니다.

한정 혹은 포함시키기	예시
Sauf + nom/inf ~제외하고	Le développement industriel a profité à tous les habitants sauf aux paysans. 산업 개발은 농민들을 제외한 모든 주민들에게 도움을 주었다.
Sans + nom/inf ~없이	Sans argent, il est difficile de vivre convenablement. 돈 없이는 제대로 살기 어렵다.
Mis à part + nom/inf ~말고도, 제외하고	Mis à part les États-Unis, tous les pays ont accepté de réduire leurs émissions de CO2. 미국을 제외하고 모든 국가들은 이산화탄소 배출량을 감소하는 것을 받아들였다.
Excepté + nom ~제외하고	J'ai visité toute l'Europe, excepté la France. 나는 프랑스를 제외하고 모든 유럽을 방문했다.
Y compris + nom ~포함하여	Tous les habitants, y compris les plus jeunes, souffrent de problèmes respiratoires à cause de la pollution. 젊은이들을 포함하여 모든 주민들은 공기오염 때문에 호흡 문제에 고통을 받는다.

뉘앙스로 의사 전달하기	예시
Reconnaître que… 알아야 한다 **mais il ne faut pas oublier que…** 그렇지만 잊지 말아야 한다	Je reconnais que le smartphone nous facilite la vie, mais il ne faut pas oublier qu'il présente de nombreux dangers. 나는 스마트폰이 우리의 삶을 편하게 한다는 걸 알지만 많은 위험도 나타낸다는 걸 잊지 말아야 한다.
Il est certain que… 확실하다 **mais…** 그러나	Il est certain qu'il faut être ouvert aux autres cultures, mais je pense que l'on doit aussi préserver notre propre héritage. 다른 문화에 개방되어야 하는 것은 확실하지만 우리의 고유한 유산 또한 보존해야 한다고 생각한다.
Certes, 물론 **cependant…** 그러나	Certes, les technologies sont très productives, cependant elles détruisent de nombreux emplois. 물론 기술들은 매우 생산적이다. 그러나 그 기술들은 많은 일자리들을 파괴한다.
Il est vrai que… 사실이다 **néanmoins/toutefois…** 그럼에도 불구하고, 그러나	Il est vrai qu'il faut arrêter de tuer des animaux, toutefois il est très difficile de se passer de viande. 동물들을 죽이는 것을 중단해야 한다는 것은 사실이다. 그러나 고기 없이 사는 것은 매우 어렵다.

여행에 대해 말하기

여행담에 이용하면 좋을 동사	예시
Raconter 이야기하다	Je voudrais vous raconter mon histoire. 당신께 제 스토리를 이야기하고 싶습니다.
Partager 공유하다	Je vais partager avec vous mon expérience de la France. 제 프랑스 경험을 여러분과 함께 공유할 겁니다.
Expérimenter 경험하다	J'ai expérimenté plusieurs compagnies aériennes. 나는 여러 항공사들을 경험했습니다.
Découvrir 발견하다	Partons découvrir le monde. 세상을 찾으러 떠납시다.
Entendre parler de 이야기를 듣다	J'ai entendu parler d'un endroit magnifique. 나는 아름다운 장소에 대해 들었습니다.
Vivre 살다	J'ai vécu un moment inoubliable. 나는 잊을 수 없는 순간을 보냈습니다.
Profiter 즐기다	J'ai vraiment profité de ce week-end incroyable. 나는 이 놀라운 주말을 정말로 즐겼습니다.

긍정적 평가와 관련된 형용사	예시
Admirable 감탄스러운	Leur politesse est admirable. 그들의 예의는 감탄스럽다.
Agréable 마음에 드는, 기분 좋은	La vie est agréable dans ce pays. 이 나라에서 삶은 마음에 든다.
Attachant 매력적인, 마음을 사로 잡는	C'était un petit chien très attachant. 그는 매우 마음을 사로잡는 작은 강아지였다.
Captivant 매력적인, 대단히 흥미로운	Ce spectacle était captivant. 이 공연은 대단히 흥미로웠다.
Chouette 멋진	C'était vraiment chouette. 그것은 정말로 멋졌다.
Convivial 정겨운	Le repas était très convivial. 식사는 매우 정겨웠다.
Mignon 귀여운	Elle est trop mignonne. 그녀는 매우 귀엽다.
Parfait 완벽한	Tout était parfait. 모든 것이 완벽했다.

Passionnant 아주 재미있는, 열광시키는	Ce film était passionnant ! 이 영화는 아주 재미있었다.
Phénoménal 굉장한 경이로운	Ce qu'ils savent faire est phénoménal. 그들이 할 수 있는 일은 굉장했다.
Plaisant 기분 좋은, 기쁘게 하는	Cette visite était très plaisante. 이 방문은 매우 기분 좋았다.
Drôle 웃긴	La situation était très drôle. 그 상황은 매우 웃겼다
Émouvant 감동시키는, 감동적인	J'ai trouvé cela très émouvant. 나는 매우 감동적이었다.
Épatant 훌륭한	Ce qu'il a fait est vraiment épatant. 그가 한 것은 정말로 훌륭하다.
Remarquable 뛰어난, 훌륭한	Quel travail remarquable ! 정말 훌륭한 일이다!
Séduisant 마음에 드는, 솔깃한	C'est une idée séduisante. 마음에 드는 아이디어이다.
Somptueux 호화스러운, 화려한	J'ai visité un château somptueux. 나는 화려한 성을 방문했다.
Splendide 훌륭한	Les œuvres de ce musée sont splendides. 이 박물관의 작품들은 훌륭하다.
Sublime 감탄할 만한	Cette robe est sublime. 이 드레스는 감탄할 만하다.
Superbe 굉장한	C'était une superbe idée. 굉장한 아이디어였다.
Exceptionnel 예외적인, 특별한	J'ai vécu une expérience exceptionnelle. 나는 특별한 경험을 했다.
Festif 축제의	Une soirée très festive. 매우 축제같은 저녁.
Grandiose 웅장한	Ce concert était grandiose. 이 콘서트는 웅장했다.
Majestueux 위엄있는, 장엄한	La cathédrale Notre-Dame est majestueuse. 노트르담 대성당은 장엄했다.
Chaleureux 따뜻한	L'ambiance était vraiment chaleureuse. 분위기는 정말 따뜻했다.

제한과 한정적인 표현

제한과 한정적인 표현	예시
Même si 할지언정	Même s'il pleut, je vais aller me promener. 비가 내리더라도 나는 산책하러 갈 것이다.
Malgré + nom ~을 무릅쓰고, 불구하고	Malgré l'orage, je sors jouer au football. 폭풍우를 무릅쓰고 나는 축구 하러 나간다.
Alors que ~인데도	Alors qu'il était malade, il est allé en boîte. 그는 아팠는데도 클럽에 갔다.
Quand même 그런데도	Je n'aime pas le piment, mais j'en mange quand même. 나는 피망을 좋아하지 않지만 그런데도 그것을 먹는다.

Expression + 접속법(subjonctif)

의무 나타내기	예시
Il faut que + 접속법 ~해야만 한다	Il faut que j'aille voir ma tante. 나의 이모를 보러 가야만 한다.
Il est nécessaire que + 접속법 필요하다	Il est nécessaire qu'il soit à l'heure. 시간을 지키는 게 필요하다.

(불)가능성 나타내기	예시
Il est possible que + 접속법 가능하다	Il est possible que nous soyons en retard. 우리가 늦을 수도 있다.
Il est impossible que + 접속법 불가능하다	Il est impossible qu'il sache la vérité. 그가 사실을 아는 것은 불가능하다.

기호, 기원	예시
Préférer que + 접속법 선호하다	Je préfère que vous m'attendiez. 나는 당신이 저를 기다리면 더 좋겠습니다.
Souhaiter que + 접속법 바라다	Je souhaite qu'ils aillent en France. 나는 그들이 프랑스에 가기를 바란다.

Sujets d'entraînement
실전 연습 문제

여러분들을 위해서 DELF B1 작문 시험에서 가장 빈번하게 나오는 테마를 바탕으로 다양한 연습 문제를 준비했습니다. 이 문제들을 다 작문해보시기를 바라며, 글 작성 시 주제와 관련된 필요하고 유용한 모든 어휘를 암기하는 것이 좋습니다.

주제를 정확히 이해한 후 답을 작성하는 것이 좋으며, 문제에서 원하는 답을 작성하였는지 문제를 다시 한 번 읽어보고 재확인하는 것이 좋습니다.

파이팅 !

모든 주제의 성별을 남성으로 통일하였습니다.
답변 작성시 여성으로도 자연스럽게 작성할 수 있어야 합니다.

DELF Junior — DELF 모두에게 해당하는 주제

SUJET 1 De plus en plus, les publicités recouvrent les murs de votre ville. Aujourd'hui, un écran publicitaire géant vient d'être installé en face de votre maison. Pour vous, ce n'est plus acceptable. Vous décidez d'écrire une lettre au maire de votre ville dans laquelle vous exposerez les inconvénients de la publicité. Vous proposerez également des solutions.
Votre lettre doit être construite et cohérente. (160 mots minimum)

SUJET 2 Vous venez d'acheter un ordinateur nouvelle génération. Malheureusement, celui-ci ne fonctionne pas comme vous l'auriez espéré. Vous écrivez une lettre au service après-vente dans laquelle vous exposerez votre problème et vous leur demanderez ensuite de proposer une solution. Votre lettre doit être structurée et cohérente. (160 mots minimum)

SUJET 3 Vous visitez un forum Internet. De nombreux internautes échangent autour du sujet suivant :
« Les gens étaient-ils plus heureux autrefois que maintenant ? »
Vous décidez de partager votre opinion sur ce sujet. Votre texte doit être construit et cohérent. (160 mots minimum)

SUJET 4 Les nouvelles technologies occupent une place de plus en plus importante dans nos vies. Nous ne pouvons plus nous passer de nos télévisions, ordinateurs, tablettes ou encore téléphones portables. Cependant, de plus en plus de personnes décident d'adopter un mode de vie proche de la nature, en toute simplicité, dans lequel les nouvelles technologies n'ont pas leur place. Pensez-vous aussi qu'il est possible de se passer du confort technologique moderne ?
Vous écrivez une lettre construite et cohérente à un journal local pour partager votre opinion sur ce sujet. (160 mots minimum)

SUJET 5 Dans l'entreprise française où vous travaillez, il n'est pas possible de manger sur votre lieu de travail. Vous écrivez une lettre au directeur pour lui suggérer l'installation d'une salle pour cuisiner et déjeuner. Votre lettre doit être construite et cohérente. (160 mots minimum)

SUJET 6 Le maire de votre ville souhaite construire un stade à proximité de votre quartier. Attaché à votre tranquillité, vous vous y opposez. Vous écrivez au maire pour lui expliquer les inconvénients de cette construction en vous appuyant sur des exemples précis. (160 mots minimum)

SUJET 7 Les déchets envahissent votre quartier. Il n'y a pas de poubelle dans les rues et celles-ci sont couvertes de détritus. Vous ne supportez plus ce manque de propreté. Vous décidez d'écrire une lettre au maire de la ville pour lui présenter le problème. Vous proposerez ensuite des solutions. (160 mots minimum)

SUJET 8 Trop de voitures circulent dans les rues. Le bruit, la pollution et les dangers des automobiles vous exaspèrent. Comme c'est le cas dans d'autres villes, vous aimeriez que le centre-ville de votre commune soit uniquement piéton. Vous écrivez une lettre au maire de votre ville pour demander l'interdiction des véhicules motorisés en centre-ville. Votre lettre doit être construite et cohérente. (160 mots minimum)

SUJET 9 Vous écrivez au directeur de votre entreprise afin de le convaincre de permettre aux employés de travailler chez eux. Vous lui expliquez les avantages du télétravail et les bénéfices que l'entreprise pourrait en tirer. (160 mots minimum)

SUJET 10 Vous habitez dans une petite ville française de campagne dans laquelle il n'y a pas de bibliothèque municipale. Convaincu qu'une bibliothèque publique est nécessaire à la communauté, vous écrivez au maire de votre ville pour lui en expliquer les avantages et lui demander d'en ouvrir une. (160 mots minimum)

SUJET 11 Vous participez à un forum sur Internet au sujet des inventions révolutionnaires. Vous souhaitez y apporter votre contribution. Écrivez un article construit et cohérent dans lequel vous présenterez l'invention du 20e siècle qui vous semble la plus révolutionnaire. (160 mots minimum)

SUJET 12 Vous écrivez au maire de votre ville afin de lui proposer un jumelage* avec la ville d'un pays étranger de votre choix. Vous lui présentez un projet de jumelage et tenterez de le convaincre d'accepter. (160 mots minimum)

* Un jumelage est une relation entre deux villes visant à créer des échanges entre elles, généralement sous forme d'événements culturels.

SUJET 13 Vos enfants sont scolarisés dans une école française. Malheureusement, les repas proposés ne vous semblent pas très sains. Vous écrivez au directeur de l'école pour lui expliquer l'importance pour les enfants de manger des repas équilibrés. (160 mots minimum)

SUJET 14 L'un de vos amis s'est vu proposer un excellent travail à l'étranger. Toutefois, il n'a encore jamais vécu dans un autre pays et il hésite. Il vous a contacté récemment pour vous demander votre avis. Vous lui écrivez une lettre dans laquelle vous exposerez votre opinion, appuyée d'exemples concrets.

(160 mots minimum)

SUJET 15 L'un de vos amis a de gros problèmes avec son travail. Ses difficultés lui gâchent la vie et le rendent très malheureux. Conscient de la souffrance de votre ami, vous lui écrivez un e-mail dans lequel vous lui suggérez, de manière argumentée, de changer de travail.

(160 mots minimum)

SUJET 16 Vous participez à un forum électronique sur l'apprentissage des langues étrangères. Vous expliquez pourquoi il est important pour vous d'étudier d'autres langues, en parlant de votre expérience personnelle et en argumentant votre point de vue.

(160 mots minimum)

SUJET 17 Vous revenez tout juste d'un séjour linguistique de 6 mois en France. Cela a été pour vous une expérience inoubliable. Vous décidez de la raconter à un ami qui, lui aussi, apprend le français. Vous partagerez en détail les bénéfices que vous en avez tirés. (160 mots minimum)

SUJET 18 Il y a quelques jours, une fête traditionnelle était célébrée dans votre pays. Cet événement culturel est important pour vous. Vous souhaitez le partager avec un ami français. Vous lui écrivez une lettre dans laquelle vous présenterez de manière détaillée cette fête. Vous lui raconterez ensuite votre propre expérience. (160 mots minimum)

SUJET 19 Vous écrivez au courrier des lecteurs de votre journal préféré afin de dénoncer la maltraitance envers les animaux. Vous donnerez des exemples précis et proposerez des solutions. (160 mots minimum)

SUJET 20 Vous avez récemment lu un article sur le développement des robots et de l'intelligence artificielle. Le journaliste affirmait que d'ici 2035, ces nouvelles technologies seraient partout. Vous écrivez au courrier des lecteurs afin de partager votre opinion sur ce sujet. (160 mots minimum)

SUJET 21 Vous avez réservé sur Internet une nuit dans un hôtel en France. Malheureusement, l'hôtel, la chambre et les services proposés ne correspondent absolument pas à votre réservation. Vous êtes profondément déçu et décidez de contacter par e-mail le responsable de l'établissement afin d'obtenir un remboursement. Votre demande doit être construite et cohérente et s'appuyer sur des faits et exemples précis. (160 mots minimum)

SUJET 22 Vous décidez d'écrire au courrier des lecteurs de votre magazine préféré afin de dénoncer la surutilisation du plastique.
Vous expliquerez pourquoi cela est un véritable problème pour notre société et l'environnement, en argumentant et en donnant des exemples précis. (160 mots minimum)

SUJET 23 Vous avez entendu parler d'un projet de construction d'un cinéma à la place d'un petit parc dans votre quartier. Vous y êtes opposé. Vous écrivez au maire de votre ville pour lui faire connaître votre opposition et pour lui proposer un éventuel compromis. (160 mots minimum)

SUJET 24 Le téléphone portable a révolutionné nos vies. Qu'il soit dans notre poche, dans nos mains ou à notre oreille, nous l'avons toujours avec nous. Que pensez-vous de la relation particulière que nous entretenons avec cet objet ? Vous partagerez votre opinion dans votre blog sur Internet. Votre texte doit être construit et cohérent. (160 mots minimum)

SUJET 25 Dans votre magazine préféré, vous avez lu un article sur l'emploi de la langue française par les jeunes. Ils se l'approprient : ils créent de nouveaux mots, en transforment d'autres et écrivent des phrases sans se soucier des règles de grammaire, de conjugaison et d'orthographe. Vous écrivez au courrier des lecteurs pour donner votre point de vue sur cette utilisation du français par la nouvelle génération. (160 mots minimum)

SUJET 26 Vous écrivez au courrier des lecteurs du journal local afin de dénoncer le gaspillage alimentaire que vous avez observé dans les restaurants et les supermarchés de votre ville : vous présenterez la situation et proposerez une solution à ce problème. (160 mots minimum)

SUJET 27 Vous participez à un forum électronique sur les réseaux sociaux. Vous décidez de rédiger un message dans lequel vous expliquerez quels sont, selon vous, les dangers des réseaux sociaux. Vous partagerez aussi avec les internautes de bonnes pratiques à adopter. (160 mots minimum)

SUJET 28 Vous écrivez au courrier des lecteurs d'un magazine afin de faire connaître votre opinion sur la colocation : ses avantages et ses inconvénients. Vous partagerez également quelques conseils. (160 mots minimum)

SUJET 29 Vous habitez dans un pays francophone. Le journal local vous a contacté pour que vous rédigiez un article présentant votre pays, sa culture et ses particularités. (160 mots minimum)

SUJET 30 L'un de vos amis français va déménager dans votre pays pour son travail. Deux postes lui ont été proposés : un à la campagne et l'autre en ville. Il hésite et vous demande votre avis.
Vous lui écrivez une lettre dans laquelle vous exposerez les avantages et inconvénients des milieux ruraux et urbains. Vous lui conseillerez ensuite l'un des deux. (160 mots minimum)

SUJET 31 Un poste dans une grande entreprise de votre pays a été offert à l'un de vos amis français. Le travail lui plaît, mais il a peur de vivre loin de chez lui, dans votre pays. Il pense refuser.
Vous pensez que c'est une opportunité professionnelle à ne pas manquer et vous êtes excité à l'idée que votre ami vienne vivre dans votre pays.
Vous lui écrivez une lettre pour le convaincre d'accepter l'offre d'emploi. (160 mots minimum)

SUJET 32 Vous avez participé à une fête qui vous a particulièrement marqué. Vous décidez d'en parler dans votre blog. Vous présenterez tout d'abord le déroulement de l'événement et exprimerez ensuite vos sentiments en détail. (160 mots minimum)

SUJET 33 Vous venez de lire dans votre journal, un article sur la protection de l'environnement. Vous décidez d'écrire au courrier des lecteurs pour donner des conseils à suivre pour préserver notre planète. (160 mots minimum)

SUJET 34 Vous avez acheté des vêtements sur Internet pour aller au mariage de votre cousin qui aura lieu ce week-end. Malheureusement, vous n'avez rien reçu. Vous écrivez un courrier de réclamation au service après-vente. (160 mots minimum)

SUJET 35 Vous vivez en France et depuis plus de dix ans, vous faites du ping-pong dans un petit club de sport de votre quartier. Le président du club aimerait dynamiser cette association sportive. Il vous a contacté pour que vous l'aidiez. Vous lui écrivez une lettre dans laquelle vous lui donnez des conseils détaillés pour développer le club sportif. (160 mots minimum)

SUJET 36 En surfant sur un réseau social, vous avez retrouvé un vieil ami d'enfance. Vous ne vous êtes pas vus depuis plus de 10 ans ! Vous décidez de reprendre contact avec lui. Vous lui envoyez un e-mail dans lequel vous parlerez de vos souvenirs communs de jeunesse et de ce qui s'est passé depuis une décennie dans votre vie. Vous lui proposerez ensuite une rencontre. (160 mots minimum)

SUJET 37 Vous habitez en France. Il y a dans votre quartier un petit terrain public à l'abandon. Vous aimeriez l'utiliser pour créer un jardin collaboratif. C'est-à-dire un lieu où tous les voisins peuvent faire du jardinage ; faire pousser des fleurs ou des légumes.
Vous écrivez au maire de votre ville pour lui présenter votre projet et le convaincre de vous laisser disposer de cette petite parcelle de terre. (160 mots minimum)

SUJET 38 Vous venez d'emménager dans une ville française. Vous remarquez que de nombreux jeunes passent leurs journées dans la rue. Il n'y a aucune activité prévue pour eux et ils ont l'air de s'ennuyer. Vous écrivez au maire de votre ville afin de lui exposer le problème. Vous lui suggérez également des solutions. (160 mots minimum)

SUJET 39 De nos jours, notre vision de la beauté physique est souvent liée à la minceur. Dans notre société, il faut être maigre pour être beau. Cela nous est en permanence répété : sur tous les murs de la ville, nous pouvons voir des photos de mannequins maigres. Dans les magazines, on ne parle que de régimes amincissants. Révolté par cette dictature de la minceur, vous écrivez au courrier des lecteurs de votre magazine préféré pour exprimer votre colère et proposer des actions afin de lutter contre ce phénomène. (160 mots minimum)

SUJET 40 Vous venez d'emménager dans un pays étranger. Vous écrivez à un ami francophone pour lui raconter votre nouvelle vie. Vous parlerez des changements dans votre quotidien, vous comparerez votre vie d'avant avec votre vie actuelle. (160 mots minimum)

SUJET 41 Vous naviguez sur un forum Internet. Les internautes discutent des changements les plus importants qu'ils ont connus depuis leur enfance. Vous décidez d'apporter votre contribution. Votre texte doit être construit et cohérent. (160 mots minimum)

SUJET 42 Vous visitez un forum Internet sur la philosophie. De nombreux internautes échangent autour du sujet suivant : « l'argent fait-il le bonheur ? » Vous décidez de partager votre opinion sur ce sujet. Votre texte doit être construit et cohérent. (160 mots minimum)

SUJET 43 « L'enfer, c'est les autres » affirmait l'écrivain français Jean-Paul Sartre. Depuis quelques années, de plus en plus de personnes partagent cette opinion et souhaitent s'isoler de la société. Ils vivent seuls et veulent rencontrer le moins de personnes possible. Qu'en pensez-vous ? Vaut-il mieux vivre avec les autres ou seul ? (160 mots minimum)

SUJET 44 L'un de vos amis souhaite quitter ses études. D'après lui, il n'est absolument pas nécessaire d'avoir des diplômes pour réussir. Vous lui écrivez une lettre dans laquelle vous partagerez votre opinion. Vous lui donnerez ensuite quelques conseils. Votre texte doit être construit et cohérent. (160 mots minimum)

SUJET 45 Dans nos sociétés modernes, de plus en plus de personnes considèrent que la réussite professionnelle est la chose la plus importante dans leur vie. Et vous, pensez-vous également que le travail est plus important que tout le reste ? Vous écrirez un texte construit et cohérent dans lequel vous partagerez votre opinion sur ce sujet. (160 mots minimum)

SUJET 46 Dans un magazine francophone, vous venez de lire un article sur l'importance d'être à la mode. D'après l'auteur, « l'habit fait le moine ». Selon lui, notre manière de nous habiller fait qui nous sommes. Vous décidez d'écrire une lettre au courrier des lecteurs dans laquelle vous partagerez votre opinion sur ce sujet. (160 mots minimum)

SUJET 47 Vous visitez un forum Internet sur le thème de l'éducation. Certains internautes affirment qu'il est préférable de donner une éducation laxiste et une grande liberté aux enfants. D'autres insistent sur le fait qu'une éducation stricte est nécessaire. Vous décidez de partager votre opinion sur ce sujet. Votre texte doit être construit et cohérent. (160 mots minimum)

SUJET 48 La pollution de l'environnement est un problème qui vous préoccupe. Vous aimeriez que tout le monde respecte la planète et fasse des efforts pour la préserver. Sur un blog, vous décidez d'écrire un article dans lequel vous tenterez de convaincre les internautes de lutter contre la pollution. Vous proposerez également des actions concrètes. (160 mots minimum)

SUJET 49 Vous venez de découvrir que votre magazine scientifique préféré organise un concours sur l'avenir de l'humanité :
« Imaginez le monde du futur. D'après vous, à quoi ressembleront les villes de demain ? »

Ce sujet vous fascine. Vous décidez de participer à ce concours. Votre texte doit être construit et cohérent. (160 mots minimum)

SUJET 50 Vous travaillez dans une entreprise française. Vous remarquez que les femmes y sont moins bien traitées que les hommes. Elles sont moins bien payées et leurs postes sont moins intéressants. Vous décidez d'envoyer une lettre au directeur de l'entreprise pour dénoncer ces inégalités. Votre texte doit être construit et cohérent. (160 mots minimum)

SUJET 51 Vous êtes scolarisé dans une école française. Vous aimeriez créer un jardin biologique dans votre établissement. Vous écrivez une lettre au directeur pour le convaincre de l'intérêt de votre projet. (160 mots minimum)

SUJET 52 Vous étudiez dans un établissement francophone. Le directeur de votre lycée souhaite que les élèves portent un uniforme scolaire. Vous lui écrivez une lettre pour exprimer votre soutien ou votre désaccord concernant ce projet. (160 mots minimum)

SUJET 53 Un ami français fait un régime très sévère, car il aimerait ressembler aux stars des magazines.
Il a récemment perdu beaucoup de poids et son état de santé vous inquiète. Vous lui écrivez une lettre pour le convaincre d'arrêter. (160 mots minimum)

SUJET 54 Vous êtes scolarisé dans un lycée français. Vous écrivez au directeur de votre école pour lui proposer de mettre en place un système d'échange gratuit de livres entre lecteurs. Vous expliquerez les avantages de cette initiative en vous appuyant sur des exemples pertinents. (160 mots minimum)

SUJET 55 Certains jeunes reçoivent de l'argent de poche de leurs parents, d'autres non. Quelle est votre situation ? Pensez-vous que recevoir de l'argent de poche soit important ? Vous répondrez à ces questions en écrivant un texte construit et cohérent. (160 mots minimum)

SUJET 56 Vous êtes scolarisé dans un lycée français. Vous remarquez que de nombreux élèves portent des vêtements de marque hors de prix. Ceux qui ne peuvent pas s'offrir des vêtements de luxe sont exclus et moqués.
Cela vous choque profondément. Vous décidez d'écrire un article dans le journal de votre école pour partager votre opinion et convaincre vos camarades d'accorder moins d'importance aux produits de luxe. (160 mots minimum)

SUJET 57 On entend souvent dans les médias que les jeux vidéo rendent les joueurs violents et participent fortement à l'échec scolaire. Qu'en pensez-vous ? Vous écrirez un texte construit et cohérent sur ce sujet. (160 mots minimum)

SUJET 58 Vous étudiez dans un établissement francophone. Le directeur de votre école souhaite interdire prochainement les téléphones portables dans tout le lycée. Vous lui écrivez une lettre pour exprimer votre soutien ou votre désaccord. (160 mots minimum)

SUJET 59 Certains élèves ne vont pas à l'école. Ils sont scolarisés chez eux. Ce sont leurs parents ou des tuteurs privés qui se chargent de leur éducation. Que pensez-vous de ce choix ? Seriez-vous prêt à faire l'école à la maison ?
Vous écrirez un texte construit et cohérent s'appuyant sur des exemples concrets. (160 mots minimum)

SUJET 60 Vous étudiez le français dans votre établissement scolaire. Vous adorez cette langue et vous aimeriez organiser un voyage scolaire dans un pays francophone. Vous écrivez un courriel à votre professeur de français pour lui présenter votre projet et le convaincre de l'intérêt pédagogique d'un tel voyage. (160 mots minimum)

자가 진단표 – 쓰기 시험

쓰기 시험을 준비하면서 실력 향상을 직접 체크할 수 있도록 자가 진단표를 마련했습니다. 연습 문제를 풀 때마다 자가 진단표를 활용하여 본인의 강점은 살리고 취약 부분은 보완하여 여러분에게 가장 적합한 시험 준비를 할 수 있습니다.

Date :   /   /

지시 사항 이행 • 작문 시험은 편지, 기사 등 특정 형식으로 출제됩니다. 글의 형식은 지시 사항에 해당되므로 지켜야 합니다. • 직장, 학교 등이 대상(수취인)으로 지정될 수 있습니다. 글의 주제와 대상은 지시 사항에 해당되므로 지켜야 합니다. • 최소 160 단어를 씁니다. 더 많이 쓸 수 있지만 덜 쓰는 것은 감점이 됩니다.					
생각을 표현하는 능력 • 누군가 또는 무언가에 대한 느낌을 쓸 수 있습니다. • 자신의 생각과 감정을 표현할 수 있습니다. • 자신의 의견을 제시하고 예를 들어 정당화할 수 있습니다.					
사실을 기술하는 능력 • 사실을 설명할 수 있습니다. • 과거의 사건을 설명할 수 있습니다. • 개인적인 경험을 설명할 수 있습니다. • 자신이 말하는 것을 설명하기 위해 예를 들 수 있습니다.					
일관성과 통일성 • 일관된 텍스트를 쓸 수 있습니다. 시작과 끝이 있습니다. • 문장이 논리적 순서로 되어 있으며 구두점 사용이 정확합니다. « d'abord, ensuite, enfin ... »					

어휘 능력 / 어휘 맞춤법

어휘 사용의 범위 • 상황에 맞는 B1 수준의 단어를 사용합니다. • 반복을 피하고 동의어를 사용합니다.					
어휘 구사 능력 • 존재하는 단어를 사용하고 올바르게 선택되었습니다. • 단어를 모를 때 풀어서 설명합니다.					
맞춤법 구사 능력 • 문장을 쉽게 읽을 수 있도록 구두점과 배열에 주의를 기울입니다. • 이해를 돕기 위해 단어 맞춤법에 주의를 기울입니다.					

문법 능력 / 문법 맞춤법

문장의 정교함 정도 • 활용 동사 하나만으로 간단한 문장을 쓸 수 있습니다. • 복잡한 문장, 즉 여러 활용 동사가 있는 긴 문장에서 « qui, que... »와 같은 관계 대명사, « quand, comme, si ... »와 같은 접속사를 쓸 수 있습니다.					
시제 및 법(직설법, 조건법, 명령법, 접속법, 분사, 제롱디프 및 동사 원형) 선택 • 과거 시제를 사용하여 과거 사건이나 경험에 대해 이야기합니다. (복합과거, 반과거, 대과거) • 조건법을 사용하여 가정하고, 조언하고, 제안합니다.					
형태통사론(Morphosyntaxe), 문법 맞춤법 • 명사와 형용사의 성별(여성/남성)과 수(단수/복수)가 일치합니다. • 대명사와 전치사를 올바르게 사용합니다.					

자가 진단표 – 쓰기 시험

Date :　　　/　　　/

지시 사항 이행 • 작문 시험은 편지, 기사 등 특정 형식으로 출제됩니다. 글의 형식은 지시 사항에 해당되므로 지켜야 합니다. • 직장, 학교 등이 대상(수취인)으로 지정될 수 있습니다. 글의 주제와 대상은 지시 사항에 해당되므로 지켜야 합니다. • 최소 160 단어를 씁니다. 더 많이 쓸 수 있지만 덜 쓰는 것은 감점이 됩니다.					
생각을 표현하는 능력 • 누군가 또는 무언가에 대한 느낌을 쓸 수 있습니다. • 자신의 생각과 감정을 표현할 수 있습니다. • 자신의 의견을 제시하고 예를 들어 정당화할 수 있습니다.					
사실을 기술하는 능력 • 사실을 설명할 수 있습니다. • 과거의 사건을 설명할 수 있습니다. • 개인적인 경험을 설명할 수 있습니다. • 자신이 말하는 것을 설명하기 위해 예를 들 수 있습니다.					
일관성과 통일성 • 일관된 텍스트를 쓸 수 있습니다. 시작과 끝이 있습니다. • 문장이 논리적 순서로 되어 있으며 구두점 사용이 정확합니다. « d'abord, ensuite, enfin ... »					

어휘 능력 / 어휘 맞춤법

어휘 사용의 범위 • 상황에 맞는 B1 수준의 단어를 사용합니다. • 반복을 피하고 동의어를 사용합니다.					
어휘 구사 능력 • 존재하는 단어를 사용하고 올바르게 선택되었습니다. • 단어를 모를 때 풀어서 설명합니다.					
맞춤법 구사 능력 • 문장을 쉽게 읽을 수 있도록 구두점과 배열에 주의를 기울입니다. • 이해를 돕기 위해 단어 맞춤법에 주의를 기울입니다.					

문법 능력 / 문법 맞춤법

문장의 정교함 정도 • 활용 동사 하나만으로 간단한 문장을 쓸 수 있습니다. • 복잡한 문장, 즉 여러 활용 동사가 있는 긴 문장에서 « qui, que... »와 같은 관계 대명사, « quand, comme, si ... »와 같은 접속사를 쓸 수 있습니다.					
시제 및 법(직설법, 조건법, 명령법, 접속법, 분사, 제롱디프 및 동사 원형) 선택 • 과거 시제를 사용하여 과거 사건이나 경험에 대해 이야기합니다. (복합과거, 반과거, 대과거) • 조건법을 사용하여 가정하고, 조언하고, 제안합니다.					
형태통사론(Morphosyntaxe), 문법 맞춤법 • 명사와 형용사의 성별(여성/남성)과 수(단수/복수)가 일치합니다. • 대명사와 전치사를 올바르게 사용합니다.					

자가 진단표 – 쓰기 시험

Date :   /   /

지시 사항 이행 • 작문 시험은 편지, 기사 등 특정 형식으로 출제됩니다. 글의 형식은 지시 사항에 해당되므로 지켜야 합니다. • 직장, 학교 등이 대상(수취인)으로 지정될 수 있습니다. 글의 주제와 대상은 지시 사항에 해당되므로 지켜야 합니다. • 최소 160 단어를 씁니다. 더 많이 쓸 수 있지만 덜 쓰는 것은 감점이 됩니다.					
생각을 표현하는 능력 • 누군가 또는 무언가에 대한 느낌을 쓸 수 있습니다. • 자신의 생각과 감정을 표현할 수 있습니다. • 자신의 의견을 제시하고 예를 들어 정당화할 수 있습니다.					
사실을 기술하는 능력 • 사실을 설명할 수 있습니다. • 과거의 사건을 설명할 수 있습니다. • 개인적인 경험을 설명할 수 있습니다. • 자신이 말하는 것을 설명하기 위해 예를 들 수 있습니다.					
일관성과 통일성 • 일관된 텍스트를 쓸 수 있습니다. 시작과 끝이 있습니다. • 문장이 논리적 순서로 되어 있으며 구두점 사용이 정확합니다. « d'abord, ensuite, enfin ... »					

어휘 능력 / 어휘 맞춤법

어휘 사용의 범위 • 상황에 맞는 B1 수준의 단어를 사용합니다. • 반복을 피하고 동의어를 사용합니다.					
어휘 구사 능력 • 존재하는 단어를 사용하고 올바르게 선택되었습니다. • 단어를 모를 때 풀어서 설명합니다.					
맞춤법 구사 능력 • 문장을 쉽게 읽을 수 있도록 구두점과 배열에 주의를 기울입니다. • 이해를 돕기 위해 단어 맞춤법에 주의를 기울입니다.					

문법 능력 / 문법 맞춤법

문장의 정교함 정도 • 활용 동사 하나만으로 간단한 문장을 쓸 수 있습니다. • 복잡한 문장, 즉 여러 활용 동사가 있는 긴 문장에서 « qui, que... »와 같은 관계 대명사, « quand, comme, si ... »와 같은 접속사를 쓸 수 있습니다.					
시제 및 법(직설법, 조건법, 명령법, 접속법, 분사, 제롱디프 및 동사 원형) 선택 • 과거 시제를 사용하여 과거 사건이나 경험에 대해 이야기합니다. (복합과거, 반과거, 대과거) • 조건법을 사용하여 가정하고, 조언하고, 제안합니다.					
형태통사론(Morphosyntaxe), 문법 맞춤법 • 명사와 형용사의 성별(여성/남성)과 수(단수/복수)가 일치합니다. • 대명사와 전치사를 올바르게 사용합니다.					

자가 진단표 – 쓰기 시험

Date :　　　/　　　/

지시 사항 이행 • 작문 시험은 편지, 기사 등 특정 형식으로 출제됩니다. 글의 형식은 지시 사항에 해당되므로 지켜야 합니다. • 직장, 학교 등이 대상(수취인)으로 지정될 수 있습니다. 글의 주제와 대상은 지시 사항에 해당되므로 지켜야 합니다. • 최소 160 단어를 씁니다. 더 많이 쓸 수 있지만 덜 쓰는 것은 감점이 됩니다.					
생각을 표현하는 능력 • 누군가 또는 무언가에 대한 느낌을 쓸 수 있습니다. • 자신의 생각과 감정을 표현할 수 있습니다. • 자신의 의견을 제시하고 예를 들어 정당화할 수 있습니다.					
사실을 기술하는 능력 • 사실을 설명할 수 있습니다. • 과거의 사건을 설명할 수 있습니다. • 개인적인 경험을 설명할 수 있습니다. • 자신이 말하는 것을 설명하기 위해 예를 들 수 있습니다.					
일관성과 통일성 • 일관된 텍스트를 쓸 수 있습니다. 시작과 끝이 있습니다. • 문장이 논리적 순서로 되어 있으며 구두점 사용이 정확합니다. « d'abord, ensuite, enfin ... »					

어휘 능력 / 어휘 맞춤법

어휘 사용의 범위 • 상황에 맞는 B1 수준의 단어를 사용합니다. • 반복을 피하고 동의어를 사용합니다.					
어휘 구사 능력 • 존재하는 단어를 사용하고 올바르게 선택되었습니다. • 단어를 모를 때 풀어서 설명합니다.					
맞춤법 구사 능력 • 문장을 쉽게 읽을 수 있도록 구두점과 배열에 주의를 기울입니다. • 이해를 돕기 위해 단어 맞춤법에 주의를 기울입니다.					

문법 능력 / 문법 맞춤법

문장의 정교함 정도 • 활용 동사 하나만으로 간단한 문장을 쓸 수 있습니다. • 복잡한 문장, 즉 여러 활용 동사가 있는 긴 문장에서 « qui, que... »와 같은 관계 대명사, « quand, comme, si ... »와 같은 접속사를 쓸 수 있습니다.					
시제 및 법(직설법, 조건법, 명령법, 접속법, 분사, 제롱디프 및 동사 원형) 선택 • 과거 시제를 사용하여 과거 사건이나 경험에 대해 이야기합니다. (복합과거, 반과거, 대과거) • 조건법을 사용하여 가정하고, 조언하고, 제안합니다.					
형태통사론(Morphosyntaxe), 문법 맞춤법 • 명사와 형용사의 성별(여성/남성)과 수(단수/복수)가 일치합니다. • 대명사와 전치사를 올바르게 사용합니다.					

Production orale

IV

말하기 시험

B1

I Présentation de l'épreuve
말하기 시험 소개

a Déroulement de l'épreuve 시험 진행 순서

 말하기 시험은 세 파트로 구성됩니다.

1. 인터뷰 (자기소개와 질문에 답변, 준비할 시간 없음, 시험 시간 2~3분)
2. 모의 대화 (준비할 시간 없음, 시험 시간 3~4분)
3. 주어진 글을 토대로 개인적 견해 표현 (준비 시간 10분, 시험 시간 5~7분)

 시험은 다음 단계를 따릅니다.

1. 대기실 입장

— 수험생은 대기실로 호출됩니다. 대기실에 입장하면 신분증과 수험표를 확인하므로 반드시 준비하시기 바랍니다.

2. 프레젠테이션 준비

— 대기실에 놓여 있는 파트3 시험 주제 중에서 2가지를 뽑은 후 최종적으로 빠르게 하나를 선택해야 합니다. 파트3 시험은 제시된 주제에 대한 자신의 의견을 약 3분 동안 프레젠테이션으로 전개하는 방식입니다. 주제를 이해하고 있음을 보여주고 그것이 제기하는 질문에 대한 자신의 의견을 서론, 본론, 결론으로 구조화하여 전달하는 데 집중하십시오.

— 대기실에서는 파트3 시험을 준비하는 10분의 시간이 주어지며, 이때 프레젠테이션에 사용할 개요를 작성합니다. 시간이 많지 않으므로 텍스트를 자세하게 요약하려고 하지 마세요. 참고로 시험 중에는 준비한 대기실에서 작성한 개요 외에 다른 문서(사전에 준비해 온 자료 등)는 사용할 수 없습니다.

3. 시험실 이동

— 준비 시간이 끝나면, 면접관이 기다리는 시험 장소로 이동합니다. 면접관에게 미소를 지으며 인사하는 것을 잊지 마세요. 아주 중요합니다. 곧바로 수험표와 신분증을 면접관에게 보여주고, 본인 서명을 하면 됩니다. 수험자가 대기실을 거쳐 왔다는 것을 증명해주는 도장이 잘 찍혀 있는지 꼭 미리 확인하시기 바랍니다.

4. 말하기 시험 파트1

— 면접관은 시험을 소개하며 시험이 세 파트로 구성되어 있고 이제 파트1을 시작할 것을 알립니다. 곧이어 자신을 소개하고 자기 자신, 활동, 관심 분야에 대해 이야기하도록 요청할 것입니다. 자신의 과거, 현재, 앞으로의 계획에 대해 이야기합니다.

— 시험은 면접관의 인터뷰로 진행되며, 면접관의 질문으로 대화가 시작됩니다

예 Bonjour ! Pouvez-vous vous présenter, me parler de vous, de votre famille ?
안녕하세요! 자신을 소개해주시겠습니까? 자신에 대해, 가족에 대해 말씀해주시겠습니까?

5. 말하기 시험 파트2

— 파트1 시험이 종료되면 면접관이 파트2 시작을 알립니다. 파트2는 모의 대화형 시험으로 사전에 준비할 수 없습니다. 시험실의 테이블에 10개의 흰 종이가 줄지어 있는데 이 종이에는 주제에 관해 적혀 있으며 읽을 수 없도록 뒤집어져 있습니다. 이 중에서 두 개의 주제를 뽑은 후 몇 초 동안 읽어보고 하나를 선택해야 합니다.

— 파트2는 역할극입니다. 두 사람은 종종 충돌하거나 문제가 있는 갈등 상황에 처해 있습니다. 문제의 해결책을 찾도록 노력하며 상대방을 설득하지만, 상대방을 꼭 이길 필요는 없습니다. 자신에게 주어진 역할에 맞게 대화를 이끌어 가는 것이 목표입니다.

6. 말하기 시험 파트3

— 파트2 시험이 종료되면 면접관은 파트3 시작을 알릴 것입니다. 이제 대기실에서 준비했던 프레젠테이션을 시작할 수 있습니다. 발표는 너무 길어도 너무 짧아도 안 됩니다. 3~4분 정도가 가장 적당합니다.

— 미리 작성한 개요를 참고하면서 발표해도 되지만, 문장을 보고 읽으려 하지 마세요. 면접관은 읽기가 아닌 말하기를 보고 싶어 합니다. 면접관을 바라보는 것을 잊지 마세요.

— 여러분이 너무 오래 침묵하는 경우를 제외하고는 면접관은 발표 중에 개입하거나 질문하지 않습니다. 프레젠테이션이 끝나면 면접관은 시간이 있을 경우 질문할 기회를 갖게 됩니다.

7. 시험 종료

— 시험이 끝나면 대기실에서 받은 문제지와 연습지를 면접관에게 제출합니다. 시험 점수에 관해 면접관에게 물어보셔도 소용이 없습니다. 왜냐하면 면접관은 성적에 관한 어떤 정보도 말해줄 수 없기 때문입니다.

— 마지막으로 면접관에게 감사하다고 작별 인사를 하는 것을 잊지 마세요.

TIP! 친절한 면접관이 있는가 하면 차가운 면접관도 있으며 수험자를 대하는 태도가 점수에 반영되는 것이 아니므로 면접관의 태도에 크게 신경 쓰지 마세요. 면접관들은 공정하니 수험생들은 오로지 본인의 말하기에 집중하면 됩니다. 면접관은 많은 수험생들을 만나기 때문에 지친 상태일 수 있습니다. 그렇기 때문에 무의식적으로 수험생들의 인터뷰 태도가 평가에 반영될 수밖에 없습니다. 따라서 면접관에게 좋은 인상을 주는 것이 평가에 긍정적으로 작용할 것입니다. 예의 바르고 친절하며 활기찬 목소리로 인터뷰에 응하면서 긍정적인 이미지를 주기 위한 제스처를 활용하고, 따뜻한 미소를 지으며, 면접관과 아이컨택을 하는 것이 좋습니다.

b Grille d'évaluation 채점표

DOCUMENT RÉSERVÉ AUX EXAMINATEURS

Le candidat peut prendre connaissance de ce document.
LES EXAMINATEURS SONT NÉANMOINS LES SEULES PERSONNES HABILITÉES À LE REMPLIR.

GRILLE D'ÉVALUATION DE LA PRODUCTION ORALE B1

1 ENTRETIEN DIRIGÉ — *2 à 3 minutes*

Peut parler de soi avec une certaine assurance en donnant informations, raisons et explications relatives à ses centres d'intérêt, projets et actions.	0	0,5	1	1,5	2	
Peut aborder sans préparation un échange sur un sujet familier avec une certaine assurance.	0	0,5	1			

2 EXERCICE EN INTERACTION — *3 à 4 minutes*

Peut faire face sans préparation à des situations même un peu inhabituelles de la vie courante (respect de la situation et des codes sociolinguistiques).	0	0,5	1		
Peut adapter les actes de parole à la situation.	0	0,5	1	1,5	2
Peut répondre aux sollicitations de l'interlocuteur (vérifier et confirmer des informations, commenter le point de vue d'autrui, etc.).	0	0,5	1	1,5	2

3 EXPRESSION D'UN POINT DE VUE — *5 à 7 minutes*

Peut présenter d'une manière simple et directe le sujet à développer.	0	0,5	1			
Peut présenter et expliquer avec assez de précision les points principaux d'une réflexion personnelle.	0	0,5	1	1,5	2	2,5
Peut relier une série d'éléments en un discours assez clair pour être suivi sans difficulté la plupart du temps.	0	0,5	1	1,5		

POUR L'ENSEMBLE DES 3 PARTIES DE L'ÉPREUVE

Lexique (étendue et maîtrise) Possède un vocabulaire suffisant pour s'exprimer sur des sujets courants, si nécessaire à l'aide de périphrases ; des erreurs sérieuses se produisent encore quand il s'agit d'exprimer une pensée plus complexe.	0	0,5	1	1,5	2	2,5	3	3,5	4		
Morphosyntaxe Maîtrise bien la structure de la phrase simple et les phrases complexes les plus courantes. Fait preuve d'un bon contrôle malgré de nettes influences de la langue maternelle.	0	0,5	1	1,5	2	2,5	3	3,5	4	4,5	5
Maîtrise du système phonologique Peut s'exprimer sans aide malgré quelques problèmes de formulation et des pauses occasionnelles. La prononciation est claire et intelligible malgré des erreurs ponctuelles.	0	0,5	1	1,5	2	2,5	3				

NOM DE L'EXAMINATEUR 1 : ....

NOM DE L'EXAMINATEUR 2 : ....

NOM DU CANDIDAT : ....

Note : /25

CODE CANDIDAT : ☐☐☐☐☐☐ - ☐☐☐☐☐☐

Après évaluation du candidat, cette grille doit être rattachée à la copie DELF B1.

delf dalf

DELF B1

채점표를 반드시 읽어보세요!

처음에는 채점표의 내용과 형식이 머리에 잘 들어오지 않습니다. 낯설기 때문입니다.
천천히 꼼꼼하게 반복해서 읽어보세요. 채점표에서 요구하는 능력이 무엇인지
잘 파악하고 있는 것이 매우 중요합니다.

Grille d'évaluation (채점표)

1 ENTRETIEN DIRIGÉ (인터뷰)

자신의 관심사, 계획 및 행동과 관련된 정보를 설명하고 이유를 밝히며 어느 정도 자신감을 가지고 이야기할 수 있습니다.	0	1.5	1	1.5	2
사전 준비 없이 일상적인 주제에 대해 어느 정도 자신감을 가지고 말할 수 있습니다.	0	0.5	1		

2 EXERCICE EN INTERACTION (모의 대화/역할극)

일상 생활에서 조금은 익숙하지 못한 주제에도 준비 없이 대처할 수 있습니다. (상황 및 사회 언어적 코드 존중)	0	1.5	1		
상황에 맞게 말할 수 있습니다.	0	0.5	1	1.5	2
대화 상대(면접관)의 요청에 응답할 수 있습니다 (정보 확인 및 검증, 타인의 견해에 논평하기 등).	0	0.5	1	1.5	2

3 EXPRESSION D'UN POINT DE VUE (견해 표현하기)

전달하고자 하는 주제를 간단하고 직접적으로 제시할 수 있습니다.	0	1.5	1			
개인적 견해의 요점을 정확하게 제시하고 설명할 수 있습니다.	0	0.5	1	1.5	2	2.5
대부분의 시간 동안 쉽게 따라갈 수 있게 일련의 항목을 명확한 이야기로 연결지을 수 있습니다.	0	0.5	1	1.5		

POUR L'ENSEMBLE DES 3 PARTIES DE L'ÉPREUVE (세 파트 전체 공통)

폭넓고 숙달된 어휘 B1 수준의 응시자는 일반적인 주제에 대해 자신의 의사를 표현할 수 있는 충분한 어휘력을 갖추고 있으며, 필요한 경우 모르는 단어는 우회하여 표현할 수 있습니다. 그러나 더 복잡한 생각을 표현할 때 여전히 실수가 발생할 수 있습니다.	0	1.5	1	1.5	2	2.5	3	3.5	4		
형태통사론(문장 구조, 알맞은 단어 선택) 간단한 문장 구조와 가장 일반적인 복잡한 문장의 숙달. 모국어의 영향이 현저하게 드러날 수 있지만 잘 구사하는 편입니다.	0	1.5	1	1.5	2	2.5	3	3.5	4	4.5	5
숙달된 발음, 억양 표현에 약간 문제가 있거나 때때로 침묵이 발생할 수 있지만 도움 없이 자신의 생각을 표현할 수 있습니다. 때로 실수가 있을 수 있지만 발음이 명확하고 이해하기 쉽습니다.	0	1.5	1	1.5	2	2.5	3				

Ⅱ Entretien dirigé
인터뷰

MP3

a Conseils pour se préparer 시험 준비 요령

— 말하기 시험 가운데 첫 번째 순서인 인터뷰는 따로 준비 시간이 주어지지 않습니다. B1 말하기 시험 시간은 2분에서 3분이 주어지므로, 여러분이 충분히 문장을 준비해 간다면 시간이 남아서 면접관이 질문을 하게 될 가능성이 줄어듭니다.

— 자기소개의 경우 미리 텍스트를 작성한 다음 외우다시피 확실하게 준비하신다면 안정적인 점수를 획득할 수 있을 것입니다.

— 면접관은 여러분에게 기본적인 질문을 던질 수도 있습니다. 가령 주말에 하는 일이나 왜 프랑스어를 학습하는지, 여행을 좋아하는지 등의 일상적인 것들에 관한 것입니다.

— 복합과거와 반과거, 그리고 근접미래, 단순미래 등을 충분히 학습하여 구성하는 문장 안에 올바르고 적절하게 넣어 사용할 수 있기를 바랍니다.

b Se présenter 자기 소개

Question de l'examinateur 면접관의 질문

Est-ce que vous pouvez vous présenter, me parler de vous, s'il vous plaît ?
자기 소개를 해주실 수 있나요?

Exemple de réponse 예시 답안

Bonjour, je m'appelle Suji, j'ai 22 ans et je suis coréenne. Dans ma famille, il y a 4 personnes. Mon père, ma mère et mon petit frère. Mon père est employé dans une grande entreprise, ma mère est femme au foyer et mon petit frère, qui a 17 ans, est lycéen.
Moi, j'étudie le français à l'université d'Ewha à Séoul.

안녕하세요. 제 이름은 수지입니다. 저는 22살이고 한국인입니다. 우리 가족은 4명이 있습니다. 아버지, 어머니, 남동생입니다. 아버지는 대기업에 다니시고, 어머니는 주부이며, 17 세인 남동생은 고등학생입니다. 저는 서울에 있는 이화대학교에서 불어를 공부하고 있습니다.

 Question de l'examinateur 면접관의 질문

Alors, dites-moi qui vous êtes, s'il vous plaît.
자, 당신이 누군지 말해주세요.

 Exemple de réponse 예시 답안

Bonjour, je m'appelle Jisu Lee, j'ai 22 ans et j'habite à Séoul avec ma famille, mes parents et mon petit frère. J'étudie le français à l'université d'Ewha.
J'adore étudier le français, parce que la prononciation de cette langue est belle. Dans ma vie quotidienne, en semaine, je vais en cours à l'université et le samedi, je travaille dans un café. Le dimanche, je rencontre mes amis ou je reste à la maison pour passer du temps avec ma famille.

안녕하세요, 제 이름은 이지수입니다. 저는 22살이고 저의 가족인 부모님, 남동생과 함께 서울에 살고 있습니다. 저는 이화대학교에서 불어를 공부하고 있습니다.
저는 프랑스어 공부를 좋아합니다. 이 언어의 발음이 아름답기 때문입니다. 일상 생활에서 평일에는 대학에 가고 토요일에는 카페에서 일합니다. 일요일에는 친구를 만나거나 집에서 가족과 함께 시간을 보냅니다.

c Questions possibles 예상 질문들

i 취미활동

 Question de l'examinateur 면접관의 질문

Quels sont vos passe-temps préférés ? (loisirs/passions/hobbys).
좋아하는 여가활동은 어떤 것들이 있습니까? (passe-temps/loisirs/passions/hobbys 취미, 여가활동)

Exemple de réponse 예시 답안

J'aime beaucoup le cinéma, je regarde souvent des films. J'adore les films romantiques. Mon film préféré est « Jeux d'enfants » avec Guillaume CANET et Marion COTILLARD. J'aime beaucoup le cinéma français !
J'aime aussi passer du temps avec mes amis. Régulièrement, nous faisons du shopping ensemble ou nous allons au Karaoké.

저는 영화를 보는 것을 좋아하여 종종 영화를 봅니다. 저는 로맨스 영화를 좋아합니다.
제가 가장 좋아하는 영화는 Guillaume CANET과 Marion COTILLARD가 출연한 《Jeux d'enfants》입니다. 저는 프랑스 영화를 매우 좋아합니다!
친구들과 시간을 보내는 것도 좋아합니다. 저희는 정기적으로 함께 쇼핑을 하거나 노래방에 갑니다.

ii 미래 계획

 Questions de l'examinateur 면접관의 질문

Que souhaitez-vous faire plus tard ? / Quels sont vos projets professionnels ? / Comment voyez-vous votre avenir ?

앞으로 무슨 일을 하고 싶습니까? / 직업적인 계획은 어떤 것들이 있나요? / 당신의 미래에 대해서 어떻게 생각하나요?

 Exemple de réponse 1 예시 답안1

Étant donné que j'adore la mode et la France, j'aimerais étudier le design dans une école française. Une des écoles, où j'aimerais être étudiante, s'appelle « Studio Berçot ». Elle se situe à Paris. Quand mes études seront finies, j'espère devenir designer et créer ma propre collection de vêtements.

패션과 프랑스를 좋아하는 까닭에, 저는 한 프랑스 학교에서 디자인을 공부하기를 바랍니다. 제가 학생으로 들어가길 원하는 학교들 가운데 한 곳이, 《Studio Berçot》입니다. 그 학교는 파리에 위치해 있습니다. 학업을 마쳤을 때 저는 디자이너가 되길 희망하며, 저만의 의상 컬렉션을 만들고 싶습니다.

 Exemple de réponse 2 예시 답안2

Plus tard, j'espère faire un travail qui me plaît et avoir suffisamment d'argent pour vivre confortablement. J'aimerais vivre avec mon mari/ma femme dans une grande maison en Corée ou en France et avoir plusieurs enfants.

나중에, 저는 제가 즐길 수 있는 일을 하기를 희망하며 편안하게 살 수 있는 충분한 돈을 가지기를 원합니다. 한국 혹은 프랑스에서 남편/아내와 함께 큰 집에서 살기를 원하고 여러 명의 아이를 가지고 싶습니다.

iii 전공 말하기

 **Question de l'examinateur 면접관의 질문**

Quelles études avez-vous suivies ?
어떤 공부를 하셨나요?

 **Exemple de réponse 예시 답안**

À l'université, pour ma licence, j'ai étudié la langue française et le design. J'ai ensuite fait un Mastère dans le domaine du design vestimentaire.

대학에서, 학사로 프랑스어와 디자인을 전공했습니다. 그리고 이어서 의상디자인 석사 학위를 받았습니다.

iv 나의 장점과 단점에 대해

Question de l'examinateur 면접관의 질문

Quelles sont vos principales qualités et quels sont vos principaux défauts ?
당신의 주요 장점과, 주요 단점에는 어떤 것들이 있나요?

 **Exemple de réponse 예시 답안**

C'est une question difficile, mais je pense être une personne gentille et attentionnée. Je suis aussi très curieuse, j'aime apprendre de nouvelles choses, savoir ce que j'ignorais auparavant.
Concernant mes défauts, je pense parfois manquer d'ordre. En effet, je n'aime pas ranger. Ma chambre en est un très bon exemple.

어려운 질문입니다. 하지만 저는 친절하고 배려심이 있다고 생각합니다. 저는 마찬가지로 매우 호기심이 많으며, 새로운 것들을 배우고 그 전에 제가 몰랐던 것들을 알기를 원합니다.
제 단점에 관련해서, 저는 때때로 정리 정돈이 부족합니다. 사실, 저는 정리하는 것을 좋아하지 않습니다. 제 방이 매우 좋은 예라고 할 수 있습니다.

V 여행

Questions de l'examinateur 면접관의 질문

Où êtes-vous allé(e) lors de votre dernier voyage ?
Qu'avez-vous fait pendant vos dernières vacances ?

최근 여행한 곳은 어디입니까?
지난 방학/휴가 때 무엇을 했습니까?

Exemple de réponse 예시 답안

L'année dernière, lors des vacances d'hiver, je suis allé avec un ami au Japon pendant 5 jours. Nous sommes restés à Tokyo. C'était super ! J'ai vraiment adoré cette ville. Ce que j'ai préféré, c'était la nourriture. Nous sommes donc allés dans de nombreux restaurants. J'espère retourner dans ce pays bientôt !

작년, 겨울 연휴 때 저는 5일 동안 친구와 일본에 갔습니다. 저희는 도쿄에 머물렀습니다. 최고였습니다! 저는 그 도시를 정말 좋아했습니다. 제가 가장 좋아했던 것은, 음식이었습니다. 저희는 수많은 식당에 갔습니다. 저는 곧 이 나라에 다시 방문하기를 희망합니다!

vi 프랑스어권 나라와 프랑스어 학습에 관해

 **Question de l'examinateur 면접관의 질문**

Êtes-vous déjà allé(e) dans un pays francophone/en France ?
당신은 프랑스어권 국가 / 프랑스에 가본 적이 있나요?

Exemple de réponse 1 예시 답안1

Oui, l'été dernier je suis allée à Paris pendant une semaine ! C'était génial ! Paris est vraiment une ville magnifique ! Mon endroit préféré à Paris est Montmartre. De la butte, j'avais une vue sur tout Paris. C'était incroyable. Le quartier de Montmartre était aussi splendide.

네. 작년 여름에 저는 일주일 동안 파리에 갔었습니다. 멋졌습니다! 파리는 정말 근사한 도시입니다. 파리에서 제가 가장 좋아하는 장소는 몽마르트입니다. 언덕에서 저는 파리 전체를 바라봤습니다. 정말 믿을 수 없었죠. 몽마르트 지구도 역시 화려했습니다.

Exemple de réponse 2 예시 답안2

Non, mais c'est mon rêve et c'est aussi une des raisons pour lesquelles j'apprends le français ! Quand j'irai en France, je veux être capable de communiquer avec les Français. À vrai dire, j'espère aller en France l'été prochain !

아니요, 하지만 그것이 제 꿈이고 프랑스어를 배우는 이유 중 하나이기도 합니다! 프랑스에 가면 프랑스인과 소통하고 싶습니다. 사실은 내년 여름에 프랑스에 가고 싶어요!

 Question de l'examinateur 면접관의 질문

Depuis combien de temps étudiez-vous le français ?
프랑스어를 공부 한 지 얼마나 되었나요?

 Exemple de réponse 예시 답안

J'étudie le français depuis 2 ans. Ce n'est pas toujours facile, mais j'aime vraiment la France, sa culture et sa langue.

2년 전부터 프랑스어를 공부하고 있습니다. 항상 쉬운 것은 아니지만 저는 프랑스와 그 문화, 그리고 언어를 정말 좋아합니다.

 Question de l'examinateur 면접관의 질문

Pourquoi avez-vous décidé d'apprendre le français ?
왜 프랑스어를 배우기로 결심했나요?

 Exemple de réponse 예시 답안

En fait, j'ai tout d'abord voulu apprendre le français, car j'aimais la France et je trouvais la langue française mélodieuse. Maintenant, je suis ravie d'avoir fait ce choix, car je souhaite devenir designer de mode et étant donné que la France est le pays de la mode, le français me sera très utile pour réaliser mon rêve.

사실 제가 처음에 프랑스어를 배우고 싶었던 것은, 프랑스를 좋아하고 프랑스어가 노래하는 것 같다고 느껴졌기 때문입니다. 현재 저는 패션 디자이너가 되고 싶고 프랑스는 패션의 나라인 까닭에 이 선택을 하게 된 것이 기쁩니다. 프랑스어는 제 꿈을 이루는 데 매우 유용할 것입니다.

d 자기 소개 간단한 문장 샘플

Dire mon nom (나의 이름 말하기)

1 Je m'appelle ____________________.

제 이름은 ~입니다. (직역 : 나는 ~이라고 불립니다.)

2 Mon nom est ____________________.

제 이름은 ~입니다. (성 혹은 성과 이름 모두)

3 Je me nomme / je me prénomme ____________________.

제 이름은 ~입니다. (성씨를 제외한 이름)

4 Je suis ____________________.

저는 ~입니다.

Dire d'où je viens (출신지 말하기)

1 Je viens de ____________________. 그리고 저는 ~에서 왔습니다.

Je viens de Busan. 저는 부산에서 왔습니다.

Je viens du Japon. 저는 일본에서 왔습니다.

> * 'Venir de + 국가명'일 때 남성 나라는 'de + le = du'로 바꾸어 주고 여성 나라일 경우엔 'de + la'이지만, 보편적으로 la는 생략합니다.
>
> Je viens de Chine. 저는 중국에서 왔습니다. (la Chine 중국)
>
> Vous venez de France? 당신은 프랑스에서 왔나요? (la France 프랑스)

2 Et, je suis originaire de ____________________. 저는 ~ 출신입니다.

Je suis originaire de Tokyo. 저는 도쿄 출신입니다.

Je suis originaire de Séoul. 저는 서울 출신입니다.

* 'Je viens de'와 'Je suis originaire de'의 경우 출신지를 나타내는 표현으로서 매우 유사하게 쓰입니다. 다만 그래도 약간의 차이점을 둔다면, 'Je viens de'의 경우엔 '~로부터 오다'라는 의미로서, 나의 출신지뿐만 아니라 일상 속에서 '~로부터 막 오는 길이다'라는 표현으로도 쓰이는 반면 'Je suis originaire de'의 경우에는 '~에서 태어난'이라는 의미로 그야말로 자신의 출생 지역과 관련된 표현으로 제한되어 있습니다.

3 Et, j'habite à ____(도시)____ dans le quartier de ____(동네)____.
저는 (큰 단위), (더 작은 단위 지역)에 살고 있습니다.

J'habite à Paris dans le quartier de Montmartre.
저는 파리의 몽마르트 지구에서 살고 있습니다.

J'habite à Busan dans le quartier de Haeundae.
저는 부산의 해운대 쪽에서 살고 있습니다.

Parler de mes études (나의 전공 말하기)

1 Actuellement, je suis au lycée. Ma matière préférée est ________.
현재 저는 고등학생입니다. 제가 좋아하는 과목은 ~입니다.

Actuellement, j'étudie ________ à l'université.
현재 저는 대학에서 ~을 공부합니다.

Avant, j'ai étudié ________ à l'université.
전에, 저는 대학에서 ~을 전공했습니다.

l'histoire 역사	les affaires 행정
les mathématiques 수학	le management 경영
la littérature 문학	le marketing 마케팅
l'art 예술	l'ingénierie 공학
l'économie 경제	la gestion 회계

Parler de mon travail (나의 근무지/직위 명 말하기)

Maintenant, 현재

1 Je travaille chez ___(직장명)___ en tant que ___(직위)___.

저는 ~ (직위)로서 ~에서 일하고 있습니다.

2 Ma profession est ______.

제 직업은 ~입니다.

3 Je travaille dans une grande entreprise. Je suis chargé(e) de ______.

저는 대기업에서 일합니다. 저는 ~을 담당하고 있습니다.

Parler de ma situation familiale (가족사항에 대해 말하기)

1 Je suis célibataire. 저는 미혼입니다.

2 Je suis marié(e) 저는 결혼했습니다.

3 J'ai des enfants. 저는 아이들이 있습니다.

4 Je suis divorcé(e). 저는 이혼했습니다.

5 J'ai un petit ami. 저는 남자친구가 있습니다.

6 J'ai une petite amie. 저는 여자친구가 있습니다.

III

Exercice en interaction

모의 대화

a Présentation de l'exercice 시험 소개

— 말하기 시험의 두 번째 파트에서는 2가지의 주제를 뽑아서 읽은 다음 둘 중에 원하는 주제를 선택하게 됩니다. 기회는 한 번 주어지며, 선택한 주제를 전혀 이해하지 못하는 경우 면접관에게 질문할 수 있습니다.

— 이 파트에서, 당신과 면접관은 갈등이나 문제가 있는 상황에서 대화하는 사람의 역할을 하게 됩니다. 따라서 갈등 상황에서 문제에 대한 해결책을 찾아야 합니다.

— 면접관과 논쟁하는 것이 중요하지만 너무 고집을 부리지는 마십시오. 이상적인 것은 면접관과 당신의 입장 사이에서 타협점을 찾는 것입니다. 이 파트의 목적은 어떤 대가를 치르더라도 이기는 것이 아니라 토론하고 논쟁하는 과정에서 무언가를 요청하거나 주장하고, 불만을 표현하며, 대부분의 경우 문제에 대한 해결책을 찾아 나가는 것입니다.

— 때로는 응시자가 면접관과 합의하지 않고 대화가 끝나기도 하지만 이것은 전혀 문제가 되지 않습니다! 자신의 견해를 잘 나타내고 면접관에게 해결책을 제시했다면 목표는 달성된 것입니다.

— 제시된 주제 아래에는 면접관의 역할이 표시되어 있으므로 응시자는 나머지 다른 역할을 연기해야 합니다.

예 L'examinateur joue le rôle de votre ami.
시험관이 친구 역할을 합니다.

b Conseils pour se préparer 시험 준비 요령

고려해야 할 중요한 포인트

1. 응시자는 주제를 읽고 이해해야 합니다. 주제를 제대로 이해하지 못하는 데서 오는 스트레스는 면접관의 프랑스어를 듣고 이해하는 능력에 영향을 미칠 수 있으므로 반드시 주제를 이해해야 합니다.

2. 일상어를 사용할지 격식어를 사용할지 선택하는 것은 필수입니다. 어떤 상황에 어떠한 어휘를 적용하면 좋은지 아는 것이 좋습니다. 자주 사용하는 어휘나 격식어를 사용하는 것이 좋으며, 친숙한 어휘를 사용해야 할 때 속어나 줄임말 등은 사용하지 않는 것이 좋습니다.

3. 긴 독백(모놀로그)에 빠지지 마세요. 문장은 짧고 정확하게 유지하고 면접관이 유동적으로 답변할 수 있는 기회를 제공하는 것이 좋습니다.

4. 마지막으로, 대화를 불필요하게 연장하지 않도록 주의하세요. 대화를 마치고 문제가 해결되면 시험의 목표에 도달하는 것입니다. 말을 많이 할수록 실수할 위험이 커진다는 점을 명심하시고, 간단하고 효율적으로 말하세요!

효과적으로 대화하는 방법

대화를 충분히 길게 만들되 주제에 맞게 응답하고, 일관성을 유지하면서 문제 해결 목표를 달성하려면 다음과 같이 단계적으로 진행하십시오.

1. 상황에 따른 인사 : 안녕하세요! 실례합니다, 얘기 좀 해도 될까요? (Bonjour ! Excusez-moi, puis-je vous parler ?, etc.)
2. 상황 설명 : 예를 들어 이전 상황이나 상황의 원인을 설명합니다. 2~3개 이상의 문장을 연속으로 만들지 말고 상대방이 반응하도록 하세요.
3. 문제 설명
4. 대안 제시 또는 요청
5. 감사 인사, 결론 짓기, 마지막 인사

S'entraîner 말하기 연습

말하기 시험을 효과적으로 준비하기 위해서는 사실적인 주제로 반복해서 연습하는 것이 매우 중요합니다. 다음에서는 몇 가지 예시를 제시했습니다. 프랑스어를 사용하거나 프랑스어를 배우고 있는 지인이 있다면 함께 연습해보세요.

— 효과적인 연습을 위해 여덟 개의 주제에 대한 모의 대화를 만들었습니다. 여러분이 연습할 때에는 자유롭게 나만의 대화를 만들어보세요. 응시자 역할뿐만 아니라 면접관의 입장이 되어 직접 문제 제기를 하면서, 필요한 표현을 완벽하게 나의 것으로 만드는 것이 좋습니다.

— 대화를 만들면서 필요한 단어 리스트를 만들고 기억하는 것이 좋습니다. 이를 통해 자신만의 전략을 개발하고 시험 중에 사용할 수 있는 주장과 단서를 만들 수 있습니다.

C Sujets d'entraînement 예제와 상황극 모의 대화

Sujet n° 1

Vous arrivez souvent en retard à vos rendez-vous. Aujourd'hui, comme d'habitude, vous avez presque une demi-heure de retard. Votre ami n'est pas content. Vous discutez avec lui. Vous vous justifiez tout en essayant d'apaiser sa colère.

L'examinateur joue le rôle de votre ami.

당신은 종종 약속에 늦게 도착합니다. 오늘은 평소처럼 거의 30분 늦었습니다. 당신의 친구는 기분이 좋지 않습니다. 당신은 그와 대화를 나눕니다. 친구의 화를 가라 앉히려고 노력하면서 자신을 정당화합니다.

면접관은 친구 역할을 합니다.

✱ 모의 대화의 한국어 해석은 동양북스 홈페이지 도서 자료실에서 다운로드 받을 수 있습니다.

Dialogue imaginé pour le sujet n° 1

면접관 Ah, enfin, tu arrives !

당신 Bonjour, oui… Désolé du retard, comment vas-tu ?

면접관 Bof, je dois toujours t'attendre. J'en ai marre !

당신 Oui, je sais, je suis vraiment désolé.

면접관 C'est la dernière fois que je t'attends, si tu ne peux pas arriver à l'heure, il vaut mieux que l'on ne se voit pas.

당신 Je suis vraiment désolé. Tu le sais, j'habite très loin du centre-ville. Je dois changer quatre fois de bus pour venir.

면접관 Peut-être, tu habites très loin, mais ce n'est pas une raison. Tu peux partir plus tôt de chez toi pour être sûr d'être à l'heure !

당신 Aujourd'hui, je ne pouvais pas. Mon petit frère est malade. Comme j'étais seul avec lui à la maison, il a fallu que je m'occupe de lui.

면접관 Tu aurais dû me prévenir !

당신 Oui, c'est vrai, je m'excuse. La prochaine fois, je ferai attention de ne pas être en retard. Si par malchance je suis en retard, je te préviendrai. Je te le promets !

면접관 Bon d'accord, je te comprends. Oublions ça et allons manger une glace !

당신 C'est moi qui paie, pour mon retard. Je te dois bien ça ! Quel parfum préfères-tu ?

면접관 Oh, merci beaucoup ! J'adore la fraise !

Sujet n° 2

Vous souhaitez organiser chez vous une fête d'adieu pour un ami qui partira en France pour poursuivre ses études. Cependant, votre colocataire n'est pas d'accord sur la date, l'heure et le nombre d'invités. Vous en discutez avec lui.

L'examinateur joue le rôle de votre colocataire.

공부를 계속 하려고 프랑스로 가는 친구를 위해 집에서 작별 파티를 준비하고 싶습니다. 그러나 룸메이트는 날짜, 시간 그리고 손님 수에 동의하지 않습니다. 그와 상의하십시오.

면접관은 룸메이트 역할을 합니다.

Dialogue imaginé pour le sujet n° 2

면접관 Salut, tu voulais me dire quelque chose ?

당신 Oui. En fait, j'aimerais organiser une fête ici. C'est pour un ami, car il va aller en France.

면접관 Ah bon ? Et quand aimerais-tu faire la fête pour ton ami ?

당신 Jeudi prochain !

면접관 Jeudi prochain ? Ah non, ce n'est pas possible ! Je travaille le vendredi, j'ai besoin de bien dormir pour être en forme au travail !

당신 Ah vraiment ? Oui, je comprends ! Tu travailles aussi le samedi ?

면접관 Non, c'est le week-end. Je suis en repos !

당신 Alors, on peut faire la fête vendredi soir !

면접관 Oui, c'est bien, mais à quelle heure ?

당신 Je pensais commencer à 20 h 30.

면접관 20 h 30 ? C'est trop tard ! Si la fête commence à 20 h 30, elle finira à 3 h du matin !

당신 Oui, je sais, mais c'est normal, une vraie fête se termine toujours très tard !

면접관 Non, je ne suis pas d'accord ! Je veux qu'elle finisse plus tôt ! Pourquoi pas à 18 h ?

당신 18 h ? Mais c'est trop tôt ! Tu sais, la fête est pour mon ami qui veut aller étudier en France. En ce moment, il travaille et il finit le travail tous les jours à 20 h ! Nous ne pouvons pas commencer sans lui !

면접관 Ah vraiment ? D'accord, 20 h 30 alors.

당신 Je te remercie !

면접관	Mais combien de personnes seront là ?
당신	Je veux inviter 15 personnes !
면접관	15 personnes ! C'est trop ! Tu imagines ? Notre appartement est trop petit ! En plus, après il va falloir faire le ménage ! Avec 15 personnes, l'appartement va être très sale !
당신	Non. Je ne pense pas que ce soit trop petit. Pour le ménage, ne t'inquiète pas, je m'en occupe ! Le lendemain, je vais me lever très tôt pour tout nettoyer pendant que tu dormiras.
면접관	Ah d'accord. Si tu t'en occupes, pas de problème !
당신	Je te remercie !

Sujet n° 3

Vous avez prêté quelques livres à votre ami. Mais cela fait six mois qu'il ne les rend pas et hier vous lui avez demandé de les rapporter. Aujourd'hui, il vous donne vos livres, mais ils ne sont pas dans le même état qu'avant. Ils sont très sales. Vous montrez votre mécontentement à votre ami et vous lui demandez de trouver une solution.

L'examinateur joue le rôle de votre ami.

당신은 친구에게 몇 권의 책을 빌려주었습니다. 하지만 그가 책을 돌려 주지 않은 지 6개월이나 지났고, 당신은 어제 그에게 책을 돌려달라고 요청했습니다. 오늘 책을 받았지만 상태가 이전과는 다릅니다. 책들은 매우 더럽습니다. 당신은 불만을 표현하면서 친구와 책의 상태에 대해 얘기할 것입니다.

면접관은 친구의 역할을 합니다.

Dialogue imaginé pour le sujet n° 3

당신	Bonjour, ça va ?
면접관	Salut ! Oui, ça va et toi ?
당신	Bien. Tu as apporté, comme prévu, les livres que je t'avais prêtés ?
면접관	Oui bien sûr, les voilà !
당신	Oh, tu es sûr que ce sont mes livres ?
면접관	Oui, tu m'avais prêté ces livres.

당신 Mais les livres que je t'avais prêtés étaient presque neufs ! Ceux-là sont usés. Regarde comme ils sont sales !

면접관 Oui, c'est vrai. Je suis désolé.

당신 D'accord, mais ce n'est pas normal. Quand quelqu'un te prête quelque chose, tu dois le rendre dans le même état !

면접관 Oui, excuse-moi, la prochaine fois je ferai plus attention.

당신 Je t'ai prêté des livres presque neufs et tu me les rends 6 mois plus tard et en plus ils sont très sales ! C'est très malpoli !

면접관 Oui, je suis désolé, vraiment. Si tu veux, pour me faire pardonner, je t'invite au restaurant.

당신 Hum d'accord, mais je veux aussi que tu m'achètes de nouveaux livres !

면접관 C'est promis.

Sujet n° 4

Un ami français part une semaine en vacances. Il souhaite que vous vous occupiez de ses trois chats. Ne voulant pas garder ses chats, vous essayez de lui faire comprendre pourquoi vous ne pouvez pas les accepter chez vous pendant son absence.

L'examinateur joue le rôle de votre ami.

한 프랑스 친구가 일주일 동안 휴가를 떠납니다. 그는 당신이 그의 세 마리의 고양이를 돌봐주기를 원합니다. 당신은 고양이들을 맡고 싶지 않기 때문에 그가 없는 동안 왜 고양이를 당신 집에 받아들일 수 없는지 그에게 설명하세요.

면접관은 친구 역할을 합니다.

Dialogue imaginé pour le sujet n° 4

면접관 Bonjour, comment vas-tu ?

당신 Je vais bien, merci. Et toi ?

면접관 Ça va ! Tu sais, dans deux semaines je vais partir en voyage !

당신 Ah ! C'est super ! Tu vas aller où ?

면접관 Je vais aller à Cebu, aux Philippines !

당신 C'est génial ! J'ai entendu que c'était magnifique ! Tu y resteras combien de temps ?

면접관 Je vais y rester une semaine. D'ailleurs, à ce propos, j'ai quelque chose à te demander.

당신 Ah vraiment ? Je t'en prie, demande-moi !

면접관 En fait, comme tu le sais déjà, j'ai 3 chats. Malheureusement, je ne peux pas les emmener avec moi aux Philippines. Du coup, est-ce que tu pourrais t'en occuper pendant mon séjour ?

당신 M'occuper de tes chats ? Pendant une semaine ? C'est impossible, je n'ai jamais eu d'animal de compagnie de ma vie. Je ne sais pas comment faire.

면접관 Oh, ce n'est pas compliqué, je t'expliquerai comment faire.

당신 Oui, mais je ne peux pas les prendre chez moi. Les animaux sont interdits dans ma résidence.

면접관 Ah vraiment ? Mais ne t'inquiète pas, mes chats sont très calmes, ils ne miaulent jamais. De plus, tu n'auras pas besoin de les sortir. Les voisins ne le sauront pas.

당신 Oui, peut-être, mais il y a un autre problème. En fait, je suis allergique aux chats. Si je m'occupe de tes chats, je risque d'avoir de gros problèmes de santé.

면접관 Ah bon ? Je ne savais pas. Oui, je comprends. Je vais demander à mes parents s'ils peuvent s'en occuper. Merci quand même.

당신 Désolé.

Sujet n° 5

Pour vos vacances, vous avez prévu de voyager en famille à Paris. Au moment de partir, votre chef vous appelle et vous demande de participer à une réunion très importante le jour de votre départ. Vous refusez et lui expliquez pourquoi vous ne pouvez pas aller à cette réunion. Vous insistez également sur l'importance du voyage avec votre famille.

L'examinateur joue le rôle de votre supérieur.

휴가를 위해 가족과 함께 파리로 여행할 계획을 세웠습니다. 떠나려는 그때, 상사가 전화를 걸어 출국 당일 매우 중요한 회의에 참석해달라고 요청합니다. 당신은 거절하고 왜 회의에 참석할 수 없는지 설명합니다. 또한 가족과 함께 여행하는 것의 중요성을 강조합니다.

면접관은 상사의 역할을 합니다.

Dialogue imaginé pour le sujet n° 5

면접관 Oui, allô, c'est monsieur Dupont, votre supérieur.

당신 Ah, bonjour, monsieur Dupont, comment allez-vous ?

면접관 Ça va, je vous remercie. Je vous appelle, car j'ai une faveur à vous demander.

당신 Je vous écoute.

면접관 Je sais bien que vous êtes en congé à partir de ce vendredi, mais j'aimerais que vous veniez au bureau lundi prochain entre 14 h et 16 h.

당신 Ah, je vois, malheureusement je ne vais pas pouvoir. J'ai déjà quelque chose de prévu.

면접관 J'imagine bien. Mais c'est très important. Nous allons avoir une réunion sur le projet sur lequel vous travaillez depuis 6 mois ! Nous avons besoin de vous !

당신 Je comprends, mais c'est vraiment impossible. Je pars lundi avec ma famille pour la France.

면접관 Oui, mais je pense que cette réunion est vraiment très importante. Pourriez-vous repousser votre départ ?

당신 Ah non. Désolé, c'est impossible. Si je repousse mon départ, je vais devoir acheter un nouveau billet d'avion et annuler ma réservation d'hôtel. Je vais perdre beaucoup d'argent !

면접관 L'entreprise va vous rembourser.

당신 Je suis vraiment désolé, mais je ne peux pas accepter. Il y a plusieurs années déjà que je travaille dans notre entreprise. Ça fait même plus de 3 ans que je n'ai pas eu de vacances. Ce voyage à Paris va me permettre de passer un peu de temps avec ma famille.

면접관 Ah oui, c'est vrai que vous travaillez très dur. Je comprends, vous pouvez aller en vacances avec votre famille. Par contre, sera-t-il possible de vous contacter si besoin ?

당신 Oui, bien sûr, vous pourrez m'envoyer des e-mails. Je vérifierai tous les jours.

면접관 D'accord, je vous souhaite un bon voyage à Paris alors !

당신 Je vous remercie. Au revoir, monsieur Dupont.

Sujet n° 6

Vous venez d'emménager dans un appartement en France. En cette période de l'année, il fait très beau. Malheureusement, vous ne pouvez pas ouvrir la fenêtre à cause de la fumée de cigarette qui vient de l'appartement du dessus. Aussi, vous avez trouvé des mégots de cigarettes sur votre balcon. Vous allez voir votre voisin à l'étage supérieur.

L'examinateur joue le rôle de votre voisin.

당신은 방금 프랑스의 아파트로 이사했습니다. 이 시기에는 날씨가 아주 좋습니다. 하지만 안타깝게도 위층에서 오는 담배 연기 때문에 창문을 열 수 없습니다. 또한 당신의 발코니에서 담배 꽁초를 발견했습니다. 위층에 사는 이웃을 만나러 갑니다.

면접관은 이웃의 역할을 합니다.

Dialogue imaginé pour le sujet n° 6

당신 Bonjour, monsieur. Je peux vous parler 5 minutes ?

면접관 Bonjour. Oui, bien sûr. Je peux vous aider ?

당신 Oui. En fait, je suis votre voisin du dessous.

면접관 Ah, enchanté ! Vous venez d'emménager, c'est ça ?

당신 Oui, il y a trois semaines que j'habite ici.

면접관 Ah très bien ! Et, vous vous plaisez ici ?

당신 Oui, c'est très bien, mais vous savez, votre balcon est juste au-dessus du mien.

면접관 Oui, je sais bien. Et alors ?

당신 Eh bien, il y a juste un petit problème et c'est pour ça que je viens vous voir.

면접관 Je vous écoute.

당신 En fait, votre fumée de cigarette me gêne beaucoup. Je ne peux même pas ouvrir mes fenêtres. C'est vraiment dommage, car il fait très beau en ce moment, mais je ne peux pas profiter du printemps.

면접관 Ah vraiment ? Je ne savais pas que la fumée de cigarette allait chez vous.

당신 Pourtant, si. Lorsque vous fumez et que mes fenêtres sont ouvertes, il y a une odeur de cigarette partout dans mon appartement.

면접관 Ah, je suis désolé, je vais faire attention.

당신 D'accord, mais ce n'est pas le seul problème. J'ai retrouvé de nombreux mégots sur mon balcon. Je pense que c'est vous qui les avez jetés.

면접관 Oh, je m'excuse. Des fois, je jette mon mégot sans faire attention.

당신 Je comprends, mais c'est vraiment très désagréable.

면접관 À partir de maintenant, je ferai attention !

당신 Je vous remercie, bonne journée à vous.

면접관 Bonne journée à vous aussi.

Sujet n° 7

Vous suivez un cours de danse dans un club de votre quartier. Malheureusement, le professeur de danse annule très souvent son cours sans prévenir. Vous allez voir le responsable pour lui dire que vous n'êtes pas content de l'attitude du professeur et que vous souhaiteriez obtenir un remboursement.

L'examinateur joue le rôle du responsable.

당신은 동네에 있는 한 동호회에서 댄스 수업을 듣고 있습니다. 불행히도 선생님은 예고 없이 너무 자주 수업을 취소합니다. 책임자를 만나서 선생님의 태도가 불만스럽다는 것을 말하고, 환불을 받으려고 합니다.

면접관은 책임자의 역할을 합니다.

Dialogue imaginé pour le sujet n° 7

면접관 Bonjour, madame. Je peux vous aider ?

당신 Bonjour, oui. En fait, je viens vous voir, car j'ai quelque chose à vous dire concernant le cours de danse.

면접관 Ah d'accord, de quoi s'agit-il ?

당신 Je vous explique, je me suis inscrite au cours de danse il y a un mois. Le cours en lui-même est très bien, mais il y a un petit problème.

면접관 Ah vraiment ? Que se passe-t-il ?

당신 Le professeur de danse annule presque tous les cours.

면접관 Ah oui, c'est vrai que ce mois-ci, il a annulé beaucoup de cours. Nous sommes désolés.

당신 Oui, mais le problème c'est qu'il annule sans prévenir donc je perds beaucoup de temps.

면접관 Oui, je comprends. Nous allons lui parler.

당신 Je vous remercie, mais j'aimerais être remboursée.

면접관 Ah vraiment ? Pourquoi ?

당신 Sur huit cours, sept ont été annulés. C'est beaucoup trop ! J'aimerais donc arrêter de suivre ce cours et être remboursée pour les sept cours qui ont été annulés.

면접관 Oui, c'est normal, mais est-ce que vous aimeriez continuer la danse avec un autre professeur ? Je peux vous changer de groupe si vous voulez.

당신 Je vous remercie de proposer, mais je préfère arrêter complètement.

면접관 C'est dommage. Nous allons vous envoyer l'argent du remboursement sur votre compte bancaire alors.

당신 Merci. Bonne journée.

면접관 À vous de même.

Sujet n° 8

Vous avez acheté un chapeau hier. Aujourd'hui, vous le rapportez au magasin, car il ne vous plaît plus. Vous expliquez pourquoi et vous demandez s'il est possible de l'échanger.

L'examinateur joue le rôle du vendeur.

당신은 어제 모자 하나를 구입했습니다. 당신은 더이상 그 모자가 마음에 들지 않기 때문에 오늘 모자를 가게에 다시 가지고 갑니다. 이유를 설명하고 교환이 가능한지 물어보세요.

면접관은 판매원의 역할을 합니다.

Dialogue imaginé pour le sujet n° 8

면접관 Bonjour, madame. Je peux vous aider ?

당신 Oui. En fait, j'ai acheté un chapeau, mais il ne me plaît pas. Est-ce que je peux l'échanger ?

면접관 Oui, bien sûr, mais il me faut le reçu. Est-ce que vous l'avez ?

당신 Oui, bien sûr, voilà le ticket de caisse.

면접관 D'accord. Souhaitez-vous l'échanger contre le même modèle d'une autre couleur ou contre un autre modèle ?

당신 Je voudrais essayer le même modèle, mais en gris, s'il vous plaît ! Le bleu ne me va pas.

면접관 D'accord, en voici un gris.

당신 Merci. Je pense que celui-ci me va mieux !

면접관 Vous avez raison ! Vous voulez donc celui-ci ?

당신 Oui, s'il vous plaît,

면접관 D'accord. Par contre, je suis désolé, madame, mais le chapeau gris est plus cher que le bleu parce que c'est un chapeau de la nouvelle collection de cet automne. Ça ne vous dérange pas ?

당신 Combien coûte-t-il ?

면접관 2 euros de plus.

당신 Très bien, je vais quand même le prendre. Voici 2 euros.

면접관 Merci, madame. Tenez, votre sac ainsi que le ticket de caisse.

당신 Merci et au revoir !

면접관 Merci, au revoir !

이제 여러분이 다음 주제에 대해 대화를 상상해 보세요.

Sujet n° 9

Vous vous occupez d'un enfant tous les jours. Vous allez chercher ce petit garçon à son école en semaine. Ses parents vous demandent si vous pouvez aussi vous occuper de leur enfant le week-end, pendant un mois. Vous refusez et leur expliquez pourquoi vous ne pouvez pas travailler le week-end.

L'examinateur joue le rôle de l'un des parents.

당신은 매일 한 아이를 돌보는 일을 하고 있습니다. 주중에는 이 소년을 학교에서 데리고 옵니다. 그의 부모가 주말에도 한 달 동안 아이를 돌볼 수 있다면 아이를 돌봐달라고 부탁합니다. 당신은 주말에 일할 수 없는 이유를 설명하고 거절합니다.

면접관은 부모 중 한사람 역할을 합니다.

대화를 상상해보십시오.

당신 Bonjour, vous vouliez me parler ?

면접관 Bonjour. Oui, je voulais vous demander, est-ce que vous seriez disponible le week-end ?

당신 Le week-end ? Mais je m'occupe déjà de votre fils pendant la semaine.

면접관 C'est vrai que vous travaillez déjà beaucoup, mais ce serait temporaire. Seulement pendant un mois.

당신 Je comprends, mais… ______________________

면접관 ______________________

당신 ______________________

면접관 ______________________

당신 ______________________

면접관 ______________________

당신 ______________________

면접관 ______________________

당신 ______________________

면접관 ______________________

당신 ______________________

면접관 ______________________

Sujet n° 10

Vous étudiez le français à Paris et vous partagez un appartement avec un jeune musicien. Il joue de la guitare et chante presque tous les jours et souvent tard le soir. Le bruit vous gêne beaucoup. Vous décidez d'en parler à votre colocataire.

L'examinateur joue le rôle du colocataire.

당신은 파리에서 프랑스어를 배우고 있습니다. 그리고 젊은 음악가와 함께 아파트를 나누어 사용하고 있습니다. 그는 거의 매일 기타를 연주하고 노래를 부르는데, 늦은 저녁까지 그러는 일도 빈번합니다. 당신은 소음으로 큰 불편을 느낍니다. 당신은 그것에 대해 공동거주자인 그와 이야기를 하기로 결정했습니다.

면접관은 공동거주자의 역할을 합니다.

대화를 상상해보십시오.

당신 Salut ! Ça va ? Est-ce que tu aurais deux minutes pour discuter ?

면접관 Salut ! Oui, bien sûr ! Tout va bien ?

당신 En fait, je voulais te parler de ta musique. J'aime beaucoup ce que tu fais, mais tu joues de la guitare et chantes tous les jours et souvent la nuit ! Ça me fatigue !

면접관 ______

당신 ______

면접관 ______

당신 ______

면접관 ______

당신 ______

면접관 ______

당신 ______

면접관 ______

당신 ______

면접관 ______

당신 ______

면접관 ______

당신 ______

면접관 ______

Sujet n° 11

Votre ami français vous téléphone pour vous inviter à Paris pendant les vacances d'été. Vous êtes touché par son invitation, mais vous préféreriez qu'il vienne chez vous. Vous essayez de le convaincre de passer les vacances avec vous dans votre pays.

L'examinateur joue le rôle de votre ami.

당신의 프랑스 친구가 여름 방학 동안 당신을 파리로 초대하기 위해 전화를 걸었습니다. 당신은 그의 초대에 감동을 받았지만, 당신은 그가 당신의 집에 오는 것을 희망합니다. 당신은 그가 당신의 나라에서 당신과 함께 휴일을 보내도록 설득하려고 합니다.

면접관이 친구 역할을 합니다.

대화를 상상해보십시오.

당신 Allô*?

면접관 Allô ! C'est moi, Laurent !

당신 Ah, Laurent ! Comment vas-tu? Je suis content que tu m'appelles !

면접관 ______

당신 ______

면접관 ______

당신 ______

면접관 ______

당신 ______

면접관 ______

당신 ______

면접관 ______

당신 ______

면접관 ______

당신 ______

면접관 ______

당신 ______

면접관 ______

* 《여보세요》와 같이 전화로 대화를 시작할 때 사용

Sujet n° 12

Vous étudiez le français à Lyon. Vous souhaitez faire un job d'été pour gagner un peu d'argent. Afin de trouver un petit travail, vous vous rendez dans un restaurant de votre quartier. Vous avez l'espoir de vous faire embaucher comme serveur.

L'examinateur joue le rôle du patron du restaurant.

당신은 리옹에서 프랑스어를 공부하고 있습니다. 돈을 벌기 위해 여름 파트타임 일을 하고 싶습니다. 아르바이트를 구하기 위해 당신 동네의 식당에 갑니다. 웨이터로 일할 수 있기를 희망합니다.

면접관은 식당 주인의 역할을 합니다.

대화를 상상해보십시오.

면접관 Bonjour, monsieur. C'est pour manger?

당신 Bonjour, monsieur! Non, je ne viens pas manger. J'aimerais vous demander quelque chose.

면접관 ______

당신 ______

면접관 ______

당신 ______

면접관 ______

당신 ______

면접관 ______

당신 ______

면접관 ______

당신 ______

면접관 ______

당신 ______

면접관 ______

당신 ______

면접관 ______

당신 Je vous remercie! Bonne journée et à lundi!

Sujet n° 13

Vous êtes avec des amis au restaurant en France. Malheureusement, vous êtes végétarien et aucun plat ne vous convient sur la carte. Vous discutez avec le serveur pour trouver une solution.

L'examinateur joue le rôle du serveur.

당신은 프랑스의 한 식당에서 친구들과 함께 있습니다. 불행히도 채식주의자인 당신은 메뉴에서 당신에게 맞는 메뉴를 찾을 수 없습니다. 해결책을 찾기 위해 웨이터와 대화합니다.

면접관은 웨이터 역할을 합니다.

대화를 상상해보십시오.

당신 Excusez-moi !

면접관 Oui, madame. Vous souhaitez commander ?

당신 À vrai dire, j'ai un petit souci. ______

면접관 ______

당신 ______

면접관 ______

당신 ______

면접관 ______

당신 ______

면접관 ______

당신 ______

면접관 ______

당신 ______

면접관 ______

당신 ______

면접관 ______

당신 ______

면접관 ______

당신 ______

Sujet n° 14

Vous venez de lire l'annonce suivante :

Cherche deux personnes, disponibles pendant les vacances d'été pour s'occuper de personnes âgées, pensionnaires d'une maison de retraite dans le centre-ville. Pour tout renseignement, contactez le 02-47-54-90-19.

Vous êtes intéressé et en parlez à votre ami en essayant de le convaincre de postuler avec vous.

L'examinateur joue le rôle de votre ami.

당신은 방금 다음 광고를 읽었습니다.

여름 방학 동안 도심에 있는 양로원에서 노인을 돌볼 사람 두 명을 찾고 있습니다.
자세한 내용은 02-47-54-90-19로 문의하십시오.

당신은 관심이 있고 당신의 친구에게 당신과 함께 지원하도록 설득하려고 노력합니다.

면접관이 친구 역할을 합니다.

대화를 상상해보십시오.

당신 __________

면접관 __________

당신 __________

면접관 __________

당신 __________

면접관 __________

당신 __________

면접관 __________

당신 __________

면접관 __________

당신 __________

면접관 __________

당신 __________

면접관 __________

당신 __________

면접관 __________

당신 __________

Sujet n° 15

Vous vivez à Paris. Vous avez acheté un billet de train pour deux personnes pour Nice, car vous souhaitiez visiter cette ville avec un ami. Malheureusement, votre ami est très occupé. Vous allez donc partir seul. Vous allez au guichet de la gare pour modifier votre réservation.

L'examinateur joue le rôle du guichetier.

당신은 파리에 살고 있습니다. 당신은 친구와 니스를 방문하고 싶었기 때문에 니스행 기차표 두 장을 구입했습니다. 안타깝게도 친구는 매우 바쁩니다. 결국 당신은 혼자 떠납니다. 당신은 예약 변경을 위해 창구로 갑니다

면접관은 창구 직원 역할을 합니다.

대화를 상상해보십시오.

당신 ______

면접관 ______

당신 ______

면접관 ______

당신 ______

면접관 ______

당신 ______

면접관 ______

당신 ______

면접관 ______

당신 ______

면접관 ______

당신 ______

면접관 ______

당신 ______

면접관 ______

당신 ______

면접관 ______

당신 ______

Sujet n° 16

Dans quelques jours, c'est l'anniversaire de votre grand-père. Vous souhaitez organiser une fête spéciale pour célébrer son 90e anniversaire. Vous téléphonez à l'un de vos parents (votre mère ou votre père) pour décider des détails de la fête ainsi que du cadeau que vous allez offrir à votre grand-père.

L'examinateur joue le rôle de l'un de vos parents.

며칠 뒤에 할머니의 생신입니다. 당신은 그녀의 90세 생신을 축하하기 위해 특별한 파티를 열기를 원합니다. 파티 세부 사항과 할머니에게 줄 선물을 결정하기 위해 당신은 부모님 중 한 분(어머니 또는 아버지)에게 전화를 합니다.

면접관은 아버지나 어머니의 역할을 합니다.

대화를 상상해보십시오.

당신 ______________________

면접관 ______________________

당신 ______________________

면접관 ______________________

당신 ______________________

면접관 ______________________

당신 ______________________

면접관 ______________________

당신 ______________________

면접관 ______________________

당신 ______________________

면접관 ______________________

당신 ______________________

면접관 ______________________

당신 ______________________

면접관 ______________________

당신 ______________________

면접관 ______________________

당신 ______________________

Sujets d'entraînement
실전 연습 문제

모든 주제의 성별을 남성으로 통일하였습니다.
답변 시 여성의 성별로도 자연스럽게 말할 수 있어야 합니다.

* 연습 문제 모범답안은 동양북스 홈페이지 도서 자료실에서 다운로드 받을 수 있습니다.

DELF Junior / DELF 모두 해당되는 주제

SUJET 1

Pour les vacances, vous souhaitez partir deux semaines avec un ami pour faire du camping à la montagne. Votre ami n'en a jamais fait et il hésite. Vous essayez de le convaincre de partir avec vous.

L'examinateur joue le rôle de votre ami.

SUJET 2

Un de vos amis francophones vient passer quelques jours dans votre ville. Vous souhaitez lui faire découvrir votre pays et votre culture, mais il refuse. Il dit qu'il n'a pas suffisamment de temps et qu'il a déjà autre chose de prévu. Vous essayez de le faire changer d'avis.

L'examinateur joue le rôle de votre ami.

SUJET 3

En voyage en France, vous vous garez temporairement au bord de la route pour aller faire un achat dans un magasin du centre-ville. Quand vous revenez à votre voiture, un policier est en train de vous mettre une amende. Vous n'aviez en effet pas le droit de vous garer ici. Vous tentez de convaincre le policier de ne pas vous verbaliser.

L'examinateur joue le rôle du policier.

SUJET 4

Votre ami français retourne dans son pays pour les vacances. Il vous demande de vous occuper de son chien pendant son absence. Vous n'avez pas envie de garder son animal. Vous refusez et lui expliquez les raisons de votre refus. Vous lui proposez également une autre solution.

L'examinateur joue le rôle de l'ami français.

SUJET 5

Votre téléphone portable ne marche plus ! Pourtant, vous l'avez acheté il y a deux semaines. Vous allez au service après-vente du magasin et vous demandez un échange ou un remboursement. Malheureusement, le vendeur refuse. Vous essayez de trouver une solution.

L'examinateur joue le rôle du vendeur.

SUJET 6

Vous avez réservé par téléphone une chambre dans un hôtel en France. Lorsque vous arrivez à la réception, vous apprenez que la chambre que vous aviez réservée n'est plus disponible. L'employé vous propose une chambre plus petite et moins confortable. Vous exprimez votre mécontentement et essayez de trouver une solution avec l'employé de l'hôtel.

L'examinateur joue le rôle de l'employé de l'hôtel.

SUJET 7

Un ami vous propose de passer des vacances à la mer, mais vous préférez aller à la montagne. Vous lui expliquez les raisons de votre préférence et essayez de le convaincre d'y aller avec vous.

L'examinateur joue le rôle de votre ami.

SUJET 8

Vous êtes dans un restaurant français. Au moment de payer l'addition, vous vous apercevez que vous avez oublié votre portefeuille à l'hôtel (documents d'identité, passeport, argent, etc.). Vous discutez avec le responsable du restaurant pour trouver une solution.

L'examinateur joue le rôle du responsable du restaurant.

SUJET 9

Dans un magasin d'électronique en Suisse, vous faites malencontreusement tomber un ordinateur en passant devant. L'appareil est complètement cassé. Vous pensez qu'il était mal rangé. Le vendeur est furieux et exige que vous le remboursiez. Vous essayez de trouver un arrangement.

L'examinateur joue le rôle du vendeur.

SUJET 10

Vous êtes en vacances en France. Vous souhaitez visiter avec toute votre famille un lieu incontournable : les catacombes de Paris. Vous désirez avoir des renseignements sur cette visite : horaires, prix, tarif de groupe, accessibilité, etc. Vous téléphonez pour avoir ces informations.

L'examinateur joue le rôle de l'employé des catacombes de Paris.

SUJET 11

Vous êtes en voyage en Belgique. Vous prenez le taxi pour vous rendre à votre hôtel. Quand le chauffeur de taxi vous dit que vous êtes arrivé, vous vous apercevez qu'il s'est trompé d'adresse. Votre hôtel est de l'autre côté de la ville. Il veut tout de même être payé et affirme que vous lui avez donné la mauvaise adresse. Vous essayez de trouver une solution.

L'examinateur joue le rôle du chauffeur de taxi.

SUJET 12

Vous dînez dans un restaurant gastronomique parisien. À la fin de votre repas, vous allez récupérer au vestiaire votre blouson et votre sac. L'employé vous donne des affaires qui ne sont pas les vôtres. Vous lui expliquez le problème et l'aidez à trouver une solution.

L'examinateur joue le rôle de l'employé.

SUJET 13

Un ami français a une opportunité professionnelle importante. On vient de lui offrir un poste de direction dans une grande entreprise. Cependant, celle-ci est implantée dans un autre pays. Votre ami a très envie d'accepter, mais il a très peur de déménager dans un pays étranger. Vous discutez avec lui pour comprendre sa peur et vous lui expliquez que cette expérience peut être très intéressante pour lui.

L'examinateur joue le rôle de l'ami.

SUJET 14

Vous proposez à un de vos amis d'aller à une exposition artistique, mais il ne veut pas y aller. Vous discutez avec lui pour le convaincre de l'intérêt de cette sortie.

L'examinateur joue le rôle de l'ami.

SUJET 15

Vous habitez en France et vous êtes en colocation. Des amis viennent en France vous rendre visite. Vous aimeriez les héberger dans votre appartement. Malheureusement, votre colocataire n'est pas d'accord. Vous essayez de le convaincre.

L'examinateur joue le rôle du colocataire.

SUJET 16

Depuis plusieurs jours, vous avez très mal aux dents. Vous aviez rendez-vous chez le dentiste ce matin, mais malheureusement, vous vous êtes réveillé trop tard pour être à l'heure. Vous décidez d'aller quand même chez le dentiste, car la douleur n'est pas supportable. Vous tentez de le convaincre de vous recevoir malgré votre retard.

L'examinateur joue le rôle du dentiste.

SUJET 17

Vous habitez en France et vous avez exceptionnellement besoin d'une voiture. Vous demandez à l'un de vos amis français de vous prêter la sienne. Il hésite. Vous lui expliquez pourquoi c'est important et essayez de le convaincre.

L'examinateur joue le rôle de l'ami français.

SUJET 18

Vous visitez la France avec votre famille. Vous venez d'arriver. À l'aéroport, deux de vos valises ont disparu. Vous allez voir un employé de l'aéroport pour lui expliquer la situation et trouver une solution.

L'examinateur joue le rôle de l'employé de l'aéroport.

SUJET 19

Vous vivez dans un pays francophone. Vous habitez en appartement et votre voisin du dessous écoute de la musique tous les soirs. Le bruit vous gêne. Vous allez voir votre voisin pour essayer de trouver un arrangement.

L'examinateur joue le rôle du voisin.

SUJET 20

Vous décidez d'aller vivre un an dans un pays francophone. Votre meilleur ami ne comprend pas votre décision et veut que vous restiez. Vous lui expliquez les raisons de votre choix.

L'examinateur joue le rôle de l'ami.

SUJET 21

Vous vivez en France. Vous achetez un pantalon dans une boutique très populaire. Mais, de retour chez vous, vous vous rendez compte que le pantalon est cassé. Vous retournez au magasin pour vous faire rembourser. Le vendeur refuse. Vous discutez avec lui pour le convaincre.

L'examinateur joue le rôle du vendeur.

SUJET 22

Vous vivez en France et vous êtes en colocation. Votre nouveau colocataire ne fait aucune tâche ménagère. Vous ne supportez plus son comportement. Vous décidez d'aller lui parler.

L'examinateur joue le rôle du colocataire.

SUJET 23

Vous avez joué à la loterie, en partageant le prix du ticket avec un ami français, et vous avez gagné une importante somme d'argent. Vous discutez ensemble de ce que vous allez faire de cet argent et surtout de quelle manière vous allez le partager.

L'examinateur jour le rôle de l'ami.

SUJET 24

Un ami français passe tout son temps sur son téléphone portable, il ne peut plus s'en passer. Vous lui faites remarquer les côtés négatifs d'une utilisation abusive du smartphone. Vous tentez de le convaincre de moins utiliser son téléphone et vous lui proposez des solutions pour y parvenir.

L'examinateur joue le rôle de l'ami.

SUJET 25

On vous a volé votre sac à dos dans la rue. Vous l'aviez posé sur le trottoir pour prendre des photos et quand vous vous apprêtiez à le reprendre, il avait disparu. Vous vous rendez à la police pour déclarer le vol : vous expliquez ce qui s'est passé et demandez au policier ce que la police va faire pour retrouver vos affaires.

L'examinateur joue le rôle du policier.

SUJET 26

Vous visitez la France avec votre famille. Vous prenez le train, mais un de vos proches oublie de mettre son ticket dans la machine à valider. Le contrôleur veut lui faire payer une amende. Vous êtes le seul à pouvoir parler français. Vous discutez avec le contrôleur pour expliquer la situation et ne pas payer l'amende.

L'examinateur joue le rôle du contrôleur.

SUJET 27

Vous souhaitez terminer le travail plus tôt vendredi, car vous avez prévu de partir en week-end avec votre famille. Vous demandez l'autorisation à votre employeur. Malheureusement, il refuse de vous laisser partir en avance, parce qu'il y a beaucoup de travail en ce moment. Vous essayez de le convaincre de changer d'avis en lui proposant un compromis.

L'examinateur joue le rôle de l'employeur.

SUJET 28

Vous êtes dans un magasin avec un ami. Vous trouvez au sol un portefeuille avec beaucoup d'argent à l'intérieur. Vous souhaitez le donner au responsable du magasin, mais votre ami ne veut pas. Il veut que vous vous partagiez l'argent. Vous n'êtes pas d'accord. Vous essayez de l'en dissuader.

L'examinateur joue le rôle de l'ami.

SUJET 29

Vous habitez à Paris. Le temps d'un week-end, vous souhaitez partir avec un ami pour visiter d'autres régions de France. Vous voulez découvrir la campagne bretonne, mais votre ami veut visiter Marseille, la deuxième plus grande ville de France.
Vous essayez de convaincre votre ami de passer le week-end à la campagne.

L'examinateur joue le rôle de l'ami.

SUJET 30

Vous vivez en France avec une autre personne dans un appartement de trois chambres. Afin de payer moins cher vos loyers, vous et votre colocataire souhaitez trouver une troisième personne pour vivre avec vous. Vous discutez avec votre ami des critères de sélection : qualités recherchées et défauts à éviter.

L'examinateur joue le rôle de l'ami.

SUJET 31

Pour l'anniversaire de l'un de vos amis, vous avez acheté une très belle montre. Mais, une fois arrivé chez vous, vous vous rendez compte avec surprise que la montre ne fonctionne plus.
Vous retournez dans le magasin, bien décidé à échanger votre achat défectueux contre une nouvelle montre en bon état.

L'examinateur joue le rôle du responsable du magasin.

SUJET 32

Ce matin, vous n'allez pas bien du tout. Vous avez mal à la tête, à la gorge, au ventre. Vous ne vous sentez pas capable d'aller au travail. Il vous faut toutefois un certificat médical pour justifier votre absence. Vous allez chez le médecin, vous répondez à ses questions et vous lui décrivez vos symptômes.

L'examinateur joue le rôle du médecin.

SUJET 33

Vous cherchez un petit boulot. Vous avez postulé à un poste de serveur dans un restaurant près de chez vous. Le gérant du restaurant est intéressé par votre profil et il vous propose un entretien.

L'examinateur joue le rôle du gérant du restaurant.

SUJET 34

Vous avez oublié de fêter l'anniversaire d'un ami très proche. Il est très vexé, car il n'a jamais oublié le vôtre. Vous lui présentez vos excuses et cherchez à apaiser sa colère.

L'examinateur joue le rôle de votre ami.

SUJET 35

Vous souhaitez organiser un voyage avec votre meilleur ami. Vous en discutez avec lui, mais vous n'êtes pas d'accord sur la date, le lieu et la durée du séjour.

L'examinateur joue le rôle de votre ami.

SUJET 36

Vous avez prêté votre ordinateur à votre ami français. Lorsque vous retrouvez votre ami, il vous annonce que votre appareil ne fonctionne plus. Vous exprimez votre mécontentement et discutez ensemble pour résoudre ce problème.

L'examinateur joue le rôle de l'ami français.

DELF Junior 대상 주제 (일반 DELF에도 해당될 수 있습니다.)

SUJET 37

Vous demandez à votre professeur de français s'il est possible d'organiser un festival de la francophonie dans votre école. Il refuse. Vous lui demandez les raisons de son refus puis vous lui expliquez l'intérêt du projet et essayez de le convaincre d'accepter.

L'examinateur joue le rôle du professeur de français.

SUJET 38

Vous avez oublié de faire un devoir que vous deviez rendre à votre professeur de français aujourd'hui. Votre professeur se fâche. Après le cours, vous allez le voir pour lui expliquer les raisons de votre oubli et vous lui demandez si vous pouvez le lui rapporter au prochain cours.

L'examinateur joue le rôle de votre professeur de français.

SUJET 39

Vous faites un séjour linguistique au Québec et vous devez partager votre chambre. Votre compagnon de chambre n'est pas très ordonné. Il laisse toutes ses affaires traîner et il ne range jamais. Vous lui faites part de votre mécontentement et vous essayez de trouver ensemble une solution.

L'examinateur joue le rôle de votre compagnon de chambre.

SUJET 40

Vous êtes en séjour linguistique dans un pays francophone. Vous êtes végétarien, mais malheureusement, la cafétéria de votre école ne propose aucun plat convenant à votre régime alimentaire. Vous discutez avec le directeur pour essayer de régler le problème.

L'examinateur joue le rôle du directeur.

SUJET 41

Vous voyagez avec un ami francophone dans un pays étranger. Il n'est jamais content, il critique toujours tout : la météo, les repas, les sorties, etc. Vous êtes fatigué de l'entendre se plaindre tout le temps. Vous lui dites que vous n'aimez pas son comportement et vous essayez de le faire changer d'attitude.

L'examinateur joue le rôle de l'ami.

SUJET 42

Vous voulez profiter de vos vacances pour gagner un peu d'argent. Vous cherchez donc un petit boulot. Un de vos amis ne vous comprend pas. Pour lui, les vacances sont faites pour se reposer ou faire ce dont on a envie. Vous lui expliquez votre point de vue et essayez de le convaincre de chercher un travail avec vous.

L'examinateur joue le rôle de votre ami.

SUJET 43

Vous êtes avec un ami dans un magasin de téléphonie. Il veut absolument s'acheter un nouveau téléphone portable qui coûte extrêmement cher. Vous trouvez que c'est une dépense inutile et qu'il ferait mieux de garder son argent de poche pour autre chose. Il n'est pas d'accord. Une discussion commence.

L'examinateur joue le rôle de l'ami.

SUJET 44

Vous aimeriez organiser un échange linguistique entre votre école et un établissement français. L'objectif serait de faire un voyage scolaire en France à la fin de l'année afin de rencontrer vos correspondants. Vous en parlez avec votre professeur de français.

L'examinateur joue le rôle du professeur de français.

SUJET 45

Ce week-end, l'un de vos amis vous a proposé d'aller au cinéma, mais vous avez refusé sans lui donner de raison. Aujourd'hui, il vient vous parler, car il est en colère : il vous a vu ce week-end avec un autre ami. Vous lui donnez des explications.

L'examinateur joue le rôle de l'ami.

SUJET 46

Un ami français vous a prêté quelques heures son ordinateur portable, car vous en aviez besoin pour un devoir. Malheureusement, peu de temps après, vous remarquez que la batterie est vide et que l'ordinateur ne charge pas quand il est branché. Votre ami revient. Vous lui expliquez le problème et essayez de trouver une solution.

L'examinateur joue le rôle de l'ami.

SUJET 47

Un ami français a échoué à un examen très important. Il est très déçu. Vous lui posez des questions pour essayer de comprendre les raisons de cet échec puis vous le réconfortez et l'encouragez à mieux se préparer la prochaine fois.

L'examinateur joue le rôle de votre ami.

SUJET 48

Un événement sur la francophonie est organisé dans votre ville. Vous suggérez à votre professeur de français d'y aller. Votre professeur hésite. Vous lui expliquez pourquoi votre idée est intéressante pour toute la classe.

L'examinateur joue le rôle de votre professeur.

SUJET 49

Pour l'anniversaire de votre meilleur ami, vous souhaitez organiser une fête. Vous en discutez avec un autre ami, mais il propose plusieurs activités que vous trouvez ennuyeuses. Vous lui donnez votre point de vue et lui faites d'autres propositions d'activités.

L'examinateur joue le rôle de l'ami.

SUJET 50

Un ami vient d'être admis dans l'école de ses rêves : une des écoles les plus prestigieuses du pays. Cependant, celle-ci est également à l'autre bout du pays. Il a peur d'aller loin pour faire ses études. Vous discutez avec lui pour comprendre sa peur et vous lui expliquez que cette expérience peut être très enrichissante.

L'examinateur joue le rôle de l'ami.

SUJET 51

Votre ami français vient en vacances dans votre pays. Il ne parle presque pas votre langue. Malheureusement, vous êtes très occupé et vous ne pouvez pas l'accompagner. Vous lui expliquez ce qu'il peut faire et vous lui donnez quelques conseils pour qu'il se débrouille tout seul.

L'examinateur joue le rôle de votre ami.

SUJET 52

Vous avez un travail à rendre demain pour le cours de français. Malheureusement, ce devoir nécessite beaucoup de temps et vous n'avez pas encore terminé. Vous décidez d'aller parler à votre professeur à la fin du cours pour lui demander un délai supplémentaire.

L'examinateur joue le rôle du professeur.

SUJET 53

Un ami français souhaite venir passer des vacances dans votre pays. Il vous demande s'il peut loger chez vous. Malheureusement, à la même période, vous avez déjà prévu de partir en vacances avec des amis. Vous lui téléphonez pour lui expliquer la situation et vous lui proposez une autre date.

L'examinateur joue le rôle de l'ami français.

SUJET 54

Vous habitez en France et vous êtes en colocation. Vos parents viennent en France vous rendre visite. Vous aimeriez les héberger dans votre appartement. Malheureusement, votre colocataire n'est pas d'accord. Vous essayez de le convaincre d'accepter.

L'examinateur joue le rôle du colocataire.

SUJET 55

Vous souhaitez organiser une fête chez vous pour votre anniversaire. Vos parents ne sont absolument pas d'accord. Vous essayez de les convaincre d'accepter.

L'examinateur joue le rôle de l'un des parents.

SUJET 56

Vous êtes invité à dormir chez l'un de vos amis. Vous n'avez jamais dormi hors de chez vous auparavant. Vous demandez à vos parents l'autorisation de passer la nuit chez votre ami. Ils hésitent. Vous tentez de les convaincre.

L'examinateur joue le rôle de l'un des parents.

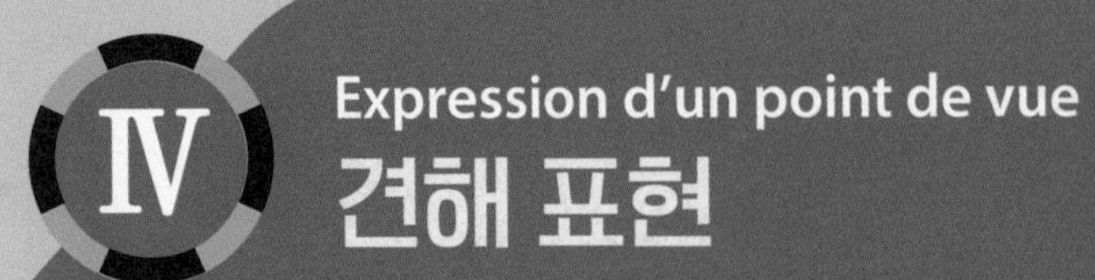

IV Expression d'un point de vue 견해 표현

a Conseils pour se préparer 시험 준비 요령

— 대기실에서 두 가지 주제 중에서 하나를 선택해야 합니다. 이후 프레젠테이션을 10분 동안 준비합니다. 시험실로 이동 후 마지막 파트에서 약 3~4분 동안 발표합니다.

— 선택한 주제 용지는 대기실에 두고 가야 하며 가지고 가시면 안 됩니다. 그렇기 때문에 10분의 준비 시간 동안 DELF에서 배포한 연습지에 초안을 만들고 이때 최대한 많은 정보를 기록하는 것이 중요합니다.

— 이 파트는 어려운 시험이 아니며, 잘 준비하면 가장 많은 점수를 받을 수 있습니다. 그러나 준비 시간이 짧고 자신의 견해를 표현할 시간 또한 짧습니다. 그렇기 때문에 잘 정리해서 준비해야 합니다.

— 이를 위해 다음에 제시하는 방법을 따르는 것이 좋습니다.

b Structure de l'exposé 프레젠테이션의 구조

프레젠테이션을 구성하는 방법을 시각화한 다이어그램입니다.

1) 서론(본론 유도)

2) 본론1(주장+설명+예시)

3) 본론2(주장+설명+예시)

4) 결론(요약+전망)

C 프레젠테이션 구성하는 방법

1. Introduction 서론

기사, 주제 및 내용을 빠르게 소개한 후에는 기사 주제에 대한 개인적인 의견을 표현해야 합니다.

글의 내용과 출처 소개 예시

- L'article que je viens de lire se nomme « ______________ ». Il a été publié dans le journal « ______________ » le ______________.
  Ce document a pour sujet…
  방금 읽은 기사의 제목은 '____________'입니다. 이 기사는 '출처/신문사'에 년/월/일에 게시되었습니다.
- L'article que j'ai choisi s'appelle « ______________ » et a été publié le ______________ dans le magazine « ______________ ».
  Nous pouvons lire dans ce document que…
  제가 선택한 기사는 '____________'이며, 년/월/일에 '____________'잡지에 게재되었습니다.
  이 문서에서 읽을 수 있는 내용은...
- L'article que je viens de lire se nomme « ______________ ». Il a été publié sur le site Internet ______________.
  Cet article parle de…
  방금 읽은 기사는 '____________'입니다. '____________' 웹 사이트에 게시되었습니다.
  이 기사에서는 ...에 대해 이야기합니다.
- Le titre de l'article que je viens de lire est « ______________ ». Il a été publié dans « ______________ », le ______________.
  Nous apprenons dans cet article que…
  방금 읽은 기사의 제목은 '____________'입니다. 이 기사는 '출처'에 년/월/일에 게시되었습니다.
  이 기사에서 우리는...

Exemple d'introduction 도입부 예시

L'article que j'ai choisi a pour titre « ___________ ». Il a été écrit par ___________ et a été publié dans/sur « ___________ » le ___________. Ce document a pour sujet ___________. Nous pouvons y lire que ___________ et que ___________. Concernant ce sujet, je pense que ___________.

제가 선택한 이 기사의 제목은 '___________'입니다. ___________에 의해 작성되었으며, '___________'에서 년/월/일에 게시되었습니다. 이 기사는 ___________라는 주제를 다루고 있습니다. 또한 ___________와 ___________에 관한 내용도 볼 수 있습니다. 이 주제에 대해서, 저는 ___________이라고 생각합니다.

2. Corps de l'exposé et conclusion 본론 및 결론

— 서론에서 주제나 사실을 설명한 후에는 문제 제기를 하고, 본론에서 다룰 내용의 개요를 소개합니다. 본론의 목적은 문제 제기에 대한 답변을 하는 것입니다.

— 본론은 일반적으로 2~3개의 단락을 사용하는 것이 좋으며. 각 단락은 주장, 설명, 예시로 이루어져 있습니다. 필수는 아니지만 예시를 들어주는 것이 바람직합니다. 예시는 개인적인 경험을 제시할 수 있으며, 원한다면 상상하여 만들어 낼 수도 있습니다.

— 결론에서는 본론에서 전개시킨 의견들을 간략하게 요약하고, 서론에서 제시한 문제 제기에 대한 답변을 합니다. 그리고 마지막으로 감독관에게 감사 표현을 합니다.

3. Méthodologie et structure de l'exposé 발표의 구성과 방법

— 다음은 연결어를 사용한 프레젠테이션의 흐름입니다. 빈칸을 채우십시오.

— 이 방법은 복잡하게 보이지만 실제로는 작업을 단순화하고 그 단계를 따르기만 하면 되기 때문에 많은 시간을 절약할 수 있습니다. 또한 명확하고 일관된 프레젠테이션을 할 수 있습니다.

— 프레젠테이션을 시작할 때 선택한 주제의 번호를 명시하십시오.

— 일반적으로 시험관은 《quel sujet avez-vous choisi ? (어떤 주제를 선택하셨나요?)》라고 질문합니다. 응시자는 이 질문에 다음과 같이 대답해야 합니다 : 《j'ai choisi le sujet numéro ______ (몇 번 주제를 선택했습니다)》.

Introduction **서론**	L'article que j'ai choisi a pour titre «__________». Il a été écrit par __________ et a été publié dans «__________» le________. Ce document a pour sujet __________. Nous pouvons y lire que __________ et que __________. Concernant ce sujet, je pense que ________ 당신의 의견 ________.
1re partie **본론1** – idée 주장 – explication 설명 – exemple 예시	Premièrement, En effet, Par exemple,
2e partie **본론2** – idée 주장 – explication 설명 – exemple 예시	Deuxièmement, En effet, En d'autres mots, Effectivement, En d'autres termes, Par exemple,
Conclusion **결론** **Idée 1 + idée 2** **요약, 전망**	En conclusion, je pense que

Je vous remercie pour votre attention. ☺
경청해주셔서 감사합니다.

d Sujets pour s'entraîner (avec proposition de réponse) 예제와 모범답안

Sujet n° 1

Les vacances : un moment de repos ou de découverte ?

Les vacances sont pour la plupart des Français, le moment le plus attendu de l'année. Mais que faire pendant les vacances ? C'est là que les opinions s'opposent.
Un récent sondage mené auprès de 5000 Français montre bien cette divergence : 45 % des personnes interrogées affirmaient que pour elles, les vacances idéales étaient de ne rien faire, c'est-à-dire rester chez soi ou encore s'allonger toute la journée sur une plage paradisiaque à l'autre bout du monde.
En revanche, 55 % des sondés déclaraient vouloir profiter de leurs vacances pour visiter de nouveaux lieux, apprendre de nouvelles choses ou faire des activités inhabituelles.

Esteban KAIRE, Votre Quotidien, juin 2021.

휴가 : 휴식을 위한 시간인가 혹은 탐험을 해야 할 때인가?

휴가는 대부분의 프랑스인들에게, 연중 가장 기다리는 시간입니다. 하지만 휴가 동안 무엇을 해야 할까요? 여기서 의견이 분분합니다. 5000명의 프랑스인들을 대상으로 한 최근 여론조사는 그들의 견해 차이를 보여주고 있습니다. 45%의 응답자가 아무것도 하지 않는 것이 이상적인 휴가라고 의견을 나타냈습니다. 다시 말해서, 집에 머무르거나 또는 지구 반대편의 천국같은 해변에서 하루 종일 누워있는 것을 말하는 것입니다.
반면에 여론조사 대상자의 55%는 휴가를 이용하여 새로운 곳을 방문하고 새로운 것을 배우거나 혹은, 그들이 평소에 하지 못했던 다른 종류의 활동들을 하기 원하다고 밝혔습니다.

2021년 6월, 《Votre Quotidien》, Esteban KAIRE 기자

Sujet n° 1 Réponse proposée :

L'article que je viens de lire a été écrit par Esteban KAIRE et a été publié en juin 2021 dans le journal « Votre Quotidien ».
Dans cet article, nous pouvons lire que certains Français pensent que pendant les vacances il faut se reposer alors que d'autres profitent de leurs vacances pour faire des activités, découvrir et apprendre de nouvelles choses.

Concernant ce sujet, je pense qu'il est mieux d'être actif pendant les vacances.

Premièrement, les congés sont une opportunité pour découvrir de nouvelles choses.
En effet, si je visite un pays étranger, j'aime découvrir sa culture, ses traditions et son histoire.
Par exemple, quand je suis allé à Bali avec un ami l'année dernière, mon ami voulait rester toute la journée à la plage. Moi, au contraire, j'ai préféré visiter l'île. Ainsi, j'ai découvert les monuments historiques de Bali et j'ai essayé de comprendre la culture balinaise. À la fin du séjour, je connaissais beaucoup mieux Bali que mon ami.

Deuxièmement, pendant les vacances, on a la possibilité de faire des activités que l'on ne peut pas faire d'habitude. En d'autres termes, on peut profiter de notre temps libre pour apprendre de nouvelles choses. Par exemple, c'est l'occasion d'étudier une langue étrangère comme le français ou d'apprendre à jouer d'un instrument de musique. D'ailleurs, je souhaite profiter de mes prochains congés pour apprendre à jouer du piano.

En conclusion, je crois qu'il faut être actif pendant les vacances, car nous pouvons utiliser ce temps libre pour découvrir et apprendre des choses que l'on ne connaissait pas avant. On a qu'une vie, il faut en profiter !

Je vous remercie de votre attention.

방금 제가 읽은 기사는 Esteban KAIRE가 작성한 것이며 2021년 6월에 《Votre Quotidien》 신문에 게재되었습니다.
이 기사에서 우리는 일부 프랑스인들은 휴가 기간 동안 휴식이 필요하다고 생각하는 반면 다른 이들은 휴가를 활용하여 활동을 하고 새로운 것을 발견하고 배우려고 한다는 것을 읽을 수 있습니다.

이 주제와 관련하여 저는 연휴 동안 활동하는 것이 낫다고 생각합니다.

첫 번째로, 휴가는 새로운 것들을 발견할 수 있는 기회입니다. 실제로 외국을 방문하면 저는 문화, 전통 그리고 역사를 발견하는 것을 선호합니다. 예를 들어 작년에 친구와 함께 발리(Bali)에 갔을 때 제 친구는 하루 종일 해변에 있고 싶어 했습니다. 반대로 저는 섬을 방문하고 싶어 했습니다. 그래서 저는 발리의 역사적인 기념물들을 발견했고 발리 문화를 이해하려고 노력했습니다. 체류 기간이 끝날 무렵 저는 친구보다 발리를 훨씬 더 잘 알게 되었습니다.

두 번째로, 휴가 중에 우리는 평소에 할 수 없는 활동들을 할 수 있습니다. 다시 말해서 우리는 새로운 것을 배우기 위해 우리의 자유로운 시간을 이용할 수 있습니다. 예를 들어 프랑스어와 같이 외국어를 공부하거나 악기 연주를 배울 수 있는 좋은 기회 입니다. 게다가 저는 다음 휴가를 이용하여 피아노 연주를 배우고 싶습니다.

결론적으로, 저는 이전에 알지 못했던 것을 배우고 발견하기 위해 이 자유로운 시간을 사용할 수 있기 때문에 휴가 동안 활동적이어야 한다고 생각합니다. 우리는 한 번의 인생밖에 없고 인생을 즐겨야 합니다!

경청해주셔서 감사합니다.

Sujet n° 2

Faut-il interdire les matières animales dans la mode ?

Depuis des dizaines d'années, un grand nombre de Français se disent choqués par l'utilisation de peaux animales dans l'industrie de la mode et du prêt-à-porter. Il est estimé que plus de 56 millions d'animaux sont tués pour leur fourrure chaque année. Ce chiffre correspond à la population de certains pays. Au total, ce sont plusieurs centaines de millions d'animaux qui sont mis à mort pour leur peau annuellement. L'association PETA a récemment publié une vidéo sur des fermes d'élevage de crocodiles au Vietnam qui a beaucoup fait parler d'elle. Nous y apprenons que des milliers de crocodiles sont élevés dans des conditions horribles afin de servir de matière première pour les sacs de luxe de grandes marques françaises.

Laurence EIGNEMENT, Le Journal du Citoyen, janvier 2022

패션에서 동물성 소재를 금지해야 합니까 ?

약 수십 년 전부터, 수많은 프랑스인들이 (명품) 브랜드에서, 혹은 (대량 생산하는) 의류 산업에서의 동물 가죽의 사용이 충격적이라고 말하고 있습니다. 매년 5,600만 마리 이상의 동물들이 모피 제작을 위해 죽임을 당하고 있습니다. 이 수치는 몇몇 나라의 인구수에 해당될 정도입니다.
총 수억 마리의 동물들이 매년 가죽 때문에 죽습니다. PETA 협회에서, 최근 주목을 받은 베트남에서 찍은 악어 농장에 관한 동영상을 게시했습니다. 우리는 프랑스 명품 브랜드의 고급 가방의 소재로 이용하기 위해 수천 마리의 악어가 끔찍한 환경에서 사육된다는 사실을 그 비디오를 통해 알게 되었습니다.

2022년 1월, 《Le Journal du Citoyen》, Laurence EIGNEMENT 기자

Sujet n° 2 Réponse proposée :

Il s'agit d'un article écrit par Laurence EIGNEMENT et qui a été publié dans « Le Journal du Citoyen ».
Dans cet article, nous pouvons lire que des millions d'animaux sont tués chaque année pour l'industrie de la mode.
J'ai été choqué de savoir qu'autant d'animaux sont tués pour leur peau. Je pense qu'il est nécessaire d'arrêter cette pratique pour deux grandes raisons.

Pour commencer, d'autres alternatives existent. En effet, au lieu d'utiliser de la fourrure ou du cuir animal, nous pouvons utiliser des produits synthétiques. Depuis de nombreuses années, des marques utilisent de la fausse fourrure pour fabriquer leurs vêtements et il est aussi possible de créer du faux cuir à base de plastique.
De ce fait, il est parfaitement inutile de tuer les animaux pour leur peau puisque nous savons fabriquer des matériaux identiques de manière synthétique.

Pour finir, pour moi, faire souffrir ou tuer un animal est un crime. Les animaux sont des êtres sensibles. Il est donc totalement inhumain de les exploiter et de les tuer pour notre besoin. De plus, tuer afin d'utiliser une peau pour un accessoire de mode me semble encore plus horrible, car ce n'est pas nécessaire.

En conclusion, il faut absolument arrêter de tuer les animaux pour leur peau. En effet, comme nous l'avons vu, il est possible de remplacer les peaux naturelles par des produits synthétiques. Et surtout, il ne faut pas oublier que, comme les humains, les animaux sont des êtres vivants et sensibles.

Je vous remercie de votre attention.

이 기사는 Laurence EIGNEMENT이 작성했으며 《Le Journal du Citoyen》에 게재되었습니다.
이 기사에서 매년 패션 산업을 위해 수백만 마리의 동물들이 죽임을 당한다는 것을 읽을 수 있습니다.
저는 너무 많은 동물들이 가죽 때문에 죽임을 당했다는 것을 알게 되어 매우 충격적 이었습니다. 저는 두 가지 큰 이유 때문에 이 관행을 중단할 필요가 있다고 생각합니다.

우선 다른 해결책이 존재합니다. 실제로 동물 모피나 가죽을 이용하는 대신에 합성 제품을 이용할 수 있습니다. 다년간 브랜드들은 그들의 옷을 만들기 위해 인조 모피를 사용했으며 플라스틱을 토대로 인조 가죽을 만드는 것도 가능합니다.
따라서 합성 방식으로 동일한 재료들을 만들 수 있기 때문에 동물의 가죽을 위해 동물을 죽이는 것은 전혀 불필요한 행동입니다.

마지막으로, 저에게는 동물에게 고통을 주거나 죽이는 것은 범죄입니다. 동물들은 민감한 생물들입니다. 그러므로 우리의 필요를 위해 그들을 착취하거나 죽이는 것은 완전히 비인간적입니다. 게다가 그들의 가죽을 패션 액세서리로 이용하기 위해 죽이는 것은 불필요한 일이기 때문에 제게 더욱 끔찍한 것 같습니다.

결론적으로, 가죽을 위해 동물들을 죽이는 것은 반드시 중단해야 합니다. 실제로 우리가 본 것처럼 천연 가죽들은 합성물로 대체할 수 있으며 특히, 인간처럼 동물들은 살아 있고 민감한 존재라는 것을 잊지 말아야 합니다.

경청해주셔서 감사합니다.

Sujet n° 3

Faire soi-même ou acheter ?

À l'approche des fêtes de fin d'année, une nouvelle tendance apparaît : de nombreux Français ont décidé de faire leurs cadeaux eux-mêmes.
Depuis quelques années déjà, le fait-main est de plus en plus populaire. Fabriquer les cadeaux que l'on offrira à ses proches est en effet vu, pour 82 % des Français, comme une manière plus sincère de témoigner de son affection. Est-ce la fin des emplettes dans les grands magasins à la veille de Noël ?

Lana NAS, www.lalanterne.com, décembre 2022.

직접 만드시겠습니까 아니면 구매하시겠습니까?

연말연시가 다가오면서, 새로운 경향이 나타나고 있습니다. 수많은 프랑스인들이 스스로 선물을 만들어보기로 결심한 것입니다. 몇 년 전부터 손수 제작한 선물이 점점 더 인기를 얻고 있습니다. 주변의 가까운 사람들에게 제공하기 위한 선물 만들기는 실제적으로 82%의 프랑스인들에게 그들의 애정을 보여주기에 무엇보다도 진실해 보이는 방법처럼 여겨집니다. 크리스마스 이브에 백화점 쇼핑은 이제 없어지는 걸까요?

2022년 12월, www.lalanterne.com, Lana NAS 기자

Sujet n° 3 Réponse proposée :

L'article que je viens de lire se nomme « Faire soi-même ou acheter ». Il a été publié sur le site Internet www.lalanterne.com.
Cet article parle d'une nouvelle tendance en France. Les Français décident de plus en plus de fabriquer leurs cadeaux eux-mêmes. Nous pouvons donc nous demander s'il est préférable de faire nous-mêmes les cadeaux que nous allons offrir à nos proches.

Premièrement, fabriquer soi-même un cadeau est mieux, car ce qui est important n'est pas le prix de ce que l'on va offrir, mais notre intention. En effet, on a tendance à penser qu'un beau cadeau coûte cher, mais je ne pense pas que ce soit vrai. Si c'était le cas, seuls les gens riches pourraient offrir des cadeaux qui font plaisir. Ce ne serait pas juste. En faisant nous-mêmes nos cadeaux, même sans argent nous pouvons exprimer notre affection.

Deuxièmement, je trouve que c'est plus sincère d'offrir un cadeau que l'on a fabriqué, car je crois que les efforts et le temps passé à faire le cadeau ont plus de valeur que l'argent. Il est en effet très facile d'acheter quelque chose. Au contraire, si nous fabriquons nous-mêmes notre cadeau, cela montre que la personne à qui nous allons l'offrir compte beaucoup pour nous.

En résumé, créer soi-même des cadeaux est mieux, car même si nous n'avons pas beaucoup d'argent nous pouvons quand même faire plaisir à la personne. Aussi, l'objet que nous fabriquons a plus de valeur que quelque chose acheté dans un magasin.

Je vous remercie de votre attention.

방금 제가 읽은 기사의 이름은《Faire soi-même ou acheter》입니다. 이 기사는 www.lalanterne.com 인터넷 사이트에 게시되었습니다.
이 기사는 프랑스에서의 새로운 트렌드에 대해 이야기합니다. 프랑스인들은 점점 더 스스로 선물을 만들기로 결정합니다. 따라서 우리는 우리 주변 사람들에게 줄 선물을 우리 스스로 만드는 것이 더 좋은지 자문할 수 있습니다.

첫 번째로, 선물을 직접 만드는 것이 더 낫습니다. 중요한 것은 우리가 줄 것의 가격이 아니라 마음이기 때문입니다. 사실, 우리는 아름다운 선물이 비싸다고 생각하는 경향이 있지만, 저는 그것이 사실이라고 생각하지 않습니다. 그렇다면 부유한 사람들만 그들을 기쁘게 해주는 선물들을 제공할 수 있지만 그것은 공평하지 않습니다. 우리 스스로 선물을 만들면 돈 없이도 우리는 애정을 표현할 수 있습니다.

두 번째로, 제가 생각하기에는 선물하는 데 드는 시간과 노력은 돈보다 더 가치가 있다고 생각하기 때문에 우리가 만든 선물을 제공하는 것이 더 정성스럽다고 생각합니다. 사실 무언가를 사는 것은 매우 쉽습니다. 반대로 우리가 선물을 직접 만들면 선물 받을 사람이 우리에게 큰 의미가 있음을 보여줍니다.

요약하자면, 선물을 직접 만드는 것이 더 낫습니다. 돈이 많지 않아도 그 사람을 행복하게 만들 수 있기 때문입니다. 또한 우리가 만드는 물건은 상점에서 사는 것보다 더 가치가 있습니다.

경청해 주셔서 감사합니다.

Sujet n° 4

La voiture mise en question

De plus en plus de villes interdisent les voitures en centre-ville. C'est le cas d'Amsterdam qui les a interdites depuis plus deux ans dans ses rues. Plusieurs raisons expliquent cette position : tout d'abord, la voiture est de plus en plus vue comme extrêmement polluante. Aussi, à cause des embouteillages, elle gêne beaucoup les riverains. Enfin, la voiture prend beaucoup de place : il est estimé que 31 % de la superficie d'une ville est réservée aux routes et parkings. Rendons notre ville plus agréable : prenons le bus et le métro !

Sacha TOUILLE, L'Alternative Citoyenne, le 10 janvier 2023.

재검토되는 자동차(의 존재)

점점 더 많은 도시에서, 도심으로의 자동차 출입을 금지하고 있습니다. 2년 넘게 자동차의 거리 통행을 금지시켰던 암스테르담의 경우처럼 말입니다. 이러한 입장은 몇 가지 이유로 설명될 수 있습니다. 우선, 자동차가 점점 더 극도로 환경을 오염시키는 것으로 보여지고 있습니다. 또한 교통체증으로 인해, 자동차는 도로변에 사는 주민들에게 많은 불편함을 주고 있습니다. 요컨대, 자동차는 많은 공간을 차지하고 있습니다. 도시 면적의 31%가 도로와 주차장에 할애되고 있다고 추정됩니다. 더 살기 좋은 도시로 만듭시다. 버스와 지하철을 이용하세요!

2023년 1월 10일, 《L'Alternative Citoyenne》, Sacha TOUILLE 기자

Sujet n° 4 Réponse proposée :

L'article que je viens de lire se nomme « La voiture mise en question ». Il a été publié dans le journal « L'Alternative Citoyenne » le 10 janvier 2023.
Cet article a pour sujet l'interdiction des voitures dans le centre de certaines villes comme Amsterdam. La question soulevée par l'auteur est : faut-il interdire les voitures en ville ?

Je pense que la réponse est « oui ».

Tout d'abord, les voitures sont très polluantes. De nombreuses villes dans le monde ont un air très pollué. Par exemple, à Pékin en Chine, les habitants doivent porter des masques quand ils sortent dans la rue pour se protéger. Dans ces villes, de nombreuses personnes sont malades et même décèdent à cause de la pollution de l'air. Si les voitures étaient interdites en ville, l'air serait plus pur et les gens seraient en meilleure santé.

Ensuite, une ville sans voiture serait plus agréable. S'il n'y avait plus d'automobiles dans les centres-villes, il y aurait moins de bruit et les rues seraient plus jolies. À la place des routes qui sont très laides, nous pourrions planter beaucoup d'arbres et des pelouses. Ce serait magnifique.

En conclusion, je suis convaincu qu'il serait préférable d'interdire les voitures dans les villes. Les habitants seraient en meilleure santé, car l'air serait plus pur et la vie en ville deviendrait beaucoup plus agréable.

Merci de m'avoir écouté.

방금 제가 읽은 기사는 《La voiture mise en question》입니다. 이 기사는 2023년 1월 10일에 《L'Alternative Citoyenne》라는 신문에 실렸습니다.
이 기사는 암스테르담과 같은 일부 도시에서 도심에 자동차 통행을 금지하는 것에 관한 것입니다. 저자가 제기한 문제는 "도시에서 자동차를 금지해야 하는가?"입니다.
제 생각에 답변은 "네"입니다.

우선 자동차는 환경을 크게 오염시킵니다. 전 세계의 많은 도시들은 매우 오염된 공기를 가지고 있습니다. 예를 들어 중국 베이징에서 주민들은 거리로 나갈 때 스스로를 보호하기 위해서 마스크를 챙겨야 합니다. 이 도시에는 대기 오염 때문에 많은 사람들이 아프고 심지어는 사망까지 합니다. 만약 도시에서 자동차가 금지되었다면 공기는 더 깨끗해지고 사람들은 더 건강하게 되었을 것 입니다.

그리고 자동차가 없다면 도시는 더 좋아질 것입니다. 만약 시내에 자동차들이 더 이상 없다면 소음이 적을 것이며 거리는 더 예뻐질 것입니다. 매우 더러운 거리 대신에 우리는 많은 나무와 잔디를 심을 수 있을 것입니다. 매우 아름다워질 것입니다.

결론적으로, 저는 도시에 자동차를 금지하는 것이 더 좋을 것이라고 확신합니다. 주민들은 깨끗한 공기와 더욱 즐거운 도시 생활 때문에 건강이 더 좋아질 것입니다.

들어주셔서 감사합니다.

Sujet n° 5

La jeunesse à l'étranger

Un récent sondage a révélé que 79 % des jeunes Français aimeraient faire leurs études à l'étranger. Ce chiffre montre l'intérêt qu'a notre jeunesse pour la nouveauté et nos jeunes ont raison !
Étudier dans un autre pays est une expérience très riche. Les personnes qui voyagent dans leur jeunesse ont généralement l'esprit plus ouvert, sont plus autonomes et ont une meilleure capacité d'adaptation. Aussi, ne l'oublions pas, étudier dans un pays étranger est une occasion en or pour apprendre une nouvelle langue !

Jacques CELERE, www.citoyensdumonde.fr, juin 2021.

해외 젊은이들

최근 조사는 프랑스 청년들의 79%가 해외에서 공부를 하고 싶어 하는 것을 보여줍니다. 이 숫자는 새로운 것에 대한 우리 젊은이들의 관심을 보여주고 있는데 그들의 관심은 타당합니다. 다른 국가에서 공부하면 매우 풍부한 경험을 할 수 있습니다. 여행하는 젊은이들은 일반적으로 더 열려 있는 마음을 가지고 더 독립적이며 더 나은 적응 능력을 가지고 있습니다. 또한 잊지 말아야 할 것은 외국에서 공부하는 것은 외국어를 배울 수 있는 최고의 기회라는 것입니다!

2021년 6월, www.citoyensdumonde.fr, Jacques CELERE 기자

Sujet n° 5 Réponse proposée :

L'article que j'ai choisi est « La jeunesse à l'étranger ». Il a été publié sur le site Internet « www.citoyensdumonde.fr ».
Nous pouvons lire dans ce document que de plus en plus de jeunes souhaitent voyager. Concernant ce sujet je pense qu'il est important de voyager lorsque l'on est jeune.

Premièrement, voyager permet de mieux se connaître et d'avoir un esprit plus ouvert sur le monde. Les personnes qui voyagent découvrent de nouvelles cultures, rencontrent de nouvelles personnes et sont confrontées à des situations inhabituelles dans leur pays d'origine.
Par conséquent, les voyageurs se comprennent mieux eux-mêmes, comprennent mieux le monde qui les entoure et ils ont un esprit plus ouvert. Je pense aussi que lorsque l'on voyage, on devient plus tolérant.

Deuxièmement, vivre dans un pays étranger permet d'apprendre de nouvelles choses. En effet, nous pouvons avoir l'occasion d'étudier des choses qui ne sont pas enseignées dans notre pays natal. C'est aussi l'opportunité d'apprendre ou de perfectionner une langue étrangère. Par exemple, quand je suis allé en France j'ai été obligé de parler la langue. Grâce à cela, mon niveau de français s'est vraiment amélioré.

En conclusion, il faut voyager quand on est jeune. En vivant dans un pays étranger, nous pouvons devenir plus ouverts d'esprit et apprendre de nombreuses choses. Nous devons profiter de notre jeunesse pour découvrir le monde !

Merci de votre attention.

방금 제가 읽은 기사는 《La jeunesse à l'étranger》입니다. 이 기사는 www.citoyensdumonde.fr의 인터넷 사이트에 게시되었습니다.
우리는 이 글에서 점점 더 많은 젊은이들은 여행하고 싶어 한다는 것을 읽을 수 있습니다. 이 주제와 관련하여 저는 우리가 젊을 때 여행하는 것은 중요하다고 생각합니다.

첫 번째로 여행을 하는 것은 세계에 더 열린 마음을 가지게 해주며 자신을 더 잘 알게 해줍니다. 여행하는 사람들은 새로운 문화들을 발견하고 새로운 사람들을 만나며 그들의 본고장에서의 평상시와는 다른 상황들을 직면합니다.
결과적으로 그들은 서로를 더 잘 이해하고 그들을 둘러싸는 세상을 더 잘 이해하며 더 열린 마음을 가집니다. 또한 저는 우리가 여행할 때 우리는 조금 더 관대해진다고 생각합니다.

두 번째로 외국에서 사는 것은 새로운 것을 배울 수 있게 해줍니다. 왜냐하면 우리가 태어난 나라에서 가르치지 않은 것을 배우는 기회를 가질 수 있기 때문입니다. 또한 이것은 외국어를 배우거나 완벽하게 할 수 있는 기회입니다. 예를 들어 제가 프랑스에 갔을 때 그 언어를 말할 수밖에 없었습니다. 그 덕분에 제 프랑스어 실력은 매우 향상되었습니다.

결론적으로 우리는 젊을 때 여행해야 합니다. 외국에서 살면서 우리는 좀더 열린 마음이 될 수 있으며 많은 것들을 배울 수 있습니다. 우리는 젊음을 활용하여 세상을 발견해야만 합니다.

경청해주셔서 감사합니다.

Sujet n° 6

Rat des champs, rat de ville

Êtes-vous plutôt ville ou campagne ? 45 % des Français estiment que vivre à la campagne permet d'avoir une qualité de vie supérieure à celle de la ville. Au contraire, 55 % pensent que vivre en ville leur assure un confort quotidien dont ils ne pourraient pas se passer.
Et vous ? Préférez-vous la commodité urbaine ou l'air pur de la campagne ?

Marc ÉHINBUTE, Nos Vies, le 21 mai 2021.

시골 쥐, 도시 쥐

여러분들은 도시 사람입니까 시골 사람입니까? 프랑스인의 45%는 시골에서 사는 것이 도시에서 사는 것보다 더 높은 삶의 질을 가질 수 있게 해준다고 생각합니다. 반대로 55%의 프랑스인들은 도시 생활이, 포기할 수 없는 일상의 편안함을 제공한다고 생각합니다. 여러분들은 어떻습니까? 도시의 편안함을 선호하십니까 아니면 시골의 깨끗한 공기를 선호하십니까?

2021년 5월 21일, 《Nos Vies》, Marc ÉHINBUTE 기자

Sujet n° 6 Réponse proposée :

Le titre de l'article que je viens de lire est « Rat des champs, rat de ville ». Il a été publié dans le quotidien Nos Vies, le 21 mai 2021.
Nous apprenons dans cet article que la majorité des Français préfèrent vivre en ville. En effet, ils estiment que la vie en ville est plus confortable qu'à la campagne.

En ce qui me concerne, je pense que vivre à la campagne est mieux. Je vais vous expliquer pourquoi.

Tout d'abord, la vie rurale est mieux que la vie urbaine parce qu'à la campagne il y a beaucoup d'espaces naturels. Pour cette raison, à la campagne il est possible d'avoir de nombreuses activités en plein air. Ainsi, les enfants peuvent jouer librement dehors.

Ensuite, pour notre santé, il est préférable de vivre dans un milieu rural. En effet, en ville l'air est très pollué alors qu'à la campagne l'air est pur. Par conséquent, c'est beaucoup plus sain pour notre santé d'habiter loin des villes.

Pour finir, en ville, les gens sont toujours stressés. On doit toujours se dépêcher et il y a beaucoup d'embouteillages. La vie à la campagne est beaucoup plus paisible et agréable. Les gens prennent le temps de vivre. Aussi, tout le monde se connaît et les habitants sont amis entre eux.

En conclusion, il me semble que la vie à la campagne est plus agréable que celle en ville. Comme je vous l'ai expliqué, à la campagne il y a beaucoup de grands espaces naturels, l'air est très pur et la vie y est moins stressante.

Merci de votre attention.

방금 제가 읽은 기사의 제목은《Rat des champs, rat de ville》입니다. 이 기사는2021년 05월 21일에 《Nos Vies》라는 일간지에 게재되었습니다.
우리는 이 기사에서 대다수의 프랑스인들이 도시에서 사는 것을 선호한다는 것을 알 수 있습니다. 실제로 그들은 도시가 시골보다 일상의 편안함을 더 많이 제공한다고 생각합니다.
저로 얘기하자면 시골에서 사는 것이 도시에서 사는 것보다 낫다고 생각합니다. 이유를 설명해드리겠습니다.

우선, 시골에는 많은 자연적인 공간들이 있기 때문에 도시의 삶보다 시골의 삶이 낫다고 생각합니다. 이런 이유로 시골에서는 야외에서 많은 활동을 할 수 있습니다. 따라서 아이들은 밖에서 자유롭게 놀 수 있습니다.

두 번째로는 우리의 건강을 위해 시골에서 사는 것이 더 좋습니다. 실제로 시골의 공기는 맑지만 도시의 공기는 매우 오염되어 있습니다. 그러므로 도시에서 멀리 떨어져 사는 것이 훨씬 더 건강합니다.

마지막으로, 도시에서는 사람들이 항상 스트레스를 받습니다. 우리는 항상 서둘러야 하며 많은 교통 체증이 있습니다. 시골에서의 삶은 더욱 평화롭고 즐겁습니다. 사람들은 시간적으로 여유롭게 살고 모두 서로 알고 있으며 지역 주민들은 서로 친구입니다.

결론적으로 시골에서의 삶은 도시에서의 삶보다 더 좋아 보입니다. 설명해 드렸다시피 시골에는 넓은 자연 공간이 많으며 공기가 매우 맑고 시골에서의 삶은 스트레스 요인이 적습니다.

경청해주셔서 감사합니다.

Sujet n° 7

Je porte donc je suis

Quand on a 14 ans, c'est dur d'être le seul au collège à ne pas porter les nouvelles baskets à la mode. Parce qu'on est persuadé qu'un petit logo nous donnera de l'importance, nous sommes prêts à dépenser une fortune pour ne faire, finalement, que nous fondre dans la masse.
Jeunesse se passe-t-elle vraiment ? Avons-nous réussi à vaincre nos angoisses puériles d'adolescent quand nous atteignons l'âge adulte ? À en voir les sacs de luxe et les montres hors de prix que nous exhibons, on peut en douter.

Sophie LOH, Horizon Découvertes, janvier 2018.

나는 입는다. 고로 나는 존재한다.

우리가 14살이었을 때, 중학교에서 유행하는 새로운 운동화를 신지 않는 유일한 사람이 되기는 어렵습니다. 작은 로고가 우리에게 중요성을 부여할 것이라고 확신하기 때문에 우리는 사람들과 섞이기 위해 돈을 쓸 준비가 되어 있습니다.
청소년기는 끝났습니까? 우리는 성인이 되었을 때 유치한 청소년기의 불안을 성공적으로 극복했습니까? 우리가 보여주는 명품 가방과 값비싼 시계를 보면 우리는 의심할 수 있습니다.

2018년 1월, 《Horizon Découvertes》, Sophie LOH 기자

Sujet n° 7 Réponse proposée :

L'article que j'ai choisi s'appelle « Je porte donc je suis ». Il a été publié dans le magazine Horizon Découvertes, en janvier 2018.
Le sujet de cet article est la place des marques dans nos vies.
À mon avis, nous donnons trop d'importance aux marques.

Premièrement, je crois qu'une personne doit être jugée selon ses actions et ses opinions plutôt que selon ce qu'elle porte. De nos jours, les gens donnent beaucoup d'importance à l'apparence. Malheureusement, je pense que l'apparence est trompeuse. Comme le dit l'expression française : « l'habit ne fait pas le moine ». Ainsi, je crois que nous avons tort de juger une personne selon les marques qu'elle porte. Un homme s'habillant avec des vêtements bon marché est peut-être plus respectable qu'un homme en costume.

Deuxièmement, je trouve qu'il est vraiment triste de devoir dépenser beaucoup d'argent pour pouvoir s'intégrer dans la société. Dans le monde actuel, si nous portons de jolis vêtements et que notre apparence générale est très soignée, il est plus facile de se faire accepter par les autres. De ce fait, même si nous n'aimons pas les vêtements de marque, nous nous sentons obligés d'en porter. Car comme tout le monde, nous voulons nous intégrer. Par exemple, lorsque je porte des vêtements de luxe, les autres sont plus gentils avec moi et me respectent.

En conclusion, je crois qu'on devrait arrêter de donner tant d'importance aux marques, car on ne peut pas juger une personne selon les vêtements qu'elle porte et il est vraiment triste de devoir acheter des vêtements de luxe pour pouvoir se faire accepter par les autres.

Je vous remercie de votre attention.

제가 선택한 기사의 이름은 《Je porte donc je suis》입니다. 이 기사는 2018년 1월에 《Horizon Découvertes》 잡지에 실렸습니다.
이 기사의 주제는 우리 삶에서의 브랜드의 위치입니다.
제 생각에 우리는 브랜드에 너무 많은 중요성을 부여하고 있습니다.

첫 번째로 저는 사람은 그가 입은 것보다 그의 행동과 생각으로 판단되어야 한다고 생각합니다.
오늘날 사람들은 겉모습을 중요하게 생각합니다. 안타깝지만 저는 겉모습은 사람들을 속일 수 있다고 생각합니다. 《옷이 스님을 만들지는 않는다》는 프랑스어 표현처럼 말입니다. 이처럼 저는 그들이 입는 브랜드를 통해 사람을 판단하는 것은 틀린 것이라고 생각합니다. 값싼 옷을 입고 있는 남자가 정장을 입은 남자보다 더 존경할 만한 사람일 수 있습니다.

두 번째로 저는 사회에 동화되기 위해서 많은 돈을 지출해야만 한다는 것이 정말로 슬픕니다. 오늘날에 멋진 옷들을 입고 일반적인 겉모습이 매우 깔끔하면 다른 이들에게 받아들여지기 더 쉽습니다. 따라서 우리가 브랜드 옷들을 좋아하지 않을지언정 입어야 한다고 느낍니다. 왜냐하면 모든 이들처럼 우리는 동화되고 싶어 하기 때문입니다. 예를 들어 제가 명품 옷을 입고 있을 때 다른 이들은 저에게 더 친절하고 저를 더 존중합니다.

결론적으로, 다른 이들에게 받아들여지기 위해 비싼 옷들을 사야만 하는 것은 정말로 슬프며, 입는 옷을 통해 사람을 판단할 수 없으므로, 브랜드에 이토록 중요성을 부여하는 것을 멈추어야만 한다고 생각합니다.

경청해주셔서 감사합니다.

e Sujets pour s'entraîner 예제

여러분들을 위해서 B1 말하기 시험에서 가장 빈번하게 나오는 테마를 바탕으로 다양한 연습 문제들을 준비했습니다. 이 문제들을 다 연습해보시고, 프레젠테이션에 필요하고 테마와 관련된 유용한 모든 어휘를 암기하기를 바랍니다. 주제 확인 후 프레젠테이션을 구상하려면 항상 핵심 문제가 무엇인지 먼저 찾은 다음, 선택한 문제 제기에 해당하는 개요를 작성하세요.

— **주어진 표를 작성하여 다음 주제에 답하세요.** 앞에서 주어진 예시 답변은 주어진 표의 형식에 꼭 일치하지는 않습니다. 그러나 다음 주제에 답변할 때는 주어진 표를 따르는 것이 좋습니다.

— **시간을 절약하기 위해 모든 문장을 쓰지 말고 키워드만 적는 것이 중요합니다.** 준비 시간 10분 안에 모든 것을 적는 것은 불가능하다는 점을 명심하세요. **전체 문장을 쓰지 말고, 중요한 단어**나 프레젠테이션에 활용할 수 있는 **표현을 메모**하세요.

— **서론 부분을 위해 기사의 핵심 요소(제목, 작성자 등)와 아이디어를 메모해야 합니다.** 시험장에는 선택한 주제가 인쇄된 종이를 가지고 입장할 수 없으므로 필요한 내용은 반드시 적어둡니다.

— 각 아이디어를 명확하게 구분하려면 메모를 표에 명확하게 정리하십시오. 논리 연결어도 같이 메모하세요.

— 모든 것을 체계적이고 명확하게 메모한다면 프레젠테이션 도중에 발생하는 실수를 빠르게 바로잡을 수 있습니다. 초안을 작성한 종이를 프레젠테이션 도중에 참조할 수 있기 때문입니다. 하지만 프레젠테이션은 생동감 있어야 하므로 너무 **보고 읽는 것은 권장하지 않습니다.**

파이팅!

Sujet n° 1 La réalité virtuelle : sommes-nous allés trop loin ?

Depuis deux ans, la réalité virtuelle s'est installée dans notre quotidien. Tout a commencé en 2016 avec Pokémon Go. Cette application a eu un succès phénoménal ! En l'espace d'un mois, la planète entière était partie à la chasse aux Pokémons.

Malheureusement, obsédés par le jeu, de nombreux utilisateurs ont été blessés et certains sont même décédés. En se concentrant sur leur écran de smartphone, des joueurs ont eu des accidents. Il est aussi à noter que la réalité virtuelle est fortement addictive, plus que les jeux vidéo traditionnels.

Alain TERESSAN, Salut les Gamers, décembre 2020.

아래 표를 작성하십시오.

Introduction	L'article que j'ai choisi a pour titre « ___________ ». Il a été écrit par ___________ et a été publié dans « ___________ » le _________. Ce document a pour sujet ___________. Nous pouvons y lire que ___________ et que ___________. Concernant ce sujet, je pense que _______ 당신의 의견 _______.	
1re partie	Premièrement,	Idée :
	En effet,	Explication :
	Par exemple,	Exemple :
2e partie	Deuxièmement,	Idée :
	En d'autres mots,	Explication :
	Par exemple,	Exemple :
Conclusion	En conclusion, je pense que	Votre opinion finale :

Je vous remercie pour votre attention. ☺

Sujet n° 2 À quand la parité ?

Voilà près de 5 ans que le gouvernement s'est lancé dans une campagne pour lutter contre les inégalités entre les hommes et les femmes. Malheureusement, il n'y a toujours pas de changement.

En entreprise ou dans leur foyer, les femmes sont toujours victimes de ces inégalités. En effet, elles sont encore payées en moyenne 20 % de moins que les hommes et se chargent toujours de la plupart des tâches ménagères.

Séverine GALITÉ, Valeurs sociales, octobre 2022.

아래 표를 작성하십시오.

Introduction		
1re partie		Idée :
		Explication :
		Exemple :
2e partie		Idée :
		Explication :
		Exemple :
Conclusion	En conclusion, je pense que	Votre opinion finale :

Je vous remercie pour votre attention. ☺

Sujet n° 3 Adopter un animal de compagnie : la science dit oui !

Récemment, une étude scientifique très sérieuse a démontré qu'avoir un animal de compagnie à la maison était très bénéfique à toute la famille.

En effet, vivre avec un animal, que ce soit un chien, un chat ou même un hérisson, est un choix de vie ayant de nombreuses vertus. Les personnes ayant au moins un animal de compagnie sont en moyenne plus heureuses, moins fragiles psychologiquement et ont même une espérance de vie supérieure à la moyenne !

Qu'attendez-vous pour offrir à vos bambins le petit chiot ou le chaton qu'ils désirent depuis des années ?

Sami Gnon, Le Quotidien scientifique, mars 2019.

아래 표를 작성하십시오.	
Introduction	
1re partie	Idée :
	Explication :
	Exemple :
2e partie	Idée :
	Explication :
	Exemple :
Conclusion	Votre opinion finale :
Je vous remercie pour votre attention. ☺	

Sujets d'entraînement
실전 연습 문제

모든 주제의 성별을 남성으로 통일하였습니다.
답변 시 여성의 성별로도 자연스럽게 말할 수 있어야 합니다.

DELF Junior/DELF 모두 해당되는 주제

SUJET 1 Pollution de l'air : nos enfants en danger

«Trois enfants sur quatre respirent un air toxique en France.» C'est le cri d'alarme lancé par les organisations UNICEF France, le WWF France, le Réseau action climat et Respire. La situation est grave, mais il existe des solutions!

Les jeunes les plus exposés sont ceux qui habitent en ville. En effet, c'est dans les zones urbaines que l'air est le plus toxique, c'est-à-dire composé de particules et de polluants qui viennent de nos activités, comme le transport, le chauffage des maisons ou encore les usines.

Les enfants sont plus exposés à la pollution, car leurs poumons sont plus petits, ils respirent plus vite que les adultes. Un enfant est aussi en plein développement. La pollution peut perturber la croissance de ses muscles et le développement de son cerveau.

Que faire pour lutter contre cette pollution ?

Maude ZARELLA, Le journal des trois fiefs, 2 octobre 2021

SUJET 2 Non, les animaux sauvages ne sont pas à vendre

Depuis plusieurs décennies, le monde sauvage connaît une extinction rapide et très inquiétante. En 20 ans, 780 espèces animales ont disparu et plus de 12 500 sont menacées.
Plusieurs raisons expliquent cette extinction. La pollution, l'agriculture intensive, l'urbanisation, la chasse et le commerce international sont les principaux responsables.
Le commerce international est d'ailleurs devenu le principal ennemi de certaines espèces. L'Afrique est particulièrement touchée. Les os, les poils, les pieds, la queue et même la peau des girafes, des éléphants, ou encore des rhinocéros sont très recherchés dans le monde entier. Pour satisfaire cette demande, des centaines de milliers d'animaux sont tués chaque année, généralement de manière illégale.
Pour limiter ce phénomène, la Conférence mondiale sur la vie sauvage a décidé de restreindre le commerce international de plusieurs dizaines de nouvelles espèces menacées.

Lara LEUZE, Une voix pour la planète, 14 mars 2021

SUJET 3 Les robots, un avenir souhaitable ?

Quand il s'agit de progrès technologique, l'être humain ne s'arrête jamais. Récemment, des chercheurs ont inventé un robot intelligent, capable de réfléchir avant d'agir ! Ce robot sait marcher, courir et également, grâce à son intelligence numérique, cuisiner, jouer du piano et même écrire des histoires qu'il a imaginées.
Est-ce une bonne nouvelle ? À l'origine, les robots étaient créés pour amuser les gens. Ils ont ensuite été développés pour aider l'homme à réaliser des travaux répétitifs ou dangereux. Ainsi, le premier robot, créé en 1961, servait à fabriquer des voitures.
En d'autres mots, jusqu'à il y a encore quelque temps, un robot pouvait réaliser une action pour laquelle il était programmé. Mais aujourd'hui, le nouveau robot n'a pas besoin de l'homme pour savoir quoi faire. Cela peut sembler être une avancée très positive pour l'humanité. Cependant, de plus en plus de personnes s'inquiètent. Et vous, qu'en pensez-vous ?

Debby SCOTT, www.lecho2point0.com, 18 janvier 2022

SUJET 4 Publicité envahissante : arrêtons de la subir !

Dans un grand nombre de villes françaises, la publicité n'est plus la bienvenue. En effet, de plus en plus de personnes considèrent la publicité comme une gêne visuelle. Elle enlaidit la ville et sollicite constamment l'attention de ses habitants. La publicité est souvent perçue par ces personnes comme agressive, car elle nous saute aux yeux sans nous demander notre avis. Elle s'impose de façon autoritaire. De plus, les enfants sont encore plus touchés, car ils ont du mal à faire la différence entre une vraie information et une publicité. Et, évidemment, la publicité est aussi agressive dans ce qu'elle montre, dans ses messages. Beaucoup, par exemple, sont sexistes : elles utilisent le corps des femmes pour vendre n'importe quoi.

Fanny ÉPI, www.philoettechno.com, 22 juin 2022

SUJET 5 La gratuité dans les transports en commun, est-ce vraiment possible ?

Et si l'on ne payait plus les transports en commun ? L'idée est séduisante et de plus en plus envisagée, notamment dans les grandes villes. Déjà, de nombreuses agglomérations ont adopté cette gratuité. Dunkerque en fait partie. Depuis trois ans déjà, les Dunkerquois ne paient plus le bus. La fréquentation a augmenté de 85,5 % sur un an et, parmi les nouveaux usagers, 48 % prenaient auparavant la voiture pour se déplacer. Le résultat est stupéfiant : déplacements plus rapides, moins de pollution et un centre-ville heureux.

Jonathan LEBUSSE, Le Journal du Nord, 27 décembre 2022

SUJET 6 Plutôt livre ou tablette ?

Contrairement à ce que certains craignaient, dans le domaine de la littérature, le numérique est en grand recul par rapport au livre papier. Après dix ans de lutte, la bataille entre le numérique et le papier est terminée. Les lecteurs ont fait leur choix : les ventes de livres s'envolent alors que de moins en moins de tablettes sont vendues chaque année. Numérique ou papier ? Lequel est le mieux ? Pour l'environnement, le choix semble évident.

Jacques UZE, www.lejournalnumerique.com, 12 juin 2021

SUJET 7 Les espaces verts en ville

Habiter près d'un espace vert comme un parc ou un square est quelque chose d'absolument nécessaire pour 75 % des Français vivant en ville. Ces espaces permettent en effet de se couper de son quotidien, de respirer et de se ressourcer. Ils ont également d'autres vertus insoupçonnées. Les espaces verts permettraient de rafraîchir l'air, de limiter le réchauffement des surfaces bétonnées et enfin pour certains végétaux, de lutter contre la pollution. Pour cette raison, les municipalités cherchent à développer de nombreux projets verts dans la ville.

Sarah FRAÎCHI, www.maville.fr, 22 octobre 2022

SUJET 8 Les réseaux sociaux et la vie privée

Il y a quelque temps, Mark ZUCKERBERG, le patron de Facebook, le réseau social le plus important de la planète, a exprimé ses regrets devant le Congrès américain de ne pas avoir mieux protégé les données personnelles des utilisateurs.
En effet, il a été démontré que ce réseau social protégeait mal les données personnelles de ses utilisateurs. Les données personnelles, ce sont les informations que laissent les utilisateurs quand ils se connectent : les mentions « J'aime », les photos, les vidéos, la date de naissance, le nom de son amoureux, etc.
Et vous, vous sentez-vous en sécurité sur les réseaux sociaux ?

Aude DOGUE, www.vienumerique.fr, 5 septembre 2021

SUJET 9 Stop à l'obsolescence programmée

Depuis plusieurs années, tout est fait pour inciter les Français à réduire leurs déchets. Une loi allant dans ce sens vient d'ailleurs d'être votée. Elle prévoit que les produits électroniques et électroménagers portent une étiquette indiquant leur niveau de réparabilité. Cette note indique si le produit est facile à réparer, ou non. Une info qui peut être importante lors d'un achat. L'objectif de cette loi est de lutter contre l'obsolescence programmée.

Mais, qu'est-ce que c'est l'obsolescence programmée ? Il s'agit des méthodes utilisées par les fabricants pour réduire volontairement la durée de vie d'un produit. Par exemple, une machine à laver ne peut pas être réparée parce que les pièces de rechange n'existent plus, ou sont hors de prix. La batterie d'un smartphone est défectueuse, et il est impossible d'ouvrir le téléphone pour la remplacer. Un nouveau jeu vidéo se joue uniquement sur une nouvelle console, rendant moins attrayante l'ancienne, qui marche pourtant très bien.

Guy TARÉLEKTRIQUE, www.ventdeliberte.com, 9 mai 2023

SUJET 10 Les smartphones à l'école

De plus en plus de professeurs de primaire et de collège mettent en place des activités pédagogiques avec les réseaux sociaux, afin d'apprendre aux élèves comment se servir éthiquement et avec civilité de leurs téléphones. Ainsi, ils savent écrire des messages plus respectueux à leurs proches, mais apprennent également à chercher des informations utiles plus rapidement. Il s'agit d'un apprentissage précieux pour cette génération qui développera ses capacités personnelles et professionnelles sur ces moyens de communication.

Néanmoins, le gouvernement souhaiterait bientôt interdire l'utilisation des portables dans les écoles et collèges, à cause de la mauvaise utilisation qu'ont les jeunes de ces derniers.

Chantal AKORAL, www.edumag.fr, 17 août 2021

SUJET 11 La Saint Valentin : fête de l'amour ou de l'argent ?

La Saint-Valentin, c'est la fête des amoureux. Tous les ans, le 14 février, par tradition, les amoureux se font de petits cadeaux. Ils s'offrent généralement des fleurs, des chocolats ou encore du parfum.

Toutefois, depuis plusieurs années, cette fête est montrée du doigt pour son caractère commercial, tout comme d'ailleurs Noël ou la fête des Mères.

Mais doit-on nécessairement dépenser de l'argent pour célébrer ces fêtes ? À vous de voir !

Sam MEUFAIPARIR, www.vivresavie.fr, 19 mars 2022

SUJET 12 Enfants et télévision

Il a depuis longtemps été prouvé que trop regarder la télévision est mauvais pour les enfants. Cela a, en effet, un impact négatif sur le cerveau des plus jeunes qui est en plein développement. Aussi, les conséquences sont néfastes à la fois sur le comportement et sur la santé.

Selon une étude récente, les jeunes regardant plus de 3 heures de télévision par jour auraient plus de difficultés pour s'endormir le soir. Un lien entre surexposition à la télévision et violence a également été mis en évidence.

Annie MALL, www.tvmoins.fr, 29 janvier 2022

SUJET 13 Vivons, chantons, dansons!

La musique est très présente dans nos vies. Mais pourquoi écoute-t-on de la musique ? Dès le matin, on peut commencer sa journée en musique, avec la sonnerie du réveil! Une chanson rythmée nous donne plein d'énergie et même l'impression d'être plus vivants. Sous la douche, tout le monde chante. Fort, faux et même sans connaître les paroles : on se lâche! Quand on fait un karaoké avec nos amis, on se rassemble et ça fait du bien. Quand on met de la musique dans une fête, c'est là qu'on commence vraiment à s'amuser, à danser, à s'éclater! Et quand on s'ennuie, on peut écouter de la musique pour s'occuper un peu. Dans tous les moments de la vie, la musique semble indispensable. Et vous, pensez-vous pouvoir vous en passer?

Théo TOUALETTE, www.doremifasol.fr, 5 juin 2022

SUJET 14 L'école de la forêt

Imaginez... Un lieu où les jeunes sont les rois, une forêt incroyable avec ses cabanes dans les arbres, construites et gérées par des enfants... Est-ce un rêve ? Non, ce lieu existe bien! À Treffieux, un petit village dans le sud de la Bretagne, les élèves de l'école primaire ont une forêt rien qu'à eux, où ils vont jouer régulièrement.

À la récréation, quand la météo le permet, tout le monde s'éparpille dans le bois situé derrière l'école. Certains élèves filent à leur cabane, près du sentier. D'autres s'enfoncent plus profondément dans la petite forêt pour rejoindre leur «château» de branches et feuillages. Un peu plus loin au fond, près du ruisseau et entouré par de magnifiques fougères, c'est le territoire d'un autre groupe d'amis, ils se font appeler «les gendarmes du bois».

Et si, comme à l'école Notre Dame de Treffieux, nous laissions nos enfants découvrir librement les trésors de la nature ? Il y a des choses qu'on ne peut pas apprendre dans les livres.

Jeff ASSLETABLO, www.enviedairpur.fr, 21 juin 2020

SUJET 15 Le véganisme, solution ou illusion ?

Les personnes qui ont adopté un régime végan, ne consomment aucun produit d'origine animale, comme la viande, les œufs, les produits laitiers ou le miel. Ils ne souhaitent pas non plus utiliser de cuir ou de laine. C'est un mode de vie que 4 % des Français ont adopté. Mais, sans les conseils d'un médecin, ce régime alimentaire très strict peut être mauvais pour la santé, surtout pour les enfants.
Et vous, pourriez-vous avoir une alimentation végane ?

Jean VEPA, www.santeplus.fr, 8 mars 2022

SUJET 16 Notre langue évolue !

Les dictionnaires les plus populaires de France ont récemment publié leur édition 2022. Comme chaque année, les dictionnaires ont été mis à jour. Certains mots sont enlevés, car ils sont peu utilisés. D'autres, en revanche, sont ajoutés, car ils sont apparus récemment dans notre langue. Cette année, plus de 100 nouveaux mots ont ainsi été ajoutés.
Mais qui décide de tout cela ?
Ce sont ceux qui écrivent les dictionnaires, on les appelle des lexicographes. Leur métier, c'est de sélectionner les mots qui entrent et qui sortent de leurs dicos. Les lexicographes n'inventent pas les mots : ils enregistrent les évolutions de la langue française. Ils mènent l'enquête pour savoir quels sont les noms communs, noms propres et expressions populaires en France. Ils les trouvent dans les livres, à la radio, à la télé, sur le web… et dans les conversations des gens !
Depuis vingt ans, l'influence de la langue anglaise sur le français est observée. La majorité des nouveaux mots sont d'ailleurs des mots anglais.
Est-ce une bonne chose pour la langue française ? La question se pose.

Rose EAU, Des Hommes et des Lettres, 9 mars 2021

SUJET 17 Faisons tous du sport !

Est-ce vraiment important de faire du sport ? La réponse est oui ! Une activité sportive régulière participe au développement corporel, mais aussi intellectuel. En effet, faire du sport nous permet de renforcer nos muscles. Aussi, côté mental, la pratique d'un sport apprend la confiance, l'esprit d'équipe, la maîtrise de soi. Les bienfaits d'une activité physique sont indéniables.

D'ailleurs, l'Institut national de la santé et de la recherche médicale (INSERM) vient de dévoiler son rapport : les enfants et les adolescents devraient tous pratiquer une activité, d'intensité modérée à élevée, au moins une fois par jour. Effectivement, se bouger c'est bon pour la santé. La pratique d'un sport lutte efficacement contre l'obésité ou le diabète et améliore de manière considérable la qualité de vie.

Jessie ÉDUBOIS, www.sport-ensemble.com, 24 juin 2022

SUJET 18 Pouvez-vous manger des insectes ?

On parle de plus en plus de l'importance de prendre soin de notre planète. Et si, pour y parvenir, on mangeait des insectes ? En plus des avantages environnementaux, se nourrir d'insectes a de nombreux bénéfices pour la santé. En tout cas, c'est ce qu'affirment des chercheurs d'Oxford. Lors d'une étude, ils ont comparé les apports nutritifs des insectes à ceux de la viande et les résultats sont des plus intéressants. Certaines espèces sont plus saines que le bœuf et le poulet. Aucun insecte n'est moins sain que la viande.
Alors, pourriez-vous manger des steaks de cafards et des brochettes de scorpions ?

José PAVENIR, www.lachroniquedebarbeuk.fr, 13 août 2021

SUJET 19 Les écrans… c'est inquiétant

Nous en sommes entourés et nous nous en rendons même plus compte. Télévision, ordinateur, télé, console, téléphone… Tous ces appareils fonctionnent avec un écran, devant lequel, chaque jour, nous sommes beaucoup à rester longtemps figés, pour ne pas dire scotchés. Cela est un véritable problème. En effet, le temps passé devant un écran pourrait devenir dangereux à haute dose !

D'après L'Insee, les Français passent aujourd'hui en moyenne 2 h 30 par jour devant un écran, en dehors de leur travail. Quant au temps passé sur Internet, il a doublé, en l'espace de 10 ans.

Les écrans sont devenus un problème, parce qu'ils accaparent trop les adultes et les enfants. Depuis que les écrans sont omniprésents, nous avons tendance à nous isoler, à moins bouger, à être passifs. On ne prend plus le temps de jouer, de lire, de discuter avec nos amis, on oublie de pratiquer une activité sportive et stimulante.

Laure LORGE, Le courrier du Centre, 23 octobre 2021

SUJET 20 L'école à la maison

En France, ce n'est pas l'école qui est obligatoire jusqu'à 16 ans, mais l'instruction : le fait de recevoir un enseignement. Les parents peuvent donc faire l'école à la maison. Peu le font, mais ce système séduit deux fois plus qu'il y a dix ans. Dans notre pays, 25 000 enfants de 6 à 16 ans sont non scolarisés.

Pour eux, ce type d'instruction est une évidence, ils le pensent plus adapté à leur personnalité, à leurs goûts. Mais peut-on tout apprendre seul chez soi ?

Aïcha FAIMAL, Nos Enfants, 12 décembre 2021

SUJET 21 Des cartables trop lourds !

Cela fait des années que les professionnels de la santé tirent la sonnette d'alarme : un cartable trop lourd a un impact important sur le dos et la colonne vertébrale. Pourtant, aujourd'hui encore, les cartables sont beaucoup trop lourds.

Un cartable ne devrait pas peser plus de 3,4 kg pour un élève de 11 ans et 4,4 kg pour un élève de 13 ans. La réalité est bien différente ! Selon les dernières mesures effectuées, la plupart des cartables de collégiens pèsent plus de 7 kilos !

Éva NOUISSEMENT, www.larevueducollège.org, 12 septembre 2021

SUJET 22 Livre électronique, l'avenir de la lecture ?

Le regard du public sur le livre électronique a changé. Il y a quelques années, il était considéré comme un produit gadget, sans saveur et sans avenir. De nombreuses personnes pensent maintenant qu'il s'agit d'une alternative agréable et une solution environnementale séduisante.

Il est vrai que dans une petite tablette, nous avons la possibilité de stocker plusieurs milliers de livres ! Si ces livres étaient en papier, plusieurs dizaines d'arbres auraient été coupés.

Jeanne ULTOUT, www.deshistoirespourtous.fr, 4 juillet 2022

SUJET 23 Réseaux sociaux et ados

La nouvelle génération a grandi avec les nouvelles technologies. Ces jeunes sont extrêmement habiles avec l'utilisation des smartphones et des réseaux sociaux. Facebook, Snapchat, YouTube, Instagram, Tik Tok, etc. Les ados les adorent ! Ils y passent environ 2 heures par jour. Sur ces plateformes, ils échangent, restent connectés, s'expriment ou tout simplement suivent les autres comptes. Très souvent utilisées avant l'âge légal et sans consentement parental, ces plateformes sociales ne cessent pourtant de se multiplier. Leurs dangers sont bien connus : cyberharcèlement, escroquerie, addiction, repli sur soi et échec scolaire en sont les principaux.

John DUFF, www.le-smart-pas-smart.com, 13 octobre 2022

SUJET 24 La sauvagerie de l'homme envers l'animal sauvage

Le cadavre d'un ours tué par arme à feu a été retrouvé mardi après-midi dans les Pyrénées, une chaîne de montagnes au sud-ouest de la France.
Cela est grave, car il n'y a pas beaucoup d'ours dans les Pyrénées. On en compte environ 50. Aujourd'hui, de nombreux experts craignent que les ours ne puissent pas rester durablement dans nos montagnes.
Un autre animal est lui aussi menacé : le loup. Nombreux sont ceux qui aimeraient le voir disparaître. Pourtant les loups garantissent et consolident l'équilibre environnemental de nos montagnes.
Certes, ours et loup sont dangereux et parfois coupables de dégâts, mais doit-on pour autant tuer ces animaux sauvages ?

Kamel LÉON, www.tousterriens.fr, 28 juillet 2022

SUJET 25 Le Père Noël, magie ou mensonge ?

Lorsque l'on évoque le mythe du père Noël, nous ne sommes pas tous d'accord. Pour la plupart des gens, le père Noël est une histoire pour les enfants, remplie de magie et de mystère. Pour les autres, il s'agit simplement d'un mensonge.
Selon une étude menée récemment, mentir à nos enfants au sujet du père Noël pourrait sérieusement nuire à la confiance qu'ils nous accordent naturellement.
Alors, devons-nous faire croire aux enfants que le père Noël existe ?

Sarah PORTE, www.doucenuit.com, 25 décembre 2021

SUJET 26 La fin des notes à l'école ?

De mauvaises notes peuvent faire beaucoup de mal aux élèves. Le système traditionnel d'évaluation est de plus en plus mis en cause. Selon des études récentes, les notes n'apportent rien aux élèves et ont même un effet négatif sur l'investissement des apprenants. En aucun cas, elles n'encouragent l'apprentissage et le développement des compétences.
Certaines écoles font même le choix de supprimer les notes. Toutefois, supprimer les notes n'équivaut pas à éradiquer un système d'évaluation, mais plutôt à le faire évoluer. Pour cela, de nombreux pédagogues recommandent l'évaluation des compétences pour stimuler les facultés d'apprentissage. Ce type d'évaluation peut, en effet, valoriser les qualités de l'élève, ses acquis et lui permettre de progresser.

Jim NASTIQUE, www.lemag2leduc.org, 2 septembre 2021

SUJET 27 Uniforme scolaire, êtes-vous pour ou contre ?

Doit-on avoir un uniforme à l'école ? C'est une question qu'on se pose régulièrement en France. L'uniforme scolaire représente l'égalité pour certains alors que pour d'autres il incarne la privation de liberté.
Toutefois, cette année, certaines écoles françaises ont décidé de remettre l'uniforme scolaire au goût du jour. Et vous, qu'en pensez-vous ? Êtes-vous pour le retour de l'uniforme à l'école ?

Harry TMÉTIK, www.coteecole.fr, 4 septembre 2022

SUJET 28 Inégalités au travail entre les femmes et les hommes

Les différences de salaires entre les hommes et les femmes sont toujours très importantes. Encore aujourd'hui en France, les femmes qui travaillent gagnent en moyenne 25 % de moins que leurs collègues masculins alors qu'elles occupent le même poste et ont les mêmes diplômes.
Les différences sont plus ou moins importantes selon le type de travail. Par exemple, chez les ouvriers, elle est seulement de 9 %. Chez les cadres, cet écart est beaucoup plus large : les salaires des femmes représentent en moyenne 2 tiers de ceux de leurs collègues hommes, alors qu'elles ont les mêmes types de responsabilités.

Éva ZION, La Planète, 4 septembre 2022

SUJET 29 Les jeux d'argent

En France, les jeux d'argent sont légaux. N'importe qui peut jouer toutes ses économies au blackjack dans un casino, sur un coup de tête. Pourtant, dans le monde, de nombreux pays les interdisent. En effet, beaucoup de personnes ont des difficultés à se contrôler lorsqu'elles jouent. D'autant plus lorsque la victoire peut leur rapporter plus d'argent qu'elles n'en gagneront jamais dans toute leur vie. Ainsi, pour certains, jouer de l'argent est devenu une véritable drogue : ils ne peuvent plus s'en passer !

Mona STAIRE, www.lafrançaise.fr, 4 septembre 2022

SUJET 30 Le travail, ne fait pas toujours le bonheur

Parfois, travailler rime avec souffrir. En effet, il arrive que des personnes soient contraintes d'arrêter de travailler, parce que c'est devenu trop difficile pour elles.
Le travail est, à tout âge, présent dans nos vies. Quand on est enfant, travailler nous permet de grandir, de nous développer, à travers l'école en particulier. Travailler, c'est se construire. Quand on grandit, le travail devient un emploi. On ne travaille pas forcément pour être heureux, mais on peut parvenir à être fier de son travail. Et, quand on a la chance de pouvoir choisir son métier, on peut même réussir à s'accomplir.
Malheureusement, il arrive que le travail soit source de souffrance. Cela est surtout le cas lorsqu'une personne ne peut pas faire son travail aussi bien qu'elle le voudrait. Soit parce qu'on lui demande d'aller très vite et qu'elle ne dispose pas du temps nécessaire, soit parce qu'on ne lui donne pas tous les outils dont elle aurait besoin. Parfois encore, on lui demande de respecter des consignes trop strictes et elle ne se sent plus libre d'exercer son métier comme elle le souhaite.

Ted DURDOREIL, www.fabriquespinoza.fr, 3 avril 2022

SUJET 31 La discrimination, le fléau de nos sociétés

La discrimination, c'est quand, dans une même situation, une personne est moins bien traitée qu'une autre, selon un critère interdit par la loi.
C'est par exemple un jeune qui a des difficultés à trouver un travail à cause du quartier dans lequel il vit, la couleur de sa peau ou sa religion. Lorsqu'une femme occupe le même emploi qu'un homme, et qui est moins bien payée, au motif que c'est une femme, il s'agit encore de discrimination.
Mais, comment faire pour empêcher ces situations ? En France, la loi dit que tous les individus sont égaux et qu'ils ne doivent pas être traités différemment. Tout acte de discrimination commis au motif de l'un des 22 critères comme l'âge, le sexe, le handicap ou l'origine, est puni par la loi.
Mais dans la réalité, les discriminations sont très présentes, notamment dans le monde du travail.

Patrice TOUNET, Citoyen, 8 mars 2022

SUJET 32 Dites « non » au harcèlement scolaire

Le harcèlement scolaire constitue un phénomène dangereux qui est de plus en plus présent dans les écoles. Le développement des technologies n'a fait que l'intensifier. Les violences que subissent certains élèves ne s'arrêtent plus à la sortie de l'établissement. Elles continuent sur Internet.
Tout le monde est d'accord pour dire que ces violences sont inacceptables. Pourtant, nous sommes peu à agir. Aussi, pour lutter contre le harcèlement, il faut d'abord le reconnaître.

Le harcèlement scolaire correspond à tous les types de violences effectués sur une personne de manière répétée et continue. Il peut-être commis par une seule personne ou un groupe de personnes. En général, cela s'effectue à plusieurs, car le harceleur est soutenu par des spectateurs qui peuvent appuyer ses actions.
Le harcèlement scolaire peut prendre plusieurs formes dans les cours de récréation. Il peut être verbal, physique, psychologique ou encore gestuel.
Ces violences ne sont pas anecdotiques : environ 10 % des collégiens sont victimes de harcèlement dont 6 % de harcèlement sévère.

Martine IKÈSE, Votre Quotidien, 10 juin 2022

SUJET 33 Vraie ou fausse information : difficile d'y voir clair

Aujourd'hui, l'accès à l'information n'a jamais été aussi facile. Nous sommes littéralement submergés. Malheureusement, cette abondance d'informations a aussi ses limites. Il est parfois difficile de faire la différence entre les vraies et les fausses informations.

Il est donc crucial de rester vigilant et de savoir reconnaître ce qu'il faut croire ou non.

Mais qu'est-ce qu'une fausse information ou « fake news » en anglais ?

Une fausse information, c'est une image ou des paroles qui sont complètement inventées, mais que l'on présente comme si c'était vraiment arrivé. Lors d'un événement important, certaines personnes en profitent pour faire circuler des rumeurs.

Parfois, c'est pour faire rire, et cela n'a pas de conséquence grave. Mais, parfois, c'est pour causer du tort à quelqu'un : par exemple, en écrivant une fausse interview d'une personnalité.

Claire DELUNE, www.infopasbidon.fr, 25 octobre 2022

SUJET 34 Que ferions-nous sang vous ?

Le 14 juin, c'est la Journée des donneurs de sang. En France, donner son sang, ce n'est pas obligatoire. C'est un acte solidaire et gratuit qui permet de sauver des vies. Mais attention, ce don n'est pas à prendre à la légère.

Avant de montrer ses veines et de donner son sang, il faut d'abord remplir un formulaire. C'est obligatoire. On doit répondre à des questions sur sa santé, puis on parle avec un médecin. Il y a aussi quelques règles à respecter : il faut être en pleine forme, avoir entre 18 et 70 ans et peser plus de 50 kg.

Le sang des donneurs n'est pas tout de suite transfusé à un patient. Il faut d'abord qu'il soit analysé par un laboratoire, afin de vérifier qu'il n'y a pas de risque de maladie pour la personne qui va le recevoir. Il est impossible de savoir à qui il va être transmis et qui l'a donné. Ces informations doivent rester anonymes.

Sam OURAILLE, www.lecourrierdusang.fr, 14 juin 2022

SUJET 35 À quand l'égalité professionnelle entre les femmes et les hommes ?

En France, il y a très peu de femmes qui dirigent de grandes entreprises. De plus, le salaire d'une femme est souvent plus bas que celui d'un homme pour le même travail.
En Europe, sur les 600 plus grandes entreprises européennes, seules 60 sont dirigées par des femmes. Pourtant, les femmes n'ont pas moins de capacités que les hommes pour diriger. Les femmes font même plus d'études que les hommes. Malgré leurs compétences, elles ont plus de mal à gravir les échelons d'une entreprise. Les obstacles qu'elles rencontrent sont souvent liés à des stéréotypes. Par exemple, on considère souvent que les femmes sont moins disponibles pour leur entreprise parce qu'elles doivent aussi s'occuper de leurs enfants. Parfois, ce sont les femmes elles-mêmes qui pensent qu'elles ne sont pas capables de réussir dans leur entreprise.

Iris KEURIEN, Le Marseillais, 28 octobre 2022

SUJET 36 Handicap et mobilité

Pour la plupart des gens, il est aisé de se rendre, quand on le veut, dans un lieu. On a juste à emprunter les transports en commun, ou bien marcher. Mais pour les personnes handicapées, il est beaucoup plus compliqué et difficile de se déplacer. Elles ne peuvent pas toujours utiliser le bus ou le métro. Heureusement, tous les ans, des progrès sont réalisés pour rendre les villes françaises plus accessibles à ces personnes. Ces efforts sont surtout visibles dans les transports en commun, dans les cinémas, les piscines et les centres commerciaux. Pour que les personnes en fauteuil roulant puissent accéder à ces lieux, des rampes et des couloirs plus spacieux ont été aménagés. Malheureusement, les bâtiments plus anciens sont toujours très difficiles d'accès pour les personnes handicapées. À titre d'exemple, en France, 20 000 enfants souffrant d'un handicap ne peuvent pas être scolarisés parce que les écoles ne sont pas aménagées pour les accueillir.

Lorie GINALE, L'Accent Citoyen, 12 octobre 2022

SUJET 37 Bien dormir pour mieux vivre

Les Français dorment de moins en moins. En 50 ans, ils ont perdu plus d'une heure de sommeil par nuit. C'est inquiétant, car le sommeil est très important pour la santé, chez les grands comme chez les petits !

Il existe deux types de sommeils importants durant la nuit. Le premier, c'est le sommeil profond et lent qui va favoriser les « réparations » du corps. Par exemple, après des efforts physiques comme une compétition sportive, le sommeil lent est plus long. C'est durant ce sommeil que la peau produit de nouvelles cellules. Que le corps évacue ses déchets. Que la mémoire se consolide. Mais aussi, que les enfants grandissent.

Ensuite, il y a le sommeil paradoxal. Durant cette période, on a les yeux fermés, mais ils bougent rapidement sous leur paupière. C'est un moment où l'on rêve beaucoup ! Le cerveau est très actif, quasiment autant que quand on est éveillé.

On ignore encore à quoi servent les rêves. Par contre, on sait que le sommeil paradoxal favorise la créativité !

Bien dormir permet de diminuer le risque de maladies. Et cela permet de mieux apprendre, d'être de bonne humeur et plus performant.

Éléonore LASUAIDE, Le Journal des Citoyens, 21 septembre 2022

SUJET 38 Les Français et le tabac.

Les Français et le tabac, une relation d'amour et de haine qui fait plus de 100 000 morts par an. Selon une étude récente, plus d'un Français sur 3 fume tous les jours. Ce chiffre effrayant ne baisse pas depuis 2010. Il y a toujours autant de fumeurs en France malgré les efforts du gouvernement pour aider ou forcer les fumeurs à écraser leur dernière clope.

Toutefois, ce ne sont pas les mêmes personnes qui fument : certaines catégories sociales (étudiants, sans-emploi, salariés, etc.) ont augmenté leur consommation de cigarettes. En revanche, et c'est une excellente nouvelle, d'autres fument de moins en moins. C'est le cas des jeunes femmes (de 15 à 24 ans) et des jeunes hommes (de 25 à 34 ans).

Yannick EUNITAITE, Le Journal du week-end, novembre 2022

SUJET 39 Souriez, vous êtes toujours filmés !

En France, de plus en plus de caméras de vidéosurveillance sont installées. L'objectif premier, annoncé, est de lutter contre l'insécurité.
Ces caméras sont partout, dans les halls des immeubles, les magasins, les transports en commun, sur les toits, les lampadaires… Elles servent à contrôler des lieux et à alerter la police en cas d'agression. Elles permettent aussi d'identifier des personnes quand elles commettent des infractions sans témoin. Ces caméras assurent-elles vraiment notre sécurité ?
Les Français sont de plus en plus nombreux à ne pas apprécier d'être surveillés en permanence.

Teddy FISSIL, L'Est France, 13 mars 2022

SUJET 40 Les étudiants travailleurs

De plus en plus de jeunes Français ont un petit boulot. En effet, à partir de 16 ans, il est possible de travailler en France. Ainsi, de plus en plus de lycéens et étudiants se rendent à leur travail après les cours. Pour certains, leur job étudiant leur permet juste d'être plus libres. Avec l'argent gagné, ils peuvent sortir avec leurs amis et vivre des expériences qui ne seraient pas à la portée de leur bourse sinon.
Pour d'autres, plus nombreux qu'on le pense, leur petit boulot est simplement vital. Sans lui, ils ne pourraient pas se nourrir et ils seraient contraints d'arrêter leurs études.
Dans tous les cas, peut-on vraiment concilier études et travail ?

Bill BOKAI, Le Courrier de Bretagne, 19 février 2022

SUJET 41 Vie professionnelle, vie personnelle : un choix difficile

Pour de nombreux parents, il est difficile de travailler et de s'occuper des enfants en même temps. D'ailleurs, d'après une étude, 2 parents sur 3 trouvent qu'ils ne passent pas assez de temps avec leurs enfants.
Seul 1 parent sur 3 estime consacrer assez de temps à sa famille. Le principal obstacle à une vie de famille épanouie, c'est bien sûr le travail. 4 parents sur 10 considèrent qu'ils travaillent trop. Toutefois, les personnes interrogées estiment que le fait d'avoir des enfants pénalise les mamans dans leur travail, mais pas les papas. Ce qui montre que, pour les Français, il est toujours plus normal qu'une femme passe beaucoup de temps à la maison. La solution pour que les parents puissent mieux s'occuper de leurs enfants quand ils sont petits, c'est le congé parental. Ce droit offre la possibilité aux papas et aux mamans de s'arrêter de travailler après la naissance d'un enfant pendant une durée de 3 ans maximum, et ensuite de reprendre leur travail comme avant, dès qu'ils le désirent.

Félicie TASSION, La Virgule, 13 février 2022

SUJET 42 La mauvaise alimentation des uns, fait la fortune des autres

De nos jours, les produits alimentaires saturés de sucre et de gras envahissent nos rayons et nos placards. Le constat est sans appel : depuis cent ans, on mange de plus en plus de produits industriels. Ces aliments produits dans des usines, comme les biscuits ou les chips, contiennent souvent plus de sucre et de graisse qu'il ne faudrait.
Nous, les consommateurs, sommes les premiers responsables. Nous achetons aveuglément cette malbouffe, car notre corps adore ça ! Et les professionnels de l'alimentation le savent. Ils ajoutent du sucre dans tout un tas d'aliments, même salés. Cette alimentation peu naturelle finit par faire grossir ceux qui la mangent. Ils sont en surpoids, voire obèses. Et c'est très dangereux pour le corps. Cela abîme les articulations, fatigue le cœur et augmente les risques de maladies. Voilà pourquoi il ne faut pas manger trop gras ou sucré.

Lou VEUTO, Le Magazine des Parents, 13 février 2022

SUJET 43 C'est pour qui l'addition ?

En France, c'est bien connu, chacun paie sa part. Que ce soit entre amis ou en couple, les Français règlent l'addition généralement séparément. Dans certains cas, ils vont même jusqu'à compter ce qu'ils ont commandé pour ne payer que ce qu'ils ont consommé. Eh oui ! À Paris, « les bons comptes font les bons amis ».
Cet aspect culturel français surprendrait fortement certains étrangers comme les Asiatiques qui ont l'habitude qu'une seule personne paie pour tout le groupe.
Alors ? On partage ou pas ?

Lucie BOULETTE, Horizon Découvertes, 13 février 2022

SUJET 44 Nos nouveaux modèles

Depuis toujours, les êtres humains ont besoin de s'identifier à quelqu'un, de suivre un exemple. Autrefois, les rois, les soldats illustres, les politiciens ou encore Dieu étaient des modèles.
Les choses ont beaucoup changé.
De nos jours, on n'admire plus Napoléon ou Marie Curie. C'est à Justin Bieber, les membres de BTS ou encore à une influenceuse Tik-Tok qu'on veut ressembler. Les célébrités sont ainsi devenues le reflet de notre façon de penser et d'agir. Mais, les starlettes sont-elles vraiment de bons exemples pour nos jeunes ?

Guy TARRE, Le Quotidien Citoyen, juillet 2023

SUJET 45 Fiction sociale

Qui sommes-nous vraiment ? Avec le développement des réseaux sociaux, de nombreux utilisateurs se mettent en valeur et ne montrent que les beaux moments de leur vie.
Les photos de voyage au Pérou d'un contact Facebook ou encore la nouvelle voiture d'un autre rendent généralement les autres utilisateurs envieux et cela les pousse, eux aussi, à monter leur vie de façon idéalisée. Alors, qu'en pensez-vous ? Ce maquillage 2.0 est-il positif ? À vous de juger !

Harry COVERT, Nos Vies, décembre 2023

SUJET 46 Est-ce mal de mentir ?

Le mensonge est souvent considéré comme un vilain défaut. Pourtant, une étude récente montre que chacun ment en moyenne 2 fois par jour. Il s'agit certes, très souvent, de petits mensonges, mais ce sont tout de même des mensonges.
De nombreux menteurs affirment que parfois le mensonge est nécessaire pour se protéger soi-même ou ceux qui nous entourent. Tout dépendrait de la nature du mensonge. Pourtant, comme le dit le vieux dicton, « Tout se sait tôt ou tard et la vérité perce ».

Camille HONNÊTE, La Lanterne, janvier 2023

SUJET 47 Vivre mieux avec moins

De plus en plus de Français laissent de côté l'avoir au profit de l'être. Ils sont en effet de plus en plus nombreux à se convertir au minimalisme.
En désaccord avec notre société de la surconsommation, de plus en plus de Français ont fait du minimalisme un nouveau mode de vie. Leur philosophie se résume à quelques mots : « consommer moins, mais mieux ». La pratique implique de se débarrasser du superflu afin de se concentrer sur l'essentiel. Le minimalisme préconise de ne garder que l'essentiel et de ne pas se laisser dépasser par l'accumulation massive de souvenirs et d'objets du passé.

Adam MOUALA, La Lanterne bleue, mars 2023

자가 진단표 – 말하기 시험

말하기 시험을 준비하면서 실력 향상을 직접 체크할 수 있도록 자가 진단표를 마련했습니다. 연습 문제를 풀 때마다 자가 진단표를 활용하여 본인의 강점은 살리고 취약 부분은 보완하여 여러분에게 가장 적합한 시험 준비를 할 수 있습니다.

Date :   /   /

1ère partie – 체계화된 인터뷰

• 자신을 소개하고 나 자신, 나의 가족, 나의 활동 등에 대해 이야기할 수 있습니다. • 취미, 계획에 대해 이야기하고 설명할 수 있습니다.					
• 준비시간 없는 상태로 말하면서 시험관의 질문에 답할 수 있습니다.					

2ème partie – 모의 대화

• 상황에 맞는 인사를 할 수 있습니다. « bonjour/salut », « s'il vous plaît », « merci », « au revoir » 등. • 심사관의 역할에 따라 « tu » 또는 « vous »를 사용합니다.					
• 상황을 해결하기 위한 해결책을 제안할 수 있습니다. • 상황에 대한 감정을 표현할 수 있습니다. • 견해를 주장할 수 있습니다. • 나의 의견을 제시하고 예를 들어 정당화할 수 있습니다.					
• 시험관의 질문과 반응에 답할 수 있습니다. • 시험관의 관점에 찬성하거나 반대할 수 있습니다. • 시험관이 묻는 정보에 대해 확인하며 맞거나 틀리다고 알려줄 수 있습니다.					

3ème partie – 프레젠테이션

• 주제를 소개할 수 있습니다.					
• 자신의 생각의 중요한 요소를 제시하고 설명할 수 있습니다. • 구체적인 예시와 적절한 주장을 할 수 있습니다.					
• 내 발표를 구조화할 수 있습니다. • 연결어를 사용하여 아이디어들을 연결할 수 있습니다.					

시험 전체

어휘 (범위 및 숙달) • 시험의 주제와 맥락에 맞는 B1 수준의 단어를 사용할 수 있습니다.					
형태통사론(Morphosyntaxe) • B1 레벨의 간단한 문장을 만들고 간단한 표현을 사용할 수 있습니다. • B1 레벨의 복잡한 문장, 즉 여러 활용 동사가 있는 긴 문장을 만들 수 있습니다.					
음운 체계(Système phonologique) • 말하기가 다소 유동적이며 이해하기 쉽습니다. 말하기 속도가 좋고 (너무 빠르지도 느리지도 않음) 연음을 합니다, 등. • 발음이 정확합니다. 억양 때문에 이해에 어려움을 겪지 않습니다.					

자가 진단표 – 말하기 시험

Date :   /   /

1ère partie – 체계화된 인터뷰

• 자신을 소개하고 나 자신, 나의 가족, 나의 활동 등에 대해 이야기할 수 있습니다. • 취미, 계획에 대해 이야기하고 설명할 수 있습니다.					
• 준비시간 없는 상태로 말하면서 시험관의 질문에 답할 수 있습니다.					

2ème partie – 모의 대화

• 상황에 맞는 인사를 할 수 있습니다. « bonjour/salut », « s'il vous plaît », « merci », « au revoir » 등. • 심사관의 역할에 따라 « tu » 또는 « vous »를 사용합니다.					
• 상황을 해결하기 위한 해결책을 제안할 수 있습니다. • 상황에 대한 감정을 표현할 수 있습니다. • 견해를 주장할 수 있습니다. • 나의 의견을 제시하고 예를 들어 정당화할 수 있습니다.					
• 시험관의 질문과 반응에 답할 수 있습니다. • 시험관의 관점에 찬성하거나 반대할 수 있습니다. • 시험관이 묻는 정보에 대해 확인하며 맞거나 틀리다고 알려줄 수 있습니다.					

3ème partie – 프레젠테이션

• 주제를 소개할 수 있습니다.					
• 자신의 생각의 중요한 요소를 제시하고 설명할 수 있습니다. • 구체적인 예시와 적절한 주장을 할 수 있습니다.					
• 내 발표를 구조화할 수 있습니다. • 연결어를 사용하여 아이디어들을 연결할 수 있습니다.					

시험 전체

어휘 (범위 및 숙달) • 시험의 주제와 맥락에 맞는 B1 수준의 단어를 사용할 수 있습니다.					
형태통사론(Morphosyntaxe) • B1 레벨의 간단한 문장을 만들고 간단한 표현을 사용할 수 있습니다. • B1 레벨의 복잡한 문장, 즉 여러 활용 동사가 있는 긴 문장을 만들 수 있습니다.					
음운 체계(Système phonologique) • 말하기가 다소 유동적이며 이해하기 쉽습니다. 말하기 속도가 좋고 (너무 빠르지도 느리지도 않음) 연음을 합니다, 등. • 발음이 정확합니다. 억양 때문에 이해에 어려움을 겪지 않습니다.					

자가 진단표 – 말하기 시험

Date : / /

1ère partie – 체계화된 인터뷰

• 자신을 소개하고 나 자신, 나의 가족, 나의 활동 등에 대해 이야기할 수 있습니다. • 취미, 계획에 대해 이야기하고 설명할 수 있습니다.					
• 준비시간 없는 상태로 말하면서 시험관의 질문에 답할 수 있습니다.					

2ème partie – 모의 대화

• 상황에 맞는 인사를 할 수 있습니다. « bonjour/salut », « s'il vous plaît », « merci », « au revoir » 등. • 심사관의 역할에 따라 « tu » 또는 « vous »를 사용합니다.					
• 상황을 해결하기 위한 해결책을 제안할 수 있습니다. • 상황에 대한 감정을 표현할 수 있습니다. • 견해를 주장할 수 있습니다. • 나의 의견을 제시하고 예를 들어 정당화할 수 있습니다.					
• 시험관의 질문과 반응에 답할 수 있습니다. • 시험관의 관점에 찬성하거나 반대할 수 있습니다. • 시험관이 묻는 정보에 대해 확인하며 맞거나 틀리다고 알려줄 수 있습니다.					

3ème partie – 프레젠테이션

• 주제를 소개할 수 있습니다.					
• 자신의 생각의 중요한 요소를 제시하고 설명할 수 있습니다. • 구체적인 예시와 적절한 주장을 할 수 있습니다.					
• 내 발표를 구조화할 수 있습니다. • 연결어를 사용하여 아이디어들을 연결할 수 있습니다.					

시험 전체

어휘 (범위 및 숙달) • 시험의 주제와 맥락에 맞는 B1 수준의 단어를 사용할 수 있습니다.					
형태통사론(Morphosyntaxe) • B1 레벨의 간단한 문장을 만들고 간단한 표현을 사용할 수 있습니다. • B1 레벨의 복잡한 문장, 즉 여러 활용 동사가 있는 긴 문장을 만들 수 있습니다.					
음운 체계(Système phonologique) • 말하기가 다소 유동적이며 이해하기 쉽습니다. 말하기 속도가 좋고 (너무 빠르지도 느리지도 않음) 연음을 합니다, 등. • 발음이 정확합니다. 억양 때문에 이해에 어려움을 겪지 않습니다.					

자가 진단표 – 말하기 시험

Date : / /

1ère partie – 체계화된 인터뷰

• 자신을 소개하고 나 자신, 나의 가족, 나의 활동 등에 대해 이야기할 수 있습니다. • 취미, 계획에 대해 이야기하고 설명할 수 있습니다.					
• 준비시간 없는 상태로 말하면서 시험관의 질문에 답할 수 있습니다.					

2ème partie – 모의 대화

• 상황에 맞는 인사를 할 수 있습니다. « bonjour/salut », « s'il vous plaît », « merci », « au revoir » 등. • 심사관의 역할에 따라 « tu » 또는 « vous »를 사용합니다.					
• 상황을 해결하기 위한 해결책을 제안할 수 있습니다. • 상황에 대한 감정을 표현할 수 있습니다. • 견해를 주장할 수 있습니다. • 나의 의견을 제시하고 예를 들어 정당화할 수 있습니다.					
• 시험관의 질문과 반응에 답할 수 있습니다. • 시험관의 관점에 찬성하거나 반대할 수 있습니다. • 시험관이 묻는 정보에 대해 확인하며 맞거나 틀리다고 알려줄 수 있습니다.					

3ème partie – 프레젠테이션

• 주제를 소개할 수 있습니다.					
• 자신의 생각의 중요한 요소를 제시하고 설명할 수 있습니다. • 구체적인 예시와 적절한 주장을 할 수 있습니다.					
• 내 발표를 구조화할 수 있습니다. • 연결어를 사용하여 아이디어들을 연결할 수 있습니다.					

시험 전체

어휘 (범위 및 숙달) • 시험의 주제와 맥락에 맞는 B1 수준의 단어를 사용할 수 있습니다.					
형태통사론(Morphosyntaxe) • B1 레벨의 간단한 문장을 만들고 간단한 표현을 사용할 수 있습니다. • B1 레벨의 복잡한 문장, 즉 여러 활용 동사가 있는 긴 문장을 만들 수 있습니다.					
음운 체계(Système phonologique) • 말하기가 다소 유동적이며 이해하기 쉽습니다. 말하기 속도가 좋고 (너무 빠르지도 느리지도 않음) 연음을 합니다. 등. • 발음이 정확합니다. 억양 때문에 이해에 어려움을 겪지 않습니다.					

REMERCIEMENTS

Merci à mes collègues et amis qui ont participé aux enregistrements sonores

Manuel BAILLY

Marie BOULAY

Émilie CALABRESSE

Jérémie DENIS

Vincent DUBEAU

Thomas GUIDEZ

Laurent LAPUYADE

Laure MARCHAL

Frédéric MEURISSE

Emmanuel NICOLAS

Lise-Anne PANTIN

Jeong Hye SON

동양북스 채널에서 더 많은 도서
더 많은 이야기를 만나보세요!

유튜브

인스타그램

블로그

포스트

페이스북

카카오뷰

동양북스 프랑스어 도서 시리즈

가장 쉬운 독학
프랑스어 첫걸음

(MP3 CD, 워크북, 단어장)
주장수 지음 | 288쪽 | 16,500원

첫걸음 끝내고 보는
프랑스어 중고급의 모든 것

(MP3 CD, 동영상 강의)
주장수 지음 | 408쪽 | 21,500원

버전업!
스마트 프랑스어

(MP3 CD)
신중성 · 김지연 지음 | 164쪽 | 14,000원

버전업!
가장 쉬운 프랑스어 단어장

(MP3 다운로드, 암기용 셀로판지)
김지연 지음 | 432쪽 | 14,500원

www.dongyangbooks.com
m.dongyangbooks.com (모바일)

일단 합격하고 오겠습니다

DELF

프랑스어능력시험

B1

NEW DELF 완벽 대비 학습서!

- DELF 감독관·채점관 원어민 저자의 수준 높은 프랑스어 원문
- 프랑스 원어민 15인이 녹음하여 다채로운 억양을 담은 음원 파일
- 모의고사 7 Set + 쓰기 SUJET 60개, 말하기 SUJET 103개 추가 예제
- 듣기, 말하기 스크립트 핸드북 제공

ISBN 979-11-5768-734-3
값 23,000원

동양북스

일단 합격하고 오겠습니다

DELF

프랑스어능력시험

B1

스크립트

핸드북

동양북스

차례

Memo

En conclusion, je crois qu'on devrait arrêter de donner tant d'importance aux marques, car on ne peut pas juger une personne selon les vêtements qu'elle porte et il est vraiment triste de devoir acheter des vêtements de luxe pour pouvoir se faire accepter par les autres.

Je vous remercie de votre attention.

▶ 듣기·말하기 MP3

1 Compréhension de l'oral

▶ EXERCICE 1 Transcription du document audio

Marie Salut, Luc. Comment vas-tu ? Tu as une petite mine !

Luc Salut Marie ! BOF, BOF ! Je suis un peu malade depuis hier.

Marie Ah mince ! Qu'est-ce que tu as ? La grippe ?

Luc Je ne sais pas trop, j'ai mal au ventre et à la tête. Je crois que j'ai aussi de la fièvre.

Marie Ah bon ? Mais tu es allé chez le docteur ? C'est peut-être grave !

Luc Non pas encore. J'ai pris un rendez-vous, mais le docteur ne pouvait pas me recevoir tout de suite !

Marie Ah, vraiment ? Pourquoi ?

Luc En ce moment, tout le monde est malade, il y a une épidémie de gastro-entérite, les docteurs sont très occupés…

Marie Oui, je sais, mon fils et ma fille sont malades eux aussi ! C'est un véritable cauchemar !

Luc J'ai entendu que s'ils ont la gastro, il faut qu'ils boivent beaucoup d'eau et mangent certains aliments comme du riz ou du pain. Fais attention à ne pas être malade toi aussi. C'est très contagieux.

Marie Oui, je fais très attention. J'ai vu à la télé qu'il faut se laver les mains très souvent et éviter d'aller dans leslieux publics, où il y a beaucoup de monde. Pour

Sujet n° 7 Réponse proposée :

L'article que j'ai choisi s'appelle « Je porte donc je suis ». Il a été publié dans le magazine Horizon Découvertes, en janvier 2018.
Le sujet de cet article est la place des marques dans nos vies.
À mon avis, nous donnons trop d'importance aux marques.

Premièrement, je crois qu'une personne doit être jugée selon ses actions et ses opinions plutôt que selon ce qu'elle porte. De nos jours, les gens donnent beaucoup d'importance à l'apparence. Malheureusement, je pense que l'apparence est trompeuse. Comme le dit l'expression française : « l'habit ne fait pas le moine ». Ainsi, je crois que nous avons tort de juger une personne selon les marques qu'elle porte. Un homme s'habillant avec des vêtements bon marché est peut-être plus respectable qu'un homme en costume.

Deuxièmement, je trouve qu'il est vraiment triste de devoir dépenser beaucoup d'argent pour pouvoir s'intégrer dans la société. Dans le monde actuel, si nous portons de jolis vêtements et que notre apparence générale est très soignée, il est plus facile de se faire accepter par les autres. De ce fait, même si nous n'aimons pas les vêtements de marque, nous nous sentons obligés d'en porter. Car comme tout le monde, nous voulons nous intégrer. Par exemple, lorsque je porte des vêtements de luxe, les autres sont plus gentils avec moi et me respectent.

Tout d'abord, la vie rurale est mieux que la vie urbaine parce qu'à la campagne il y a beaucoup d'espaces naturels. Pour cette raison, à la campagne il est possible d'avoir de nombreuses activités en plein air. Ainsi, les enfants peuvent jouer librement dehors.

Ensuite, pour notre santé, il est préférable de vivre dans un milieu rural. En effet, en ville l'air est très pollué alors qu'à la campagne l'air est pur. Par conséquent, c'est beaucoup plus sain pour notre santé d'habiter loin des villes.

Pour finir, en ville, les gens sont toujours stressés. On doit toujours se dépêcher et il y a beaucoup d'embouteillages. La vie à la campagne est beaucoup plus paisible et agréable. Les gens prennent le temps de vivre. Aussi, tout le monde se connaît et les habitants sont amis entre eux.

En conclusion, il me semble que la vie à la campagne est plus agréable que celle en ville. Comme je vous l'ai expliqué, à la campagne il y a beaucoup de grands espaces naturels, l'air est très pur et la vie y est moins stressante.

Merci de votre attention.

ne pas être contaminé, l'idéal serait presque de rester chez soi!

Luc Oui et tous les ans c'est pareil! Avec l'arrivée de l'hiver et du froid, tout le monde tombe malade!

Marie C'est vrai, mais cette fois-ci nous ne sommes qu'en octobre! Au fait, quand est ton rendez-vous chez le docteur?

Luc Demain à 17 heures.

▶ EXERCICE 2 Transcription du document audio

Journaliste C'est bien connu, bien manger, c'est bien vivre! Malheureusement, 80 % des Français ont une mauvaise alimentation. Bonjour, Professeur LEBENSMITTEL, vous êtes chercheur en diététique, que pensez-vous de la situation actuelle?

Professeur LEBENSMITTEL

Alors, ces chiffres sont alarmants lorsque l'on sait que mal manger est l'une des causes principales de nombreux problèmes de santé, par exemple, les maladies du cœur et l'obésité. Un bon repas doit être à la fois varié et équilibré! Une bonne pratique alimentaire repose en effet sur trois règles : l'équilibre, la variété et la modération.

Journaliste La modération? C'est-à-dire?

Professeur LEBENSMITTEL
Pour être en bonne santé, il est fortement conseillé de manger en petite quantité des repas équilibrés faits d'aliments variés.

Journaliste Et dites-nous, quels sont les aliments à bannir ? Ils sont nombreux, j'imagine !

Professeur LEBENSMITTEL
En fait, vous vous trompez ! Il est vrai qu'aucun aliment ne contient tout ce qui nous est nécessaire. Aussi, aucun aliment n'est à supprimer complètement dans un régime alimentaire normal. Il n'y a pas d'aliment mauvais, il n'y a que de mauvaises habitudes alimentaires.

Journaliste Mais on entend souvent les spécialistes nous conseiller d'éviter les aliments gras et de consommer au minimum cinq fruits et légumes par jour.

Professeur LEBENSMITTEL
Et je suis d'accord avec eux ! Il faut limiter notre consommation d'aliments gras et préférer les fruits et légumes ! De fait, ils apportent à notre corps des vitamines. Ils nous aident aussi à lutter contre le vieillissement et un grand nombre de maladies. Il ne faut pas non plus négliger l'importance des activités sportives. Il est fortement conseillé de faire au moins 30 minutes de sport par jour.

avoir l'occasion d'étudier des choses qui ne sont pas enseignées dans notre pays natal. C'est aussi l'opportunité d'apprendre ou de perfectionner une langue étrangère. Par exemple, quand je suis allé en France j'ai été obligé de parler la langue. Grâce à cela, mon niveau de français s'est vraiment amélioré.

En conclusion, il faut voyager quand on est jeune. En vivant dans un pays étranger, nous pouvons devenir plus ouverts d'esprit et apprendre de nombreuses choses. Nous devons profiter de notre jeunesse pour découvrir le monde !

Merci de votre attention.

Sujet n° 6 Réponse proposée :

Le titre de l'article que je viens de lire est « Rat des champs, rat de ville ». Il a été publié dans le quotidien Nos Vies, le 21 mai 2021.
Nous apprenons dans cet article que la majorité des Français préfèrent vivre en ville. En effet, ils estiment que la vie en ville est plus confortable qu'à la campagne.

En ce qui me concerne, je pense que vivre à la campagne est mieux. Je vais vous expliquer pourquoi.

En conclusion, je suis convaincu qu'il serait préférable d'interdire les voitures dans les villes. Les habitants seraient en meilleure santé, car l'air serait plus pur et la vie en ville deviendrait beaucoup plus agréable.

Merci de m'avoir écouté.

Sujet n° 5 Réponse proposée :

L'article que j'ai choisi est « La jeunesse à l'étranger ». Il a été publié sur le site Internet « www.citoyensdumonde.fr ».
Nous pouvons lire dans ce document que de plus en plus de jeunes souhaitent voyager. Concernant ce sujet je pense qu'il est important de voyager lorsque l'on est jeune.

Premièrement, voyager permet de mieux se connaître et d'avoir un esprit plus ouvert sur le monde. Les personnes qui voyagent découvrent de nouvelles cultures, rencontrent de nouvelles personnes et sont confrontées à des situations inhabituelles dans leur pays d'origine.
Par conséquent, les voyageurs se comprennent mieux eux-mêmes, comprennent mieux le monde qui les entoure et ils ont un esprit plus ouvert. Je pense aussi que lorsque l'on voyage, on devient plus tolérant.

Deuxièmement, vivre dans un pays étranger permet d'apprendre de nouvelles choses. En effet, nous pouvons

Journaliste	Professeur LEBENSMITTEL, vous avez votre cabinet de nutritionniste si je ne me trompe pas. Vous pouvez donc aider nos auditeurs s'ils le souhaitent.

▶ EXERCICE 3 Transcription du document audio

Journaliste	Dans nos sociétés modernes, le stress est devenu pour beaucoup un élément du quotidien. 76 % des Français affirment souffrir d'un stress important. Bonjour, monsieur ESTREK, vous êtes auteur du livre La gestion du stress pour tous. Alors, dites-nous, pour commencer, qu'est-ce que c'est le stress ?
M. ESTREK	Le stress est un ensemble de réactions du corps. Ces réactions peuvent être physiques telles que des tremblements, un mal de ventre ou encore un mal de tête. Et elles peuvent être aussi psychologiques. En d'autres mots, mentales, c'est-à-dire, invisibles, mais bien présentes. Ça se traduit par des angoisses, des difficultés à dormir et même, dans certains cas, une dépression.
Journaliste	D'accord, c'est vraiment intéressant. D'autant plus que nous sommes tous plus ou moins concernés. Alors, dites-moi, qu'est-ce qui provoque ce stress ?

M. ESTREK Le stress apparaît quand une personne est dans une situation particulière, que l'on dit stressante, ou que cette personne est confrontée à des facteurs de stress.

Journaliste Oui, d'accord, je comprends, mais plus concrètement, quelles sont ces situations particulières que vous appelez stressantes ?

M. ESTREK Alors pour la grande majorité d'entre nous, le stress vient de notre travail. Mais ce n'est pas le cas de tous ! Certains, en revanche, accusent leur environnement familial. Une étude récente de 2021 a montré que les adultes ne sont pas les seuls à stresser. De plus en plus d'enfants et d'adolescents sont eux aussi touchés. Le système éducatif, trop compétitif, serait en effet la cause de ce phénomène. Même s'il peut sembler banal, le stress peut être à l'origine de nombreux problèmes comme la dépression chez les ados.

Journaliste Mais comment faire pour combattre le stress ? On ne peut pas tout simplement quitter notre travail ou notre famille ? Avez-vous des astuces à partager ?

M. ESTREK Oui, oui, si vous lisez mon livre, vous apprendrez que pour combattre le stress, il est conseillé d'avoir une alimentation équilibrée et de pratiquer une activité sportive.

Sujet n° 4 Réponse proposée :

L'article que je viens de lire se nomme « La voiture mise en question ». Il a été publié dans le journal « L'Alternative Citoyenne » le 10 janvier 2023.
Cet article a pour sujet l'interdiction des voitures dans le centre de certaines villes comme Amsterdam. La question soulevée par l'auteur est : faut-il interdire les voitures en ville ?

Je pense que la réponse est « oui ».

Tout d'abord, les voitures sont très polluantes. De nombreuses villes dans le monde ont un air très pollué. Par exemple, à Pékin en Chine, les habitants doivent porter des masques quand ils sortent dans la rue pour se protéger. Dans ces villes, de nombreuses personnes sont malades et même décèdent à cause de la pollution de l'air. Si les voitures étaient interdites en ville, l'air serait plus pur et les gens seraient en meilleure santé.

Ensuite, une ville sans voiture serait plus agréable. S'il n'y avait plus d'automobiles dans les centres-villes, il y aurait moins de bruit et les rues seraient plus jolies. À la place des routes qui sont très laides, nous pourrions planter beaucoup d'arbres et des pelouses. Ce serait magnifique.

Cet article parle d'une nouvelle tendance en France. Les Français décident de plus en plus de fabriquer leurs cadeaux eux-mêmes. Nous pouvons donc nous demander s'il est préférable de faire nous-mêmes les cadeaux que nous allons offrir à nos proches.

Premièrement, fabriquer soi-même un cadeau est mieux, car ce qui est important n'est pas le prix de ce que l'on va offrir, mais notre intention. En effet, on a tendance à penser qu'un beau cadeau coûte cher, mais je ne pense pas que ce soit vrai. Si c'était le cas, seuls les gens riches pourraient offrir des cadeaux qui font plaisir. Ce ne serait pas juste. En faisant nous-mêmes nos cadeaux, même sans argent nous pouvons exprimer notre affection.

Deuxièmement, je trouve que c'est plus sincère d'offrir un cadeau que l'on a fabriqué, car je crois que les efforts et le temps passé à faire le cadeau ont plus de valeur que l'argent. Il est en effet très facile d'acheter quelque chose. Au contraire, si nous fabriquons nous-mêmes notre cadeau, cela montre que la personne à qui nous allons l'offrir compte beaucoup pour nous.

En résumé, créer soi-même des cadeaux est mieux, car même si nous n'avons pas beaucoup d'argent nous pouvons quand même faire plaisir à la personne. Aussi, l'objet que nous fabriquons a plus de valeur que quelque chose acheté dans un magasin.

Je vous remercie de votre attention.

2 Compréhension de l'oral

▶ EXERCICE 1 Transcription du document audio

Sophie Allô ?

Simon Allô Sophie, c'est Simon !

Sophie Bonjour Simon ! Ça fait longtemps ! Comment vas-tu ?

Simon Super ! Oui, ça fait longtemps ! D'ailleurs, aujourd'hui je pensais à toi ! En allant chez le coiffeur, j'ai vu l'affiche d'une pièce de théâtre. Ça a l'air super ! Dis-moi, ça te dirait d'y aller avec moi ?

Sophie Oui bien sûr, pourquoi pas ! Tu peux m'en dire plus ?

Simon Ça s'appelle Abracadabrunch, c'est au théâtre « La Grande Comédie » dans le 9e arrondissement.

Sophie Ah, mince ! J'y suis allée avant-hier soir. C'était vraiment super-drôle !

Simon Ah c'est dommage ! Sinon, il y a un autre spectacle qui semble génial. Ça s'appelle « Léo Brière : Influence ». Tu es déjà allée le voir ?

Sophie Non, mais j'en ai entendu parler. C'est de la magie ! Léo Brière est un mentaliste qui peut lire dans les pensées des gens, faire des prédictions, etc. Ça a l'air super ! C'est où ?

Simon Au théâtre de la Contrescarpe dans le 5e arrondissement. On y va ce soir ?

Sophie Oui ! Avec plaisir ! C'est à quelle heure ?

Simon 21 heures 30, je crois.

Sophie C'est parfait ! Et ça coûte combien ?
Simon Ce n'est pas très cher, seulement 19 euros par personne. On se voit avant ?
Sophie D'accord ! Passe me chercher chez moi vers 20 heures, on dîne rapidement ensemble et après on va au spectacle. Tu es d'accord ?
Simon Oui, ça marche ! À ce soir à 20 heures !
Sophie À ce soir !

▶ **EXERCICE 2 Transcription du document audio**

Journaliste Qui ne connaît pas Tintin ? Ce petit journaliste, héros de la bande dessinée « les aventures de Tintin ». Tintin est paru pour la première fois il y a presque 90 ans. monsieur GORA est l'un de ses plus grands fans et peut-être même son plus grand fan ! Alors, monsieur GORA, pouvez-vous nous en dire plus sur le personnage de Tintin ?
M. GORA Mais avec grand plaisir ! Alors pour commencer, comme vous le savez certainement, son dessinateur est belge. On le connaît sous le nom de HERGÉ, mais son vrai nom c'est Georges Rémi. Il a consacré sa vie à cette œuvre qui traverse le temps. Il aura en tout, publié 24 albums complets !
Vous le savez, Tintin a conquis le monde ! Plus de 230 millions de bandes dessinées ont été

années, des marques utilisent de la fausse fourrure pour fabriquer leurs vêtements et il est aussi possible de créer du faux cuir à base de plastique.
De ce fait, il est parfaitement inutile de tuer les animaux pour leur peau puisque nous savons fabriquer des matériaux identiques de manière synthétique.

Pour finir, pour moi, faire souffrir ou tuer un animal est un crime. Les animaux sont des êtres sensibles. Il est donc totalement inhumain de les exploiter et de les tuer pour notre besoin. De plus, tuer afin d'utiliser une peau pour un accessoire de mode me semble encore plus horrible, car ce n'est pas nécessaire.

En conclusion, il faut absolument arrêter de tuer les animaux pour leur peau. En effet, comme nous l'avons vu, il est possible de remplacer les peaux naturelles par des produits synthétiques. Et surtout, il ne faut pas oublier que, comme les humains, les animaux sont des êtres vivants et sensibles.

Je vous remercie de votre attention.

Sujet n° 3 Réponse proposée :

L'article que je viens de lire se nomme « Faire soi-même ou acheter ». Il a été publié sur le site Internet www.lalanterne.com.

En d'autres termes, on peut profiter de notre temps libre pour apprendre de nouvelles choses. Par exemple, c'est l'occasion d'étudier une langue étrangère comme le français ou d'apprendre à jouer d'un instrument de musique. D'ailleurs, je souhaite profiter de mes prochains congés pour apprendre à jouer du piano.

En conclusion, je crois qu'il faut être actif pendant les vacances, car nous pouvons utiliser ce temps libre pour découvrir et apprendre des choses que l'on ne connaissait pas avant. On a qu'une vie, il faut en profiter !

Je vous remercie de votre attention.

Sujet n° 2 Réponse proposée :

Il s'agit d'un article écrit par Laurence EIGNEMENT et qui a été publié dans « Le Journal du Citoyen ».
Dans cet article, nous pouvons lire que des millions d'animaux sont tués chaque année pour l'industrie de la mode.
J'ai été choqué de savoir qu'autant d'animaux sont tués pour leur peau. Je pense qu'il est nécessaire d'arrêter cette pratique pour deux grandes raisons.

Pour commencer, d'autres alternatives existent. En effet, au lieu d'utiliser de la fourrure ou du cuir animal, nous pouvons utiliser des produits synthétiques. Depuis de nombreuses

vendues ! Des jeux vidéo, des pièces de théâtre et même 5 films se sont inspirés du jeune journaliste, le dernier, Les Aventures de Tintin : Le secret de la Licorne, sorti en 2011, aura vendu plus de 5 millions de tickets de cinéma rien qu'en France !
Bien sûr, il ne faut pas l'oublier, il existe une certaine part d'ombre dans l'œuvre d'HERGÉ. La bande dessinée a d'ailleurs connu bon nombre de critiques négatives. Elle est en effet accusée depuis plus de 30 ans de diffuser des idées colonialistes et même racistes. Ces préjugés sont présents entre autres dans la description qui y est faite des non-Européens. Cette accusation concerne principalement les tomes Tintin au pays des Soviets et Tintin au Congo. Néanmoins, beaucoup considèrent ces opinions comme étant totalement anachroniques. En effet, on ne peut pas reprocher à ce pilier de la bande dessinée de refléter son temps. Il faut savoir faire la part des choses. HERGÉ était aussi un grand humaniste et s'il avait vécu à notre époque, la teneur de certains propos dans Tintin aurait été différente.
Si vous souhaitez découvrir ou redécouvrir l'univers incroyable d'HERGÉ, une exposition gratuite sur Tintin est organisée du 28 septembre 2020 au 15 janvier 2021, au Grand Palais à Paris.

Journaliste

▶ EXERCICE 3 Transcription du document audio

Journaliste Bonjour, aujourd'hui nous accueillons le directeur culturel de la ville de Paris. Bonjour, monsieur GUIBERT.

M. GUIBERT Bonjour, je suis très heureux d'être parmi vous aujourd'hui !

Journaliste Tout le plaisir est pour nous, nous sommes vraiment ravis de vous accueillir sur Radio Luc. La semaine dernière, vous avez déclaré que Paris, c'est la culture. N'est-ce pas prétentieux ?

M. GUIBERT Non, pas du tout. Paris est l'une des villes d'art et de culture les plus connues au monde, ses musées et l'ensemble de ses monuments forment un condensé époustouflant de l'histoire artistique humaine. « Paris s'affirme comme la capitale mondiale de l'art », affirmait récemment son maire, Anne HIDALGO. Il est vrai que depuis des siècles, Paris est le centre mondial de la création artistique. PICASSO, YVES KLEIN, MODIGLIANI, SALVADOR DALI... Tous, ont un point commun : ils ont vécu dans la Ville lumière.

Journaliste Et, quels types d'événements culturels la ville propose-t-elle ?

M. GUIBERT Dans la ville, les expositions temporaires sont très nombreuses et souvent gratuites.

3 Expression d'un point de vue 견해 표현

Sujet n° 1 Réponse proposée :

L'article que je viens de lire a été écrit par Esteban KAIRE et a été publié en juin 2021 dans le journal « Votre Quotidien ».
Dans cet article, nous pouvons lire que certains Français pensent que pendant les vacances il faut se reposer alors que d'autres profitent de leurs vacances pour faire des activités, découvrir et apprendre de nouvelles choses.

Concernant ce sujet, je pense qu'il est mieux d'être actif pendant les vacances.

Premièrement, les congés sont une opportunité pour découvrir de nouvelles choses.
En effet, si je visite un pays étranger, j'aime découvrir sa culture, ses traditions et son histoire.
Par exemple, quand je suis allé à Bali avec un ami l'année dernière, mon ami voulait rester toute la journée à la plage. Moi, au contraire, j'ai préféré visiter l'île. Ainsi, j'ai découvert les monuments historiques de Bali et j'ai essayé de comprendre la culture balinaise. À la fin du séjour, je connaissais beaucoup mieux Bali que mon ami.

Deuxièmement, pendant les vacances, on a la possibilité de faire des activités que l'on ne peut pas faire d'habitude.

당신 Combien coûte-t-il ?

면접관 2 euros de plus.

당신 Très bien, je vais quand même le prendre. Voici 2 euros.

면접관 Merci, madame. Tenez, votre sac ainsi que le ticket de caisse.

당신 Merci et au revoir !

면접관 Merci, au revoir !

Créations contemporaines, œuvres plus classiques, expositions, installations, concerts, théâtre de rue, ou encore musées. L'offre est très variée et s'adresse à tous les âges. Avec 136 musées dans la capitale, Paris est l'une des villes les plus culturelles au monde. Qui n'a jamais entendu parler du Musée du Louvre, du Centre Georges Pompidou ou encore du Musée de l'Orangerie ?

L'art et la culture prennent aussi l'air. Un grand nombre d'expositions, d'installations et de spectacles sont organisés en extérieur régulièrement. Des expositions gratuites sont, par exemple, tenues au Jardin du Luxembourg, sur les Champs-Élysées, sur les berges de la Seine et sur le Champ-de-Mars.

La dernière en date a eu lieu au jardin du Luxembourg. Le photographe Yann ARTHUS-BERTRAND a ainsi exposé plus de 50 photographies, montrant des paysages incroyables de 43 pays.

Journaliste Quelle sera la prochaine exposition en plein air ?

M. GUIBERT L'été prochain, au cœur de Paris, le jardin des Tuileries accueillera une vingtaine d'œuvres du grand sculpteur français Aristide MAILLOL. Soyez nombreux à admirer ces œuvres d'une beauté rare.

Journaliste Je vous remercie infiniment, monsieur GUIBERT, pour plus d'informations sur les événements culturels à Paris, vous pouvez consulter le site Internet www.cultureparis.com ou appeler le 01 45 66 43 79.

3 Compréhension de l'oral

▶ EXERCICE 1 Transcription du document audio

Tony Allô ?
Pr DELAUNAIS Tony, est-ce que tu peux venir me voir à mon bureau cet après-midi, s'il te plaît ?
Tony Ah, bonjour, monsieur DELAUNAIS ! Oui bien sûr, c'est à quel sujet ?
Pr DELAUNAIS C'est par rapport à ta thèse. Je l'ai lue ce week-end.
Tony Ah, d'accord ! Qu'en pensez-vous ?
Pr DELAUNAIS C'est globalement un très bon travail. Je suis très content.
Tony Ah, vraiment ? Je vous remercie monsieur. Ça n'a pas été facile ! J'ai passé les 6 derniers mois à travailler dessus, mais la période du Second Empire me passionne !
Pr DELAUNAIS Et ça se voit ! C'est presque parfait ! Cependant,

vous changer de groupe si vous voulez.
당신 Je vous remercie de proposer, mais je préfère arrêter complètement.
면접관 C'est dommage. Nous allons vous envoyer l'argent du remboursement sur votre compte bancaire alors.
당신 Merci. Bonne journée.
면접관 À vous de même.

Dialogue imaginé pour le sujet n° 8

면접관 Bonjour, madame. Je peux vous aider ?
당신 Oui. En fait, j'ai acheté un chapeau, mais il ne me plaît pas. Est-ce que je peux l'échanger ?
면접관 Oui, bien sûr, mais il me faut le reçu. Est-ce que vous l'avez ?
당신 Oui, bien sûr, voilà le ticket de caisse.
면접관 D'accord. Souhaitez-vous l'échanger contre le même modèle d'une autre couleur ou contre un autre modèle ?
당신 Je voudrais essayer le même modèle, mais en gris, s'il vous plaît ! Le bleu ne me va pas.
면접관 D'accord, en voici un gris.
당신 Merci. Je pense que celui-ci me va mieux !
면접관 Vous avez raison ! Vous voulez donc celui-ci ?
당신 Oui, s'il vous plaît,
면접관 D'accord. Par contre, je suis désolé, madame, mais le chapeau gris est plus cher que le bleu parce que c'est un chapeau de la nouvelle collection de cet automne. Ça ne vous dérange pas ?

당신 Je comprends, mais c'est vraiment très désagréable.
면접관 À partir de maintenant, je ferai attention !
당신 Je vous remercie, bonne journée à vous.
면접관 Bonne journée à vous aussi.

Dialogue imaginé pour le **sujet n° 7**

면접관 Bonjour, madame. Je peux vous aider ?
당신 Bonjour, oui. En fait, je viens vous voir, car j'ai quelque chose à vous dire concernant le cours de danse.
면접관 Ah d'accord, de quoi s'agit-il ?
당신 Je vous explique, je me suis inscrite au cours de danse il y a un mois. Le cours en lui-même est très bien, mais il y a un petit problème.
면접관 Ah vraiment ? Que se passe-t-il ?
당신 Le professeur de danse annule presque tous les cours.
면접관 Ah oui, c'est vrai que ce mois-ci, il a annulé beaucoup de cours. Nous sommes désolés.
당신 Oui, mais le problème c'est qu'il annule sans prévenir donc je perds beaucoup de temps.
면접관 Oui, je comprends. Nous allons lui parler.
당신 Je vous remercie, mais j'aimerais être remboursée.
면접관 Ah vraiment ? Pourquoi ?
당신 Sur huit cours, sept ont été annulés. C'est beaucoup trop ! J'aimerais donc arrêter de suivre ce cours et être remboursée pour les sept cours qui ont été annulés.
면접관 Oui, c'est normal, mais est-ce que vous aimeriez continuer la danse avec un autre professeur ? Je peux

il y a quelques petites choses à changer, je pense.
Tony Oui, je n'en doute pas. De quoi s'agit-il exactement ?
Pr DELAUNAIS Dans la troisième partie, il y a quelques erreurs au niveau des dates. De plus, tu as écrit que Napoléon III était le fils de Napoléon Bonaparte. En réalité, il était son neveu !
Tony Ah oui, c'est une grosse erreur ! Je vous remercie de l'avoir remarquée.
Pr DELAUNAIS Aussi, je pense que tu devrais aller plus loin dans ta réflexion. Il serait intéressant que tu parles des répercussions qu'a eues cette période historique sur le présent.
Tony Je suis d'accord. C'est très intéressant, mais je risque de manquer de temps. Je dois rendre ma thèse dans deux semaines.
Pr DELAUNAIS Oui, c'est pour cette raison que j'aimerais t'y aider. Nous allons y travailler cet après-midi.
Tony D'accord ! C'est vraiment très gentil de votre part ! Où se trouve votre bureau ?
Pr DELAUNAIS Il est au deuxième étage du bâtiment principal de notre université. Sur la porte, il est marqué « Professeur DELAUNAIS ».
Tony Oui, je vois ! À quelle heure ?
Pr DELAUNAIS 15 heures si tu es disponible.
Tony C'est parfait ! À tout à l'heure monsieur DELAUNAIS !
Pr DELAUNAIS À tout à l'heure Tony !

▶ EXERCICE 2 Transcription du document audio

Journaliste Bonjour à tous, chers auditeurs ! Dans notre tour du monde de l'éducation, arrêtons-nous aujourd'hui sur une méthode éducative de plus en plus populaire : la pédagogie Montessori. Nous accueillons madame FIORIRE, maîtresse des écoles qui pratique au quotidien la méthode Montessori. Madame FIORIRE, pouvez-vous nous en dire plus sur cette pédagogie ?

Mme FIORIRE Bonjour à tous, oui avec plaisir. Alors, depuis plusieurs années, la pédagogie Montessori connaît un fort succès en France et dans le monde. Il existe 12 500 écoles Montessori sur la planète. Vous en avez déjà tous entendu parler, mais peu savent ce qu'est réellement la méthode Montessori. Ce nouveau type d'éducation n'est pas si nouveau que ça. Il a été créé en 1907 par Maria MONTESSORI, un médecin.

Elle a construit sa pédagogie sur des bases scientifiques, philosophiques et éducatives pendant plus de 50 ans. La méthode Montessori vise les enfants du primaire, c'est-à-dire de 3 à 12 ans.

Maria MONTESSORI a considéré l'éducation comme étant une « aide à la vie ». Le but de la pédagogie Montessori est de cultiver le

Dialogue imaginé pour le sujet n° 6

당신 Bonjour, monsieur. Je peux vous parler 5 minutes ?

면접관 Bonjour. Oui, bien sûr. Je peux vous aider ?

당신 Oui. En fait, je suis votre voisin du dessous.

면접관 Ah, enchanté ! Vous venez d'emménager, c'est ça ?

당신 Oui, il y a trois semaines que j'habite ici.

면접관 Ah très bien ! Et, vous vous plaisez ici ?

당신 Oui, c'est très bien, mais vous savez, votre balcon est juste au-dessus du mien.

면접관 Oui, je sais bien. Et alors ?

당신 Eh bien, il y a juste un petit problème et c'est pour ça que je viens vous voir.

면접관 Je vous écoute.

당신 En fait, votre fumée de cigarette me gêne beaucoup. Je ne peux même pas ouvrir mes fenêtres. C'est vraiment dommage, car il fait très beau en ce moment, mais je ne peux pas profiter du printemps.

면접관 Ah vraiment ? Je ne savais pas que la fumée de cigarette allait chez vous.

당신 Pourtant, si. Lorsque vous fumez et que mes fenêtres sont ouvertes, il y a une odeur de cigarette partout dans mon appartement.

면접 Ah, je suis désolé, je vais faire attention.

당신 D'accord, mais ce n'est pas le seul problème. J'ai retrouvé de nombreux mégots sur mon balcon. Je pense que c'est vous qui les avez jetés.

면접관 Oh, je m'excuse. Des fois, je jette mon mégot sans faire attention.

면접관 Je sais bien que vous êtes en congé à partir de ce vendredi, mais j'aimerais que vous veniez au bureau lundi prochain entre 14 h et 16 h.

당신 Ah, je vois, malheureusement je ne vais pas pouvoir. J'ai déjà quelque chose de prévu.

면접관 J'imagine bien. Mais c'est très important. Nous allons avoir une réunion sur le projet sur lequel vous travaillez depuis 6 mois ! Nous avons besoin de vous !

당 Je comprends, mais c'est vraiment impossible. Je pars lundi avec ma famille pour la France.

면접관 Oui, mais je pense que cette réunion est vraiment très importante. Pourriez-vous repousser votre départ ?

당신 Ah non. Désolé, c'est impossible. Si je repousse mon départ, je vais devoir acheter un nouveau billet d'avion et annuler ma réservation d'hôtel. Je vais perdre beaucoup d'argent !

면접관 L'entreprise va vous rembourser.

당신 Je suis vraiment désolé, mais je ne peux pas accepter. Il y a plusieurs années déjà que je travaille dans notre entreprise. Ça fait même plus de 3 ans que je n'ai pas eu de vacances. Ce voyage à Paris va me permettre de passer un peu de temps avec ma famille.

면접관 Ah oui, c'est vrai que vous travaillez très dur. Je comprends, vous pouvez aller en vacances avec votre famille. Par contre, sera-t-il possible de vous contacter si besoin ?

당신 Oui, bien sûr, vous pourrez m'envoyer des e-mails. Je vérifierai tous les jours.

면접관 D'accord, je vous souhaite un bon voyage à Paris alors !

당신 Je vous remercie. Au revoir, monsieur Dupont.

désir d'apprendre. Le matériel est agréable, simple et chaque objet correspond à un apprentissage. On va laisser l'enfant manipuler librement, faire ses propres expériences, car pour nous, c'est par l'expérience que l'enfant apprend.

La pédagogie Montessori a aussi pour but de respecter le rythme et les « périodes sensibles » de l'enfant. Elle considère le développement des jeunes, leurs sensibilités et leur personnalité.

D'après Maria MONTESSORI, « L'enfant n'est pas un vase que l'on remplit, mais une source qu'on laisse jaillir ».

Ainsi, les principales valeurs de cette pédagogie sont : la liberté, l'apprentissage par l'expérience, le bilinguisme, le respect du rythme de chaque élève et l'adaptation.

Journaliste Merci, madame FIORIRE. Il ne faut pas oublier de préciser à nos auditeurs que cette éducation coûte assez cher. Entre 4500 et 6000 euros par an, selon les écoles.

▶ EXERCICE 3 Transcription du document audio

Journaliste L'Assemblée nationale vient de voter une nouvelle loi concernant les familles françaises. Les châtiments corporels sont maintenant interdits en France. Nous accueillons le docteur OCH, psychologue de l'enfance. Bonjour, Docteur OCH, nous sommes heureux de vous accueillir aujourd'hui.

Docteur OCH Bonjour, je vous remercie de votre invitation.

Journaliste Alors, monsieur OCH, qu'est-ce que sont les châtiments corporels ?

Docteur OCH C'est très simple, le châtiment corporel signifie l'utilisation de la violence sur les enfants. La loi vise surtout l'utilisation de la violence dans l'éducation des jeunes.

Journaliste D'accord, mais pourquoi la loi n'est votée que maintenant alors que ce comportement était déjà interdit dans 44 autres pays ?

Docteur OCH De nombreuses personnes étaient opposées à ce projet de loi. Ces défenseurs de la punition corporelle pensent que c'est un moyen efficace d'éduquer correctement les enfants. Au contraire, les opposants aux violences dans l'éducation expliquaient que frapper son enfant n'avait aucune valeur éducative.

Journaliste Est-ce vrai ? Depuis toujours, les enfants sont punis physiquement. C'est donc peut-être efficace.

Malheureusement, je ne peux pas les emmener avec moi aux Philippines. Du coup, est-ce que tu pourrais t'en occuper pendant mon séjour ?

당신 M'occuper de tes chats ? Pendant une semaine ? C'est impossible, je n'ai jamais eu d'animal de compagnie de ma vie. Je ne sais pas comment faire.

면접관 Oh, ce n'est pas compliqué, je t'expliquerai comment faire.

당신 Oui, mais je ne peux pas les prendre chez moi. Les animaux sont interdits dans ma résidence.

면접관 Ah vraiment ? Mais ne t'inquiète pas, mes chats sont très calmes, ils ne miaulent jamais. De plus, tu n'auras pas besoin de les sortir. Les voisins ne le sauront pas.

당신 Oui, peut-être, mais il y a un autre problème. En fait, je suis allergique aux chats. Si je m'occupe de tes chats, je risque d'avoir de gros problèmes de santé.

면접관 Ah bon ? Je ne savais pas. Oui, je comprends. Je vais demander à mes parents s'ils peuvent s'en occuper. Merci quand même.

당신 Désolé.

Dialogue imaginé pour le sujet n° 5

면접관 Oui, allô, c'est monsieur Dupont, votre supérieur.

당신 Ah, bonjour, monsieur Dupont, comment allez-vous ?

면접관 Ça va, je vous remercie. Je vous appelle, car j'ai une faveur à vous demander.

당신 Je vous écoute.

면접관 Oui, c'est vrai. Je suis désolé.

당신 D'accord, mais ce n'est pas normal. Quand quelqu'un te prête quelque chose, tu dois le rendre dans le même état !

면접관 Oui, excuse-moi, la prochaine fois je ferai plus attention.

당신 Je t'ai prêté des livres presque neufs et tu me les rends 6 mois plus tard et en plus ils sont très sales ! C'est très malpoli !

면접관 Oui, je suis désolé, vraiment. Si tu veux, pour me faire pardonner, je t'invite au restaurant.

당신 Hum d'accord, mais je veux aussi que tu m'achètes de nouveaux livres !

면접관 C'est promis.

Dialogue imaginé pour le sujet n° 4

면접관 Bonjour, comment vas-tu ?

당신 Je vais bien, merci. Et toi ?

면접관 Ça va ! Tu sais, dans deux semaines je vais partir en voyage !

당신 Ah ! C'est super ! Tu vas aller où ?

면접관 Je vais aller à Cebu, aux Philippines !

당신 C'est génial ! J'ai entendu que c'était magnifique ! Tu y resteras combien de temps ?

면접관 Je vais y rester une semaine. D'ailleurs, à ce propos, j'ai quelque chose à te demander.

당신 Ah vraiment ? Je t'en prie, demande-moi !

면접관 En fait, comme tu le sais déjà, j'ai 3 chats.

Docteur OCH Malheureusement, depuis toujours, nous nous trompons ! La majorité des psychologues et spécialistes de la petite enfance partagent la même opinion : les châtiments corporels n'ont pas de valeur éducative, et ne font pas obéir les enfants.
Selon certaines études, les châtiments auraient même tendance à enseigner la violence aux enfants et les inciteraient à perdre confiance en eux.

Journaliste Alors, que risquent les parents qui continuent d'utiliser les châtiments corporels ?

Docteur OCH Même si la fessée est désormais interdite en France. Aucune sanction pénale n'existe. En effet, le gouvernement espère juste, grâce à cette loi, changer le comportement des parents.
D'ailleurs, d'après une étude de l'institut Alios, 35 % des parents français utiliseraient la punition physique.

Journaliste Il faut rappeler à nos auditeurs que la loi sera officialisée dans un an. Je vous remercie Docteur OCH.

Docteur OCH Merci à vous !

4 Compréhension de l'oral

▶ EXERCICE 1 Transcription du document audio

Julie Allô, Mélanie ? C'est Julie !

Mélanie Allô, Julie, comment vas-tu ?

Julie Je vais très bien ! C'est le printemps donc je suis pleine d'énergie ! Dis-moi, je voulais te proposer quelque chose. Est-ce que ça te tenterait de faire partie d'une équipe de football ?

Mélanie Faire du foot ? Oui, pourquoi pas… mais pourquoi ?

Julie En fait, j'ai intégré une équipe de football féminin depuis 2 mois et nous recherchons une nouvelle joueuse. J'ai tout de suite pensé à toi !

Mélanie Ah… vraiment, mais tu penses que j'ai le niveau ? Ça fait longtemps quand même que je n'ai pas fait de sport !

Julie Mais oui, bien sûr ! ne t'inquiète pas ! Nous sommes toutes des amatrices. Aussi je suis sûre que tu es très douée et que grâce à toi nous gagnerons tous les matchs !

Mélanie En fait, ta proposition tombe à pic ! Je cherchais justement une nouvelle activité sportive !

Julie C'est génial ! Dans un mois, il y aura une compétition importante donc maintenant nous devons nous entraîner intensément. Quand penses-tu pouvoir commencer ?

et il finit le travail tous les jours à 20 h ! Nous ne pouvons pas commencer sans lui !

면접관 Ah vraiment ? D'accord, 20 h 30 alors.

당신 Je te remercie !

면접관 Mais combien de personnes seront là ?

당신 Je veux inviter 15 personnes !

면접관 15 personnes ! C'est trop ! Tu imagines ? Notre appartement est trop petit ! En plus, après il va falloir faire le ménage ! Avec 15 personnes, l'appartement va être très sale !

당신 Non. Je ne pense pas que ce soit trop petit. Pour le ménage, ne t'inquiète pas, je m'en occupe ! Le lendemain, je vais me lever très tôt pour tout nettoyer pendant que tu dormiras.

면접관 Ah d'accord. Si tu t'en occupes, pas de problème !

당신 Je te remercie !

Dialogue imaginé pour le **sujet n° 3**

당신 Bonjour, ça va ?

면접관 Salut ! Oui, ça va et toi ?

당신 Bien. Tu as apporté, comme prévu, les livres que je t'avais prêtés ?

면접관 Oui bien sûr, les voilà !

당신 Oh, tu es sûr que ce sont mes livres ?

면접관 Oui, tu m'avais prêté ces livres.

당신 Mais les livres que je t'avais prêtés étaient presque neufs ! Ceux-là sont usés. Regarde comme ils sont sales !

당신 C'est moi qui paie, pour mon retard. Je te dois bien ça ! Quel parfum préfères-tu?

면접관 Oh, merci beaucoup ! J'adore la fraise !

Dialogue imaginé pour le sujet n° 2

면접관 Salut, tu voulais me dire quelque chose ?

당신 Oui. En fait, j'aimerais organiser une fête ici. C'est pour un ami, car il va aller en France.

면접관 Ah bon ? Et quand aimerais-tu faire la fête pour ton ami ?

당신 Jeudi prochain !

면접관 Jeudi prochain ? Ah non, ce n'est pas possible ! Je travaille le vendredi, j'ai besoin de bien dormir pour être en forme au travail !

당신 Ah vraiment ? Oui, je comprends ! Tu travailles aussi le samedi ?

면접관 Non, c'est le week-end. Je suis en repos !

당신 Alors, on peut faire la fête vendredi soir !

면접관 Oui, c'est bien, mais à quelle heure ?

당신 Je pensais commencer à 20 h 30.

면접관 20 h 30 ? C'est trop tard ! Si la fête commence à 20 h 30, elle finira à 3 h du matin !

당신 Oui, je sais, mais c'est normal, une vraie fête se termine toujours très tard !

면접관 Non, je ne suis pas d'accord ! Je veux qu'elle finisse plus tôt ! Pourquoi pas à 18 h ?

당신 18 h ? Mais c'est trop tôt ! Tu sais, la fête est pour mon ami qui veut aller étudier en France. En ce moment, il travaille

Mélanie Dès maintenant s'il le faut ! Où vous entraînez-vous ?

Julie Nous faisons les entraînements au stade municipal.

Mélanie D'accord, ce n'est pas très loin de chez moi. Quels jours et à quelle heure ?

Julie Le lundi et le jeudi de 19 heures à 20 heures.

Mélanie Ah bon ? Pourquoi les entraînements sont-ils si tard ?

Julie Parce que les membres de notre équipe travaillent la journée. Enfin presque tous.

Mélanie Ah, oui, je comprends ! On se voit au stade municipal à 19 h lundi prochain alors !

Julie C'est parfait ! Je vais annoncer à mes amies, qui seront tes futures coéquipières, que tu vas te joindre à l'équipe. Je m'imagine déjà leur réaction ! Elles seront très heureuses de l'apprendre.

▶ EXERCICE 2 Transcription du document audio

Journaliste Le DIY, vous connaissez ? Ces trois lettres signifient « Do It Yourself ». Nous pouvons le traduire en français par « faites-le vous-même ». Il s'agit en fait d'une sorte de bricolage !
Vous vous en êtes certainement aperçus, le DIY est une nouvelle tendance qui a conquis la France. En 3 mois seulement, c'est devenu l'un des loisirs les plus populaires de notre pays.

On le voit et on en entend parler partout ! Il a envahi nos magasins et nos réseaux sociaux. Mais, au fait, le DIY, qu'est-ce que c'est au juste ? Est-ce vraiment simplement du bricolage ? Pour vous, notre chroniqueur Jean-Yves LAPOINTE a mené l'enquête sur ce véritable phénomène de société.

Jean-Yves LAPOINTE Oui, oui, je vais tout vous dire sur cette nouvelle tendance. Pour commencer, le DIY consiste à créer de façon artisanale des objets artistiques ou technologiques. Souvent avec les moyens du bord, c'est-à-dire très peu de matériel.

Journaliste Mais alors, le DIY est simplement du bricolage ?

Jean-Yves LAPOINTE Pas tout à fait. Il est vrai que le DIY ressemble beaucoup au bricolage. Mais en réalité, ça va plus loin. Pratiquer cette activité ne se limite pas seulement à confectionner des objets. C'est avant tout une véritable philosophie. Certains affirment même que ce serait une thérapie. En effet, le fait de se concentrer sur une seule chose à la fois, et de réaliser quelque chose de ses dix doigts augmente notre estime de soi et nous fait profiter de l'instant présent. En pratiquant le DIY, nous devenons plus heureux !

2 Exercice en interaction 모의 대화

Dialogue imaginé pour le **sujet n° 1**

면접관 Ah, enfin, tu arrives !

당신 Bonjour, oui… Désolé du retard, comment vas-tu ?

면접관 Bof, je dois toujours t'attendre. J'en ai marre !

당신 Oui, je sais, je suis vraiment désolé.

면접관 C'est la dernière fois que je t'attends, si tu ne peux pas arriver à l'heure,
il vaut mieux que l'on ne se voit pas.

당신 Je suis vraiment désolé. Tu le sais, j'habite très loin du centre-ville.
Je dois changer quatre fois de bus pour venir.

면접관 Peut-être, tu habites très loin, mais ce n'est pas une raison. Tu peux partir plus tôt de chez toi pour être sûr d'être à l'heure !

당신 Aujourd'hui, je ne pouvais pas. Mon petit frère est malade. Comme j'étais seul avec lui à la maison, il a fallu que je m'occupe de lui.

면접관 Tu aurais dû me prévenir !

당신 Oui, c'est vrai, je m'excuse. La prochaine fois, je ferai attention de ne pas être en retard. Si par malchance je suis en retard, je te préviendrai. Je te le promets !

면접관 Bon d'accord, je te comprends. Oublions ça et allons manger une glace !

 Question de l'examinateur 면접관의 질문

Pourquoi avez-vous décidé d'apprendre le français ?

Exemple de réponse 예시 답안

En fait, j'ai tout d'abord voulu apprendre le français, car j'aimais la France et je trouvais la langue française mélodieuse. Maintenant, je suis ravie d'avoir fait ce choix, car je souhaite devenir designer de mode et étant donné que la France est le pays de la mode, le français me sera très utile pour réaliser mon rêve.

L'une des deux valeurs les plus fondamentales du DIY est de diffuser au plus grand nombre des pratiques luttant contre la surconsommation et plus largement le capitalisme.

Journaliste Contre la consommation de masse et le capitalisme ? Vous pouvez nous expliquer ?

Jean-Yves LAPOINTE
Si, si, je vous assure ! En effet, les personnes pratiquant le DIY ne sont plus seulement de simples spectateurs ou consommateurs. D'un objet, ils en deviennent les créateurs et les utilisateurs. Le fait d'avoir créé un objet instaure une relation particulière entre le produit et la personne, le créateur. Et ça, croyez-moi, c'est aussi plaisant que magique !

Journaliste Et la deuxième valeur alors ?

Jean-Yves LAPOINTE
La deuxième valeur du DIY est sans aucun doute l'esprit communautaire. Se laisser tenter par cette nouvelle tendance, c'est aussi entrer dans une communauté à part entière. Le DIY repose sur un fort esprit de partage. Sur Internet, des personnes postent des vidéos expliquant comment confectionner certains objets. Ces vidéos sont très populaires. Un simple objet né de l'esprit d'une seule personne est recréé par des millions de personnes, mais aussi retouché en accord avec les goûts de l'apprenti artisan.

▶ EXERCICE 3 Transcription du document audio

Mme BELLINI

Bonjour, je m'appelle Sarah BELLINI, je suis consultante en bien-être. Aujourd'hui, je vais vous donner des astuces pour que vous trouviez le bon équilibre entre travail et vie privée.

Je suis bien d'accord, ce n'est pas facile de trouver un équilibre entre la vie professionnelle et la vie personnelle. Mais croyez-moi, il est vraiment possible de s'épanouir professionnellement tout en ayant de nombreux loisirs. Vous allez comprendre comment !

Tout d'abord, je voudrais vous partager ce chiffre : 75 % des travailleurs français détestent leur emploi ! N'est-ce pas dramatique ? Pourquoi un tel chiffre ? Me demanderez-vous ! Eh bien, c'est très simple. La plupart des gens ne travaillent pas de la bonne manière ! Certes, la réussite professionnelle est importante, mais préserver du temps pour les loisirs l'est aussi. Si nous travaillons constamment, nous nous sentons vidés de notre énergie. Aussi, notre motivation faiblit et nous devenons extrêmement fatigués. Pourtant la plupart des Français refusent de prendre du temps pour eux. Vous êtes nombreux à penser qu'avoir des loisirs est du temps perdu. Et même, les gens ont tendance à culpabiliser de ne pas être productifs. Travaillons-nous pour vivre ou vivons-nous pour travailler ?

 **Exemple de réponse 2 예시 답안2**

Non, mais c'est mon rêve et c'est aussi une des raisons pour lesquelles j'apprends le français ! Quand j'irai en France, je veux être capable de communiquer avec les Français. À vrai dire, j'espère aller en France l'été prochain !

Question de l'examinateur 면접관의 질문

Depuis combien de temps étudiez-vous le français ?

 **Exemple de réponse 예시 답안**

J'étudie le français depuis 2 ans. Ce n'est pas toujours facile, mais j'aime vraiment la France, sa culture et sa langue.

Question de l'examinateur 면접관의 질문

Où êtes-vous allé(e) lors de votre dernier voyage ?
Qu'avez-vous fait pendant vos dernières vacances ?

Exemple de réponse 예시 답안

L'année dernière, lors des vacances d'hiver, je suis allé avec un ami au Japon pendant 5 jours. Nous sommes restés à Tokyo. C'était super ! J'ai vraiment adoré cette ville. Ce que j'ai préféré, c'était la nourriture. Nous sommes donc allés dans de nombreux restaurants. J'espère retourner dans ce pays bientôt !

Question de l'examinateur 면접관의 질문

Êtes-vous déjà allé(e) dans un pays francophone/en France ?

Exemple de réponse 1 예시 답안1

Oui, l'été dernier je suis allée à Paris pendant une semaine ! C'était génial ! Paris est vraiment une ville magnifique ! Mon endroit préféré à Paris est Montmartre. De la butte, j'avais une vue sur tout Paris. C'était incroyable. Le quartier de Montmartre était aussi splendide.

C'est une question cruciale, mais difficile. Pour cette raison, nous allons tout simplement nous demander comment concilier le travail et les loisirs.
Afin de trouver un équilibre entre les deux, il faut travailler de façon plus productive. De cette manière, on peut travailler moins longtemps et passer son temps libre à des activités que l'on apprécie vraiment. Et j'insiste sur ce point. Si vous n'aimez pas le sport, ne faites pas de sport sur votre temps libre. Faites ce que vous aimez ! C'est seulement cela qui vous ressourcera !
En étant plus productif, il est plus facile pour vous de concilier vie professionnelle et vie privée de manière satisfaisante. Il est aussi très important de différencier nos moments personnels et notre travail. Cela signifie que les moments de loisir doivent être distingués des moments d'activité professionnelle. Ils ne doivent pas se chevaucher.
Par exemple, lorsqu'on passe du temps avec sa famille, il est préférable d'éteindre son téléphone professionnel et de ne plus penser au bureau !
En suivant ces deux conseils très simples, vous verrez que votre vie va changer. Vous aurez plus d'énergie, vous gagnerez en motivation et surtout, le plus important, vous serez satisfaits de votre vie.
Bonne journée à tous ! Et n'oubliez pas, « Après la pluie, le beau temps ».

5 Compréhension de l'oral

▶ EXERCICE 1 Transcription du document audio

Henri Bonjour ! Je m'appelle Henri. Comment tu t'appelles ?

Émilie Moi c'est Émilie. Enchantée !

Henri Je ne t'ai jamais vue ici avant. Tu viens d'emménager dans notre immeuble ?

Émilie Oui, j'ai emménagé hier ! Je suis encore un peu perdue.

Henri Tu vas voir, tu vas t'y plaire ! Si tu as besoin de quelque chose, n'hésite pas à me le demander !

Émilie Merci. C'est très gentil ! Tu habites où ?

Henri Au deuxième étage, appartement 208.

Émilie D'accord, moi je suis au premier étage, appartement 106. Demain soir, j'organise une petite fête. Tu aimerais venir ?

Henri Je ne suis pas sûr. Je crois que j'ai déjà quelque chose de prévu. Je peux te redire plus tard ?

Émilie Oui, pas de problème. Mais comment se contacter ? Je n'ai pas ton numéro. Ou alors, on peut utiliser Facebook ! Tu utilises ce réseau social ?

Henri Oui, je suis sur Facebook. Tu peux me rajouter si tu veux. Mon nom est : Henri DALIONE.

Émilie Ah ! Ça y est je t'ai trouvé ! Je vais t'ajouter en ami.

Henri Je t'accepte !

Émilie Waouh ! Tu as beaucoup d'amis ! 570 !

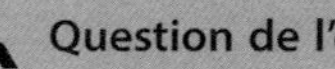

Question de l'examinateur 면접관의 질문

Quelles études avez-vous suivies ?

Exemple de réponse 예시 답안

À l'université, pour ma licence, j'ai étudié la langue française et le design. J'ai ensuite fait un Mastère dans le domaine du design vestimentaire.

Question de l'examinateur 면접관의 질문

Quelles sont vos principales qualités et quels sont vos principaux défauts ?

Exemple de réponse 예시 답안

C'est une question difficile, mais je pense être une personne gentille et attentionnée. Je suis aussi très curieuse, j'aime apprendre de nouvelles choses, savoir ce que j'ignorais auparavant.
Concernant mes défauts, je pense parfois manquer d'ordre. En effet, je n'aime pas ranger. Ma chambre en est un très bon exemple.

Question de l'examinateur 면접관의 질문

Que souhaitez-vous faire plus tard ? /
Quels sont vos projets professionnels ? /
Comment voyez-vous votre avenir ?

 Exemple de réponse 1 예시 답안1

Étant donné que j'adore la mode et la France, j'aimerais étudier le design dans une école française. Une des écoles, où j'aimerais être étudiante, s'appelle « Studio Berçot ». Elle se situe à Paris. Quand mes études seront finies, j'espère devenir designer et créer ma propre collection de vêtements.

 Exemple de réponse 2 예시 답안2

Plus tard, j'espère faire un travail qui me plaît et avoir suffisamment d'argent pour vivre confortablement. J'aimerais vivre avec mon mari/ma femme dans une grande maison en Corée ou en France et avoir plusieurs enfants.

Henri	Oui, mais tu sais le nombre d'amis sur Facebook, ça ne veut rien dire. Souvent, ce ne sont pas de vrais amis. En réalité, c'est peut-être bizarre, mais je n'ai que très peu d'amis. Je peux les compter sur les doigts d'une main.
Émilie	Ah, vraiment ? C'est intéressant, car en fait, moi c'est pareil, en vrai je n'ai que peu d'amis. Tu es allé en Tunisie l'été dernier ? Les photos que tu as postées sont très jolies !
Henri	Oui, j'ai passé deux semaines à Tunis et je suis aussi allé dans le Sahara. J'y ai fait du chameau.
Émilie	Je t'envie. Je pense aussi y aller l'année prochaine.
Henri	Ah, vraiment ? Je te conseille vraiment ce pays. C'est magnifique !
Émilie	Je n'en doute pas.
Henri	Bon, à plus tard !
Émilie	À la prochaine !

▶ EXERCICE 2 Transcription du document audio

Journaliste	Aujourd'hui, l'historien et sociologue Dimitri MOISAN va nous parler de quelque chose que vous avez tous dans vos maisons : la télévision. Bonjour Professeur MOISAN. Vous êtes le bienvenu dans nos studios.
Dimitri MOISAN	Bonjour et merci pour votre invitation.

Journaliste Professeur MOISAN, de nombreux auditeurs aimeraient connaître l'histoire de la télévision. Pouvez-vous nous en parler ?

Dimitri MOISAN Oui, avec plaisir. Alors, tout a commencé quand l'Écossais John LOGIE BAIRD a effectué, à Londres, la première retransmission publique de télévision en direct. C'était en 1926.

Toutefois, ce n'est qu'en 1931 que la télévision est arrivée en France. La première transmission a eu lieu le 14 avril. Après qu'un émetteur d'ondes courtes a été installé au sommet de la tour Eiffel, la première chaîne de télévision française est née. À l'époque, seulement 180 personnes possédaient une télévision dans l'Hexagone.

Journaliste Vraiment ? Moins de 200 personnes ?

Dimitri MOISAN Oui, 90 ans plus tard, les choses ont bien changé. Le petit écran s'est imposé dans la vie des Français. D'ailleurs, nous passons en moyenne une heure et demie par jour à regarder des émissions télévisées.

Alors que dans les années 40, il n'existait que deux chaînes seulement en France, nous disposons maintenant de la possibilité de regarder plusieurs centaines de chaînes.

Exemple de réponse 예시 답안

Bonjour, je m'appelle Jisu Lee, j'ai 22 ans et j'habite à Séoul avec ma famille, mes parents et mon petit frère. J'étudie le français à l'université d'Ewha.

J'adore étudier le français, parce que la prononciation decette langue est belle. Dans ma vie quotidienne, en semaine, je vais en cours à l'université et le samedi, je travaille dans un café. Le dimanche, je rencontre mes amis ou je reste à la maison pour passer du temps avec ma famille.

Question de l'examinateur 면접관의 질문

Quels sont vos passe-temps préférés ? (loisirs/passions/hobbys).

Exemple de réponse 예시 답안

J'aime beaucoup le cinéma, je regarde souvent des films. J'adore les films romantiques. Mon film préféré est « Jeux d'enfants » avec Guillaume CANET et Marion COTILLARD. J'aime beaucoup le cinéma français !

J'aime aussi passer du temps avec mes amis. Régulièrement, nous faisons du shopping ensemble ou nous allons au Karaoké.

1 Entretien dirigé 인터뷰

Question de l'examinateur 면접관의 질문

Est-ce que vous pouvez vous présenter, me parler de vous, s'il vous plaît ?

Exemple de réponse 예시 답안

Bonjour, je m'appelle Suji, j'ai 22 ans et je suis coréenne. Dans ma famille, il y a 4 personnes. Mon père, ma mère et mon petit frère. Mon père est employé dans une grande entreprise, ma mère est femme au foyer et mon petit frère, qui a 17 ans, est lycéen.

Moi, j'étudie le français à l'université d'Ewha à Séoul.

Question de l'examinateur 면접관의 질문

Alors, dites-moi qui vous êtes, s'il vous plaît.

Journaliste Mais pensez-vous, Professeur MOISAN, que cette invention ait été positive pour le monde ?

Dimitri MOISAN Il est indéniable que la télévision a changé la face du monde. Mais le petit écran est l'objet de nombreuses critiques. Par exemple, certains reprochent aux émissions télévisées de ne pas être suffisamment variées. Les sujets abordés à la télé sont en effet souvent très proches les uns des autres. De ce fait, on parle trop de certains événements alors que d'autres, en revanche, sont totalement oubliés. C'est le cas de ce qui s'est passé au Rwanda en 1994. À l'époque, l'événement était totalement absent de nos écrans.

Journaliste Est-ce le seul reproche fait à la télé ?

▶ EXERCICE 3 Transcription du document audio

Chroniqueur radio

Pouvez-vous vous passer des médias sans que l'on vous considère comme un extraterrestre ? Vous en conviendrez, cela est peu probable. En effet, les médias sont la principale, voire même l'unique source d'information des citoyens. Pour cette raison, les médias occupent une place importante dans nos vies, au sein de notre société.

Dans notre quotidien, ils sont absolument partout. Que ce soit les journaux, la radio, Internet ou encore la télévision, les médias nous entourent.
Il est très souvent dit que les médias ont un rôle très important. Selon certains, ils garantiraient en effet la qualité de notre démocratie. Il est vrai que le rôle principal des médias est de partager l'information. Ils sont, d'une certaine manière, notre lien avec le reste du monde.
Grâce aux médias, presque la totalité de la population a la possibilité de se tenir informée et c'est justement en restant informé que l'on peut se créer sa propre opinion. Nous avons bien conscience de cette importance. En effet, d'après une étude récente, 62 % des Français liraient quotidiennement le journal.
Toutefois, de plus en plus, les aspects négatifs des médias sont soulignés. Ils seraient en effet dotés d'un pouvoir absolument effrayant : la capacité de contrôler le jugement et l'opinion des individus.
Nombreux sont ceux qui ont dénoncé l'influence des médias sur les populations. Certains sociologues affirment d'ailleurs que les médias les plus populaires peuvent décider du candidat présidentiel qui sera élu.
Il est difficile de mesurer l'influence qu'ont les médias sur notre vie, mais une chose est sûre, ils en ont. Pour cette raison, il est important de pouvoir développer un esprit critique et le conserver.

▶ 듣기·말하기 MP3

Quand nous sommes exposés à une information, il faut absolument se demander si cette information est vraie. Il est aussi primordial de reconnaître que les médias ne sont pas objectifs. Et que, par conséquent, toutes les informations qu'ils partagent sont plus ou moins déformées. Cela concerne même notre radio ! Alors, chers auditeurs, prenez garde !

6 Compréhension de l'oral

▶ EXERCICE 1 Transcription du document audio

Elsa Oh, tiens ! Quelle surprise ! Bonjour Jean !

Jean Oh, je ne t'avais pas vue ! Salut Elsa ! Comment vas-tu ?

Elsa Ça va plutôt bien ! Oh là, là ! Ça fait vraiment longtemps !

Jean Oui, c'est vrai ! Au moins six mois ! Dis-moi, tu deviens quoi ?

Elsa Eh bien, il y a eu beaucoup de changements dans ma vie ! J'ai trouvé un nouveau travail ! Je suis maintenant hôtesse d'accueil !

Jean Ah, vraiment ? C'est génial ! Félicitations ! Tu travailles dans un hôtel ?

Elsa Non pas du tout ! Je travaille dans une banque ! Tu sais, le Crédit Agricole, au coin de ma rue.

Jean Ah ! Oui, je vois ! Oh, c'est un très bon poste. Et ça te plaît ?

Elsa Non, pas vraiment. Il y a beaucoup de travail et c'est très stressant.

Jean Ah, je vois tout à fait. Et, bien que ce travail soit stressant, tu penses continuer ?

Elsa Je pense que oui, car il y a deux points positifs, tout de même ! Je suis bien payée et la banque n'est pas loin de chez moi.

Jean Oui, je te comprends. Ce sont deux choses importantes. Et, tu as signé un CDI ?

Elsa Non, mon contrat se termine dans 4 mois donc si je n'ai pas de chance, je vais devoir chercher un autre travail.

Jean Ah, d'accord, je vois. J'espère qu'ils vont te proposer de continuer.

Elsa Oui, moi aussi. Et toi, tu fais quoi en ce moment ? Tu travailles toujours comme vendeur ?

Jean En fait non. Je me suis fait licencier. Je suis maintenant au chômage.

Elsa Ah mince ! Désolée pour toi. Ça doit être très dur !

Jean En réalité, je suis plutôt content, j'ai plus de temps pour moi et j'en profite bien.

le directeur créatif de l'entreprise, Ubisoft souhaiterait abandonner le jeu vidéo traditionnel et se lancer dans une tout autre industrie : le tourisme ! Mais attention, l'entreprise reste technologique, elle veut proposer à ses utilisateurs un tourisme virtuel ! Ubisoft aimerait désormais donner naissance à des mondes virtuels à visiter.

N'avez-vous jamais rêvé de rencontrer le plus lointain de vos ancêtres ? D'assister à un combat de gladiateurs dans une arène en compagnie de Jules César ? De participer à la Révolution française ? De regarder le coucher de soleil sur l'une des plus belles plages du monde ? D'utiliser les technologies du futur, de voyager sur des milliers de planètes ?

L'éditeur de jeux vidéo, devenu agence de voyages, va pouvoir réaliser vos rêves ! Que ce soit dans le passé, le présent ou le futur, Ubisoft souhaite répondre à vos attentes les plus folles !

Ubisoft est peut-être le premier acteur d'un changement incroyable. Certains experts estiment que d'ici 2035, l'industrie du tourisme sera bouleversée. Vous n'aurez plus besoin de prendre l'avion, ni de faire de demande de visa, ni d'échanger de l'argent. Vous pourrez visiter le monde tout en restant dans votre salon ! Et peut-être même, grâce aux imprimantes 3D, vous pourrez ramener avec vous un souvenir de votre voyage virtuel !

Si vous en goûtiez une différente tous les jours, il vous faudrait presque 3 ans et demi pour toutes les connaître ! Le paradis pour les amateurs de cette boisson fermentée.

Chroniqueur radio

Merci, monsieur JANSSENS, je le rappelle à nos chers auditeurs, Bruxelles se trouve à une heure vingt minutes de Paris en TGV. Alors, qu'attendez-vous pour visiter, le temps d'un week-end, ce pays plein de richesses !

▶ EXERCICE 3 Transcription du document audio

Chroniqueur radio

Ubisoft, tout le monde connaît cette entreprise. Ubisoft est l'un des éditeurs de jeux vidéo les plus connus du monde. Qui n'a jamais joué à un jeu de ce développeur ? Alors quel est l'avenir du jeu vidéo d'après Ubisoft. Enquête de Serge LUDO.

Serge LUDO

Il y a onze ans, l'entreprise avait sorti Assassin's Creed, le premier opus d'une longue série de jeux à succès. C'est aussi elle qui a créé les jeux Far Cry ou encore The Division. Ubisoft est une entreprise française connue dans le monde entier ayant un poids considérable dans l'industrie du jeu vidéo. Quant à l'avenir du jeu vidéo, Ubisoft se montre visionnaire et téméraire. D'après Serge HASCOËT,

▶ EXERCICE 2 Transcription du document audio

Chroniqueur radio	Nous accueillons maintenant monsieur BELLI, chargé de communication pour l'armée française. Bonjour, monsieur BELLI !
M. BELLI	Bonjour et merci de me recevoir.
Chroniqueur radio	Vous nous avez dit que vous aviez un message pour nos jeunes auditeurs.
M. BELLI	Oui c'est cela, je voudrais leur parler de leur avenir et les inviter à rejoindre l'armée française, car nous recrutons 5760 personnes l'année prochaine. C'est une opportunité à saisir !
Chroniqueur radio	Ah, très bien. Mais dans l'armée française, il existe de nombreux métiers ! Quels profils recherchez-vous ?
M. BELLI	En effet, vous avez tout à fait raison. Il y a de nombreux corps de métier dans l'armée. Actuellement, nous recherchons des profils très variés. Et c'est pour cette raison que je suis ici aujourd'hui. Je voudrais m'adresser à tous les jeunes qui nous écoutent. Si vous avez plus de 18 ans ainsi qu'une formation en biologie, en informatique ou encore en mécanique, la France a besoin de vous et de vos compétences.

Chroniqueur radio Et quels sont les bénéfices d'un travail dans l'armée ?

M. BELLI Ah ! Il y en a beaucoup ! S'enrôler dans l'armée c'est, tout d'abord, l'honneur de servir son pays. Aussi, les militaires reçoivent un excellent salaire. Si vous rentrez dans l'armée, vous aurez un avenir stable et serein.

Aussi, les jeunes recrues reçoivent une formation de très bonne qualité. À l'issue de cette formation, ils signeront un contrat à durée indéterminée (CDI) c'est-à-dire un contrat qui n'a pas de date de fin. Toutes les candidatures doivent être faites cette année, avant le 1er janvier sur le site Internet www.armee-avenir.fr.

Chroniqueur radio Je vous remercie monsieur BELLI, nous rappelons à ceux qui nous écoutent qu'un événement est organisé par l'armée le 3 décembre à la salle des expositions Marginée au sud de Paris.

Cet événement est organisé pour que les jeunes puissent rencontrer des militaires et découvrir le métier de soldat. Pour plus d'informations, nous vous invitons à visiter le site www.armee-avenir.fr ou appeler le 01 03 56 83 29.

Chroniqueur radio

C'est noté, monsieur JANSSENS, mais pouvez-vous nous en dire plus sur la Belgique ?

M. JANSSENS

Alors, elle est en partie *wallonne, en partie *flamande, le pays est divisé en deux parties ; la Flandre et la Wallonie. Cette division est également culturelle et profonde ! Même la langue y est différente ! À l'ouest, les Belges parlent français alors qu'à l'est, ils parlent flamand !

Autre point géographique, la capitale de la Belgique est Bruxelles. Cette ville est la destination touristique la plus populaire. Bruxelles est dynamique et accueillante ! La capitale possède un patrimoine historique et culturel vaste ! Si vous y allez, vous y découvrirez, en son cœur, la fameuse Grand Place ou encore l'une des statues les plus connues au monde : le Manneken Pis, un petit garçon qui fait pipi devant les passants en toutes saisons !

Chroniqueur radio

Et vous disiez aussi qu'il y avait plein de bonnes choses à déguster !

M. JANSSENS

Bien sûr ! La Belgique, c'est aussi et surtout, je dirais la nourriture ! Celle-ci est vraiment incroyable ! Le pays est internationalement reconnu pour ses gaufres, ses frites et son chocolat ! Bien sûr, qui dit Belgique, dit bière ! Il y aurait plus de 1200 bières différentes en Belgique !

Manuel Non, non, je suis ensuite allé au Cambodge et en Chine ! J'y ai principalement visité des monuments historiques ! Angkor Vat, au Cambodge et la grande muraille de Chine (성벽) à Pékin !

Ronan Quelle chance ! Tu vas rester longtemps en France ?

Manuel À vrai dire, non. Je repars dans 1 mois, j'adore faire du tourisme ! Je vais aller au Brésil cette fois-ci !

Ronan C'est en Afrique ?

Manuel Beh, non, voyons ! Tu devrais sortir plus de chez toi ! C'est en Amérique du Sud !

Ronan Tu es un sacré voyageur Manuel !

▶ EXERCICE 2 Transcription du document audio

Chroniqueur radio

Bonjour à tous ! Aujourd'hui, dans notre tour du monde de la francophonie, nous allons parler de la Belgique ! Nous accueillons monsieur JANSSENS qui connaît très bien ce pays, car il est Belge ! Bonjour, monsieur JANSSENS !

M. JANSSENS

Bonjour à tous, merci pour l'invitation ! Les Français aiment faire des blagues sur la Belgique et sur ses habitants, mais en réalité ils la connaissent très peu. Alors je vous le dis : mon pays est un pays qu'il faut visiter ! Il y a tant de belles choses à voir et à déguster !

▶ EXERCICE 3 Transcription du document audio

Chroniqueur radio

Chers auditeurs, nous avons de bonnes nouvelles pour les Français ! Le chômage est en nette baisse. Les chômeurs représentaient en effet 15 % de la population en 2019, mais la reprise économique a dynamisé le marché du travail de façon inattendue. En 2020, seulement 1 Français sur 10 était en recherche d'emploi. Jamais, depuis 40 ans, le taux de chômage n'aura été aussi bas dans l'hexagone !

Cette excellente nouvelle pour notre pays est la conséquence directe d'une tout aussi heureuse information. La croissance économique de la France devrait dépasser les 4,2 % du produit intérieur brut (PIB) le semestre prochain. Cette augmentation s'explique en partie par la reprise des exportations dans de nombreux domaines technologiques ainsi que par le dynamisme nouveau du secteur textile français.

Le gouvernement a annoncé récemment que de nombreuses entreprises ont prévu d'embaucher des milliers de personnes avant la fin de l'année. C'est le cas de Peugeot, Louis Vuitton, Dior, Dassault, Total et Airbus. Au total, plus de 140 000 emplois devraient être créés.

Les personnes qui travaillent dans la recherche et l'ingénierie sont les plus recherchées, mais globalement, ce sont presque tous les secteurs qui bénéficieront de la reprise économique.

Il est cependant important de noter que les producteurs agricoles traversent toujours une crise. Chez les agriculteurs, le moral est d'ailleurs au plus bas et le nombre de suicides des producteurs agricoles ne fait qu'augmenter. Malgré la passivité du gouvernement, nous pouvons tout de même espérer que la reprise de la consommation aura également un effet bénéfique sur le secteur primaire et que leurs conditions de vie s'amélioreront dans les prochaines années. En attendant, pour nos agriculteurs et notre pays, préférez les produits alimentaires français et, si cela est possible, faites vos courses directement chez le producteur, dans les fermes à proximité de chez vous.

7 Compréhension de l'oral

▶ **EXERCICE 1 Transcription du document audio**

Ronan Manuel… c'est toi ?

Manuel Ronan ! Comment vas-tu ? Ça fait très longtemps que nous ne nous sommes pas vus !

Ronan En effet ! Qu'est-ce que tu fais ici ?

Manuel Bah, tu vois bien, comme toi je fais mes courses !

Ronan Oui, je m'en doute ! Quand es-tu revenu en France ?

Manuel Il y a deux jours seulement ! Après 6 mois à voyager autour du monde, ça fait du bien de retrouver son pays !

Ronan Oui, j'imagine ! Alors, dis, où es-tu allé pendant ces derniers mois ?

Manuel J'étais en Océanie et en Asie !

Ronan Ah, vraiment ? Tu es allé dans quels pays ?

Manuel Alors, j'ai commencé par l'Australie. J'y suis resté 2 mois ! L'Australie est un pays magnifique et immense ! Ce que j'ai préféré c'était de voir, pour de vrai, des kangourous. C'était incroyable !

Ronan Ouah ! J'imagine ! Et après ?

Manuel Après, je suis allé en Indonésie. J'ai passé 1 mois à Bali. Là-bas, j'y ai fait de la plongée sous-marine. Tu ne t'imagines pas Ronan, sous l'eau, c'est incroyable ! C'est très coloré et il y a beaucoup de poissons exotiques !

Ronan Je t'envie ! J'ai toujours rêvé de faire de la plongée ! Où es-tu allé ensuite ?

Manuel Après l'Indonésie, je suis arrivé en Malaisie. Je n'y suis resté qu'une semaine, car je devais y faire un visa pour aller en Thaïlande. J'ai passé plus d'un mois en Thaïlande ! Tu me connais, j'aime faire la fête, et crois-moi, la Thaïlande, c'est le paradis de la fête !

Ronan Génial ! C'est le dernier pays dans lequel tu as voyagé ?